# VIVA MTV!
## Popmusik im Fernsehen

*Herausgegeben von*
*Klaus Neumann-Braun*

Suhrkamp

edition suhrkamp 2090
Erste Auflage 1999
Erstausgabe
© Suhrkamp Verlag Frankfurt am Main 1999

Satz: Jung Satzcentrum, Lahnau
Druck: Nomos Verlagsgesellschaft, Baden-Baden
Umschlag gestaltet nach einem Konzept
von Willy Fleckhaus: Rolf Staudt
Printed in Germany

2 3 4 5 6 – 04 03 02 01 00 99

# Inhalt

### IV. *Partnerwahl: Nutzung und Rezeption des Musikfernsehens*

# Klaus Neumann-Braun/Axel Schmidt
# McMusic

## *Einführung*[1]

>»Wenn dich die bösen Buben locken.«
*Theodor W. Adorno*

MTV – »it seems to embody aspects of
contemporary youth culture that
signify a new era.«
*E. Ann Kaplan*

»We're only in it for the money.«
*Frank Zappa*

MTV's programme flow, ein unendlicher Strom aus Clips und
Werbespots, wird von einer ebenso schier endlosen tagesaktuellen
wie akademischen Diskussion begleitet. Das Thema Musikfernsehen und Videoclips bleibt auf der Agenda, auch wenn inzwischen
Routine in den Sende- und Rezeptionsalltag eingekehrt ist. Die
kontroversen Streitlinien sind abgesteckt: Ist Musiktelevision
Ausdruck von *Avantgarde oder Massen-Pop-Kultur*? Wie sind die
intermedialen Zusammenhänge von Film, Fernsehen und Video
im Spannungsfeld von Kunst(avantgarde) und Massenkultur zu
verorten? Gegenübergestellt werden das im Videoclip zu sehende
›postmoderne (Kunst-)Werk‹ und der Clip als Massenware in seiner Funktion als ›Promo‹, als ›Werbefilmchen‹. Diese häufig in äs-
thetisch-künstlerischen Kontexten geführte Debatte widmet sich
zumeist den Video- bzw. Musikclips; erst in zweiter Linie – wenn
überhaupt – werden die Charakteristika der Musikfernsehprogramme thematisiert. Zeugen Videoclips von *Kohärenz oder
Strukturlosigkeit*? Clips werden als v. a. durch Musik und popkulturelle Stilistiken strukturierte Sinnwelten oder konträr als

1 Diese Arbeit führt die in Neumann-Braun/Barth/Schmidt (1997) begonnene
Diskussion fort.

pseudo-bedeutungstragendes, ›wahlloses Zitatenkarussell‹ angesehen. Und – so wird weiter diskutiert – sind die Medienangebote
durch *Stereotypie oder Polysemie* charakterisiert? Insbesondere im
Kontext von Inhaltsanalysen sowie Rezeptionsstudien wird dem
passiven, gleichgeschalteten Konsum von stereotypem audiovisuellem Medienangebot die aktive Rezeption und Aneignung von
polysem strukturierten Clips gegenübergestellt, die eine kreative
Beschäftigung mit der Vieldeutigkeit der Clips beinhaltet. Und
schließlich die Frage: Sind Musikfernsehen und Videoclips Ausdruck von *Authentizität oder nur Zeichen für Manipulation*?
Clips werden als kreative, für Jugendliche und junge Erwachsene
adäquate Form, (Pop-)Musik zu visualisieren, angesehen oder
– im Gegenzug – als kulturindustrielle, oberflächliche, hohle Inszenierung von ›Jugendlichkeit‹ mit der Folge der Kommerzialisierung und globalen Gleichschaltung der Jugendkulturen. Im
Mittelpunkt steht auch die Analyse von Musikfernsehsendern und
Kulturwarenmarkt, die entweder eine Entfremdung für die Jugendlichen bedingen oder aber eine Identitätschance in eigensin-
nig gestalteten Jugendkulturen eröffnen.

## 1. Medienmogule und Musikmarkt

1981 ging MTV erstmals auf Sendung (»a new era«). Inzwischen ist
eine distanziertere Betrachtung der Strukturen und Prozeßdyna-
miken des Unterhaltungsmarkts möglich geworden. Deutlicher
als bislang kristallisiert sich heraus, daß es sich bei MTV um ein
Produkt des traditionellen Medien- und Finanzestablishments
handelt. Der Blick ist geschärft für die politisch-ökonomischen
Zusammenhänge, in denen MTV groß geworden ist und heute
seine Position als Marktführer verteidigt. Da dieses *Monopol*-TV,
genannt *M*TV, von global agierenden Medienkonglomeraten ins
Leben gerufen wurde, kann es nur im Kontext der musikindustriellen, werbe- und medienökonomischen Strategien und Entwicklungen dieser Konzerne angemessen begriffen werden (Frith
1988a, Goodwin 1993, Banks 1996, Brockmeyer 1996, Erbil 1995,
Junker/Kettner 1996, Krekeler 1996, McGrath 1996; vgl. auch
Schmidt und Hachmeister/Lingemann in diesem Band). Zwar war
es immer schon naheliegend, der bekannten Musical-Weisheit
»Money makes the world go round« folgend anzunehmen, daß

auch der Markt der Musikunterhaltung letztlich allein vom Geld bewegt und bestimmt wird. Es ist nun jedoch möglich, den Weg und die Wirkung des Geldes *detailliert* auch für den Markt der Musiktelevision aufzuzeigen.

## 2. Mythenpflege: »Music for you and me, not for the industry«

Das zweite große Themenfeld der aktuellen MTV-Debatten ist die Analyse der Ideologien und Mythen, die sich um MTV und vergleichbare Sender ranken. Es ist erstaunlich, wofür das Programmkonzept alles stehen soll: Es sei Ausdruck des Lebensgefühls einer ganzen Generation von Jugendlichen (»Generation X«); es repräsentiere die Entwicklung einer neuen audiovisuellen Ästhetik und verhelfe in Verbindung mit den Mythen von Popmusik und Popkultur deren zentralen Elementen (Straße/Club – Authentizität – Rebellion) zu neuem Leben: Musik für »Rotzlöffel« eben (ein Motiv aus der ersten deutschen MTV-Werbekampagne; vgl. Krekeler 1996). Der komplementäre Kulturkampf, den Erwachsenenwelt und gesellschaftliche Reaktion inszenieren, trägt dazu bei, dieser Symbolpolitik die Weihe der ›Realworld‹ zu geben: Wenn in Amerika tatsächlich eine Hexenjagd auf den angeblich jugendgefährdenden Sender MTV veranstaltet wird (in Deutschland wurde unlängst ein Video der Gruppe Prodigy vom Bildschirm verbannt, siehe hierzu Schmidt in diesem Band), dann scheinen sich alle Ideologisierungen zu bewahrheiten. Es gehe nicht um das liebe Geld, sondern um Höheres, nämlich um den Generationskonflikt, um den Geschlechterkampf, um die Rassenfrage sowie die Frage: Kunst oder Masse? – womit wir wieder bei den eingangs erwähnten Denkschablonen der etablierten ideologischen Debatten über MTV und (in der Folge auch) VIVA angelangt wären.

Die folgende Übersicht über die einschlägige Literatur soll helfen, die angesprochenen Debatten transparenter zu gestalten. In den letzten beiden Jahrzehnten hat die entsprechende Literatur aus so unterschiedlichen Gebieten wie Kunst-, Sozial-, Wirtschafts- und Musikwissenschaften, Philosophie und Psychologie einen beträchtlichen Umfang erreicht. Die Forschungsarbeiten zum Thema Musikfernsehen und Videoclips (Redaktionsschluß: Februar 1998) werden mit dem Ziel kommentiert, *erstens* einen Überblick über dominante Diskussionslinien zu geben, was dadurch erschwert wird, daß Musikfernsehen und Videoclip häufig gemeinsam untersucht werden: Für nicht wenige ist der Clip gleichbedeutend mit MTV und umgekehrt. Das einzelne Element (Clip, Werbespot u. a.) ist jedoch vom Ganzen (Fernsehprogramm, ›Clipteppich‹) zu unterscheiden. Um so wichtiger ist es also, bereichsspezifische Themenfokussierungen, inhaltliche Übertreibungen und Engführungen oder aber divergierende Begriffsverständnisse offenzulegen. *Zweitens* soll die Komplexität der Phänomene Videoclip und Musikfernsehen dargelegt sowie *drittens* offene Fragen aufgezeigt werden.

## 3. Von der visuellen Musik zum Musikvideo

Videoclips sind in der Regel drei- bis fünfminütige Videofilme, in denen ein Musikstück (Pop- und Rockmusik in allen Spielarten) von einem Solointerpreten oder einer Gruppe in Verbindung mit unterschiedlichen visuellen Elementen präsentiert wird (vgl. Winter/Kagelmann 1993). Formale Genealogien des Videoclips bzw. Musikvideos beginnen meist mit dem antiken Traum der Menschen von der Farbmusik für das Auge, die der tonalen Musik für das Ohr entspricht. Die optische *und* die akustische Aufmerksamkeit der Rezipienten sollen gleichermaßen erregt werden. Dies geschieht im übrigen bereits schon in der Idee, Musikinstrumente mit einem Ornamentdekor zu versehen. Im engeren Sinne sind es jedoch Tanzszenen, Chor- sowie Volks- und Ritualtänze (später das Ballett), die über die Jahrhunderte hinweg eine solche Vermittlung zu realisieren trachteten. Im 17. Jahrhundert entstehen Farb-Musik-Maschinen (etwa eine ›perspektivische Laute‹ oder ein ›optisches Cembalo‹), die Feuer und Musik, Farbe und Musik vereinigen wollten. Es folgten um 1900 im Bereich des Kinos der Trickfilm, später visuelle Musik- und abstrakte Animationsfilme (Moritz 1987, Bechdolf 1996). Diese technisch-künstlerischen Entwicklungen werden begleitet von parallel entstehenden Lehren und Theorien zur Farbmusik und dem Farbmusikerleben. Zentrale Konzepte sind hier die der Analogie, Synästhesie, Synchronie und Isomorphie (Moritz 1993). Die Wurzeln der visuellen Musik, Videos und Filme sind in engerem Sinn in den zwanziger und dreißiger Jahren zu finden, in denen Experimente mit dem abstrakten, grafischen Film sowie dem frühen synthetischen Tonfilm gemacht wurden (Herbst 1993, Mank 1993, Stasny/Hirschfeld-Mack 1993). Neben der Entwicklung des synthetischen Bilds, das zunächst handgemacht (Film), dann elektronisch produziert wurde (Video, Computer), gehört auch die Entwicklung der synthetischen Toninstrumente zu den historisch-technischen Voraussetzungen, welche die Explosion der Bild-Ton-Synästhetik ermöglichen. In den avanciertesten Produkten der Musikvideos treffen synthetischer Ton und synthetisches Bild zusammen (Bódy/Bódy 1986, Weibel 1987a).

## 4. Musikindustrie und die doppelte Ökonomie des Musikfernsehens

Die Entwicklung der Musikvideos ist sehr eng mit den Absatzschwierigkeiten der Tonträgerindustrie und den Maßnahmen zu deren Überwindung verbunden (Frith 1988a, Shore 1984, Straw 1988, Jaspersen 1994, Kureishi/Savage 1996). Hinzu kommt, daß seit Mitte der siebziger Jahre das Radio als Werbeträger für aktuelle Pop- und Rockmusik immer mehr an Bedeutung verliert (Straw 1988), so daß neue Wege zum Publikum beschritten werden mußten. Die Antwort der Musikindustrie sind die Musikkanäle, die zu einem hohen Anteil Videoclips und Werbung senden.

Musikvideos sind in der Regel nichts anderes als Werbefilme, sog. ›Promos‹, d. h. Absatzförderer (Savan 1993: »Commercials go rock!«). Ihr Ursprung liegt in den sechziger Jahren, als von der Unterhaltungsindustrie filmisch vorfabrizierte Fernsehauftritte von Rockstars zu Demonstrations- und Promotionszwecken hergestellt wurden. Sie wurden um so wichtiger, je weniger eine Musikpräsentation an einen Live-Auftritt von Stars gebunden war. Bereits in dieser Zeit wurden solche Videoclips auch im Fernsehen gezeigt (in Deutschland: Beat Club). Die Musikspartenkanäle radikalisierten dieses Konzept erfolgreich: ein Rund-um-die-Uhr-Fernsehprogramm nur mit Musik und Werbung (Denisoff 1988, Gehr 1993, Longhurst 1995, MTV Research 1991, Müller 1994), das äußerst kostengünstig produziert werden kann. Der Sender stellt den Sendeplatz zur Verfügung, die Wirtschaft liefert das Programm beinahe zum Nulltarif. Das für den Anbieter lukrative System der »doppelten Ökonomie« entsteht (Junker/Kettner

1996): Die Programmelemente haben Werbefunktion; die Werbung, den Clips stilistisch-ästhetisch nachempfunden, erreicht Programmcharakter: »Insofern ist MTV kein ›Werbeumfeld‹ [...] als vielmehr ein grenzenloses Werbefeld – gleichsam eine temporalisierte Plakatwand« (ebd., S. 56). Programm (Ökonomie 1) *und* Werbung (Ökonomie 2) sind aufeinander abgestimmt und ›kommunizieren‹ durch die Kategorie des Spektakulären, verschmelzen gleichsam zu ein und derselben Sache: »Popmusik in Form von Clips ist pures Excitement, Fernsehen in Form von MTV ist totale Werbung« (ebd.). Der Sender präsentiert Single-Auskoppelungen bzw. Videoclips mehr oder minder bekannter Stars im sog. ›heavy rotation‹-Verfahren (häufige Wiederholung) und verhilft ihnen damit zum Charterfolg. Tonträger-, Konsumgüter- und Sendereigenwerbung durchdringen sich (Altrogge 1992, Englis et al. 1993, Wimmer 1995). Mittlerweile hat eine weitere Intensivierung dieser Zusammenarbeit stattgefunden: VIVA hat 1994 das von einem Jeanshersteller (Mustang) produzierte Lifestyle-Magazin *Jam* in sein laufendes Programm aufgenommen: Der Marktverbund ist damit kurzgeschlossen (Baumgärtel 1994, Karepin 1993, Unger 1991). MTV setzt inzwischen z. B. auf Joint ventures mit imageträchtigen Markenfirmen, die zum eigenen Stil passen (Apple, Burger King, Lee), achtet auf die Kompatibilität von Werbung und Programm und forciert Off-air-Aktivitäten (Joint venture mit der International Snowboarding Federation, ISF). MTV promotet die Aktivitäten der ISF (Contests u. ä.) in seinem Programm und erhält dafür die exklusiven Übertragungsrechte an entsprechenden Sportereignissen. Der Vorteil für MTV ist ein doppelter, da der Sender innerhalb dieser stark jugendkulturell ausgerichteten Sportart nicht nur selbst als Sponsor auftreten, sondern zusätzlich auch begehrte Werbeslots an andere Werbetreibende verkaufen kann (Krekeler 1996). Einen wichtigen Stellenwert nehmen im übrigen auch die Eigenwerbungsstrategien der Fernsehsender ein: Zur eigenen Imagepflege werden von MTV und VIVA aufwendige Werbekampagnen durchgeführt, in denen sie sich selbst als *das* Trendfernsehen für Jugendliche und junge Leute inszenieren (Karepin 1995, Göbbel 1996).

## 5. Clipästhetik: Bilderflut oder Mini-Spielfilm?

Daß Videoclips Werbefilme sind, schließt nicht aus, daß in ihnen entsprechend den jeweils zur Verfügung stehenden Ressourcen ein ästhetisches Ideal verwirklicht wird. Bei dem größten Teil der produzierten Videos handelt es sich um sog. *Präsentationsvideos* (Performance-Clips), in denen ein Protagonist in ein oder zwei zusammengeschnittenen Situationen oder Szenen singend präsentiert wird. Eine zweite Form ist das sog. *narrative Video*, in dem um einen Interpreten oder eine Liedstory herum eine Geschichte erzählt wird. Die dritte Form des Clips ist das sog. *Konzeptvideo*, in dem in assoziativ-illustrativer Form Bild und Musik verknüpft werden (Schwichtenberg 1992; konkurrierende Typisierungen legen vor: Altrogge 1994b, Kaplan 1987, Longhurst 1995, Menge 1990). Der zentrale Auftrag der Clips liegt in der Vermittlung der Personality des Stars: Die Botschaft ist das Produkt, das der Star ist (Daniels 1987).

Während man sich bei der Konzeption und Gestaltung von Musikkanalsendern (vgl. Denisoff 1988, Gehr 1983) am Vorgänger- und Konkurrenzmedium Radio orientiert (Straw 1988), nutzen Regisseure und Produzenten von Musikvideos die Errungenschaften des experimentellen Films, zahlreicher Fernsehshows, populärer Musik (Deutsches Filmmuseum 1993, Ellis 1992, Nash 1991), des Filmmusicals (Allan 1990) sowie der Filmproduktionen von und mit Rockstars wie etwa den Beatles (*Sgt. Pepper*), Frank Zappa (*2000 Motels*) und Elvis Presley (*Heartbreak Hotel*). Mittels Collage und Montage, die durch Trickfilmtechniken und Computeranimation (vgl. Makowsky 1988) erweitert und intensiviert werden, stehen den Filmemachern vielfältige Gestaltungsmöglichkeiten offen (neuerdings: Videoclips im Spannungsfeld von Cyberspace und Technokultur, siehe Adolph 1995).

Die hemmungslose Stilvermischung, Techniknutzung und die durch den musikalischen Rhythmus bedingten extrem schnellen Bildfolgen haben Kritiker immer wieder dazu veranlaßt, Musikvideos als ›Bilderflut‹ oder als inkohärente und traumartige Gebilde zu beschreiben (Kaplan 1987, Kinder 1984, Rauh 1985). Gegen solch pauschale Etikettierungen wenden Filmanalytiker wie Schank (1990), Schenkewitz (1988), Schumm (1993) oder Wulff (1989 sowie in diesem Band) ein, daß Detailanalysen sowohl ein vergleichsweise breites Spektrum an verwendeten Filmtechniken offenbaren als auch weit mehr Kohärenz und gezielte Augenführung des Zuschauers enthalten, als gemeinhin von der Kritik vermutet wird. Betz (1990) gibt z. B. eine semiotische Beschreibung eines Heavy-Metal-Clips der Gruppe Guns N' Roses und zeigt, wie Rock-Mythologie und Rock 'n' Roll-Code eine Liaison mit Attitüden des Punks (!) eingehen. Weiss und Bökamp (1990) belegen, daß gleiche Symbolquellen sowohl einen Videoclip von Samantha Fox als auch einen Werbespot für die Zigarette *Lord Extra* speisen können. Und Burnett und Deivert (1995) machen das Ausmaß transparent, in dem die Filmgeschichte in Michael Jacksons Clip *Black or White* präsent ist, was auch Schreckenberg (1995) durch seine Arbeit unterstützt, die sich mit der Verwendung von Kinobildern aus dem Film *Metropolis* im Videoclip beschäftigt.

Schließlich sind mit Blick auf das Musikfernsehen die kulturellen Auswirkungen von »cliptomanischem« Programmformat (Bódy 1987) und Spartenkanalstruktur auf andere audiovisuelle Programmformen und mediale Organisationsstrukturen zu diskutieren: Hickethier (1994) untersucht aus medientheoretischer Perspektive, inwieweit sich eine spezifische Fernsehästhetik (Ästhetik des Programmflusses) entwickelt hat, in die avangardistische Elemente der Videoclips neutralisiert und funktionalisiert bzw. integriert wurden (vgl. auch Burns 1994). Auf der Basis der zahlreichen Analysen zum globalen Werdegang von MTV (Denisoff 1988, Etudes 1995, Longhurst 1995, Shuker 1994, zum speziellen Strukturelement der sog. ›heavy rotation‹ siehe: Martens 1996, Schlattmann 1991, Wimmer 1995) verschafft Stockbridge (1992) unter kulturtheoretischer Perspektive einen Überblick über die Entwicklung des australischen Musikfernsehens und weist u. a. die Auswirkungen auf »conventional-« und »alternative-programms« durch den Einzug von MTV in Australien auf (zu Neuseeland vgl. Hayward 1992, Shuker 1994). Altrogge (1995) diskutiert den internationalen Siegeszug von MTV unter dem Aspekt der Globalisierung des Kommunikationsraums Europa.

## 6. Clips und MTV: Avantgarde, Massenkultur und/oder Crossover?

Ein Großteil der Auseinandersetzung um die kulturelle Bedeutung von Musikvideos wird v. a. im angelsächsischen Sprachraum im Kontext der ästhetischen und philosophischen Diskussion um die Postmoderne bzw. der Gender Studies geführt. Die sich dieser Denkrichtung verpflichtet fühlenden AutorInnen erachten Musikvideos als eine der wenigen zeitgenössischen Formen televisionärer Gestaltungen, die der Komplexität einer postindustriellen Kommunikationsgesellschaft angemessen ist. Dabei wird immer wieder betont, daß Musikvideos als ein kultureller ›Steinbruch‹ anzusehen sind; eine einzigartige Mischung aus klassischer Hochkultur, Avantgarde und klassischer Moderne, Populär- und Jugendkultur werde einem Massenpublikum zugänglich gemacht und verändere dessen Wahrnehmungsfähigkeiten (Aufderheide 1986; Fiske 1986, 1989; Hausheer/Schönholzer 1994; Kaplan 1987). Musikvideos gelten in dieser Sichtweise als ein postmoderner Text, als ein postmoderner Gebrauch des historischen Diskurses der Avantgarde des bewegten Bildes und der Rockmusik selbst, wobei in ihnen die Unterscheidung zwischen populärem Realismus und subversiven Avantgardestrategien, zwischen U- und E-Kultur, zwischen Kommerz und Kunst, zwischen Heute und Gestern als obsolet eingeschätzt wird (Weibel 1987 a).

Zahlreiche Autoren heben das dynamische Zusammenwirken von avantgardistischer Videokunst und Industrie, die an der Werbung orientierte Ästhetik vieler Musikvideos hervor (Allan 1990; Berland 1986; Frith 1988a; Gehr 1983, 1993; Goodwin 1987a, b, 1991, 1993; Jones 1988; Kaplan 1987; Kinder 1984; Laing 1985). Allerdings bewerten sie die sich aus der Vermischung von Werbung und audiovisuellem Musikprogramm ergebenden Konsequenzen sehr unterschiedlich. Während die einen den Verlust der Authentizität von Pop- und Rockmusik (Frith 1988a, Grossberg 1988, Kinder 1984) bzw. einen Substanzverlust der Filmkunst beklagen (Weibel 1987a), betonen andere, daß sich auf diese Weise die zentrale Botschaft eines Songs rascher und einfacher erfassen lasse (Kaplan 1987, Altrogge 1994a, Christenson 1992, Hitchon/Duckler/Thorson 1994). Die vermeintliche Analogie zwischen Werbespots und Musikvideos bedarf jedoch noch genauerer empirischer und experimenteller Untersuchungen. Wie etwa die Studie von Signorelli et al. (1994) zeigt, verfehlen Werbespots, die analog zu Musikvideos produziert wurden, ihre verkaufsfördernde Wirkung (einschränkend: Goldberg et al. 1993, Hitchon/Duckler/Thorson 1994). Hingegen steigern Musikvideos den Verkauf von CDs und Schallplatten (Abt 1987), was offensichtlich die Einschätzung des Musikvideos als Form einer visuellen Musikverpackung analog der klassischen Schallplattenhülle bestätigt (vgl. Gehr 1993). Auch Wallbott (1990) schätzt die visuelle Wirkung von Clips positiv ein: Musikvideos übermitteln mehr positive, reine Musikstücke dagegen eher negative Emotionen. Worauf jedoch die unterschiedlichen Effekte auf das Konsumverhalten einer nach ähnlichen formalen Kriterien gestalteten Werbung – v. a. auch für musikfremde Produkte – zurückzuführen sind, kann momentan noch nicht beantwortet werden.

Ein weiteres von VertreterInnen der Postmoderne positiv bewertetes Merkmal von Musikvideos ist, daß ihre Bilder keinem Erzählstrang folgen, wie man ihn aus dem Erzählkino kennt (Bódy/Weibel 1987, Naumann 1994, Rauh 1985, Wetzel/Wolf 1994). Die fragmentarische Bilderzusammenstellung vieler Clips erachtet Fiske (1986) als Befreiung von etablierten gesellschaftlichen Darstellungs- und Deutungsmustern. An ihre Stelle treten Anregungen und Spielräume, die zur individuellen Imagination und Assoziation genutzt werden können (Allan 1990, Aufderheide 1986, Kaplan 1987, Kinder 1984, Morse 1986). Tetzlaff (1986) hingegen meint, daß die der Werbeästhetik folgende Gestaltung von Musikvideos die Phantasie mit standardisierten Bildern der Kultur- und Werbeindustrie besetze (vgl. auch Abt 1987, Kinder 1984). Jüngst hat sich Batschari (1997) die Aufgabe gestellt, die Wirkung von MTVs Strategie, sich subkultureller Symbolik und Stilistik afroamerikanischer Kultur zu bedienen, abzuschätzen: Hat eine überaus erfolgreiche Sendung wie *YO! MTV Raps* eine kulturell engführende, auf den Kommerz verpflichtende oder eine den kulturellen Horizont erweiternde Wirkung auf Jugendliche? Die Autorin vertritt die These, MTV unterstütze die Authentizität afroamerikanischer Musikkultur und vermittle ein dementsprechendes Lebensgefühl. Ob MTV und seinen Machern deshalb allerdings eine antihegemoniale, widerständige Wirkung bescheinigt werden kann oder ob nicht doch nur umsatzträchtige Trends innerhalb der populären Musikkultur aufgegriffen und vermarktet werden, bleibt fraglich.

## 7. MTV und die Poststrukturalismus-Debatte in der Kritik

Gegen eine einseitige postmoderne Ästhetisierung von Musikvideos haben zahlreiche AutorInnen Bedenken geäußert. Der wichtigste und zugleich für die Produktanalyse folgenreichste Einwand bezieht sich auf die Überbewertung des Visuellen (Aufderheide 1986, Berland 1986, Fiske 1986, Kaplan 1987, Kinder 1984, Weibel 1987a, b). Hierbei werden sowohl die kunst- wie mediengeschichtlichen Dimensionen und Bezüge von Musikvideos vernachlässigt als auch deren eigentliche Grundlage: die Musik (Altrogge 1993, 1994a; Björnberg 1994; Goodwin 1991, 1993; Frith 1988a). Des weiteren ist zu berücksichtigen, daß die ästhetisch avancierten Formen der Videoclips, die sog. Konzeptvideos, um die es in diesem Diskussionskontext allein gehen kann, nur einen geringen Teil der gesendeten Musikvideos ausmachen.

Eine eingehendere Diskussion ist der Unternehmung gewidmet, die Mythen von Popmusik und Popkultur v. a. vor dem Hintergrund der Kunst- und Poststrukturalismus-Debatte zu verhandeln, die in Bianchi (1996a, b) ausführlich dokumentiert ist: Popmusik lebt durch den Mythos von Abgrenzung und Dissidenz. Musikvermittelte Subkulturen grenzen sich von den Vertretern der Erwachsenengeneration ab (Generationskonflikt), sie inszenieren jedoch auch ›feine Unterschiede‹ zwischen den konkurrierenden Gleichaltrigengruppen (Jugendkulturen). Hier scheinen spezifische Ausschlußmechanismen in Lebensweisen und Diskursen von Bedeutung zu sein: Man bewegt sich gerne in esoterischen Zirkeln und pflegt geheimbündlerische Attitüden. Kontrahent des Outsidertums ist der Massengeschmack, der Mainstream. Das Esoterisch-Eigene wird dem allgemein Zugänglichen gegenübergestellt, das Reine dem Korrupten, das Unabhängige der Abhängigkeit vom Kommerz. Das kulturelle Subversionsmodell ruht nicht zuletzt auf der Sehnsucht von ›Outsidern‹ nach Unmittelbarkeit, unverfälschter Authentizität und glaubwürdiger Musik und Stars. Mit Bezzola (1996) gelingt ein Verständnis dieser (fast) unendlichen Suche nach Besonderheit durch Ablehnung einer stereotypisiert befundenen ›bürgerlichen‹ Existenz. In historischer Perspektive verfolgt der Autor den Weg der kulturellen Leitideen heutiger gesellschaftlicher Gruppen und Szenen, die ihr Leben an dem bis dato vielfach variierten Paradigma der Künstlerexistenz ausrichten. Deren Semantiken, Regeln und politische Implikationen haben ihre geschichtlichen Wurzeln in den sozialutopischen Projekten einer ehemaligen marginalen künstlerischen Intelligenz, der frühbürgerlichen Boheme. Die Formierung der heutigen bohemischen Massenkultur fand statt, nicht weil avantgardistische Kunstprodukte ein Massenpublikum erreicht hätten, sondern vielmehr weil die kleinbürgerliche Jugendmassenkultur (in den sechziger Jahren) ihre Ideologie bohemisierte. Ende der neunziger Jahre stehen wir vor einem »säkularen ideologischen Crossover von der bohemischen Avantgarde zur Jugendmassenkultur« (vgl. S. 181) mit der Folge, daß das gut 100jährige Rollenbild des Bohemiens seine dinstinktive Potenz eingebüßt hat: Nichts schockiert mehr, alles wird beliebig, *jeder* ist ein Bohemien! Der schwierige Umgang mit den in der Spannung von klassischer Boheme und Populärboheme entstandenen Paradoxien läßt sich schließlich in der Diskussion um das neue Rollenbild eines authentischen Agenten in der Massenkultur sehen. Bianchi bemüht hier das Modell des »Parasiten« (»Pop-Subkultur bleibt immer Gast und wird nie Wirt«, 1996c, S. 67), um an dem Mythos der Subversion festhalten zu können.

Insbesondere aber erleben wir derzeit eine Mystifizierung der Diskjockeys in den Clubs (Bianchi 1996b). Die Figur des DJs wird dem Dunkel der Clubs entrissen und zu einer neuen Lichtgestalt der Popkultur stilisiert. Er gilt nun als Retter des Fortschritts, Held der Aufklärung und der künstlerischen Avantgarde und knüpft damit geradewegs an dem Geniekult der klassischen Boheme an. Die neue Kunst schöpft sich aus dem ›Mix und Remix‹; der DJ verkörpert im Sampling die radikale Intensität, die in Zeiten des Crossover als rettendes Symbol für Authentizität steht. Das Mythenspiel geht weiter.

Scharfe Kritik an den subkulturellen Mythen der Popmusik wird laut, wenn diesen Ideologien die Musikpraxen Jugendlicher gegenübergestellt werden: Frith (1996) argumentiert auf der Basis ethnographischer Untersuchungen jugendlicher Musikkulturen, daß Geselligkeit, Gemeinschaft im ›Fan-Netz‹ sowie eigener ›Starruhm‹ auf lokaler Ebene gesucht werden, wenn Teenager gemeinsam musizieren. Dabei stellen sich diese kulturell in die Welt der Erwachsenen, auch diese verfahren in ihren Musikpraxen nicht anders – so eine wichtige Quintessenz der Ausführungen. Hier anknüpfend geht Frith mit den Theoretisierungen der akademischen

Musiktheorie (wozu er durchaus auch Arbeiten der Cultural Studies zählt) hart ins Gericht. In solchen kulturwissenschaftlichen Studien zähle nur

»eine schonungslose Politisierung von Konsum, die Entwicklung nichtssagender soziologischer Begriffe (Widerstand, Autorisierung) auf Kosten ästhetischer Kategorien [sowie] die konstante Fehldeutung des Mainstreams als Nebensächlichkeit. [...] Es sei [...] gesagt, daß die kulturwissenschaftliche Auseinandersetzung mit der Popmusik im wesentlichen eine angstmotivierte Suche radikaler Intellektueller und entwurzelter Akademiker nach einem Idealbild des Konsums ist – dem idealen Konsumenten, dem subkulturellen Idol, dem Mod, dem Punk, dem coolen Markenfetischisten, dem alternativen Öko-Intellektuellen, der an ihrer Stelle stehen könnte« (S. 145).

Auf die erwähnten popkulturellen Mythologisierungen verzichtend knüpfen Junker und Kettner (1996) an der bislang unterschätzten Bedeutung der Musik für das Musikfernsehen an und betrachten MTV als televisionäre Ausdrucksform der gegenwärtigen Popmusik. Der Sender sei zwar mehr als die Summe der Videoclips, ohne diese wäre er jedoch ohne große Wirkung. Beide, Clips und MTV, würden zusammengehalten durch einen popkulturellen Rahmen und seien in die Welt der Popkultur eingebettet. MTV sei ›Clip- *und* Popworld‹ und lasse den Zuschauer, trotz der mittlerweile starken Annäherung an die Programmstruktur konventioneller Fernsehsender, an etwas Besonderem, der Popkultur nämlich, teilnehmen. Die Clips erschienen deshalb, anders als die Ausstrahlung von Videoclips in konventionellen Sendern, als integraler Bestandteil eines popmusikzentrierten Spartenprogramms. Die Popkultur zeichne sich – so die Kernthese – dadurch aus, daß sie »präsentistisch, assoziativ und opportunistisch« (S. 48) sei. Hit- und Modetrends in der Popkultur folgten irrationalen Regeln und thematisierten Historisches nur als aktuelles Ereignis, »in dessen spezifischen Neuigkeitswert das Flair einer Ähnlichkeit eingeht mit etwas, das es früher einmal gab« (ebd.) – folglich zähle nur das Hier und Jetzt. Bilder und Ideen müßten nicht durch das musikalische oder sonstige Material determiniert sein. Clips erwiesen sich vielmehr als offen für alle Einfälle, die nicht stören: »Die Musik schafft genug Kohärenz durch Wiederholung« (ebd.). Widersprüchlichkeiten entstünden, wenn überhaupt, nur auf der inhaltlichen Ebene (z. B. explizite Darstellungen von Sex, Gewalt und

Drogenkonsum). Und schließlich verfolge MTV eine »Politik des Spektakulären«. Modethemen, -gesten, -gags und -trends würden aufgegriffen und audiovisuell umgesetzt. Auf inhaltlicher Ebene finde diese »Special Effect-Organisation« ihr Pendant in der Stereotypisierung (z. B. Geschlechtsrollenstereotype). Popclips seien immer auf der Suche nach den neuesten technischen Effekten, um sie für ihre Zwecke auszunutzen: Was auch immer passiert, es kommt gelegen. Noch deutlicher werde die Aufeinanderbezogenheit von MTV als Rahmenprogramm und den Clips als Primärmaterial dieses Programms, betrachte man deren koevolutionäre Entwicklung. Clips analysieren heiße immer auch die eigentümliche und Eigendynamik entwickelnde Verquickung von Musik und Fernsehen zu untersuchen, deren heutige Synthese in Form von MTV die Popmusik revolutionierte: Popmusik werde nach televisuellen Vermarktungsstrategien produziert.

## 8. Videoclips: Das Zusammenspiel von Bild, Musik und Starinszenierung

Musikvideos unterscheiden sich von Filmmusiken u. a. dadurch, daß sie der Musik folgen, während umgekehrt Filmmusik auf eine Filmhandlung referiert. Trotz dieses offensichtlichen Unterschieds fällt auf, daß es vergleichsweise wenig Produktanalysen von Musikvideos gibt, in deren Zentrum die jeweilige *Musik* steht. Instruktive Ausnahmen bilden hier die Arbeiten von Altrogge (1993, 1994a), Björnberg (1994), Bradby (1992), Juncker (1993), Goodwin (1991; s. auch Nachtigäller 1985, Raum/Meyer 1990) und Morton (1993) sowie Doderer und Neumann-Braun (in diesem Band). Diese Arbeiten und die in ihnen exemplarisch interpretierten Clips zeigen, daß die jeweilige Musik, ihre Form, ihr Rhythmus und ihr Sound die basale Ordnung eines Musikvideos stiften. Ein zweiter ordnungsstiftender Faktor ist in der Stilistik von Videoclips zu sehen, die ihre Zuordnung zu einem Genre ermöglicht (Altrogge 1994b). Zur Musik und ihrem Text können nun weiterhin geradezu spielerisch Bilder auf vielfältige Art und Weise in Beziehung gesetzt werden, wodurch sich äußerst komplexe, synchronisierte (Altrogge 1993) oder gegenläufig differente und widersprüchliche Verweisungszusammenhänge zwischen Musik, Text und Bildern ergeben können. Prinzipiell können aber auch die *Bilder* von der Musik relativ unabhängige Wirkungen erzielen: Das Visuelle erzeugt Bedeutungen, die über die Musik ›als solche‹ hinausgehen und ein spezifisches weiterführendes Sehvergnügen bereiten (Longhurst 1995). Mit Sierek (1994) liegt in diesem Kontext eine pointierte Gegenposition vor, die dem Bild Vorrang vor der Musik als ordnungsstiftendem Medium einräumt. Folge aller angesprochenen gestalterischen Möglichkeiten ist eine Polysemie von Musikvideos, die jedoch angesichts der hohen Schnittfrequenz von den Zuschauern häufig nicht entdeckt werden kann. Es überwiegt der ›flüchtige Blick‹ auf Makro-Sinneinheiten, die – häufig wiederholt – eine vereinfachende und stereotype Interpretation fördern (vgl. Denisoff 1988). Schließlich zeigt Koch (1996) auf der Basis einer historisch-mythologischen Analyse des Verhältnisses von Sprache/Bild und Musik die vielfältigen Bemühungen auf, Musik in den Dienst der Sprache bzw. Sprachbilder zu stellen. Am Beispiel verschiedener Kunstgattungen skizziert sie die »Streitigkeiten, wer in der Konkurrenz um Wort, Bild und Klang den gerechten Sieg davon tragen dürfe« (ebd., S. 10). Trotz der traditionellen Zweitrangigkeit, die der Musik in der Filmgeschichte zukommt (Musik als Untermalung), argumentiert die Autorin unter Rückgriff auf die Gattung des visualisierten Musiktheaters für eine stärkere Berücksichtigung der Transgression von Wort und Bild in der Analyse von Videoclips: »In der Tat haben frühe Analysen den Umstand außer acht gelassen, daß es sich um spezifische Probleme der Musikverfilmung handelt, die dichter an den Inszenierungsproblemen des Musiktheaters liegen, als an denen des Films« (ebd., S. 15). Insbesondere die moderne Popmusik eigne sich aufgrund ihrer Narrativik für synästhetische Konzepte: Musik und Text werden bildlich untermalt. Dies kann heute v. a. durch technische Spezialeffekte (Steadycam, Louma, Schnorchelkamera) erreicht werden: »So vermitteln neue Technologien der photographischen und elektronischen Kameras und die Post-Production-Effekte der elektronischen Studios Mischformen zwischen Film und neuen Medien, die dem immateriellen Charakter des Musikalischen, der Raumdurchschlagung des Tons Rechenschaft tragen« (ebd., S. 16). Ist von der Visualisierung der Musik und des Songtextes die Rede, so muß eine Clipanalyse für die subtilen Relationen zwischen diesen Dimensionen sensibel sein: Musik, Bilder und Songtext, als Sprache oder sprachähnliche Gebilde gefaßt, ›erzählen‹ eine je eigene Geschichte, wobei diese

Geschichten sich wechselseitig verstärken, hemmen oder widersprechen können. Anhand einer kurzen Analyse des Videoclips zum Song *Take a Bow* der Popsängerin Madonna veranschaulicht die Autorin ihre Thesen: »Zumindest wird klar, daß die konventionelle Musik und der konventionelle Text eine untergeordnete Rolle spielen und es legitim erscheint, Madonna v. a. über ihre visuelle Inszenierung zu beschreiben« (ebd., S. 20).

Die ordnungsstiftenden Funktionen von Musik und Bild sind jedoch in den meisten Fällen zu beziehen auf eines der zentralen rahmenden Elemente der Gattung Musikvideo: die *Starinszenierung*. Den Strukturen und Prozessen audiovisueller Starinszenierung wird in der Regel am Beispiel international erfolgreicher Stars nachgegangen. Zu Madonna liegen etliche Analysen vor (umfassend: Schwichtenberg 1993, vor poststrukturalistischem Hintergrund: Grigat 1995), etwa zu ihren Videos *Like a Prayer* (Scott 1993), *Material Girl* (Bordo 1993), *Express yourself* (Curry in diesem Band) oder *Justify my Love* (Henderson (1993) sowie eine Einschätzung des Phänomens Madonna aus kulturtheoretischer Sicht (Tetzlaff 1993). Hill (1986) beschreibt einzelne Stars der achtziger Jahre und deren Präsentation im Rahmen von Videoclips (u. a. Police, Madness, Duran Duran, Culture Club, Frankie goes to Hollywood, Madonna). Mercer (in diesem Band) stellt eine Analyse des Michael-Jackson-Songs und -Videos *Thriller* vor, Burnett und Deivert (1995; s. hierzu auch Wenzel in diesem Band) untersuchen dessen Song *Black or White*. Schumm (1993) verbindet eine Untersuchung des Videoclips *Cloudbusting* von Kate Bush mit spezifischen methodischen Vorschlägen zur Bildanalyse audiovisuellen Materials. Barth und Neumann-Braun (1996a sowie in diesem Band) knüpfen an der v. a. musikwissenschaftlich orientierten Untersuchung des Prince-Videos *Alphabet Street* durch Altrogge (1994a) an und vertiefen die Analyse in textsemantischer Perspektive. Altrogge und Amann (1991) geben Kurzinterpretationen von Heavy-Metal-Videoclips (s. auch Betz 1990), Altrogge (1996) analysiert in weiteren Detailstudien Videoclips der Künstler Madonna (*Express yourself*), Skid Row (*18 and Life*), Enya (*Orinoco Flow*) und Rebel MC (*Street Tuff*). Die Literatur zu – nicht selten populärwissenschaftlich oder anwendungsbezogenen – Produktanalysen ist inzwischen stark angewachsen (z. B. Hertneck 1995, Mikos 1993).

Aus den zahlreichen Publikationen lassen sich als richtungsweisend für fortsetzende Untersuchungen zu *Musikvideos* folgende Arbeiten nennen: Umfassende Produktanalysen von Musikvideos werden in den Studien von Altrogge (1993, 1994a, b), Björnberg (1994) und Goodwin (1991) vorgestellt. Die Autoren verfolgen integrative Analysestrategien, die ihren Bezugspunkt in der jeweiligen musikalischen Form (z. B. Heavy Metal) haben; sie zeigen exemplarisch, wie solche Analysen konzeptualisiert sein sollten, um die Gattung Musikvideo adäquat untersuchen zu können. Arbeiten wie die von Schwichtenberg (1993) und Curry (in diesem Band) widmen sich in komplexer Weise den Symbolpolitiken und Marktinszenierungen einzelner Stars (hier: Madonna), was als eine notwendige Erweiterung produktanalytischer Untersuchungen zu gelten hat. Weiterhin im Schatten der Forschung steht jedoch das *Musikfernsehen* selbst: Es fehlen nach wie vor detaillierte Studien zur Ästhetik des Programmflusses der Musikfernsehsender. Diskussionsansätze hierzu sind zwar in den Arbeiten von Zielinski (1989) sowie von Hickethier (1994) zu erkennen, sie bedürfen jedoch noch intensiverer Weiterführung. Immerhin tragen jedoch Schmidtbauer und Löhr (1996, insb. Teil II und III) die bislang vorliegenden Ergebnisse zu zentralen Aspekten des Musikfernsehens systematisch zusammen: Programmstruktur, Sendekonzepte, Selbstverständnis der Sender, Werbeformen und -strategien, Moderationsstile usw.

## 9. Rezeption und Verstehen von Videoclips und Musikfernsehen

Angesichts der in einzelnen Musikvideos enthaltenen Komplexität und Vieldeutigkeit stellt sich die Frage, was Rezipienten und v. a. jugendliche Rezipienten in dieser Gattung an Botschaften sehen. Eine Betrachtung der Forschungslage zur Rezeption von Musikvideos und der Nutzung von Musikkanalsendern zeigt, daß es hierzu noch weiterer empirischer wie theoretischer Arbeiten bedarf. Bisher konnte gezeigt werden, daß sich Rezeptions- wie Produktionsprozeß an der Musik und weniger an den Bildern orientieren. Letztere werden von Teenagern eher als Illustrationen zur Musik wahrgenommen und weniger als narrativ organisierte Szenen einer eigenständigen Filmhandlung. In Fällen von Videoclips mit einer schwachen Bildkohärenz – im übrigen *kein* seltener Fall

– kommt der Musik ohnehin die Funktion der Bilderrahmung zu (Altrogge 1994b). Die auf der Grundlage experimenteller Methodik gewonnenen Daten sehen sich in ihrer Reichweite jedoch dem Problem der externen Validität ausgesetzt. Wir wissen derzeit noch zu wenig über die Art und Weise, wie Jugendliche Musikvideos aufnehmen und verstehen. Dieses Manko ist u. a. auch darauf zurückzuführen, daß es derzeit an einer ausgearbeiteten kognitionspsychologischen Theorie mangelt, die der Informationskomplexität von Clips gerecht werden könnte. Die wenigen vorliegenden Überlegungen hierzu zielen entweder auf das Verstehen narrativer Filme (vgl. z. B. Hoijer 1992, Ohler 1990), auf die ausschließliche Verarbeitung von gehörter Musik (Altrogge 1994b, Lehrdahl/Jackendoff 1983) oder auf die Rezeption der Präsentationen von Geschlechtsrollenstereotypen in den Musikvideos (Gender Studies, z. B. Schwichtenberg 1993, Bechdolf 1997b, weitere Literatur s. u.).

Auch im Bereich der *Rezeptionsanalyse* sind also gewichtige Desiderate auszumachen (s. auch Schmidtbauer/Löhr in diesem Band). Neben ersten Nutzungs- und Akzeptanzuntersuchungen liegen nur zwei Arbeiten von Altrogge und Amann (1991) sowie Altrogge (1994c) vor, die auf den Aspekt der kognitiven Verarbeitung und Bewertung von Videoclips und Musikfernsehen abheben und auf einer experimentellen Untersuchungsbasis gründen. Insbesondere fehlt es an Arbeiten, die die ›natürliche‹ Rezeptionssituation von Jugendlichen und jungen Erwachsenen erfassen. Nicht nur deutsche, sondern auch internationale Befunde (z. B. aus Skandinavien, Frith 1988a) belegen, daß Jugendliche zwischen 14 und 29 Jahren *zu Hause* weit weniger und seltener Musikvideos und TV-Musiksender konsumieren, als gemeinhin unterstellt wird. Welchen Stellenwert jedoch die Jugendlichen den Videoclips und dem Musikfernsehen einräumen und welche Funktion diese für die Kommunikation in der Peer group haben, kann derzeit kaum *spezifisch* beantwortet werden. Wir wissen auch zu wenig darüber, was es für Jugendliche heißt, zur Fankultur eines Musiksenders zu gehören. Generell ist unsere Kenntnis der spezifischen sozialen Funktionen, die Musikvideos und Musikfernsehen im Alltagsleben von jungen Menschen zukommen, sehr begrenzt. Hier sind folglich weitere Rezeptionsstudien vonnöten.

## 10. Musiktelevision, Clips und Gender Studies

Ein – neben der Bild-Text-Musik-Verstehensforschung – zweiter großer Forschungsbereich zum Thema Rezeptionsanalyse stellt die Untersuchung der Wahrnehmung und Verarbeitung der in den Videoclips präsentierten Geschlechtsrollen dar. Am Beispiel der Medienpräsenz von vier Künstlerinnen (Tina Turner, Pat Benater, Cindy Lauper und Madonna) arbeitet Lewis (1990a) Unterschiede zwischen »male-adressed-videos« und »female-adressed-videos« heraus. Übereinstimmend zeigen Inhaltsanalysen von Musikvideos (Bechdolf 1994, Grigat 1995, Lewis 1990b, Signorelli 1989, Signorelli et al. 1994, Stockbridge 1990), daß vergleichsweise häufig traditionelle Geschlechtsrollenstereotype, Sexismus und Aggressivität (Baxter et al. 1985, Hall-Hansen/Krygowski 1994, Sherman/Dominick 1986) präsentiert werden. Bechdolf (1996) unterzieht das Phänomen Musikvideo sowie seine Einbindung in akademische Diskurse einer feministischen Analyse. Hierzu werden typische Mythen und Geschichten, die man immer wieder zur Darstellung der Entwicklung des Musikvideos bemüht, um eine geschlechtsspezifische Perspektive erweitert. Die Autorin verweist auf die geringe Zahl der weiblichen Musikvideoregisseure und -produzenten, überträgt das Konzept des »male-gaze« der feministischen Filmtheorie auf das Genre Clip und kritisiert die idealtypische Dichotomisierung von Rock und Pop sowie deren stereotype Assoziation mit Männlichkeit und Weiblichkeit. Gerade weil jedoch die Musikvideos mit ihrer engen Bindung zum Pop eine Chance eröffneten, Männlichkeits- und Weiblichkeitsstereotype aufzubrechen (sie verweist hier z. B. auf Annie Lennox oder Grace Jones bzw. Boy George oder David Bowie), wurden sie gefährlich für eine patriarchale Gesellschaftsordnung und mußten ›auf Kurs‹ gebracht werden:

»Um diesen Diskurs [Rock vs. Pop] zu stützen und damit die als ›männlich‹ konnotierte Rock-Rebellion erhalten zu können, wird auf traditionelle Konstruktionsweisen der Geschlechterdifferenz zurückgegriffen. Mehrheitlich akzeptierte Vorstellungen von Weiblichkeit und Männlichkeit werden damit als kulturelles Bindemittel verwendet, das die diversen Brüche, die das Musikvideo als neue Gattung verursacht, wieder in den gesellschaftlichen Konsens einbetten soll. Trotz des vielerlei emanzipatorischen Potentials [...] wird so das kulturelle

System der Zweigeschlechtlichkeit im Musikfernsehen ständig reproduziert« (ebd., S. 287).

Aber auch hier sind Gegenstimmen zu vernehmen: Turim (1996) sucht einen Zugang zur Analyse von Videoclips über den Begriff der Geste. Im Mittelpunkt des Textes steht die Analogie weiblicher sexueller Gesten in ausgewählten Videoclips zu der Verwendung von Gesten in der Kinogeschichte. Anhand exemplarischer Clipanalysen weiblicher Interpreten (Celine Dions *The Power of Love*, Melissa Etheridges *I'm the only One* und *Come to my Window*, Madonnas *Take a Bow*) demonstriert die Autorin, welche zentrale Rolle der Geste als Analysekategorie zukommt und konstatiert insgesamt einen symbolischen Machtgewinn des weiblichen Geschlechts, der dadurch entstehe, daß Frauen in den Clips ihre Sexualität in sonst Männern vorbehaltener Art und Weise inszenieren.

Brown und Campbell (1986), Brown und Schulze (1990) sowie Thompson et al. (1993) zeigen in diesem Zusammenhang, daß Jugendliche je nach Geschlecht, ethnischer Zugehörigkeit, Alter, allgemeiner Medienerfahrung und familiär geprägtem Umgangsstil mit Medien Musikvideos sehr verschieden wahrnehmen und verstehen (vgl. auch Seidman 1992, Signorelli 1989, Signorelli et al. 1994, Tapper et al. 1994, Vincent 1989, Vincent et al. 1987). In einer jüngeren Studie folgt Bechdolf (1997a) der Perspektive ›doing gender‹ und versucht, über Tiefeninterviews Zugang zur geschlechtsspezifischen Rezeption von Videoclips durch junge Frauen zu bekommen. Untersuchungsleitend ist der Gedanke, die Cliprezeption als eine Art Verhandlungssache zu begreifen, in der es zu permanenten Kategorisierungsleistungen entlang der Dichotomie männlich-weiblich (z. B. männlich/kulturell hochwertig, weiblich/emotional-körperlich) kommt. Diese – soeben gezogenen – Grenzen werden jedoch gleich wieder hinterfragt und aufgelöst: Das autonome Subjekt – so Bechdolf – reflektiere in einem Prozeß der Re- und De-Konstruktion die rahmende Funktion der Kategorie Geschlecht. Gelingt es der in der Fallstudie vorgestellten Frau, einen autonomen Subjektstatus zu reklamieren – *jenseits* der Kategorie Geschlecht? Wäre dies dann als ein Beleg für die These vom tendenziellen Fall des Deutungsmusters Geschlechtsrolle (Schütze 1993) zu werten? Hier sind weitere Vergleichsstudien v. a. auch mit männlichen Rezipienten nötig, um der Komplexität der Rezeptionsprozesse von Medienunterhaltungsprodukten gerecht zu werden. Curry (in diesem Band) hat zudem darauf aufmerksam gemacht, daß die Inhalte von Videoclips und deren Wirkungen auf das Publikum nicht isoliert gesehen werden können, sondern in ihrer Intertextualität, d. h. in ihrer multimedialen Einbettung, interpretiert werden müssen. Burnett und Deivert (1995) haben daher weitere Untersuchungen vorgenommen: Den Clip zum Song *Black or White* von Michael Jackson unterziehen die Autoren einer detaillierten (scene by scene-)Analyse, um ihre These der Intertextualität populärkultureller Produkte zu stützen. Intertextualität definieren sie unter Zuhilfenahme des Konzepts der Transtextualität bei Gerard Genette als auf der Relation basierend, die zwischen zwei oder mehreren Texten innerhalb des zu analysierenden Textes besteht, wobei ein zugrundeliegender Signifikant (*eine* bestimmte Szene oder Stelle aus dem Clip) sowohl als ›primary source‹ (Pastiche) als auch als ›mirrowing of another primary source‹ (Parodie) begriffen werden kann. Neue Bedeutungen entstehen nun grundsätzlich dadurch, daß Bekanntes anders arrangiert und kontextualisiert wird. Die Analyse erfolgt unter Berücksichtigung sowohl des Bild- als auch des Songtext- und Musikmaterials, des kulturellen Kontextes (d. h. insbesondere unter Berücksichtigung des Starimages Jacksons und seiner bisherigen, extensiven Nutzung des Mediums Videoclip sowie der Geschichte des Musikvideos *Black or White*) sowie rezeptionsanalytischer Studien. Die Autoren entdecken im Zug ihrer sequentiellen Analyse sowohl der zensierten (ebd., S. 23 ff.) als auch der unzensierten (ebd., S. 32 f.) Version des Clips *Black or White* mannigfaltige Film-, TV-, Pop(musik)- und kulturgeschichtliche Bezüge. Schließlich diskutieren sie die produktanalytischen Ergebnisse auf der Basis einer rezeptionsanalytischen Studie über schwedische und norwegische Studenten und Studentinnen. Resümierend, so die Autoren, ließe sich die These der Intertextualität bzw. der Offenheit popkultureller Texte durch vorangehende Analysen und Rezeptionsstudien stützen. Darüber hinaus zeige sich die Offenheit und Globalität popkultureller Texte bzw. der Popkultur insgesamt insbesondere daran, daß Rezipienten mit kulturell völlig verschiedenen Hintergründen ähnliche Bezüge herstellen und zudem in der Lage sind, kulturspezifische Interpretationen zu generieren.

# 11. Musikkanäle in der Akzeptanz der Jugendlichen

Über die Nutzung von Musikvideos durch Jugendliche und deren Bedeutung für den Kauf von Tonträgern und modischen Accessoires liegen deskriptive Studien vor (Abt 1987, Altrogge/Amann 1991, Christenson 1992, Reetze 1989). Untersuchungen zur Fernsehnutzung generell (für Belgien: Roe/Cammaer 1993; für Deutschland: Schmidt 1995 auf der Basis der repräsentativen Daten der GfK bzw. der jüngsten WDR-»Jugendstudie«) sowie speziell zu dem Konsum von TV-Musikprogrammen (hier MTV und VIVA) durch 14- bis 29jährige Jugendliche bzw. junge Erwachsene im deutschsprachigen Raum (Frielingsdorf/Haas 1995) vermitteln folgendes Bild (zusammenfassend Schmidtbauer/Löhr 1996, Teil IV): Die TV-Nutzung dieser Altersgruppe ist auch seit der Einführung des dualen Rundfunksystems insgesamt konstant geblieben. Sie sieht im Vergleich zu anderen Altersgruppen wenig(er) fern; durchschnittlich sind es 104 Minuten täglich. Auf Platz eins der Beliebtheitsskala steht der Sender RTL, gefolgt von PRO 7, MTV und VIVA. Die Musiksender werden seltener und für kürzere Zeit als oft erwartet eingeschaltet: Die meisten Zuschauer nehmen etwa eine Stunde pro Tag dieses Unterhaltungsangebot wahr, nur zwischen 7 und 13% der beiden Altersgruppen schauen länger als zwei Stunden diese Sender (MTV und VIVA lassen sich bislang nicht von der GfK-Reichweitenforschung untersuchen, s. hierzu Brockmeyer 1996, Karepin 1995). Die Jugendlichen betonen den hohen Stellenwert der Musik. Die Musiksender und die Videoclips bringen ihnen die Musik und – so die Befragten – den dazugehörigen Markt näher, was ihnen ebenfalls sehr wichtig ist – eine Aussage, die für die Altersgruppe der jungen Erwachsenen nachlassend gilt. Der Musik kommt überdies eine wichtige kommunikative Bedeutung zu, denn sie ist – so die Jugendlichen – bedeutsam dafür, in der Gleichaltrigengruppe mitreden zu können. Damit jedoch gewinnt die Musiksendernutzung eine über die herkömmliche TV-Nutzung hinausgehende Kommunikationsfunktion in den jugendkulturellen Lebenszusammenhängen: Musiksender werden als Alternative (!) zu Fernsehen, Radio und Tonträger genutzt, nämlich als Nebenbei-Medium zum ›Musik-Sehen‹ und als eine wichtige Informationsquelle für das Geschehen auf dem Markt der aktuellen Moden und Trends. Ziel ist nicht das genaue Hinschauen i. S. einer dauerhaften Konzentration, Ziel ist vielmehr der selektive Blick auf das Endlosprogramm, was besonders wichtig für junge Erwachsene ist, die – wie die Jugendlichen – selten gezielt das Programm einschalten, sondern v. a. durch das Zappen in die Musikprogramme geraten und dort ›hängen‹ bleiben. Die ›interne‹ Zappingstruktur der Musiksender begünstigt diese Form des Rezeptionshandelns. Das Nebenbei-Hören sollte nicht vorschnell als ›neue‹ Unkonzentriertheit interpretiert werden, sondern in seiner Bedeutung als ein verändertes Rezeptionssteuerungshandeln angesichts eines überbordenden Informations- und Unterhaltungsangebots verstanden werden. Zusammenfassend zeigt sich, daß Jugendliche und junge Erwachsene in Deutschland das Angebot der Musiksender – entgegen vieler Vorurteile – nicht exzessiv wahrnehmen, sondern eher überschaubar und moderat. Allerdings ist zu berücksichtigen, daß Musiksendern auch andernorts begegnet werden kann, sei es in Kaufhäusern (z. B. WOM) oder in Discos und Fitneßzentren, wo pausenlos Musikfernsehprogramme gezeigt werden. (Für weitere Einzelheiten zu den vorliegenden aktuellen Ergebnissen der Nutzungs- und Rezeptionsforschung siehe Schmidtbauer/Löhr in diesem Band.)

V. a. für Jugendliche ist die Musik und damit auch das Angebot der Musiksender existentiell wichtig. Um auf dem laufenden zu bleiben und ›in‹ zu sein, wird im Fernsehen nicht nur Musik gehört, sondern offensichtlich auch auf die vom Musiksender gesetzten Trends gehört, womit diesen die Rolle eines ›meaning makers‹ zugewiesen ist. Traditionell war das Fernsehen für die Jugendkulturen ein zweitrangiges Medium. Wenn sich nun durch Musikvideos dessen Stellenwert ändert, dann ist auch zu fragen, was sich wie an den Jugendkulturen (vgl. Coupland 1994a, b; Wicke 1990a, b; Willis 1978) unter dem Einfluß der Kultur- und speziell der Musikindustrie gewandelt hat (Frith 1988a, b; Frith, Goodwin/ Grossberg 1993; Lull 1987) und welche spezifischen gruppenbildenden Funktionen Musikvideos für die aktuelle Jugendkultur haben. Zu dieser Frage liegen derzeit nur wenige empirische Arbeiten vor, die einen ersten Einstieg in die Thematik leisten (vgl. Altrogge/Amann 1991, Altrogge/Schenkewitz 1993, Sun/Lull 1986). Insbesondere – etwa ethnographische – Beobachtungsstudien in natürlichen jugendkulturellen Lebenszusammenhängen stehen bislang aus (Neumann-Braun/Deppermann 1998). Das ist wohl das größte Desiderat der Forschungen zum Thema Musikfernsehen und Videoclips, das wir heute benennen müssen.

## 12. Zur Auswahl der Beiträge

Die Beiträge ermöglichen einen Zugang zu der in dieser Einleitung skizzierten Diskussion. Ramona Curry gibt einen Einstieg in die Denkweisen der angelsächsischen Diskussion Anfang der neunziger Jahre. Der Artikel ist inzwischen zu einem ›modernen Klassiker‹ geworden, der bestens in die Auftaktdiskussion des seinerzeit startenden Musikfernsehens und des damit verbundenen aufkommenden Videoclipbooms einzuführen vermag. Verblendende, kommerzielle Ausbeutung oder aufklärerische Politik von Kunst und Vergnügen – das war die Kardinalfrage dieser Jahre. Mit den beiden Arbeiten von Ulrich Wenzel und Eggo Müller gelingt (bereits) ein erster Blick zurück aus heutiger Zeit: Wie läßt sich die Poststrukturalismus-Debatte, die sich so intensiv an den Videoclips und dem Musikfernsehen festgemacht hat, aus gegenwärtiger Sicht einschätzen? Was bleibt bestehen: poststruktureller Clip-Diskurs nur als modisches Geschwätz nach dem Motto ›post this, neo that‹ – oder doch als ernstzunehmende Denkschule und Methode der Ideologiekritik? Ulrich Wenzel stellt sich diesen Fragen in der Weise, daß er einen weiteren zentralen Klassikertext, nämlich den von Kinder (1984), neu überdenkt. Zudem reinterpretiert er Michael Jacksons Clip *Black and White* – inzwischen ebenfalls ein moderner Klassiker. Eggo Müller verortet die Diskussion über Clips und MTV in die akademische Schule der angelsächsischen Cultural Studies. Dabei wendet er sich ausführlich den Phänomenen von ästhetischer Intermedialität und ökonomischem Medienverbund zu: Filmsequenzen werden zu Szenen in Videoclips, die zu Programmangeboten im Fernsehen avancieren und umgekehrt; die Werbung in dem einen Medium wirbt auch für das andere. Will Smiths (alias The Fresh Prince) FilmMusikVideo *Men in Black* ist hierfür ein überzeugendes Beispiel. Auf diese Zusammenhänge des Medienverbunds haben Autoren der Cultural Studies schon länger hingewiesen, erst jetzt zeigen sich jedoch die Folgen dieser Vermarktungsstrategien in aller Offenheit: Es ist ein Musikoligopol entstanden. Inwieweit diese neue kulturelle Formation zu einer in dieser Art noch nie gekannten Einengung der Rezeptions- und Aneignungsweisen des jugendlichen Publikums führt, bleibt eine wichtige Frage, mit der Müller eine der zentralen Annahmen der Cultural Studies kritisiert, die die Rezeptionsaktivität und den Eigensinn der Konsumenten ideologisch überzubewerten scheint:

Die Leute bekommen, was sie wollen, und sie wollen, was sie kennen; manches sollen sie aber nicht wollen, also auch nicht kennen; wenn sie jedoch das Unbekannte, Andere nicht angeboten bekommen bzw. nachfragen können, über welche Handlungs- und Autonomiechancen verfügen dann überhaupt (noch) die heutigen MusikVideoPop-Liebhaber?

Die beiden folgenden Arbeiten gehen der forcierten Kommerzialisierung der Musikkanäle nach: Axel Schmidt erweitert unser Wissen über das Leben und Wirken »Inside MTV« (ein Titel von Denisoff, der 1988 publiziert wurde) unter Rückgriff auf die 1996 veröffentlichte Studie von Banks (»MonopolyTeleVision – MTV«). In seinen Ausführungen wird das wahre Ausmaß der »McDonaldization« der Musikunterhaltung in einer globalen (Medien-)Welt greifbar. Kommerzialisierung, Standardisierung und Domestizierung nehmen das Kulturgut Musik in einen festen Griff. Lutz Hachmeister und Jan Lingemann verfolgen die Spuren des Aufbaus des deutschen MTV-Konkurrenten VIVA und ermöglichen erstmals einen systematischen Blick im bereits angesprochenen Stil von »Inside VIVA«.

Der nächste Abschnitt versammelt produktanalytische Arbeiten, in denen eine Reihe von Videoclipanalysen vorgestellt werden. Darin kommen ›Altstars‹ wie Madonna, Michael Jackson und Prince ebenso in den Blick wie aktuelle Stars aus der Techno- (Robert Miles, Member of Mayday), Hardrock/Crossover- (Living Colours) und Techno-Punkrock-Szene (Prodigy). Ramona Curry widmet sich vor poststrukturellem und feministischem Denkhintergrund der – auch noch für die ›neue‹ Madonna relevanten – Frage, ob Madonna nur imitiert oder aber – in politischer Absicht (?) – parodiert. Sie analysiert die vielfältigen Verweisungszusammenhänge, die Madonna in ihren Videos unter Bezugnahme auf das in anderen Medien von ihr gezeichnete Image herstellt. Dabei sind Themen wie die weibliche sexuelle Autonomie und der selbstbestimmte öffentliche Bewegungsraum in einer von weißen Männern dominierten Welt typische Inhalte ihrer Inszenierungen. Kobena Mercer führt dann eine Symbolanalyse von Michael Jacksons Clip *Thriller* durch. Michael Altrogges Beitrag stellt eine der ersten musikanalytischen Untersuchungen dar, in der stringent an der These des audiovisuellen Gesamttextes gearbeitet wird. Spezifische re-de-konstruktive Techniken lassen – so der Kern der Argumentation – ein Gesamtkunstwerk entstehen, in dem musikalischer, sprachlicher und bildlicher Ausdruck eine spezifische, widersprüchlich bis ironisch erscheinende Zeichenrelation eingehen, die eine Vielzahl von Bedeutungszuweisungen eröffnet. Altrogge vertritt die These, daß sich kein konsistenter Handlungsstrang im Clip aufzeigen ließe, eine Ansicht, die eine Relativierung durch eine sequentiell-rekonstruktive Interpretation von Liedtext und Handlungsabfolge des Clips erfährt, die Michael Barth und Klaus Neumann-Braun ergänzend zu Altrogges Ausführungen vornehmen. Die Frage nach der ›Ordnung‹ der Clips beschäftigt aus medienwissenschaftlicher Sicht Hans J. Wulff. Er widmet sich am Beispiel des Living-Colour-Clips *Cult of Personality* den sog. Performance-Videoclips, die den überwiegenden Teil der Musikvideos ausmachen. Vor dem theoretischen Hintergrund von Sprechakt- und Rollentheorie arbeitet Wulff das semantische Dependenz- und Rollengefüge der Kommunikationsstruktur ›Performance‹ heraus und diskutiert deren inzwischen v. a. im Rahmen der Rock- bzw. der Heavy-Metal-Produktionen erreichte außerordentliche ästhetische Eigenständigkeit gegenüber anderen, klassischen Formen der audiovisuellen Kommunikation. Deutlich wird aber auch, daß nur *der* über einen populären Clip urteilen kann, der um die einschlägigen Mythen weiß, die in den Videos rede-konstruiert werden (hier: authentische Inauthentizität).

Mit den beiden sich anschließenden Arbeiten wenden wir uns der Technomusik zu. Achim Doderer und Klaus Neumann-Braun untersuchen den Trance-Technoclip *Fable* von Robert Miles in ganz ähnlicher Weise musikwissenschaftlich, wie Altrogge dies für den Prince-Clip getan hat. Damit wird der immer wieder gestellten Forderung nachgekommen, die Engführungen der allein auf die visuellen und semantischen Stimulanzien fokussierenden Clipinterpretationen aufzuheben. Die Auswahl dieses Clips folgt zudem der Überlegung, daß Techno eine besondere Herausforderung für jedwede musikanalytische Interpretation darstellt: Hier gibt es noch wahre Pionierarbeit zu leisten. Weiterhin wird das Ziel verfolgt, in *gegenläufiger* Richtung mit der These der medialen Transgression (siehe: Altrogge) zu arbeiten. Sorgt in dem einen Fall das künstlerische Zusammenspiel von Ton, Text und Bild für zusätzliche Rezeptionsattraktionen, läßt sich durchaus auch – wie im Fall von Trance und Chill-out-Musik gewünscht – in gegenläufiger Richtung verfahren: Nun können durch das Zusammenspiel von visuellem und auditivem Material gezielt spezifische Rezeptionshöhepunkte *vermieden* werden: Das musikalische Easy Listening in der Endlosschleife steht auf dem Programm. Assoziationen zu der im Hintergrund plätschernden Kaufhausmusik stellen sich ein, es lassen sich aber auch Verbindungen zur religiösen Meditationsmusik verschiedener Provenienz herstellen: Der A-Semantik von Musik und Bild ist das Ziel der (zumindest zeitweisen) Selbstaufgabe des Technohörers zur Seite gestellt: Stop ›mindfucking‹! Im Endergebnis muß man sich jedoch wohl eingestehen, daß bei der Technomusik akademische Analysen an ihre Grenzen stoßen. Darauf weist Michaela Pfadenhauer mit Ihrer Clipanalyse von *Sonic Empire* (Members of Mayday) deutlich hin: Wer nicht als ›Technoide/r‹ denkt und fühlt, vermag diese Sinnwelt nicht zu erschließen – so die Pointe der Ausführungen. Schließlich vermittelt der Prodigy-Clip *Smack my bitch up* eine provozierende Erfahrung der Grenzauflösung: Der Rezipient wohnt einem Drogen-Alptraum bei, der den Rahmen des üblichen Denkens und Empfindens völlig sprengt. Diese ›Jagd durch die Nacht‹ wird so drastisch dargestellt, daß niemand unbeteiligt bleiben kann, wie das subjektive Rezeptionsprotokoll von Eva Schmidt zeigt. Mit diesem Beitrag kehrt sich die Untersuchungsperspektive gleichsam um: Eine durchaus betroffene Zuschauerin versucht sich ihren Reim auf das wahnhafte Geschehen auf dem Bildschirm zu machen. Das von ihr sukzessiv entschlüsselte Spiel mit Drogen- und Geschlechterfragen deutet der eine – wie so häufig – als Kunst, der andere als Schund, gegen den es einzuschreiten gilt (wie im März 1998 geschehen, als die Landesanstalt für Rundfunk, NRW, Beschwerde gegen die Ausstrahlung dieses Clips im VIVA II-Programm einlegte).

Im letzten Abschnitt stellen Wolfgang Schmidtbauer und Paul Löhr die aktuellen repäsentativen Ergebnisse zu Nutzung und Rezeption von Musikfernsehen und Videoclips dar. Trotz intensiver Recherchen behält dieses Unterfangen den Charakter von Vorläufigkeit, da nach wie vor Daten, etwa aus dem GFK-Panel, nicht zugänglich sind: MTV und VIVA verfolgen weiterhin eine eher restriktive Informationspolitik, jedenfalls was die ›harten‹ Marktdaten anbelangt. Aber dennoch: Den beiden Autoren gelingt es, einen detaillierten Einblick in die Akzeptanz der Musiktelevision durch die Kids, Teens und jungen Erwachsenen zu vermitteln.

Vielleicht mag der eine oder andere Leser bei dieser Zusammenstellung eine geharnischte Kritik an Musikindustrie, MTV und

VIVA vermissen. Und ganz richtig, eine solche gerne von Sendungsbewußtsein getragene ›Moralpredigt‹ findet sich in diesem Sammelband nicht. Auch soll kein weiterer Beitrag zur Traktatliteratur verfaßt werden. Die Textsammlung setzt vielmehr auf das kritische Urteil der Leser. Wer dem Gang der Beiträge und Argumentationen folgt, kann sich selbst ein Bild von den Strukturen und Dynamiken auf dem Markt der Musiktelevision (Produktion, Produkt, Nutzung und Rezeption) machen. Er liest ›klassische‹ und aktuelle Texte, die die Geschichte der einschlägigen Theoriediskussionen spiegeln, gewinnt einen Eindruck von Reichweite und Grenzen der verschiedenen methodischen Zugänge zur Clipanalyse und kann im einzelnen die Bedeutung der Ökonomie für die Produktion und Rezeption von Musikfernsehen und Videoclips abschätzen, was ja das zentrale Thema der derzeit neubelebten MTV-Debatte darstellt. Der Leser entscheidet selbst, ob und – wenn ja – wie »die bösen Buben locken« (Th. W. Adorno).

## Literatur

Abt, D. (1987): Music Video: Impact of the Visual Dimension, in: J. Lull (Hg.): Popular Music and Communication, London, S. 96-111.

Adolph, J. (1995): Neulich im Cyberspace – Visionen aus Musikvideos, in: Ästhetik und Kommunikation 88, S. 95-100.

Allan, B. (1990): Musical, Cinema, Music Video, Music Television, in: Film Quarterly 43, S. 2-14.

Altrogge, M. (1990): Wohin mit all den Zeichen oder: Was hat Madonna mit dem Papst und Pepsi-Cola zu tun? in: H. J. Wulff (Hg.): Zweites Film- und Fernsehwissenschaftliches Kolloquium/Berlin '89, Münster, S. 221-234.

Altrogge, M. (1992): Der Videoclip: Die neue Form des Starkults, in: Bertelsmann Briefe 128, S. 25-28.

Altrogge, M. (1993): Von der Bilderflut zum Bewußtseinsstrom. Überlegungen zur musikalischen Organisation von Raum und Zeit in Musikvideos, in: B. Naumann (Hg.): Vom Doppelleben der Bilder: Bildmedien und ihre Technik, München, S. 183-218.

Altrogge, M. (1994a): Alphabet Street. Prince oder die Kunst der Re-de-de-Konstruktion, in: J. Paech (Hg.): Film, Fernsehen, Video und die Künste. Strategien der Intermedialität, Stuttgart, S. 239-261 (abgedruckt in diesem Band).

Altrogge, M. (1994b): Das Genre Musikvideos: Der Einfluß von Musik auf die Wahrnehmung der Bilder. Selektions- und Generalisierungsprozesse der Bildwahrnehmung in Videoclips, in: L. Bosshart/W. Hoffmann-Riem (Hg.): Medienlust und Mediennutz. Unterhaltung als öffentliche Kommunikation.

Schriftenreihe der Deutschen Gesellschaft für Publizistik- und Kommunikationswissenschaft, Bd. 20, München, S. 196-214.

Altrogge, M. (1994c): Video-Rock – Visuelle Re-de-Konstruktion musikalischer Stilistik? Ergebnisse einer experimentellen Erhebung, in: W. Faulstich/ G. Schäffner (Hg.): Die Rockmusik der 80er Jahre, 4. Lüneburger Kolloquium der Medienwissenschaften, Bardowick, S. 152-168.

Altrogge, M. (1995): MTV – One World, One Music? in: L. Erbring (Hg.): Kommunikationsraum Europa. Schriftenreihe der Deutschen Gesellschaft für Publizistik und Kommunikationswissenschaft, Bd. 21, Konstanz, S. 198-225.

Altrogge, M. (1996): Entwicklung, Funktion, Präsentationsformen und Texttypen der Videoclips, in: L. Krank/L. Straßner (Hg.): Medienwissenschaft. Media: Technology, History, Communication, Aesthetics, Reihe: Handbücher zur Sprach- und Kommunikationswissenschaft, Berlin/New York (im Erscheinen).

Altrogge, M./Amann, R. (1991): Videoclips – Die geheimen Verführer der Jugend? Schriftenreihe der Landesmedienanstalten, Berlin.

Altrogge, M./Schenkewitz, R. (Hg.) (1993): Videoclips und Populärkultur, Münster.

Aufderheide, P. (1986): Music Videos: The Look of the Sound, in: Journal of Communication 36, S. 57-78.

Banks, J. (1996): Monopoly Television. MTV's Quest to Control the Music, Boulder.

Barth, M./Neumann-Braun, K. (1996a): Augenmusik. Musikprogramme im deutschen Fernsehen – am Beispiel von MTV, in: Landesanstalt für Kommunikation Baden-Württemberg (LfK) (Hg.): Fernseh- und Radiowelt für Kinder und Jugendliche. Schriftenreihe der LfK, Bd. 3A, Villingen, S. 249-265.

Barth, M./Neumann-Braun, K. (1996b): MusikTeleVision. Eine Unterrichtseinheit (UE) zum Thema Musikvideos, in: K. Stipp-Hagmann (Hg.): Fernseh- und Radiowelt im Unterricht. Schriftenreihe der LfK, Bd. 3B, Villingen, S. 65-70.

Batschari, A. (1997): MTV und sein Bild der afro-amerikanischen Kultur. Eine Untersuchung unter besonderer Berücksichtigung der Sendung YO! Alfeld/ Leine.

Baumgärtel, T. (1994): »Jam« – Die Sendung zur Hose, in: die tageszeitung, 9.7., S. 17.

Baxter, B./de Riemer, C./Landini, A./Leslie, L./Singletary, M. (1985): A Content Analysis of Music Videos, in: Journal of Broadcasting & Electronic Media 29, S. 333-340.

Bechdolf, U. (1994): Musikvideos im Alltag: Geschlechtsspezifische Rezeptionsweisen, in: M.-L. Angerer/J. Dorer (Hg.): Gender und Medien: Theoretische Ansätze, empirische Befunde und Praxis der Massenkommunikation: Ein Textbuch zur Einführung, Wien, S. 186-193.

Bechdolf, U. (1996): Music Video Histories. Geschichte – Diskurs – Geschlecht, in: C. Hackl/E. Prommer/B. Scherer (Hg.): Models und Machos? Frauen- und Männerbilder in den Medien, Konstanz, S. 277-299.

Bechdolf, U. (1997a): Verhandlungssache »Geschlecht«: Eine Fallstudie zur kulturellen Herstellung von Differenz bei der Rezeption von Musikvideos, in: A. Hepp/R. Winter (Hg.): Kultur – Macht – Medien, Opladen, S. 201-214.

Bechdolf, U. (1997b): Puzzling Gender. Re- und Dekonstruktionen von Geschlechterverhältnissen im und beim Musikfernsehen. Dissertation. Tübingen: Ludwig-Uhland-Institut für Empirische Kulturwissenschaft (im Erscheinen).

Berland, J. (1986): Sound, Image, and Social Space: Rock Video and Media Reconstruction, in: Journal of Communication Inquiry 10, S. 34-47.

Betz, M. (1990): Willkommen im Dschungel. Versuch der semiotischen Beschreibung eines Videoclips, in: H. J. Wulff (Hg.): Zweites Film- und Fernsehwissenschaftliches Kolloquium/Berlin '89, Münster, S. 235-248.

Bezzola, T. (1996): Massenboheme, in: P. Bianchi (Hg.): Art & Pop & Crossover. Kunstforum 134, S. 177-182.

Bianchi, P. (Hg.) (1996a): Art & Pop & Crossover. Kunstforum 134.

Bianchi, P. (Hg.) (1996b): Cool Club Cultures. Kunstforum 135.

Bianchi, P. (1996c): Subversion der Selbstbestimmung, in: Ders. (Hg.): Art & Pop & Crossover. Kunstforum 134, S. 56-75.

Björnberg, A. (1994): Structural Relationships of Music and Images in Music Video, in: Popular Music 13, S. 51-74.

Bódy, V. (1987): Eine kleine Cliptomathie, in: V. Bódy/P. Weibel (Hg.): Clip, Klapp, Bum. Von der visuellen Musik zum Musikvideo, Köln, S. 12-16.

Bódy, V./Bódy, G. (Hg.) (1986): Vom kommerziellen zum kulturellen Videoclip, Köln.

Bódy, V./Weibel, P. (Hg.) (1987): Clip, Klapp, Bum. Von der visuellen Musik zum Musikvideo, Köln.

Bordo, S. (1993): »Material girl«: The Effacements of Postmodern Culture, in: C. Schwichtenberg (Hg.): The Madonna Connection: Representational Politics, Subcultural Identities and Cultural Theory, St. Leonards/New South Wales, S. 265-290.

Bradby, B. (1992): Like a Virgin-Mother? Materialism and Maternalism in the Songs of Madonna, in: Cultural Studies 6, 1, S. 74-96.

Brockmeyer, D. (1996): »Wir machen Trendfernsehen«. Ein Gespräch mit Dieter Gorny, in: Media Spectrum 7, S. 38-39.

Brown, J. D./Campbell, K. (1986): Race and Gender in Music Videos: The Same Beat but a Different Drummer, in: Journal of Communication 36, S. 94-106.

Brown, J. D./Schulze, L. (1990): The Effects of Race, Gender, and Fandom on Audience Interpretations of Madonna's Music Videos, in: Journal of Communication 40, 2, S. 88-102.

Burnett, R./Deivert, B. (1995): Black or White: Michael Jackson's Video as a Mirror of Popular Culture, in: Popular Music and Society, Fall, S. 19-40.

Burns, G. (1994): How Music Video Has Changed and How it has Not Changed, in: Popular Music and Society, Fall, S. 67-79.

Christenson, P. (1992): Preadolescent Perceptions and Interpretations of Music Video, in: Popular Music and Society 16, 3, S. 63-74.

Coupland, D. (1994a): Generation X. Geschichten für eine immer schneller werdende Kultur, Berlin.

Coupland, D. (1994b): Shampoo Planet, Berlin.

Curry, R. (1993): Madonna von Marilyn zu Marlene: Pastiche oder Parodie, in: B. Naumann (Hg.): Vom Doppelleben der Bilder: Bildmedien und ihre Technik, München, S. 219-248 (abgedruckt in diesem Band).

Daniels, A. (1987): Die Genesis eines Popvideos, in: V. Bódy/P. Weibel (Hg.): Clip, Klapp, Bum. Von der visuellen Musik zum Musikvideo, Köln, S. 182-195.

Denisoff, R. S. (1988): Inside MTV, New Brunswick/NJ.

Deutsches Filmmuseum Frankfurt (Hg.) (1993): Sound & Vision – Musikvideo und Filmkunst. Schriftenreihe des deutschen Filmmuseums, Frankfurt/M.

Ellis, J. (1992): Visible Fictions: Cinema, Television, Video, London.

Englis, B. G./Solomon, M. R./Olofsson, A. (1993): Consumption Imagery in Music Television: A Bi-Cultural Perspective, in: Journal of Advertising 22, 4, S. 21-35.

Erbil, K. (1995): US-Mogule im D-Mark-Rausch, in: agenda 20, S. 6-8.

Eudes, Y. (1995): MTV – Kreuzzug der Rockindustrie oder neuer Bürgerkanal? in: die tageszeitung, 11.8. (Original: Le monde, 11.8., S. 4-5).

Fiske, J. (1986): MTV: Post-Structural – Post-Modern, in: Journal of Communication Inquiry 10, S. 74-79.

Fiske, J. (1989): Understanding Popular Culture, Boston/MA.

Frielingsdorf, B./Haas, S. (1995): Fernsehen zum Musikhören – Stellenwert und Nutzung von MTV und VIVA beim jungen Publikum in Nordrhein-Westfalen, in: Media Perspektiven 7, S. 331-339.

Frith, S. (1988a): Making Sense of Video: Pop into the Nineties, in: Ders.: Music for pleasure, Oxford, S. 205-225.

Frith, S. (1988b): Video Pop: Picking up the Pieces, in: Ders. (Hg.): Facing the Music: Essays on Pop, Rock and Culture, London, S. 88-130.

Frith, S. (1996): The Cultural Study of Pop. Kultursoziologische Betrachtung sowie Kritik am subkulturellen Mythos der Popmusik (engl. Orig. 1992), in: P. Bianchi (Hg.): Art & Pop & Crossover. Kunstforum 134, S. 140-148.

Frith, S., Goodwin, A./Grossberg, L. (Hg.) (1993): Sound & Vision. The Music Video Reader, London.

Gehr, H. (1993): The Gift of Sound & Vision, in: Deutsches Filmmuseum Frankfurt (Hg.): Sound & Vision – Musikvideo und Filmkunst. Schriftenreihe des deutschen Filmmuseums, Frankfurt/M., S. 10-28.

Gehr, R. (1983): The MTV Aesthetic, in: Film Comment 19, S. 37-40.

Gleich, U. (1995): Musik in Videoclips und Werbespots des Fernsehens, in: Media Perspektiven 7, S. 348-353.

Göbbel, H.-M. (1996): Profil oder Harakiri? in: Media-Spectrum 3, S. 43-46.

Goldberg, M. E./Chattopadhyay, A./Gorn, G. J./Rosenblatt, J. (1993): Music, Music Video and Wear Out, in: Psychology and Marketing 10, 1, S. 1-13.

Goodwin, A. (1987a): From Anarchy to Chromakey: Music, Video, Media, in: OneTwoThreeFour 5, S. 16-32.

Goodwin, A. (1987b): Music Video in the (Post-)Modern World, in: Screen 28, 3, S. 36-55.

Goodwin, A. (1991): Music Television and the Politics of Popular Narrative. A Thesis Submitted to the Faculty of Arts of the University of Birmingham for the Degree of Doctor of Philosophy, Birmingham.

Goodwin, A. (1993): Dancing in the Distraction Factory. Music Television and Popular Culture, London.

Greiner, V. (1995): »Krieg ist cool«. Zur subversiven Aufklärung von Beavis und Butt-Head bei MTV, in: Medien praktisch 4, S. 56-58.

Grigat, N. (1995): Madonnabilder. Dekonstruktive Ästhetik in den Videobildern Madonnas, Frankfurt/M.

Grossberg, L. (1988): You (Still) Have to Fight for Your Right to Party: Music Television as Billboards of Post-Modern Difference, in: Popular Music 7, S. 315-332.

Hall-Hansen, C./Krygowski, W. (1994): Arousal-Augmented Priming Effects:

Rock Music Videos Sex Object Schemes, in: Communication Research 21, 1, S. 24-47.

Hausheer, C./Schönholzer, A. (Hg.) (1994): Visueller Sound: Musikvideos zwischen Avantgarde und Populärkultur, Luzern.

Hayward, P. (1992): Music Video, the Bicentenary (and after), in: P. Hayward (Hg.): From Pop to Punk to Postmodernism: Popular Music and Australian Culture from the 1960s to the 1990s, Sydney, S. 160-171.

Henderson, L. (1993): ›Justify our love: Madonna and the politics of queer sex‹, in: C. Schwichtenberg (Hg.): The Madonna Connection: Representational Politics, Subcultural Identities and Cultural Theory, St. Leonards/New South Wales, S. 107-128.

Herbst, H. (1993): Mit der Technik lernen: Konstruktion einer Augenmusik, in: Deutsches Filmmuseum Frankfurt (Hg.): Sound & Vision – Musikvideo und Filmkunst. Schriftenreihe des deutschen Filmmuseums, Frankfurt/M., S. 36-41.

Hertneck, M. (1995): Frohe Botschaften – VIVA und MTV, in: Medium 3, S. 42-45.

Hickethier, K. (1994): Fernsehästhetik. Kunst im Programm oder Programmkunst? in: J. Paech (Hg.): Film, Fernsehen, Video und die Künste. Strategien der Intermedialität, Stuttgart, S. 190-213.

Hill, D. (1986): Designer Boys and Material Girls: Manufacturing the '80s Pop Dream, Dorset.

Hitchon, J./Duckler, P./Thorson, E. (1994): Effects of Ambiguity and Complexity on Consumer Response to Music Video Commercials, in: Journal of Broadcasting & Electronic Media 38, 3, S. 289-306.

Hoijer, B. (1992): Socio-Cognitive Structures and Television, in: Media, Culture & Society 14, S. 583-604.

Jaspersen, T. (1994): Die wirtschaftliche Entwicklung der Tonträgerindustrie: Ein historischer Abriß von 1980 bis 1990, in: W. Faulstich/G. Schäffner (Hg.): Die Rockmusik der 80er Jahre. 4. Lüneburger Kolloquium der Medienwissenschaften. Bardowick, S. 166-186.

Jones, S. (1988): Cohesive but not Coherent: Music Videos, Narrative and Culture, in: Popular Music and Society 12, 4, S. 15-29.

Juncker, C. (1993): Cultural (S)Exchanges. Grace Jones's ›One Man Show‹, in: R. Kroes/R. W. Rydell/ D. F. J. Boscher (Hg.): Cultural Transmissions and Receptions. American Mass Culture in Europe, Amsterdam, S. 230-239.

Junker, I./Kettner, M. (1996): Most Wanted. Die televisionäre Ausdrucksform der Popmusik, in: Frauen und Film 58/59, S. 45-58.

Kaplan, E. A. (1987): Rocking Around the Clock. Music Television, Postmodernism and Consumer Culture, London.

Karepin, R. (1993): Viva la musica..., in: Media spectrum 5, S. 19.

Karepin, R. (1995): Optische Geräuschkulisse, in: Media spectrum 9, S. 28-29.

Kinder, M. (1984): Music Video and the Spectator: Television, Ideology and Dream, in: Film Quarterly 38, S. 2-15.

Koch, G. (1996): FilmMusikVideo. Zu einer Theorie medialer Transgression, in: Frauen und Film 58/59, S. 3-23.

Krekeler, M. (1996): Music-TV for Rotzlöffel: bei MTV ist die Werbung Programm und die paneuropäische Ausrichtung lebenswichtig, in: Media-Spectrum 1, S. 28-29.

Kureishi, H./Savage, J. (1996): Phänomen Pop, in: P. Bianchi (Hg.) (1996a): Art & Pop & Crossover. Kunstforum 134, S. 76-89.

Laing, D. (1985): Music Video: Industrial Product, Cultural Form, in: Screen 26, S. 78-83.

Lehrdahl, F./Jackendoff, R. (1983): An Overview of Hierarchical Structure in Music, in: Music Perception 1, S. 229-252.

Lewis, L. A. (1990a): Gender Politics and MTV: Voicing the Difference, Philadelphia.

Lewis, L. A. (1990b): Consumer Girl Culture: How Music Video Appeals to Girls, in: M. E. Brown (Hg.): Television and Woman's Culture, London, S. 89-101.

Longhurst, B. (1995): Texts and Meaning, in: Ders.: Popular Music and Society, Oxford, S. 158-195.

Lull, J. (1987): Listeners Communicative Uses of Popular Music, in: Ders. (Hg.): Popular Music and Communication, London, S. 140-174.

Makowsky, J. A. (1988): Computeranimation: High-Tech-Trickfilm oder Aufbruch in neue Visualisierungsmöglichkeiten? in: A. Schönberger (Hg.): Simulation und Wirklichkeit, Köln, S. 149-155.

Mank, T. (1993): Die Kunst des Absoluten Films, in: Deutsches Filmmuseum Frankfurt (Hg.): Sound & Vision – Musikvideo und Filmkunst. Schriftenreihe des deutschen Filmmuseums, Frankfurt/M., S. 72-87.

Martens, R. (1996): VIVA: Musik am Strang, in: Spex 3, S. 36-40.

McGrath, T. (1996): The Making of a Revolution. MTV, Philadelphia/London.

Menge, J. (1990): Videoclips. Ein Klassifikationsmodell, in: H. J. Wulff (Hg.): Zweites Film- und Fernsehwissenschaftliches Kolloquium/Berlin '89, Münster, S. 189-200.

Mercer, K. (1989): Monster Metaphors: Notes on Michael Jackson's ›Thriller‹, in: A. McRobbie (Hg.): Zoot Suits and Second Hand Dresses: An Anthology of Fashion and Music, Boston, S. 50-73 (übersetzt und abgedruckt in diesem Band).

Mikos, L. (1993): Selbstreflexive Bilderflut: Zur kulturellen Bedeutung des Musikkanals MTV, in: Medien praktisch 4, S. 17-20.

Moritz, W. (1987): Der Traum von der Farbmusik, in: V. Bódy/P. Weibel (Hg.): Clip, Klapp, Bum. Von der visuellen Musik zum Musikvideo, Köln, S. 17-51.

Moritz, W. (1993): Visuelle Musik: Höhlenmalereien für MTV? in: Deutsches Filmmuseum Frankfurt (Hg.): Sound & Vision – Musikvideo und Filmkunst. Schriftenreihe des deutschen Filmmuseums, Frankfurt/M., S. 132-145.

Morse, M. (1986): Post-Synchronizing Rock Music and Television, in: Journal of Communication Inquiry 10, S. 15-28.

Morton, M. (1993): Don't Go for Second Sex, Baby! in: C. Schwichtenberg (Hg.): The Madonna Connection. Representational Politics, Subcultural Identities, and Cultural Theory, St. Leonards/New South Wales, S. 213-235.

MTV Research (1991): Marketing Report, New York.

Müller, S. (1994): »Lost in Music« und »Viva« – zwei junge Beispiele für Popmusik im Fernsehen, in: Medium 1, S. 48-50.

Nachtigäller, R. (1985): Phantasie und Symbolik in Michael Jacksons Video-Clip ›Thriller‹, in: Medien und Erziehung 5, S. 268-277.

Nash, M. (Hg.) (1991): Art of Music Video: Ten Years After, Long Beach.

Naumann, B. (1994): Bildermusik. Laurie Anderson in ihren Kunstfiguren, in:

J. Paech (Hg.): Film, Fernsehen, Video und die Künste. Strategien der Intermedialität, Stuttgart, S. 262-277.

Neumann-Braun, K. (1996): MTV ruft die Generation X: Willkommen zu Hause, in: Forschung Frankfurt 4, S. 20-32.

Neumann-Braun, K./Deppermann, A. (1998): Ethnographische Gesprächsanalyse. Zur Gegenstandskonzeption und Methodik der Untersuchung von Kommunikationskulturen Jugendlicher, in: Zeitschrift für Soziologie 27, S. 239-255.

Neumann-Braun, K./Barth, M./Schmidt, A. (1997): Kunsthalle und Supermarkt – Videoclips und Musikfernsehen. Eine forschungsorientierte Literatursichtung, in: Rundfunk und Fernsehen 45, S. 69-86.

Ohler, P. (1990): Zur Begründung einer schematheoretisch orientierten kognitiven Filmpsychologie in Auseinandersetzung mit der ökologischen Wahrnehmungspsychologie von James Jerome Gibson, in: G. Schumm/H. J. Wulff (Hg.): Film und Psychologie 1: Kognition – Rezeption – Perzeption, Münster, S. 79-108.

Rauh, R. (1985): Videoclips, Bilderflut und audiovisuelle Geschichten, in: Medien und Erziehung 4, S. 210-216.

Raum, S./Meyer, T. (1990): Vertraut und doch so fremd. Zur Rezeption von Musikvideos, in: Musik und Gesellschaft 6, S. 316-322.

Reetze, J. (1989): Videoclips im Meinungsbild von Schülern. Ergebnisse einer Befragung in Hamburg, in: Media Perspektiven 2, S. 99-105.

Roe, K./Cammaer, G. (1993): Delivering the Young Audience to Advertisers: Music Television and Flemish Youth, in: Communications 18, 2, S. 169-177.

Savan, L. (1993): Commercials Go Rock, in: S. Frith/A. Goodwin/L. Grossberg (Hg.): Sound & Vision. The Music Video Reader, London, S. 85-91.

Schank, P.-G. (1990): Zur musikalisch-metrischen Verortung von Schnitten/ Blenden in Musikvideos. Versuch einer statistischen Deskription, in: H. J. Wulff (Hg.): Zweites Film- und Fernsehwissenschaftliches Kolloquium/Berlin '89, Münster, S. 201-208.

Schenkewitz, J. (1988): Videopop. Musik als strukturbildendes Element einer Gattung, in: TheaterZeitSchrift 26, S. 104-109.

Schlattmann, T. (1991): MTV and the New Artist: Bullet, Breaker, or Bust? in: Popular Music and Society 15, 4, S. 15-24.

Schmidt, C. (1995): Die vermessene X-Generation, in: Medium 3, S. 27-31.

Schmidt, J. (1990): Ein Amerikaner in Paris – Eine Australierin in Frankreich, in: H. J. Wulff (Hg.): Zweites Film- und Fernsehwissenschaftliches Kolloquium/Berlin '89, Münster, S. 249-256.

Schmidtbauer, M./Löhr, P. (1996): Das Programm für Jugendliche: Musikvideos in MTV Europe und VIVA, in: Televizion 9, S. 6-32.

Schreckenberg, E. (1995): Thanks to »Metropolis«. Kinobilder im Videoclip, in: agenda 19, S. 48-50.

Schumm, G. (1990): Der Schneideraum im Kopf: Filmische Konjunktoren und Disjunktoren im Rahmen einer produktionsorientierten Wahrnehmungspsychologie der Films, in: G. Schumm/H. J. Wulff (Hg.): Film und Psychologie 1: Kognition – Rezeption – Perzeption, Münster, S. 179-210.

Schumm, G. (1993): Die Macht der Cuts, in: B. Naumann (Hg.): Vom Doppelleben der Bilder: Bildmedien und ihre Technik, München, S. 249-278.

Schütze, Y. (1993): Geschlechtsrollen. Zum tendenziellen Fall eines Deutungsmusters, in: Zeitschrift für Pädagogik 39, 4, S. 551-560.

Schwichtenberg, C. (1992): Music Video: The Popular Pleasures of Visual Music, in: J. Lull (Hg.): Popular Music and Communication, 2. Aufl., London, S. 116-133.

Schwichtenberg, C. (Hg.) (1993): The Madonna Connection: Representational Politics, Subcultural Identities and Cultural Theory, St. Leonards/New South Wales.

Scott, R.B. (1993): Images of Race and Religion in Madonnas Video ›Like a Prayer‹: Prayer and praise, in: C. Schwichtenberg (Hg.): The Madonna Connection: Representational Politics, Subcultural Identities and Cultural Theory, St. Leonards/New South Wales, S. 57-80.

Seidman, S.A. (1992): An Investigation of Sex-Role Stereotyping in Music Videos, in: Journal of Broadcasting & Electronic Media 36, 1, S. 209-216.

Sherman, B.L./Dominick, J.R. (1986): Violence and Sex in Music Videos: TV and Rock 'n' Roll, in: Journal of Communication 36, S. 79-93.

Shore, M. (1984): The Rolling Stone Book of Rock Video, New York.

Shuker, R. (1994): ›U Got the Look‹: Music Video, in: Ders.: Understanding Popular Music, London, S. 166-198.

Shusterman, R. (1994): Kunst Leben. Die Ästhetik des Pragmatismus, Frankfurt/M.

Sierek, K. (1994): Monolog und Ekstase – Zum Bildbau im Musikclip, in: W. Faulstich/G. Schäffner (Hg.): Die Rockmusik der 80er Jahre. 4. Lüneburger Kolloquium der Medienwissenschaften, Bardowick, S. 186-197.

Signorelli, N. (1989): Television and Conception about Sex Roles: Maintaining Conventionality and the Status Quo, in: Sex Roles 21, S. 341-360.

Signorelli, N./McLeod, D./Healy, E. (1994): Gender Stereotypes in MTV-Commercials: The Beat Goes on, in: Journal of Broadcasting & Electronic Media 38, 1, S. 91-102.

Stasny, P./Hirschfeld-Mack, L. (1993): Farbenlichtspiele als Visuelle Musik? in: Deutsches Filmmuseum Frankfurt (Hg.): Sound & Vision – Musikvideo und Filmkunst. Schriftenreihe des deutschen Filmmuseums, Frankfurt/M., S. 106-117.

Stockbridge, S. (1990): ›Rock Video: Pleasure and Resistance‹, in: M.E. Brown (Hg.): Television and Woman's Culture, London, S. 102-113.

Stockbridge, S. (1992): From Bandstand and Six O'Clock Rock to MTV and Rage: Rock Music on Australian Television, in: P. Hayward (Hg.): From Pop to Punk to Postmodernism: Popular Music and Australian Culture from the 1960s to the 1990s, Sydney, S. 68-88.

Straw, W. (1988): Music Video in its Contexts: Popular Music and Post-Modernism in the 1980s, in: Popular Music 7, S. 247-266.

Sun, S.-W./Lull, J. (1986): The Adolescent Audience for Music Videos and Why They Watch, in: Journal of Communication 36, S. 94-106.

Tapper, J./Thorson, E./Black, D. (1994): Variations in Music Video as a Function of Their Music Genre, in: Journal of Broadcasting & Electronic Media 38, 1, S. 103-113.

Tetzlaff, D.J. (1986): MTV and the Politics of Postmodern Pop, in: Journal of Communication Inquiry 10, S. 80-91.

Tetzlaff, D. (1993): Metatextual Girl – Partriarchy – Postmodernism – Power – Money – Madonna, in: C. Schwichtenberg (Hg.): The Madonna Connection: Representational Politics, Subcultural Identities and Cultural Theory, St. Leonards/New South Wales, S. 239-264.

Thompson, M./Walsh-Childors, K./Brown, J.D. (1993): The Influence of Family Communication Patterns and Sexual Experience on Processing of a Music Video, in: B.S. Greenberg/J.D. Brown/N.L. Buerkel (Hg.): Media, Sex, and the Adolescent, Cresskill/NJ, S. 248-262.

Turim, M. (1996): Gesang der Frauen, Gesten der Frauen, in: Frauen und Film 58/59, S. 25-43.

Unger, K. (1991): Werben, wo die Jugend ist, in: Media spectrum 8, S. 25-28.

Vincent, R.C. (1989): Clio's Consciousness Raised? Portrayal of Women in Rock Videos, Re-Examined, in: Journalism Quarterly 66, S. 155-160.

Vincent, R.C./Davis, D.K./Boruszkowski, L.A. (1987): Sexism on MTV: The Portrayal of Women in Rock Videos, in: Journalism Quarterly 64, S. 750-755, 941.

Wallbott, H.G. (1990): Macht der Ton die »Musik« oder doch eher das Bild? Eine Untersuchung zur Rezeption von Videoclips, in: H.J. Wulff (Hg.): Zweites Film- und Fernsehwissenschaftliches Kolloquium/Berlin '89, Münster, S. 209-220.

Walser, R. (1992): Eruptions: Heavy Metal Appropriations of Classical Virtuosity, in: Popular Music 11, S. 263-308.

Weibel, P. (1987a): Von der visuellen Musik zum Musikvideo, in: V. Bódy/P. Weibel (Hg.): Clip, Klapp, Bum. Von der visuellen Musik zum Musikvideo, Köln, S. 53-164.

Weibel, P. (1987b): Was ist ein Videoclip? In: V. Bódy/P. Weibel (Hg.): Clip, Klapp, Bum. Von der visuellen Musik zum Musikvideo, Köln, S. 274-275.

Weiss, M./Bökamp, M. (1990): »Sam Fox«, in: H.J. Wulff (Hg.): Zweites Film- und Fernsehwissenschaftliches Kolloquium/Berlin '89, Münster, S. 257-263.

Wetzel, M./Wolf, H. (Hg.) (1994): Der Entzug der Bilder. Visuelle Realitäten, München.

Wicke, P. (1990a): The Times Are Changing. Rockmusik – Dimensionen eines Massenmediums, in: Sozialismus 3, S. 31-42.

Wicke, P. (1990b): The Times Are Changing. Rockmusik – Dimensionen eines Massenmediums, in: Sozialismus 4, S. 98-101.

Willis, P.E. (1978): Symbol und Realität. Zur gesellschaftlichen Bedeutung von Popmusik, in: Ästhetik und Kommunikation 31, S. 44-55.

Wimmer, F. (1995): Die Musikkanäle MTV und Viva, in: Medien und Erziehung 1, S. 23-25.

Winter, R./Kagelmann, H.J. (1993): Videoclip, in: H. Bruhn/R. Oerter/H. Rösing (Hg.): Musikpsychologie. Ein Handbuch, Reinbek, S. 208ff.

Wulff, H.J. (1989): Die Ordnung der Bilderflut: Konstellation medialer Kommunikation als strukturbildendes Prinzip in Performance-Videos, in: Rundfunk und Fernsehen 37, S. 435-446.

Zielinski, S. (1989): Audiovisionen. Kino und Fernsehen als Zwischenspiel in der Geschichte, Reinbek.

# I. Pop und die Politik des Vergnügens

# Ulrich Wenzel
# Pawlows Panther

*Zur Rezeption von Musikvideos zwischen bedingtem
Reflex und zeichentheoretischer Reflexion*

Soll das einer verstehen! Musikvideos zu rezipieren bereitet offenbar Schwierigkeiten – kaum allerdings dem von VIVA und MTV
anvisierten Zielpublikum, sondern vielmehr nicht wenigen der
professionellen Interpreten aus Wissenschaft und Kunstkritik. Bei
aller theoretischer Differenz findet sich in ihren Analysen häufig
eine verblüffende Übereinstimmung in der Beschreibungssprache:
Vorzugsweise *Abwesendes* scheint man aus den Clips herauslesen
zu können, etwa die Absenz von narrativer Einheit und Kontinuität, oder auch Inkonsistenzen zwischen gesungenem Text, musikalischer Form und filmästhetischer Umsetzung. Selbst die Bilder
werden zuweilen nicht als zusätzlicher, Komplexität erhöhender
Stoff für die Rezeption, sondern als Verlust, als Abtötung der
Phantasie beschrieben. Strukturanalysen erhalten durch solche begrifflichen Operationen eine sterile Note: Man hätte als Leser
gerne gewußt, ob und in welcher Hinsicht das Musikfernsehen
neuartige und spezifische ästhetische Formen entwickelt, erfährt
aber vornehmlich, warum es weder dem Roman noch dem Kino-
film gleicht.

Die unterstellte Abkehr des Musikfernsehens von etablierten
künstlerischen Formen läßt sich ganz unterschiedlich deuten und
bewerten. Was für die einen eine hochproblematische Einbuße tra-
dierter Maßstäbe des gelungenen Kunstwerks darstellt, ist für die
anderen eine aktuelle, postmodern-subversive Kritik dieser Standards.

In Frage steht in diesen Debatten offensichtlich das Verhältnis
zwischen Text und Rezeption. Als Text bezeichne ich hier die
strukturierte, sequentielle Gesamtheit der Zeichen, die ein Musikvideo ausmachen, also zumindest seine audiovisuellen Elemente
wie Musik, Sprache, Typographie, Bild- und Schnittfolge etc., je
nach Analysereichweite aber auch die den im engeren Sinne vor-
findlichen Text umgebenden Rahmungen, etwa ein parallel veröf-
fentlichter Tonträger oder der Programmfluß, in den die Ausstrahlung des Clips eingebettet ist.

Die nachfolgenden Überlegungen richten sich auf verschiedene Auffassungen des Text-Rezeptionsverhältnisses. Sie werden parallel zu der Fallanalyse eines signifikanten Beispiels durchgeführt, dessen Inhalt vorab zusammengefaßt wird (1). Anschließend wird zunächst die in der Einleitung bereits erwähnte Defizit-Hypothese in der Literatur zum Musikfernsehen betrachtet (2). In einem ersten Angang zur Fallanalyse kann allerdings aufgezeigt werden, daß von diesem Ansatz höchst unzureichende Annahmen über den Rezeptionsprozeß (3) und die Struktur des Musikfernsehens (4) vertreten werden. Daraus resultiert die erste theoretische Alternative zur Defizit-Hypothese. Die Analyse wird mit dieser rekonstruktiven Perspektive jedoch noch nicht schließen. Die aufzeigbaren Rezeptionschancen und Strukturierungsprinzipien im Kontext des Musikfernsehens können nämlich im Zuge einer Dekonstruktion noch einmal reflektiert werden. Eine dritte und eine vierte Argumentationsstrategie zum Musikfernsehen können unterschieden werden, beide in unterschiedlicher Weise im postmodernen Diskurs verortet. Interessanterweise werden auch diese Theorieperspektiven von unserem Beispiel nicht nur illustriert, sondern reflexiv thematisch gemacht. Es wird sich jedoch erweisen, daß manches sich postmodern gerierende Lob des kritischen Potentials des Musikvideos fest in der Gedankenwelt der Moderne verankert ist (5). Vielleicht liegt dies daran, daß es jenseits eines defizitären Denkens vom Vorrang der Zeichen gar keine Postmoderne gibt (6).

## 1. Black or White

> Don't you know who you are?
> Once you were made
> You changed your shade.
> Jermaine Jackson,
> *Word to the Badd!*

Die nun folgende Inhaltsübersicht soll die späteren, selektiven Bezugnahmen auf den Gegenstand der mitlaufenden Fallanalyse nachvollziehbar machen.

Michael Jacksons Video zum Song *Black or White* setzt sich aus einer surrealen Rahmenhandlung und zwei deutlich unterscheidbaren Hauptstücken zusammen. Die Rahmenhandlung erzählt von einer amerikanischen Vorstadtfamilie. Vater und Mutter, die sich offenbar nicht mehr viel zu sagen haben, sitzen im Wohnzimmer und konsumieren je für sich minderwertige Produkte der Medienkultur. Der ungefähr zwölfjährige Sohn tanzt in seinem Zimmer im ersten Stockwerk wie entfesselt zu lauter Rockmusik und übt sich im Spiel der Luftgitarre. Als sich der Vater durch die Musik beim Fernsehen gestört sieht, gebietet er seinem Sohn lauthals, die Musik abzuschalten und zu Bett zu gehen. Der Sohn baut daraufhin in der Tür zum Wohnzimmer eine monströse Verstärkeranlage auf, ruft seinem Vater noch »Eat this« zu und zerstört durch den ersten Ton seiner E-Gitarre bereits die Fenster des Hauses. Der Vater wird – offenbar durch den Schalldruck – mitsamt seinem Sessel aus dem Haus und in die Stratosphäre katapultiert. Die Mutter bleibt hingegen ungerührt und kommentiert das Geschehen lakonisch. Hiermit endet der erste Teil der Rahmenhandlung. Im sich anschließenden ersten Hauptteil findet sich anfangs noch kurz der Vater (samt Sessel), wie er weit entfernt, in der afrikanischen Steppe, wieder auf der Erde landet. Am Schluß des Videos, also ca. zehn Minuten später, wird die Rahmenhandlung erneut aufgenommen. Die letzte Einstellung des zweiten Hauptteils verkleinert sich allmählich und wird zu einem Bild im Bild: Sie füllt nun die Mattscheibe eines Fernsehers. Vom Fernsehapparat wird durch das Zimmer hindurch auf den Betrachter geschwenkt, wieder einen kleinen Jungen, der ungebärdig zur Musik tanzt. Diesmal ist es jedoch eine Zeichentrickfigur, Bart Simpson aus der Zeichentrickserie *The Simpsons*. Kurz darauf betritt Barts Serien-Vater, Homer Simpson, das Zimmer. Wie der Vater im ersten Teil der Rahmenerzählung fühlt er sich offenbar beim Konsum gestört (er widmet sich seiner Lieblingsbeschäftigung, dem Essen) und bedeutet seinem Sohn autoritär, die »lärmende« Musik auszuschalten. Schließlich tut er es selbst, womit das Video endet.

Im Gegensatz zur Rahmenerzählung weisen die beiden Hauptteile keine eindeutig narrative Struktur auf. Aufgrund seiner Ähnlichkeit zur Werbeästhetik einer Bekleidungsfirma kann man den ersten davon als die »Benetton-Sequenz« bezeichnen. Man sieht hier zunächst Michael Jackson sein Lied singen und tanzen, umgeben von weiteren Tänzerinnen und Tänzern, die durch Hautfarbe und Kleidung als Repräsentanten ethnisch verschiedener Kulturen ausgewiesen sind. Nacheinander tritt Jackson so in einem afrikanischen, ostasiatischen, indianischen, indischen und schließlich russischen Kontext auf. Nach einem kurzen Intermezzo, das ein schwarzes und ein weißes Kleinkind auf einer stilisierten Weltkugel sitzend zeigt, sieht man Jackson allein vor Bildern von Flammen, Gewalt und militärischen Auseinandersetzungen tanzen und singen, wobei der Blue-Screen-Effekt besonders deutlich gemacht wird. Im folgenden Teil geht die Musik in einen Rap über, während typische Bilder einer »Street Corner Society« gezeigt werden. Auffällig ist dabei eine Verfremdung: Die vor den Hauseingängen lungernden, »hip« gekleideten Personen werden, abgesehen vom Künstler selbst, von Kindern gespielt. An diese Bilder schließt sich wiederum ein Soloauftritt Jacksons an, der – wie erst nach einer Weile erkennbar wird – auf einem Nachbau der Freiheitsstatue steht, die sich in einer Phantasielandschaft befindet, umgeben von Wahrzeichen verschiedener Weltstädte, etwa dem Eiffelturm oder dem Taj Mahal. Den Abschluß des ersten Hauptstücks bilden singende und lachende Köpfe, die mittels *Morphing*-Technik ineinander über- und auseinander hervorgehen. Auch hier wird ethnische Vielfalt dargestellt, man sieht die Gesichter afroamerikanischer, asiatischer, europäischer und lateinamerikanischer Männer und Frauen.

Der Übergang zum zweiten Hauptstück, der »Panther-Sequenz«, zeigt ein Filmstudio, in dem die zuletzt gesehenen Bilder lachender Köpfe scheinbar aufgenommen wurden. Die Filmcrew ist mit sich beschäftigt und bemerkt nicht den Panther, der über den Set schleicht. Das Tier verläßt das hell erleuchtete Filmstudio und wechselt in eine dunkle Straßenszene. Mittels Morphing entsteht Michael Jackson aus dem Tier, jetzt, im Gegensatz zur »Benetton-Sequenz« dunkel gekleidet. In den folgenden Minuten sieht und hört man weder Musik noch Gesang, allein Tanz, laute diegetische Töne und unartikulierte Schreie. Jackson bewegt sich einerseits geschmeidig über die Szenerie, geht andererseits in einen harten, abgehackten Tanz über und vollführt genießerische und angedeutet masturbatorische Bewegungen. Die Elemente scheinen mit ihm zu interagieren: Licht fällt aus dem Nichts auf Jackson, Wind erhebt sich und kommt wieder zur Ruhe, Feuer entsteht ohne natürlichen Grund usw. Nach einer Weile geht der Tanz in einen Ausbruch der Gewalt über, die sich gegen (Fenster-) Glas und Schrift zu wenden scheint. Jackson zerstört die Scheiben eines an der Straße stehendes Autos, zerschlägt mit dem aus dem Auto gerissenen Lenkrad die Fensterscheibe eines abbruchreifen

Hauses[1] usf. Noch mehr wird demoliert, etwa das Reklameschild eines Hotels. Nach dieser Gewalteruption reißt sich Jackson die Kleider halb vom Leib, blickt rasch nach links und rechts und verwandelt sich wieder in den Panther, der ruhig die Straßenszene verläßt. Hiermit endet die Panther-Sequenz, das Bild des wandernden Tieres ist just jenes, das auf dem gezeichneten Fernseher in Bart Simpsons Fernsehzimmer aufscheint. Sobald wir uns im Haus der Familie Simpson befinden, setzt die Musik wieder ein und dauert bis zu Schluß an.

Die Beschreibung folgt der Originalversion des *Black or White*-Videos aus dem Jahr 1991, die wesentlich von den beiden später erschienenen, »entschärften« Fassungen abweicht. Heftige Kontroversen über die Panther-Sequenz führten unmittelbar nach der Erstausstrahlung zu massiven Eingriffen in das Video. Jacksons sexuelle Gesten während des Tanzes (an einer Stelle schlägt er das Kreuz und greift sich anschließend, angedeutet masturbierend, in den Schritt) und insbesondere die Darstellung scheinbar unmotivierter Gewalt riefen moralisierende Kritik auf den Plan. Die Schallplattenfirma zog daher nach wenigen Tagen diesen Teil des Clips vom Markt zurück und gestattete den Musiksendern nur die Ausstrahlung der »Benetton-Sequenz«. Für eine Anthologie wurde später die Panther-Sequenz in gemilderter Form wieder aufgenommen: In dieser Fassung sind die Hauswände und das Auto mit rassistischen Graffiti überzogen, auf daß die gezeigte Gewalt gleichsam »sinnvoll« nachvollziehbar wird. Erst in jüngster Zeit ist das Video wieder in der Originalversion (mit der Panther-Sequenz, aber ohne die Graffiti) zugänglich (vgl. MJ Internet Fan Club 1998).

---

1 Hinter dem eingeworfenen Fenster ist ein Hinweisschild erkennbar, dessen Text lautet: »CONDEMNED/NO ADMITTANCE/BY ORDER OF/DEPT. OF PUBLIC [?] SAFETY.« Offensichtlich wird hier mit der Polysemie des Wortes »condemned« gespielt: (a) »für unbewohnbar erklärt«, (b) »verdammt, verurteilt«.l

## 2. Vakuum in den Köpfen?

PUDDING: Aber ist das nicht –
POINTSMAN: Sir?
PUDDING: Ist das nicht alles ziemlich schäbig, Pointsman? Sich derart in das Bewußtsein eines anderen Menschen einzumischen?

Thomas Pynchon, *Gravity's Rainbow*

Die eingangs erwähnte Tendenz vieler Interpreten, das Musikfernsehen durch Eigenschaften zu charakterisieren, die ihm vorgeblich *fehlen*, läßt sich an vier häufig wiederholten Argumenten illustrieren. Fast allen Videoclips mangle (a) ein von einem epistemischen Standort her systematisch durchgeführtes, abstrakt-begriffliches Thema, (b) eine konsistente, an narrativen Formen angelehnte (oder diese reflexiv übersteigende) Struktur, (c) die Authentizität eines vor leibhaftigem Publikum ausgeführten Konzerts und (d) ein gegenüber der industriellen Verwertungsabsicht autonomer, künstlerischer Umgang mit dem Material. Jedes dieser Argumente weist auf normative Vorstellungen zurück, welchem Vorbild ein Medium zu folgen habe, um die Anerkennung der Kunstkritik zu verdienen. Argument (a) verweist auf das sehr alte Ideal einer Verschmelzung von Kunst und (kritischer) Philosophie, (b) auf die fraglos gegebene Narrativität in lebensweltlichen Kommunikationen, (c) auf den phonozentristischen Gedanken einer Höherwertigkeit direkter Interaktion gegenüber medial vermittelter, (d) schließlich auf eine Affirmation der in der Moderne erfolgten Ausdifferenzierung funktionaler Teilbereiche der Gesellschaft, hier insbesondere der Entwicklung der selbstregulativen Sphären von Ökonomie, Religion, Politik und Kunst.

Von ihren Verfechtern werden diese Argumentationsfiguren in unterschiedlicher Gewichtung und mit Blick auf höchst differente Schlußfolgerungen vertreten. Abweichend vom heute zumeist vertretenen konstruktivistischen Erfahrungsbegriff ist diesen Überlegungen allerdings die im Kern empiristische Vorstellung einer Imprägnierung des Subjekts durch die Kultur gemeinsam. Hierzu gehören etwa die medienpädagogischen Überlegungen von Rauh (1985), der Videoclips als »Bilderflut« (kritisch hierzu: Wulff 1989) begreift, d. h. als Aneinanderreihung einer Vielzahl visueller Eindrücke, der das Subjekt angesichts fehlender objektiver Sinnzusammenhänge »verständnislos« (Rauh 1985, S. 216) gegenüberzustehen droht. Rauh vermutet, daß Videoclips sich in das »medial präformierte, kollektive Unbewußte« (ebd., S. 214) einnisteten und so für steigende Schallplattenverkäufe sorgten. Um diesen kommerziellen Zusammenhang zu durchbrechen, empfiehlt er, sich auf die Tradition des experimentellen Kurzfilms zu besinnen und anstelle der »Bilderflut« lieber nachvollziehbare Narrationen zu inszenieren. Häufig wird von den Vertretern der Theorie kultureller Imprägnierung zusätzlich ein kulturkritischer Aspekt in Anschlag gebracht: Rockmusik, die einmal authentische Bühnenöffentlichkeit, kritische Protesthaltung und avantgardistische Ästhetik zu vereinen wußte, habe sozusagen den Augenblick ihrer Verwirklichung verfehlt und kehre nun als Farce, wenn nicht als Tragödie, zurück (vgl. Rauh 1985). Die normative Auszeichnung der Begegnung zwischen Musikern und ihrem Publikum wird dabei unter Rückgriff auf das Modell klassisch-bürgerlicher Öffentlichkeit begründet. Die Rezeption von Musikfernsehen verschiebe die oppositionellen Tendenzen des subkulturellen Publikums vom Medium der Tat auf die Ebene der Ideen, was letztlich bedeute, daß Opposition zur Illusion werde (Tetzlaff 1986, S. 89). Maßgeblich für diese paralysierende Wirkung des Musikfernsehens sei seine antidiskursive und mithin sinnzerstreuende Ästhetik (ebd., S. 83 f.). Das hinter dieser Kritik aufscheinende Gegenmodell ist ersichtlich dasjenige einer diskursiven Anwesenheitsöffentlichkeit.

In der gleichen Tradition steht das Rezeptionsverständnis der Autoren dieses Argumentationstyps. Dem MTV-Konsumenten wird als Ideal derjenige Rezeptionstypus entgegengehalten, der sich als Mischung von körperlicher Stillstellung und imaginativer Aktivierung mit der Verbreitung der Lesefähigkeit entwickelt hat (vgl. Kittler 1987). Bekanntlich vertritt Postman (1985) die These, wonach die der Linearität des Textes entgegengesetzte Flächigkeit der Fernsehbilder und ihre »leichte« Konsumierbarkeit zur intellektuellen und praktischen Regression der gegenwärtigen Generation beigetragen habe. In gleicher Weise wird von den Kritikern des Musikfernsehens die Differenz zwischen (Live-)Musik und Videoclips modelliert. Kinder (1984) beklagt etwa, daß Zuschauer sich nicht spezifischen Programmen (also linear konzipierten Abläufen), sondern dem Fernsehen schlechthin zuwendeten. Videoclips als paradigmatischer Fall eines diskontinuierlichen, traumähnlichen Reizes versorgten die Rezipienten mit »prefabricated fantasy images« (ebd., S. 4), durch die deren kognitives und emotionales Empfinden *konditioniert* werde. Die »manipulative« Gewalt des Musikfernsehens gründe gerade auf seiner Ähnlichkeit mit dem Primärprozeß. Das Verlangen nach neuerlichem Fernsehkonsum und nach dem Besitz der jeweiligen Schallplatte beschreibt Kinder (ebd., S. 11) folglich als bedingten Reflex, der dem Hirn »einprogrammiert« werde. Dieselbe Vorstellung eines passiven Rezipienten, der sich Medieninhalte nicht konstruktiv aneignet, sondern sie aufgrund eines anscheinend in seinem Hirn herrschenden Mangels an Wünschen und Phantasien geradezu aufsaugt, zieht Tetzlaff (1986, S. 86) heran:

»The media no longer engages the audience in discourses or meaning, but the mediated environment defines the terrain on which pleasure is sought nevertheless. The viewer assumes the desires structured into this environment through a sort of osmosis.«

### 3. Repräsentationsverhältnisse: Die Inszenierung des Blicks

> Turn that noise off !!! –
> Chill out, Homer –
> *Homer und Bart Simpson*

Nicht nur die Defizit-Hypothese modelliert ein Verhältnis von Text und Rezeption. Um ihre Annahmen einer sachhaltigen Kritik zu unterziehen, ist es nützlich, zunächst die Frage zu klären, warum und in welcher Weise eine Vielzahl von Fernsehsendungen (und Musikvideos) auf dieses Verhältnis reflexiv Bezug nehmen. Dies wird zugleich zum ersten Teil der Fallanalyse führen.

Musikvideos machen sich häufig selbst zum Gegenstand (vgl. Kinder 1984, S. 11; Wulff 1989, S. 444 f.), d. h. reflektieren auf die Tatsache, daß ein (a) videographisch produzierter Komplex von Bildern und Musik (b) im Fernsehsystem ausgestrahlt und (c) von Zuschauern betrachtet wird. Die Inszenierung des Betrachters im Betrachteten kann in kommunikativer und metakommunikativer Weise erfolgen.

In kommunikativer Hinsicht stattet sich das Musikfernsehen, folgt man etwa den Überlegungen Kinders, mit einer Beglaubigung seiner Realität und seines *Live*-Charakters aus, indem es die

Beglaubigungsinstanz des Zuschauers in den Fluß des Programms integriert. Durch die Präsentation von Studiopublikum, durch Telefongespräche mit Zuschauern oder auch nur durch Bilder von zuschauenden Menschen, verweise das Fernsehen so auf die permanente Anwesenheit einer Unmenge von Rezipienten, die dem selben Programm folgen. Der Fernsehzuschauer wird in einer zugleich privaten wie öffentlichen Rolle angesprochen: Im privaten Heim werden die Fernsehbilder konsumiert und in das individuelle Gedächtnis und Bewußtsein »absorbiert«; durch diesen Akt wird man aber zugleich Teil eines tendenziell globalen Kollektivs, das die gleichen Bedürfnisse, Wünsche und ideologischen Annahmen teilt, eben jene, die durch das Fernsehen »antrainiert« werden (vgl. Kinder 1984, S. 11). Einen anderen Ansatz verfolgt Wulff (1989, S. 444). Musikvideos, die er als wesentliche Elemente populärer Subkulturen konzeptualisiert, reflektieren ihre Zugehörigkeit zu exklusiven Interpretationswelten. Nicht nur werden Bedeutungen durch Bildmontagen hergestellt, die allein Subkulturangehörige zu deuten wissen, vielmehr wird diese Exklusivität auch reflexiv thematisiert. Die Rahmenhandlung aus *Black or White* bestätigt diese These überdeutlich: Der Knabe sieht sich seinen ignoranten Eltern gegenüber, die in ihren jeweiligen Subuniversa gefangen sind. Während seiner Vorbereitungen zur Rache am strafenden Vater streift er sich einige für Michael Jackson typische Kleidungsstücke über, auch zitiert Jackson im Fortgang des Videos die anfänglich zu sehenden »Luftgitarre«-Übungen seines kleinen Fans. Deutlicher könnte das Angebot zur Aufnahme in einen subkulturellen Identitätspool kaum ausgedrückt werden. Friedrich (1991) wiederum meint, daß der individuelle, durch die Kamera technisch aufgerüstete Blick des Zuschauers daheim erst durch den inszenierten Blick etwa eines Saalpublikums, das sieht und gesehen wird, zum »sozial-reziproken« Sehen aufgewertet wird. Die Konkurrenz zwischen dem klassischen Blick der Vielen, die auf einen oder wenige gerichtet sind, und dem panoptischen Blick des Einen, der auf viele gerichtet ist, werde auf diese Weise thematisiert. Das Fernsehen inszeniere sich durch diese Dopplung der Blickrichtungen als das Medium, das Leistungen gerechter beurteilen könne. Überträgt man Friedrichs an der *Gameshow* gewonnenen Überlegungen auf das Musikfernsehen, könnte die Inszenierung des Zuschauers in den Sendungen als Legitimationsideologie des erratischen Programmablaufs gedeutet werden. Implizit erhoben zum demokratischen Abstimmungsgremium, ist das Publikum ja omnipräsent in den Sendungen von VIVA und MTV. Da die Abspielhäufigkeit eines Clips (u. a.) von seinem Verkaufserfolg abhängt, kann der Zuschauer das Programm als eine fortlaufende Kette von Manifestationen seiner (demokratisch und qua Konsum vermittelten) Entscheidungsmacht imaginieren. Umgekehrt erlaubt die Präsentation der *Charts* dem einzelnen Zuschauer zu wissen, was man heute hören muß, um mitreden zu können. Die Inszenierung des Zuschauerblicks betont so die Tatsache, daß Sender und Rezipienten – wie in aller Massenkommunikation – nicht *miteinander* kommunizieren. Die Sender orientieren sich bei der Auswahl der Videoclips am Werbebudget der Schallplattenfirmen und dem ökonomischen Indikator der Verkaufszahlen. Das Publikum lernt beim Zuschauen, was es im sozialen Kontext der je subkulturspezifischen Alltagswelt wissen muß und besprechen kann, es lernt also gewissermaßen etwas über sich selbst. Kurz, das Medium stellt sich nicht als Vermittlungstechnik, sondern als intransparente Grenze dar, die eher einem Spiegel denn einem Fenster zur Welt gleicht (vgl. Luhmann 1997, S. 1096 ff.). Die kommunikative Trennung zwischen Sender und Publikum wird offenbar im Modus der Angstlust erfahren, weil sie dem einzelnen Zuschauer eine imaginäre Position der Souveränität, die aber zugleich solipsistische Züge trägt, gestattet – man schaut zu, ohne kommunikative Verpflichtungen einzugehen, aber auch, ohne kommunikative Erfahrungen machen zu können. Ein Beleg hierfür ist der große Erfolg partizipativer Gestaltungselemente in Rundfunk und Fernsehen. Einerseits hat die Auftrittschance als Kandidat o. ä. große Anziehungskraft, wobei die Teilnehmer oftmals – kontrafaktisch zu den Inszenierungszwängen der Sender – ein verbindliches und persönliches Gespräch suchen (vgl. Neumann-Braun 1993). Andererseits speist sich die Lust an der Betrachtung solcher Partizipationssendungen nicht zuletzt aus dem Gefühl der Peinlichkeit, das die Auftritte der Kandidaten zumeist auslösen, insbesondere, wenn letztere versuchen, persönliche und intime Gedanken zur Sprache zu bringen. Das Publikum leidet mit dem Kandidaten, der nicht zu wissen scheint, daß er sich in der Inszenierungsapparatur des Mediums nicht zur Geltung bringen kann, und genießt zugleich die Vorstellung, *daß* der Kandidat dies nicht weiß.

In metakommunikativer Absicht ist die Reflexion meist nicht

auf die Frage beschränkt, was es heißt, wenn Rezipienten im Text einer Inszenierung erscheinen. Oft wird zugleich mit diesem Aspekt die Frage nach der Position des Autors, die strukturelle Beziehung zwischen Medium und Rezipienten sowie das Verhältnis zwischen dem Gegenstand und den ästhetischen Formen seiner Darstellung problematisiert. Allgemein rückt in solchen medienreflexiven Kunstwerken der Zeichencharakter der Kommunikation in den Mittelpunkt und stellt die Präsupposition in Frage, mittels Medien einen »Gehalt«, eine »gemeinsam geteilte Bedeutung« kommunizieren zu können. Nicht Bedeutungen per se werden thematisiert, sondern die Problematik der vielfältigen Repräsentationsverhältnisse im Gefüge von Autor, Rezipient, Sache und Text, die der zeichenhaften Kommunikation zu eigen sind. Zwar sind solche medienreflexiven Kunstwerke erst in jüngerer Zeit typisch geworden, weshalb sie zuweilen als Charakterzug einer »Postmoderne« apostrophiert werden; es finden sich jedoch unschwer Beispiele aus früherer Zeit, zumindest seit in der Spätaufklärung die Eigenlogik kommunikativer und medialer Codes reflektiert wird (vgl. Neumann-Braun/Wenzel 1996). Laurence Sternes *Tristam Shandy* (1759-67), um ein frühes Beispiel zu nennen, beschäftigt sich ernsthaft-ironisch mit den seinerzeit gültigen Formen der Literatur, mit der Position des unsichtbaren Lesers, mit der Position des sichtbaren (im Text angesprochenen) Lesers und nicht zuletzt mit dem Problem der Autorschaft.

Gegenüber diesem Anspruchsniveau erweisen sich Musikvideos häufig nur in einem trivialen Sinne als medienreflexiv. Der Text des Liedes *Populär* der deutschen Rap-Gruppe Die Fantastischen Vier (1996) beispielsweise beklagt, daß die Vorstellungen, die sich Musikfans von ihren Stars machen, vorurteilsgeprägt und illusionär seien, weil sie sich aus einer »Umzingelung« durch das omnipräsente Mediensystem speisten. Dem Hörer wird empfohlen, sich nicht auf die Stereotype des musikindustriellen Diskurses zu verlassen, sondern den Star als lebendiges Individuum wahrzunehmen:

»nimm mein bild von deiner wand
und schau mich an und dann nimm mein wort aus deinem verstand
und hör mich an« (Die Fantastischen Vier 1996).

Trivial nenne ich dieses – mit vielen anderen vergleichbare – Beispiel einer Medienthematisierung im Videoclip, weil seine zentrale Aussage, wonach zwischen dem medialen Schein und der Realität eine Differenz zu machen sei, nicht im Hinblick auf die Konstitutionsmechanismen medialer Sinnwelten reflektiert wird. Die Aussage des Songs ließe sich deshalb umstandslos auf jedes beliebige andere Thema übertragen, etwa: »Liebe ist nicht das, was alle meinen, sondern…«. An dieser Beliebigkeit erweist sich, daß just das Medium aus der vorgeblichen Reflexion über das massenkommunikativ konstituierte Starsystem ausgeklammert bleibt. Nicht die Codes der Populärkultur werden in trivial medienreflexiven Clips wie *Populär* thematisch, sondern allein eine plane und normativ aufgeladene Dichotomie, die fest in der Tradition einer Metaphysik der Präsenz verankert ist: Insofern Medien Zeichen verwenden, so liest sich die zitierte Passage, täuschen sie den Rezipienten über die Realität; Abhilfe verspricht allein der Rückgriff auf das Medium der direkten Interaktion, das uns aber nicht als Medium zu gelten hat. Im direkten Kontakt soll man den anderen offenbar sehen und hören können, ohne den verfälschenden Umweg über Zeichen und Erinnerungen (also Verknüpfungen mit anderen Zeichen) zu nehmen; die Gegenwärtigkeit des sich unmittelbar, quasi zeichenfrei mitteilenden anderen ist es also, die uns die durch Medien verstellte Erkenntnis der Wahrheit ermöglichen soll.

Im Gegensatz zur Fülle der trivialen Beispiele kann das Video zu Michael Jacksons Lied *Black or White* als ein im engeren Sinne medienreflexives Kunstwerk ausgewiesen werden. Bereits die Eingangsszene markiert prägnant das Phänomen der Beobachtung als zentrales Thema des Videos. Die (tricktechnisch animierte) Einstellung bietet eine rasante Kamerafahrt. Ausgehend von einer Sicht über die Wolken wird der Blick in rascher Vorwärts-/Abwärtsbewegung auf ein Vorstadtquartier gelenkt, schießt dort eine Straße entlang und verharrt schließlich bei der Einstellung des hinter einem Fenster sichtbaren Knaben, der zu lauter Musik tanzt. Seine Tanzmusik ist es, die anfangs schon, leise, hörbar war. Implizit ist der Betrachter also bereits durch die »subjektive« Kamera dieser Einstellung präsent; wichtiger aber ist die rasende Vorausfahrt, die einen »Tunnelblick« anzeigt, im Gegensatz zum panoramatischen Blick etwa aus dem Fenster des Eisenbahnabteils (vgl. Schivelbusch 1977). Der panoramatische Blick zeigt Distanzierung und Übersichtlichkeit an; um ihn zu beherrschen, muß man zunächst lernen, die nahe zum Bahndamm stehenden Dinge aus der Wahrnehmung auszublenden. Der Tunnelblick hingegen ist stets von den Dingen beherrscht, die – eben noch unerkennbar fern – einen Moment lang auf den Beobachter »zufliegen« und im nächsten Moment bereits wieder hinter ihm liegen. Als Blick eines involvierten Beobachters ist er nicht analytisch-distanzierend, sondern irreflexiv-synthetisierend. Dieses Thema wird im weiteren Verlauf der Rahmenerzählung zu Beginn des Videos vertieft. Die subjektive Kamera bleibt streckenweise erhalten, ungewöhnliche Blickwinkel (Aufsicht etc.) und surreale Übertreibungen betonen diese Subjektivität des Blicks.

In starkem Gegensatz hierzu steht die Repräsentation des Blicks im ersten Hauptteil (Benetton-Sequenz). Hier wird Sehen als *Gemachtes* modelliert. Nicht nur der Beobachter wird repräsentiert, sondern die medialen Techniken zur Gestaltung und Lenkung seines Blicks. Die als Buschmänner kostümierten Schwarzen zu Beginn des ersten Hauptteils tanzen z. B. vor afrikanischem Steppenhintergrund. Plötzlich machen sie einige Schritte nach rechts, die Kamera folgt ihnen, und man sieht die Steppe an einen grauen Studioraum angrenzen, wo bereits die ostasiatischen Darstellerinnen mit ihrem Tanz beschäftigt sind. Umgekehrt wird das gleiche Spiel später getrieben: Der graue Studiohintergrund kippt weg, um einer typischen Westernszenerie Platz zu machen, in der sich als irritierendes »Ding« allerdings immer noch eine graue Studiobühne befindet. Solche und ähnliche überdeutlichen Hinweise auf die Gemachtheit der Wahrnehmung werden fortlaufend gegeben. Der letzte im ersten Hauptteil fallende Satz benennt die dargestellte *Fabriziertheit* von Medienrealität explizit als Thema. Nach der oben beschriebenen Morphing-Szene der lachenden und tanzenden, ineinander übergehenden Gesichter sieht man, jetzt aus der Aufsicht auf das Studio heraus, wie der Aufnahmeleiter (Regisseur?) auf die Darstellerin zugeht, die zuletzt sichtbar war. Er beglückwünscht sie zu ihrer Leistung und fragt, scheinbar verwundert: »How did you do that?«

Unzweifelhaft wird der Betrachter in dieser Benetton-Sequenz als kompetenter Medienrezipient modelliert, der sich von den massenkommunikativen Erzeugnissen gerade nicht »umzingeln« läßt, wie Die Fantastischen Vier behaupten, sondern um die Mechanismen ihrer Fabrikation weiß. Folglich kann er sich distanzieren und im Gegensatz zu der scheinbaren Verwunderung des Aufnahmeleiters wissen, daß medial vermittelte Wahrnehmung nicht nur subjektiven, sondern insbesondere auch technisch-medialen Konstruktionsmechanismen unterliegt. Weiterhin ist zu bedenken, daß die in diesem Teil des Videos auftretenden Zeichen in idealtypischer Verdichtung auftreten. Die Indianerszene und ihr landschaftlicher Hintergrund, um nur ein Beispiel zu nennen, entspricht in vollkommener Weise den Konventionen des Hollywood-Westerns. Nicht nur die technisch-mediale Fabriziertheit, sondern auch die Existenz eines kulturell tradierten Codes und einer filmsprachlichen Grammatik werden mithin als Apriori der Medienrezeption vorgeführt. Beachtenswert und für die vollständige Interpretation von großer Bedeutung ist jedoch, daß sich in allen Szenen ein Fremdkörper aufhält, genau ein Element, daß den Zusammenhalt der Darstellung unterbricht. Dieses »Ding« (im psychoanalytischen Sinne einer irreduziblen Resistenz gegen Symbolisierung) ist Jackson selbst, der durchgehend wie *neben* der Inszenierung stehend inszeniert wird (vgl. Alcalay 1995). Ich komme auf diesen Aspekt zurück.

## 4. Begriffliche und vorbegriffliche Montageformen

> Dann sagt der Kaspar:
> Ziegen und Affen
> Ziegen und Affen
> Ziegen und Affen
> Peter Handke, *Kaspar*

Fragt man nach dem semantischen Gehalt der Benetton-Sequenz aus *Black or White*, so zeigt sich, daß in auffälliger Weise all jene Merkmale fehlen, die Interpreten von Videoclips zu der Annahme führen, es herrsche eine zusammenhangslose, traumähnliche Assoziationsmontage vor. Im Gegenteil, das Video präsentiert in dieser Sequenz ganz offensichtlich eine Arbeit am Begriff, wenn auch keine definitorische. Wie für Videoclips typisch (vgl. Wulff 1989, S. 441), gründet die Diskursivität dieser Sequenz weder auf narrativen noch auf propositionalen Elementen, sondern auf illustrativen, exemplifikatorischen oder symbolischen Vorgehensweisen.

Ob man deshalb eher von »thematischen Basen« (ebd.) als von Begriffen sprechen muß, scheint mir im Einzelfall davon abzuhängen, welchem Stadium der Begriffsbildung sich die Assoziations- und Klassifikationsmuster verdanken. Studien zur Entwicklung des begrifflichen Denkens (Piaget/Inhelder 1973, Wygotski 1986) zeigen, daß das klassifikatorische Denken aus der zunächst praktischen Verkettung von Assimilationsschemata heraus in einer signifikanten Stadienfolge bis zur hierarchisch-taxonomischen Logik erworben wird. Das früheste, noch vorsprachliche Klassifikationsmuster ist dabei das der »schematischen Zugehörigkeit«. Assoziationen werden hierbei zwischen Objekten gebildet, die sich in zusammenhängende Handlungsmuster einfügen lassen. Nach Erwerb der symbolischen Funktion entsteht das Klassifikationsmuster der »partitiven Zugehörigkeit«, bei dem funktionale und gestalthafte Ergänzungsverhältnisse zwischen Objekten, nicht aber ihre intensionale Relation zu einer Assoziation führen. Assoziiert werden deshalb häufig heterogene Objekte, die sich einander zeitlich oder räumlich nahe stehen, ohne derselben Abstraktionsstufe anzugehören. Im Unterschied zur begrifflichen Taxonomie sind bei den vorbegrifflichen Assoziationsformen Intension und Extension der gebildeten Klassen nicht aufeinander bezogen.

Assoziationsmontagen in Musikvideos nutzen häufig diese ontogenetisch früh erworbenen Klassifikationsmuster. Das macht sie aus der Perspektive des begrifflich-wissenschaftlichen Denkens schwer zugänglich, impliziert jedoch nicht etwa Zusammenhangslosigkeit oder gar »postmoderne Beliebigkeit«. Die Verwendung pristiner Assoziationsmuster impliziert auch keineswegs eine »Regression« auf ein infantiles Stadium der Kognition. Einmal erworbene kognitive Strukturen werden nicht abgelegt, sobald sie durch leistungsfähigere überboten werden. Sie stehen weiterhin zur Lösung bestimmter Problemtypen bereit, weshalb man mit Piaget (1983, S. 18) von einer hierarchischen Integration der sukzessiven Stadien der kognitiven Entwicklung sprechen kann. Die Verwendung präoperationaler, *mythischer* Assoziations- und Deutungsmuster in Musikvideos drückt vielmehr die Suche nach adäquaten ästhetischen Formen in einer als Zeitalter der Vernunftkritik empfundenen Gegenwart aus.

Man findet in Musikvideos unschwer Beispiele für die Muster vorbegrifflicher Klassifikation, wie sie von der Entwicklungspsychologie an den sprachlichen Äußerungen von Kindern aufgewiesen wurden. Wygotskis »assoziativer Komplex« scheint die

Grundlage für den Zusammenhang zwischen thematischer Struktur und realisierenden Bildern zu sein, den Wulff (1989, S. 442) »illustrativ« nennt. Wesentlich für diesen Modus ist, daß die zur Illustration eines thematischen Kerns verwendeten Bilder keineswegs eine gemeinsame Eigenschaft teilen, sondern – je für sich – auf ganz unterschiedliche Weise mit dem Kern verbunden sind. Aus begrifflicher Perspektive erscheint ein solcher assoziativer Komplex als Manifestation von Inkonsistenz und Heterogenität. Ein weiteres von Wygotski herausgearbeitetes, vorbegriffliches Klassifikationsmuster ist das der »heterogenen Zusammensetzung« oder »Sammlung«. Hierbei werden nicht ähnliche, sondern unähnliche. Objekte assoziiert, deren Zusammengehörigkeit z. B. aus der gemeinsamen Verwendung in bestimmten Handlungen resultiert. Auffällig ist, daß jeder Objekttyp maximal *einmal* aufgenommen wird, d. h., er wird nicht als Gattungsmitglied, sondern als Stellvertreter seiner Gattung angesehen. Dieses Assoziationsprinzip findet sich in dem von Wulff (ebd.) »Exemplifikation« genannten Repräsentationsmodus vieler Videoclips. Schließlich sei noch der von Wygotski »Kettenkomplex« genannte Modus erwähnt, bei dem Objekte zusammengefügt werden, die weder eine allen gemeinsame Eigenschaft noch je für sich gemeinsame Merkmale mit einem thematischen Kern aufweisen. Die Objekte werden nicht als Träger einer bestimmten Eigenschaft, sondern sukzessive und je als Ganzes in den Komplex aufgenommen. Es reicht also aus, wenn ein Objekt mit seinem unmittelbaren Vorgänger die eine und mit seinem Nachfolger eine andere Eigenschaft teilt. Nach diesem Prinzip sind oftmals die sog. »traumhaften« Schnittfolgen in Musikvideos konstruiert. Der Sänger steht z. B. vor einer Wand mit einem Linienmuster aus Licht und Schatten, im nächsten Moment sehen wir ihn neben einem gerippten Heizkörper (Übereinstimmung: Linien), daran schließt sich eine dampfende Maschine an (Übereinstimmung: Hitze, Metall), als nächstes geht er bei Nacht durch den Nebel (Übereinstimmung: Schwaden) etc.

Vorbegriffliche Assoziationsmuster sollten nicht mit Polysemie verwechselt werden. Aus der Perspektive des begrifflichen Denkens sind die Schnittfolgen vieler Musikvideos bestenfalls nachvollziehbar, jedenfalls aber nicht zwingend. Die Vorstellung jedoch, ein Thema sei angemessen nur durch Vollständigkeit, Folgerichtigkeit und Systematizität zu behandeln, trifft allein auf das begriffliche Denken zu. Nur dieses kann eine textuelle (argumentative, musikalische oder visuelle) Sequenz daraufhin beurteilen, ob sie einem von der Sache selbst gebotenen zwingenden Aufbau folgt. Aus der Perspektive des Kettenkomplexes hingegen sind vom gegebenen Ausgangspunkt her betrachtet unzählige Fortsetzungen denkbar, ohne daß sich die Frage stellt, ob hierdurch ein thematischer Kern ambigue wird. Zwar folgen Kettenkomplexe einer genetisch-rekonstruktiv einsichtig zu machenden Logik, wodurch durch sie regierte Texte verständlich gemacht werden können, sie auf ihren *Kern* hin zu lesen, ist aber sinnlos, weil es ihn nicht gibt.[2]

Im Fall der Benetton-Sequenz aus *Black or White* finden sich vorbegriffliche und begriffliche Assoziationen. Die Überleitungen werden meist nach dem Muster des Kettenkomplexes ausgeführt, etwa wenn einsetzender Schneefall von der »indischen« zur »russischen« Szene überleitet. Die Darstellung der Kulturkreise selbst sind typische Beispiele für assoziative Komplexe. Schnee, Zwiebeltürme und Kosakentanz stehen in *Black or White* offensichtlich illustrativ für »Rußland«; was ihnen gemeinsam ist und warum Wodka, Schachspiel und Matrjoschkas hingegen ausgelassen werden, bleibt offen. Außergewöhnlich an den vorbegrifflichen Assoziationsmustern dieses Musikvideos ist allerdings, daß sie meist mit einer gewissen parodistischen Übertreibung eingesetzt werden. Angesichts der für den Clip konstitutiven Reflexion des Beobachterblicks liegt die Vermutung nahe, der Betrachter solle auf das Formprinzip der vorbegrifflichen Assoziationen hingewiesen werden.

Musikvideos können also eine alternative Form von Diskursivität generieren, die auf Stilprinzipien gründet, die älteren Medien eher fremd sind. Auf diese Tatsache rekurriert eine gegenüber der oben angesprochenen Defizit-Hypothese alternative Argumentationslinie, die *kritische* Hypothese zum Musikfernsehen. Ihr zufolge sind die Montageformen der Videoclips nicht weniger struk-

---

2 Hierdurch unterscheidet sich die vorbegriffliche Logik von den auf den ersten Blick ähnlich gelagerten Überlegungen des Poststrukturalismus. Der Poststrukturalismus, insbesondere in Gestalt der Dekonstruktion, kritisiert die für das begriffliche Denken zentrale Annahme, in Texten sei qua Repräsentation ein zentraler Bedeutungsgehalt präsent gehalten (vgl. Derrida 1976). Diese zentrale Präsenz sei vielmehr ein brüchiges, jederzeit durch Relektüre zu widerlegendes Resultat des differentiellen Geflechts der Zeichen. Erst unter dieser Voraussetzung kann ein Text auf seine Polysemien geprüft werden. Im Unterschied zum protobegrifflichen Denken pendelt der Dekonstruktivismus demnach beständig zwischen der Konstruktion und Destruktion fixierter Bedeutungen.

turiert und verständlich als die Narrationen beispielsweise des Kinofilms. Die Vielzahl intertextueller Verweise setze indes ein spezifisches Wissen beim Betrachter voraus, konstituiere mithin exklusive, subkulturelle Deutungsgemeinschaften und Adressatenkreise. Wulff (1989, S. 436 f.) etwa vertritt die These, wonach die heterogen erscheinenden visuellen Elemente von Videoclips zumeist durch eine Makrostruktur regiert und integriert werden, die mit dem Modell der Aufführung, der Performance, rekonstruiert werden kann. Als herausragende Leistung vieler Videoclips wird von Vertretern dieses Argumentationstyps insbesondere deren Reflexivität und radikale Intertextualität genannt. Bezogen auf Wulffs Strukturthese heißt dies, daß die Performance als Makrostruktur des Textes nicht nur im Hinblick auf verschiedene Aspekte modalisiert ist (Natürlichkeit, Serialität, Medialität), sondern daß »auf alle diese modalen Veränderungen in den Videos selbst Bezug genommen wird« (Wulff 1989, S. 438). Ähnlich weist auch Curry (1993) die Kritik der Defizit-Hypothese an den angeblich heterogenen und inkonsistenten Gestaltungsprinzipien des Musikfernsehens zurück. Wie Curry am Beispiel des popkulturellen Phänomens Madonna nachzuweisen sucht, können Disjunktionen und Inkongruenzen parodistische Wirkungen entfalten, weshalb die scheinbar zusammenhanglose Anordnung der Montageelemente keinesfalls als willkürliches Pastiche, sondern als Träger spezifischer Bedeutungen betrachtet werden müsse. Die Radikalität, mit der Madonna (qua Verkleidung und Imagezitat) ihren Antiessentialismus inszeniere und Intertextualität auf die Spitze treibe, überschreite die hier prima facie vorliegende bloße postmoderne Beliebigkeit. Durch ihre »Metamaskerade« demaskiere sie den illusionären Charakter des popkulturellen Starkultes (Curry 1993, S. 242).

Diese kritische Argumentationslinie baut offensichtlich auf einen sehr viel kompetenteren und aktiveren Rezipienten als die Defizit-Hypothese. Wenn von thematischen Kernen gesprochen wird, dann mitunter nur in der Weise, daß Betrachter aus ihrer politisch-ideologisch fundierten, kritischen Perspektive das Bedeutungspotential von Videoclips zu ergründen vermögen (vgl. z. B. Curry 1993, S. 235 u. 242). Das videokonsumierende Subjekt wird als subkulturell eingebundener, informierter Rezipient modelliert, der am Clip Impulse für seine Identitätsentwicklung und für die kritische Überschreitung seiner epistemischen Grenzen gewinnt.

Greift man Žižeks (1991, S. 96 ff.) Unterscheidung zwischen moderner und postmoderner Kritik auf, so erweist sich die dargestellte zweite Argumentationslinie als Spielart moderner Theoriebildung. Žižek weist darauf hin, daß es der kritischen Moderne darum zu tun sei, den referenzlosen Charakter symbolischer Ordnungen aufzudecken. Die symbolische Ordnung wird als *unvollständig* beschrieben, indem auf eine Leere in ihrem Zentrum hingewiesen wird, die nichts an ihrem Funktionieren ändert. Wie um Žižeks Beschreibung des »modernen« Ansatzes zu illustrieren, schreibt etwa Curry (1993, S. 242): »Madonnas Aneignung von Images populärer Stars deckt auf, daß die Einzigartigkeit jener Stars nur eine Täuschung ist, und daß diese Stars, wie wohl Madonna auch, nur eine Bricolage aus Illusionen darstellen.« Das Defizit dieses Ansatzes besteht für Žižek darin, daß er die Möglichkeit offen läßt, das »leere Zentrum unter der Perspektive des ›abwesenden Gottes‹ zu begreifen« (Žižek 1991, S. 98), d. h. die Welt als kalt und verlassen aufzufassen, solange nichts das Zentrum füllen kann. Das Begehren nach einem konsistenten Ursprung des Wissens und der sozialen Ordnung bleibt sozusagen erhalten, wird nur auf unabsehbare Zeit aufgeschoben. Der Wille zum Wissen ist für die Modernen mithin immer noch darauf gerichtet, über die symbolische Ordnung hinauszugreifen und die Welt vom Standpunkt eines göttlichen, metasprachlichen Subjektpols aus zu begründen. Die postmoderne Lektion hingegen besteht Žižek zufolge darin, daß keine symbolische Ordnung ohne Objekt auskommt, daß sich in ihrem Zentrum stets ein Ding befindet, das nur mehr »gestaltgewordene, materialisierte Leere ist« (1991, S. 99). Die Postmoderne interessiere sich für das alltägliche Objekt, das für seine zentrale Rolle zwar in keiner Weise prädestiniert ist, sie aber zufällig übernommen hat, ein Objekt, das Symbolisierungen antreibt, ihnen zugleich aber widersteht (vgl. Žižek 1993). Kritik hieße dann nicht, darzulegen, daß die symbolische Ordnung imaginäre Gegenstände (»Einzigartigkeit jener Stars«) aus sich heraussetzt. Vielmehr würde man auf den *inkonsistenten* (nicht: *unvollständigen*) Charakter jener symbolischen Ordnung hinweisen, zeigen, wie das im Zentrum stehende Objekt, das seine Bedeutung nur seiner Position innerhalb der Struktur verdankt, der symbolischen Zähmung widersteht und die Ordnung fortlaufend durchkreuzt.

## 5. Der blinde Fleck des kompetenten Rezipienten

> Nur manchmal schiebt der Vorhang der Pupille
> sich lautlos auf –. Dann geht ein Bild hinein,
> geht durch der Glieder angespannte Stille –
> und hört im Herzen auf zu sein.
>
> Rainer Maria Rilke, *Der Panther*

Einstweilen festzuhalten ist, daß das erste Hauptstück von *Black or White* zum einen den Betrachter in der Rolle eines kompetenten Medienrezipienten inszeniert, der aufgrund seiner Kenntnisse genrespezifischer Codes, filmgeschichtlicher Vorläufer und medientechnischer Potentiale in der Lage ist, sich objektiv-distanziert mit den dargebotenen Bildern und der Musik auseinanderzusetzen. Zum anderen wird ein strukturiertes Deutungsangebot zu Problemen interkultureller und interethnischer Beziehungen angeboten, vermischt mit musikvideospezifischen Gestaltungselementen, die – passend zur Rolle des kompetenten Rezipienten – mit einem gewissen Augenzwinkern dargetan werden. Soweit die Fallanalyse reicht, scheint *Black or White* also die kritische Hypothese zum Musikfernsehen zu unterstützen. Reflexivität, Metakommunikativität und die sorgfältige Präparierung eines thematischen Kerns sprechen die kritisch-hermeneutischen Kompetenzen eines informierten und reflektierten Rezipienten an.

Interessanterweise erschöpft sich *Black or White* aber nicht darin. Die Inszenierungen der »Sache« und des Beobachters im ersten Teil werden in der folgenden Panther-Sequenz vielmehr vollständig auf den Kopf gestellt. Erst hierdurch gewinnen wir Hinweise darauf, wie das Verhältnis zwischen Rezeption und Gegenstand *letztlich* modelliert wird. Hier finden sich dann auch Anhaltspunkte für die bereits angedeutete postmoderne Perspektive.

Es lohnt sich, bei der Analyse der Panther-Sequenz zwischen Gegenstands- und Rezeptionsdarstellung zu unterscheiden. Der Sache nach tritt uns in diesem zweiten Hauptstück ein naturalisierter, aller Zeichenhaftigkeit beraubter und so zum Non-Subjekt mutierter Michael Jackson entgegen. Per *Morphing* aus der Gestalt des Panthers entstanden scheint der Darsteller auch späterhin der Natur und nicht etwa der Kultur zuzugehören. So interagiert er hier nicht mehr mit Menschen, sondern mit den sich aufbäumenden Elementen (Wind, Licht, Feuer). Offen bleibt, ob der negative Orpheus Michael Jackson mit seinen Zuckungen und Schreien den Sturm der Elemente erst entfacht, oder ob es umgekehrt die Elemente sind, die seine Erregung und Gewalttätigkeit steigern. Von Aphasie geschlagen, mithin unfähig zur Poesie begründenden Metapher (vgl. Lacan 1991b), vermag er nicht länger – wie noch in der Benetton-Sequenz – aus einer Vielfalt der Signifikanten ein (transzendentales) Signifikat (einen thematischen Kern, einen Begriff etc.) zu konstruieren. Texte sind es, die der Jackson-Panther in einem Ausbruch von Gewalt zerstört, Texte allerdings, die keinen hermeneutisch zu erschließenden Bedeutungsgehalt aufweisen, aus dem der Akt ihrer Zerstörung verständlich gemacht werden könnte. Die Aggression gilt hier nicht dem Bedeuteten, sondern dem Text als solchen, d. h. der nicht endenden Kette von Signifikanten, die jedem (Sprech-)Akt seine »animalische« Unmittelbarkeit und Präsenz nimmt, indem sie ihn in das Gewebe der Interpretation zieht. Wie unerträglich diese Verweigerung von konsistentem Deutungssinn aus hermeneutischer Perspektive erscheinen muß, ist manch hilflosen Versuchen zu entnehmen, den Texten verborgene Kontexte zu attribuieren. So geht das Gerücht, die Jacksonsche Zerstörung eines Reklameschilds mit der Aufschrift »*Royal Arms Hotel*« verweise auf ein reales *Royal-Arms*-Hotel, das in der Geschichte des *Black Panther Movement* eine traurige Rolle gespielt haben soll (vgl. Shastaclan 1995). Die moralisierende Kritik an der Panther-Sequenz nach der Veröffentlichung des Videos war also nichts anderes als ein Ruf nach Sinn, der durch die Überarbeitung des Clips, d. h. die nachträgliche Verwandlung der zerstörten Inschriften in rassistische Parolen, ganz folgerichtig beantwortet wurde.

Die Revolte gegen das Symbolische ist zugleich eine gegen das Imaginäre. Die Verwüstungen richten sich nicht nur gegen Inschriften, sondern auch gegen Fensterscheiben, will man sie nun als Spiegel oder auch als Mattscheiben begreifen. Als Spiegel gedeutet, hieße dies, daß sich der »animalische« Jackson der imaginären Konstitution eines Subjektganzen verweigert, im Stadium der Desintegration oder Zerstückelung verharrt, ganz seinen fragmentierten Trieben und einem ziellosen Genießen ausgeliefert (vgl. Lacan 1991a; vgl. aber zur »fraktalen« Identität in der Videowelt: Baudrillard 1989). Denn der tiergleiche Zustand wird keineswegs als Leiden an einer Gefangenschaft im bewußtlosen Körper dargestellt, vielmehr sehen wir den Künstler in genußvollen, masturbatorischen Posen.

Der zweite Hauptteil aus *Black or White* wirkt wie eine Kritik des oben dargestellten, kritischen Argumentationstyps. Zwar mag man filmgrammatische Strukturen in der Bildmontage entdecken, doch unterläuft die Darstellung, die nicht nur auf Worte und Musik verzichtet, sondern überdies eine Negation der Sprache und der Einheit des Subjekts impliziert, jeden Versuch, ihn (etwa im Sinne von Curry 1993) als kritisch-demaskierend zu verstehen. Denn die Voraussetzungen dieses herkömmlichen Kritikbegriffs, also die Instanz des Subjekts, wird ja hier der Vergessenheit überantwortet. Statt dessen finden wir den Entwurf einer Antisubjektivität vor oder jenseits des Sinns und der Zeichen. Die Passage scheint Überlegungen zu bestätigen, die im postmodernen Kontext für das Verständnis von Musikfernsehen entwickelt worden sind. Diese dritte Argumentationslinie, die *Hypothese des Non-Subjekts*, fußt auf der Überlegung, wonach in der Gegenwart die Signifikanten ein Übergewicht über die Signifikate erworben haben, d. h. autologisch und ohne Referenz auf den Gegenstand prozedieren (Baudrillard 1982, Fiske 1987). Der »hyperrealen« Welt der Zeichen gemäß zu leben, heißt für das Subjekt nicht länger, (kritische) Deutungen und Entwürfe anzufertigen, sondern sich dem Zwang zur Hermeneutik zu verweigern und subversiv mit dem Spiel der Zeichen umzugehen (Kittler 1988). Subversion bedeutet unter diesen Voraussetzungen, nicht die Umkehrung der Ordnung, sondern Risse in ihr anzustreben. Diese »taktische« Handlungsmaxime hat de Certeau (1988) als List der Schwachen zu rekonstruieren gesucht und vom illusionären »strategischen« Handeln unterschieden, das auf die Herstellung einer autonomen Identität abzielt. Bezogen auf das Musikfernsehen beschreibt Fiske (1987) in vergleichbarer Weise die Position des Non-Subjekts als adäquate Antwort auf die ideologische Verfaßtheit von Gesellschaft. Das Non-Subjekt überantwortet sich den diskontinuierlichen und inkonsistenten Montageformen der Videoclips und nutzt sie als Quelle von Genuß. Statt der herrschenden Ideologie oppositionelle Sinnsetzungen entgegenzuhalten, wie es das Konzept der Gegenöffentlichkeit vorsieht, schweift der Rezipient genießerisch durch das bedeutungslose Universum der Zeichen. Widerständig gegen Ideologie ist dieses Vorgehen, weil sich das Subjekt auf diese Weise dem fetischisierten Zusammenhang von

Code und Bedeutung entzieht, der eine wesentliche Grundlage einer »Ökonomie des Kulturellen« bildet. Wie man sich die Konstitution eines Subjekts, das dem Repräsentationszusammenhang und der Bindungswirkung sozialer Semantik entgeht, empirisch vorzustellen hat, bleibt in diesem Entwurf allerdings unterbestimmt. Unklar ist dabei insbesondere, wie es gelingen soll, solches Verhalten als »widerständiges« auszuweisen, ohne den einheitlichen Subjektpol vorauszusetzen, der für die kritische Argumentationslinie typisch ist. Als kontrafaktische Utopie scheint in dieser Spielart der Postmoderne die traditionelle Vorstellung eines außersemiotischen Urgrunds von Subjektivität fort zu existieren, was bei Baudrillard (1982) oder Kaplan (1987) zu unübersehbaren Widersprüchen mit den aus der Postmoderne übernommenen Theoremen führt, z. B. mit dem epistemologischen Relativismus. Gleichwohl weisen die Überlegungen etwa Fiskes zahlreiche produktive Anschlüsse für die handlungstheoretische Rezeptionsforschung auf, sofern sie Alternativen zu traditionellen Subjektvorstellungen aufzunehmen bereit ist.

Kehren wir noch ein letztes Mal zur Fallanalyse zurück. Die Deutung der Panther-Sequenz liegt, wie man gesehen hat, notwendig auf einer ganz anderen Ebene als die der Benetton-Sequenz. Verfehlt wäre es, den zweiten Hauptteil als Fortführung und kritischen Kommentar des ersten anzusehen, wie es bei der Suche nach einem begrifflichen oder thematischen Kern naheliegt. Wollte man einen solchen finden, stieße man vermutlich auf ein Bekenntnis zur »schwarzen Identität«, also eine Kritik des multikulturellen Gleichheits- und Toleranzpostulats. Mit der Sache scheint mir dies indes wenig zu tun zu haben; zu deutlich sind auch hier die reflexiven Hinweise auf Gegenstandskonstitution und Beobachterstandpunkt im Videoclip, verallgemeinert also: in der Medienkultur. Folgen wir diesen Hinweisen, wird sich zeigen, daß der Zusammenhalt zwischen erstem und zweitem Hauptteil nicht auf der Ebene des manifesten Bedeutungsgehalts, sondern auf der der Medienreflexion zu finden ist. Auch wird die Kritik der oben genannten Non-Subjekt-Hypothese zu vertiefen sein, was Anlaß zur Formulierung eines vierten Argumentationstyps geben wird.

Im Gegensatz zum ersten Teil findet man in der Panther-Sequenz weder Darstellungen von Betrachtern noch ostentative Hinweise auf die Fabriziertheit von Medienbildern. Der Bruch zwischen dem erstem und dem zweitem Hauptteil ist so drastisch, daß die Vermutung nahe liegt, im zweiten Teil werde etwas inszeniert, was dem zuvor apologetisch inszenierten kompetenten Medienrezipienten strukturnotwendig entgehen müsse. Hierauf würde es auch weisen, wenn man ein Element, die zerstörten Fensterscheiben, doch als Hinweis auf den Betrachter verstehen will. Er tritt als Ausgesperrter in Erscheinung, als Beobachter, dessen technisches und epistemologisches Inventar versagt. Exakt diese Deutung wird in der kurzen Schlußsequenz (Wiederaufnahme der Rahmenhandlung) klar bestätigt. Hier kehrt ja, wie beschrieben, das Video zur Inszenierung dreier, ineinander verschachtelter Blickrichtungen zurück: Noch ist die Schlußeinstellung der Panther-Sequenz sichtbar, jetzt aber als Element innerhalb einer Rezeptionssituation (Wohnzimmer mit Fernseher), die einerseits Gegenstand der Darstellung ist und andererseits – über die imaginäre Identifikationsfigur des kleinen Jungen – die Rezeption des Jackson-Videoclips durch einen realen Betrachter thematisiert. Exakt an dieser Stelle setzt wieder die Musik ein, die während der Panther-Sequenz durchgehend fehlte. Der Zeichentrick-Junge Bart tanzt mit geschlossenen Augen zu dieser Musik. Hat er die stumme Panther-Sequenz überhaupt wahrgenommen? Oder hat er die ganze Zeit über den Fortgang der Musik imaginiert, sich um das tatsächliche (Panther-)Geschehen auf dem Schirm nicht gekümmert? Wie immer man diese Fragen beantworten möchte, unzweifelhaft kehrt die Identifikationsfigur des Videoclip-Betrachters, der kleine Junge aus der Auftaktszene, am Ende in signifikant veränderter Form zurück: Er ist nun Teil des imaginären Cartoon-Universums.

Es sind diese konträren Modellierungen des Rezipienten, die es der Analyse gestatten, die auffälligen Kontraste zwischen dem ersten und dem zweiten Hauptteil des *Black or White*-Videos einer Deutung zuzuführen. Zugespitzt formuliert, zeigt der erste Hauptteil, was der Betrachter sieht, so er das Fernsehen als kulturelles, mithin symbolisch verfaßtes Medium nimmt, d. h., so er sich *identitätsrelevant* als subkulturell informierter, medientechnisch aufgeklärter Rezipient einer Medienkultur erkennt. Der zweite Hauptteil hingegen »zeigt«, was der Rezipient *nicht* sehen kann, weil es sich sozusagen jenseits des symbolisch verfaßten Medienspiegels befindet. Der Clip beobachtet also Richtung und Gegenstand des Blicks seiner Rezipienten und formuliert als Resultat dieser Beobachtung zweiter Ordnung eine These über das, was der Medienkommunikation systematisch entgeht – über das, was dem symbolisch verfaßten Subjekt dieser Kommunikation verborgen bleiben muß, sofern es im Spiegel des Mediums zuvörderst *sich selbst* betrachtet.

Ausgehend von dieser Überlegung läßt sich eine vierte, *poststrukturalistische* Interpretationslinie zum Musikfernsehen aufzeigen. Die Unbeobachtbarkeit des »animalischen« Jackson im zweiten Hauptteil lenkt die Aufmerksamkeit zurück auf die zentrale Irritation des ersten. Hier steht der »kulturelle« Jackson ja stets wie neben dem Geschehen, bildet gewissermaßen einen Fremdkörper in der Logik des multikulturellen Assoziationsraums. Gemäß dem oben angedeuteten Gedankengang Žižeks (1991, 1993) ließe sich die Figur Jacksons als *Spur des Realen* begreifen, als Objekt, das für das Funktionieren der Symbolisierungs-Maschinerie notwendig ist, doch stets von dieser verfehlt wird, als Objekt, das sich als irreduzibler Rest jeder symbolischen Vereindeutigung entzieht.[3] Der Beobachter, so lautet die Konsequenz, getrieben vom Wissenwollen, richtet seine Aufmerksamkeit auf diese Spur des Realen, die alle Deutungen antreibt, zugleich aber diesen Deutungen gegenüber indifferent ist. Die Pointe besteht darin, daß dem Beobachter diese Position für beide Hauptstücke von *Black or White* attribuiert wird, auch für das erste, in dem er zunächst als kompetenter Rezipient und Hermeneutiker erschien. Die poststrukturalistische Interpretation von *Black or White* impliziert letztlich eine Dekonstruktion dieser Rezeptionskompetenz: Genießen und Wissenwollen sind nicht oppositionelle Haltungen des Subjekts, sondern ermöglichen erst zusammen, fixierte Bedeutungen zu konstituieren und das Selbst als identisches zu verkennen. Folgt man diesen Überlegungen, verfallen sowohl die zweite als auch die dritte Argumentationslinie der Kritik. Gegen die zweite, die kritische Hypothese, ließe sich anmerken, daß jegliche hermeneutische Bemühung ihren Gegenstand verfehlen muß und gerade hierdurch um so mehr angetrieben wird (vgl. Lacan 1991b). Der medienkompetente Rezipient erwiese sich als notwendige Illusion. Gegen die dritte Hypothese, die des Non-Subjekts, lautete das Argument, daß es einen Irrtum darstellt, sinnentleertes Genießen und die Anfertigung oppositioneller Sinnentwürfe (Gegenöffentlichkeit) als Gegensätze darzustellen. Genießen und Wissen-

---

3  Hier lassen sich Überlegungen zur Inszenierung des Popstars Michael Jackson anschließen, dessen mediale Präsenz von einer konstitutiven Nichtfestlegbarkeit durchzogen ist (vgl. Alcalay 1995).

wollen gingen eine Einheit ein. Genießen wäre nicht länger oppositionelle Taktik, sondern integraler Bestandteil des Systems. Beide irrten sich: der kompetent-hermeneutische Zuschauer in seinem Glauben an die Möglichkeit des Verstehens, das genießende Non-Subjekt in seinem Glauben an die Möglichkeit, dem Sinn zu entkommen.

## 6. Resümee

Ausgangspunkt der Überlegungen war die kulturkritische Defizit-Hypothese zum populärkulturellen Musikfernsehen. Wenngleich die Widersprüche zwischen den anschließend hierzu verhandelten Argumentationstypen belegen, daß die Medienforschung weit von einer überzeugenden Darstellung des Rezeptionsprozesses entfernt ist, so sollte deutlich geworden sein, daß ohne die rezeptionsanalytische Perspektive ein adäquates Verständnis der Medienkultur nicht zu gewinnen ist. Plane Inhaltsanalytik, gemischt mit trivialen Vorstellungen über Medienwirkungen, reicht nicht hin, um Faszination und Relevanz der modernen Medienkultur zu erfassen.

An Modellierungen des Zusammenhangs von Subjektentwicklung, Rezeptionskompetenz und Medienästhetik herrscht kein Mangel, wie man anhand der drei zuletzt behandelten Ansätze sehen kann. Deren Heterogenität ruft offensichtlich nach verstärkten Bemühungen in der empirischen Rezeptionsforschung. Um der unübersichtlichen Realität der zeitgenössischen Medienkultur gerecht zu werden, scheinen mir dabei insbesondere die Entgrenzung der Medien und das reflexive Potential moderner, postkonventioneller Subjekte berücksichtigt werden zu müssen. Musikfernsehen, das läßt sich aus den Strukturanalysen des dritten und vierten Abschnitts lernen, ist nur im Kontext der Integration unterschiedlicher Medientypen angemessen zu analysieren. Finden dabei auch Inszenierungsformen und Assoziationsmuster Berücksichtigung, die für ältere Medien untypisch sind, so geben sich unter der Oberfläche der scheinbar chaotischen Bilderflut mitunter komplexe Bedeutungsgehalte zu erkennen. Allerdings, das verdeutlichen die im fünften Abschnitt behandelten Überlegungen, ist *allein* mit dieser hermeneutischen Perspektive das Phänomen Musikfernsehen keinesfalls aufzuschlüsseln. Nicht wenige Clips verweigern sich jedweder konsistent auszulegenden Systematik und gewinnen ihren Reiz offenbar aus anderen als hermeneutischen Verlockungen (ein Beispiel hierfür diskutieren Doderer/Neumann-Braun 1999). *Black or White* ist hierfür ein eher untypisches Beispiel, weil in diesem Video beide Möglichkeiten, d. h. Offenheit *und* Widerständigkeit gegenüber Deutungsversuche praktiziert und zugleich reflektiert werden; aus der Reflexivität erwächst am Ende doch wieder eine Lesbarkeit, wie die Fallanalyse gezeigt hat. Die Herausforderung für die Medien- und Rezeptionsanalyse besteht folglich darin, zu rekonstruieren, wie Subjekte mit solchen antihermeneutischen Medienereignissen sinnhaft-konstruktiv umgehen. Dieses Rezeptionsmuster scheint zwar mit den klassischen Modellen des Identitätserwerbs anhand des Austauschs gemeinsam geteilter Bedeutungen nicht angemessen beschrieben zu sein, gleichwohl geht die postmoderne Analyse fehl, wenn sie Subjekten eine Option auf das sinnfreie Prozedieren von Zeichen (Genießen) zuschreibt.

Denn gegen die Postmoderne à la Fiske und Kaplan gilt es einen schärferen Begriff der epistemologischen Kritik der Moderne festzuhalten, wie er insbesondere im Dekonstruktivismus (vgl. Derrida 1976) entwickelt worden ist. Konsistent ist es nämlich nicht, ein angeblich autologisches Spiel der Zeichen zwar in den Mittelpunkt der Überlegungen zu stellen, Gesellschaftsanalyse aber gleichzeitig aus dem Wechselspiel von Struktur und Subjekt zu perspektivieren. Der Dekonstruktivismus erreicht demgegenüber eine konsistente Deutung, indem er tatsächlich radikal vom Vorrang der Zeichen her argumentiert. Für ihn sind es die Texte, die zugleich mit der »Ideologie« auch die »Kritik« erzeugen, dem Subjekt bleibt die Option, dies zu *vernehmen* (vgl. Neumann-Braun/Wenzel 1996). Diese radikale Option für den Vorrang der Zeichen kennzeichnet auch die strukturale Psychoanalyse, an die Žižek anschließt.

Wenn hier eine »konsistente« Postmoderne eingefordert wird, dann nicht, um sie anschließend zu unterzeichnen. Vielmehr erlaubt eine solche Zuspitzung des postmodernen Denkens allererst, eine sachhaltige Kritik an ihm zu üben. Diese Kritik kann wiederum nur rekonstruktiv erfolgen, muß also die Bedingungen der Möglichkeit eines Denkens vom Vorrang der Zeichen auszuweisen suchen (vgl. Weisenbacher 1997, Wenzel i. Ersch.). Als Signatur der Gegenwart, die nicht nur Philosophie, sondern moderne Subjekte allgemein zu kennzeichnen beginnt, muß man dieses Denken jedoch ernst nehmen. Es einem rekonstruktiven Verständnis zuzuführen, scheint mir deshalb für die Medienkommunikationsforschung unabdingbar zu sein. Das Verhältnis von subjektivem Sinn und dem scheinbar autologischen Spiel der Zeichen wäre dann nicht als Gegensatz, sondern als Ambivalenz zu rekonstruieren, als Ambivalenz, die moderne Subjekte lebenspraktisch zu bewältigen haben.

## Videographie

Die Fantastischen Vier (1996): Populär (LP *Lauschgift*, 1995). Regie: Ralph Schmerberg. Bear Records/Sony.
Michael Jackson/Bill Bottrell (1991): Black or White (LP *Dangerous*). Regie: John Landis. Epic/Sony.

## Literaturverzeichnis

Alcalay, R. (1995): Morphing out of Identity Politics. *Black or White* and *Terminator 2*, in: Bad Subjects 19 (März).
Baudrillard, J. (1982): Der symbolische Tausch und der Tod, München.
Baudrillard, J. (1989): Videowelt und fraktales Subjekt, in: Ars Electronica (Hg.): Philosophien der neuen Technologie, Berlin, S. 113-131.
de Certeau, M. (1988): Die Kunst des Handelns, Berlin.
Curry, R. (1993): Madonna von Marilyn zu Marlene: Pastiche oder Parodie?, in: B. Naumann (Hg.): Vom Doppelleben der Bilder. Bildmedien und ihre Texte, München, S. 219-247.
Derrida, J. (1976): Die Struktur, das Zeichen und das Spiel im Diskurs der Wissenschaft vom Menschen, in: Ders.: Die Schrift und die Differenz, Frankfurt/M., S. 422-442.
Doderer, A./Neumann-Braun, K. (1999): Traumpfade und *Fable(s)* – die Techno-Trance des Robert Miles. Eine musikwissenschaftliche Clipanalyse (in diesem Band).
Fiske, J. (1987): Television Culture, London.
Friedrich, P. (1991): Der Ernst des Spiels. Zur Semantik des Negativen in Quiz- und Gameshows, in: W. Tietze/M. Schneider (Hg.): Fernsehshows. Theorie einer neuen Spielwut, München, S. 50-79.
Kaplan, E. A. (1987): Rocking Around the Clock. Music Television, Postmodernism, and Consumer Culture, New York.
Kinder, M. (1984): Music Video and the Spectator: Television, Ideology and Dream, In: Film Quarterly, Jg. 38, S. 2-15.

Kittler, F. A. (²1987): Aufschreibesysteme 1800/1900, München.

Kittler, F. A. (1988): Signal-Rausch-Abstand, in: H. U. Gumbrecht/K. L. Pfeiffer (Hg.): Materialität der Kommunikation, Frankfurt/M., S. 342-359.

Lacan, J. (1991a): Das Spiegelstadium als Bildner der Ichfunktion, wie sie uns in der psychoanalytischen Erfahrung erscheint, in: Schriften I. Hg. v. N. Haas. 3., korr. Aufl., Weinheim, S. 61-70.

Lacan, J. (1991b): Das Drängen des Buchstabens im Unbewußten oder Die Vernunft seit Freud, in: Schriften II. Hg. v. N. Haas. 3., korr. Aufl., Weinheim, S. 15-55.

Luhmann, Niklas (1997): Die Gesellschaft der Gesellschaft. 2 Bde., Frankfurt/M.

MJ Internet Fan Club (1998): Frequently Asked Questions, in: http://www.fred. net/mjj/faq2.html.

Neumann-Braun, K. (1993): Rundfunkunterhaltung. Zur Inszenierung publikumsnaher Kommunikationsereignisse, Tübingen.

Neumann-Braun, K./Wenzel, U. (1996): Mediendifferenzierung und kulturelle Entgrenzung. Eine bilanzierende Reflexion der Normierungsdiskurse in der Kommunikationsforschung. Paper Nr. 6 des Forschungsschwerpunkts »Familien-, Jugend- und Kommunikationssoziologie«, Univ. Frankfurt am Main.

Piaget, J. (1983): Biologie und Erkenntnis. Über die Beziehungen zwischen organischen Regulationen und kognitiven Prozessen, Frankfurt/M.

Piaget, J./Inhelder, B. (1973): Die Entwicklung der elementaren logischen Strukturen. 2 Bde., Düsseldorf.

Postman, N. (1985): Wir amüsieren uns zu Tode. Urteilsbildung im Zeitalter der Unterhaltungsindustrie, Frankfurt/M.

Rauh, R. (1985): Videoclips, Bilderflut und audiovisuelle Geschichten, in: Medien und Erziehung, Jg. 29, S. 210-216.

Schivelbusch, Wolfgang (1977): Geschichte der Eisenbahnreise. Zur Industrialisierung von Raum und Zeit im 19. Jahrhundert, München.

Shastaclan (1995): MJ: Black or White – Interpretation, in: http://inserv. intercom. ru/~vadim/songs/MJ/mjj/panther. html.

Sterne, Laurence (1967): The Life and Opinions of Tristam Shandy. Gentleman, London (zuerst: 1759-67).

Tetzlaff, D. J. (1986): MTV and the Politics of Postmodern Pop, in: Journal of Communication Inquiry, Jg. 10, S. 80-91.

Weisenbacher, U. (1997): Rekonstruktion und Dekonstruktion, in: T. Sutter (Hg.): Beobachtung verstehen, Verstehen beobachten. Perspektiven einer konstruktivistischen Hermeneutik, Opladen, S. 32-49.

Wenzel, U. (i. Ersch.): Vom Ursprung zum Prozeß.

Wulff, H. J. (1989): Die Ordnungen der Bilderflut: Konstellationen medialer Kommunikation als strukturbildendes Prinzip in Performance-Videos, in: Rundfunk und Fernsehen, Jg. 37, S. 435-446.

Wygotski, L. S. (1986): Denken und Sprechen, Frankfurt/M.

Žižek, S. (1991): Liebe Dein Symptom wie Dich selbst. Jacques Lacans Psychoanalyse und die Medien, Berlin.

Žižek, S. (1993): Grimassen des Realen. Jacques Lacan oder die Monströsität des Aktes, Köln.

# Eggo Müller
## Populäre Visionen

### Ein Sampler zur Debatte um Musikclips und Musikfernsehen in den Cultural Studies*

»MTV is orgasm – when signifiers explode in pleasure in the body in an excess of the physical. No ideology, no social control can organize an orgasm. Only freedom can. All orgasms are democratic: all ideology is autocratic. This is the politics of pleasure. The signifiers work through the senses on the body to produce pleasures and freedom: the signifieds produce sense in the mind for ideology and control [...] The body and its orgasms are the site of pleasure as resistance. Think of breakdancing, rock and roll, drugs, surfing, sex, videogames, MTV. MTV is read by the body, experienced through the senses, and resists sense which is always theirs. MTV is experience as pleasure« (Fiske 1986, S. 75).

Freiheit, Demokratie, Orgasmus und ausgerechnet der Körper als Ort von Vergnügen und Widerständigkeit – man mag heute kaum mehr glauben, daß dieses manifestartige Pamphlet in seiner kruden Melange aus sexueller Revolution, romantisierender Rockideologie, naiver Semiotik und fröhlichem Poststrukturalismus nicht aus der PR-Abteilung eines neugegründeten kommerziellen Fernsehkanals stammt, der rund um die Uhr Musikvideos ausstrahlt. Doch Mitte der achtziger Jahre war John Fiske beileibe nicht der einzige, der Musikvideos und ein Fernsehprogramm aus Werbeträgern für Popstars und ihre Platten als eine kritische Offenbarung der Postmoderne feierte (vgl. u. a. Chen 1986, Kaplan 1987, Tetzlaff 1986). Auf den ersten Blick schienen das neue Genre und der neue Sender mit tradierten rhetorischen und narrativen Formen des Fernsehens und seiner Programmstruktur zu brechen, was sich auf dem Höhepunkt der postmodernen Euphorie mit Versatzstücken ihres theoretischen Diskurses zur Deckung bringen ließ: Wo Sinnlichkeit an die Stelle von Sinn und Bedeutung tritt, da werde gesellschaftliche Macht hintergangen. Im »semiotischen Exzeß« lasse das Körperliche, das Sensuelle den sozialen und damit immer auch ideologischen Sinn zerstäuben.

* Mit Dank an Kati Burchard für ihre großzügigen Hinweise zu allem, was den Rap betrifft.

MTV wurde in diesem Diskurs zum Retter eines Mediums stilisiert, dessen manipulative, gesellschaftsstabilisierende Funktion in den siebziger Jahren bekanntlich noch als unbestreitbar galt:

»MTV is TV at its most typical, most televisual. The segmented medium, as mosaic of fragments: not sense but sensation. Energy, speed, image, youth, illusion, volume, vision, senses, not sense. It produces the presence of itself, not a representation of the absent: it *is*, it *does* but it does not *mean*. The viewer watches, listens: eyes/ears/body in the act, not mind as receiver« (Fiske 1986, S. 77).

Einige dieser postmodernen Mythen über MTV und Musikvideos sind längst widerlegt, auch durch die rasche Veränderung von MTV selbst. Musikvideos, so hat Goodwin (1993) gezeigt, erscheinen in ihren rhetorischen und narrativen Strukturen ganz und gar nicht als ›sinnlos‹, zumal, wenn man sie nicht in Differenz zu Konventionen des klassischen Hollywoodkinos, sondern im Kontext der Rock- und Popmusikkultur zu verstehen sucht (vgl. auch Schenkewitz 1988). Das organisierende Zentrum ihrer zumeist eingängigen Bedeutungen bilden der Star, sein Auftritt und die traditionellen Motive von Rock- und Popmusik (vgl. auch Wulff 1989). MTV als Programm, das in Europa wie in den USA mit der Zeit mehr und mehr zu ›normalem‹ Fernsehen mit einer übersichtlichen Struktur geworden ist, vertritt insgesamt eine von der Rockideologie geprägte, gesellschaftlich liberal profilierte Position. Das kommt in den Programmtrailern, in redaktionellen Sendungen sowie in der Videoauswahl klar zum Ausdruck: Umwelt, Frieden und eine globale Verantwortung sind die politischen Topoi eines kommerziellen Programms, das auf ein jugendliches Massenpublikum zielt: »One world, one future.«

Aus diesem Grund wurden, wie Boyd (1991) am Beispiel des Rap gezeigt hat, exklusive wie politisch aggressive Musikvideos, die die Verständigung einer afroamerikanischen Kultur in den USA vorantrieben, nicht in das Programm von MTV (USA) aufgenommen. Voraussetzung für eine Ausstrahlung war die Popularisierung des Rap im Crossover mit »weißen« Musiktraditionen und »weißer« Kultur. Boyd führt in seiner – für die Debatte um den Rap nicht untypischen – essentialistischen Interpretation aus:

»Though rap has its origins in the culturally specific environment of African-American culture [...] it has recently fallen victim to the culture of commodity consumption such that much of the ›popular‹ rap music has been emptied of all politically resistant content. This recent commodification of African-Amerian culture serves to divide the music into various categories which either affirm the culture from which it emerges or attempt to erase any significant link with the culture through a racialy ambiguous style of presentation. [...] MTV offers rap music to a mass audience via videos that deemphasize the racial component of the music« (Boyd 1991, S. 68 f.).

Die Popularisierung des Rap durch die Musikindustrie und MTV läßt sich wohl kaum eindringlicher illustrieren als am Beispiel von Will Smith, als Rapper auch bekannt unter dem Namen The Fresh Prince. 1988 hatte Will Smith mit seinen Partner DJ Jazzy Jeff für *Parent's Just Don't Understand* den ersten überhaupt vergebenen Grammy Award for Best Rap Performance gewonnen. In einer populären Biographie heißt es:

»Many say it was their sense of humor, but others attribute their success to their clean lyrics. While many artists were rapping about drugs, politics, and violence, Will enjoyed more lighthearted themes« (Rodriguez 1998, S. 19).

Smith propagierte denn auch in einem Interview in *Entertainment Weekly* einen unpolitischen Charakter des Rap:

»The essence of rap was always about partying and having fun. The best rapper was the one that could rock the crowd. How well you shot a gun wasn't a part of the criteria« (nach: Rodriguez 1998, S. 94).

1998 waren die Auszeichnungen für Will Smith beim »MTV Movie Award« in den Kategorien »Best Fight« und »Best Movie Song« für *Men in Black* (USA 1997), den Blockbuster des Jahres 1997, keine Überraschung mehr. Auch MTV hatte sich den kommerziellen Erfolgen des Rap nicht verschlossen und 1988 mit *Yo!* eine speziell dem Rap und der Hip-Hop-Kultur gewidmete Sendung etabliert, die nicht allein einen »bubblegum-rap« in Smiths Manier promotete, sondern auch den Auseinandersetzungen verschiedener Spielarten des Rap um die afroamerikanische Kultur ein Forum bietet (vgl. Batschari 1997, S. 48 ff.). Will Smith hatte zwischen 1988 und 1998 nicht nur als Rapper, sondern auch als Titelfigur seiner autobiographischen Fernsehserie *The Fresh Prince of Bel-Air* (USA 1990-1996) und als Hauptdarsteller in Kino-Kassenschlagern wie *Bad Boys* (USA 1995) oder *Independence Day* (USA 1996) Karriere gemacht.

Das Musikvideo zu *Men in Black*, angeblich der meistgespielte Song in der Geschichte des Rap (vgl. Rodriguez 1998, S. 97), war bei MTV in ›heavy rotation‹ gelaufen – mit etwas unbeschwerteren Themen als Drogen, Politik und gesellschaftlicher Gewalt.

Es zeigt Will Smith, einen der beiden Hauptdarsteller, in Kulissen und Kostüm des Films: Schwarzer Anzug und schwarze Sonnenbrille. Sein Sprechgesang erzählt von seiner Misson in dieser Science-fiction-Parodie, was der Chorus knapp zusammenfaßt:

»Here come the Men in Black (Men in Black)
Galaxy defenders
Here come the Men in Black (Men in Black)
They won't let you remember.«

Höhepunkt des Musikvideos ist, daß ein Alien den tanzenden Smith angreifen will, doch der kann den übel riechenden Außerirdischen mit der Aufforderung zum Rap besänftigen:

»Let me see you just bounce it with me, just bounce with me, just bounce it with me
Come on let me see you slide with me, just slide with me, just slide with me
Come on let me see you take a walk with me, just walk it with me, take a walk with me
Come on and make your neck work – now freeze.«

Mikey, so heißt der Alien Yikem Xexaco liebevoll mit Spitznamen, reiht sich sogleich ein, greift die Tanzbewegungen von Smith nach dessen Vorgaben synchron auf und übernimmt schließlich die weibliche Oberstimme des Chorus, so daß die beiden ein perfektes Duo bilden. Im Film dagegen war der Außerirdische von Smiths späterem Senior Partner terminiert worden. Das *Official Men in Black Agent's Manual* weist ihn als Alien der Rasse »Samarium, amphibious bipedal form« aus, männlichen Geschlechts und häufig in der Tarnung eines mexikanischen Migranten unterwegs. Mikeys Verbrechen war es, eine fremde Artischockenart mit Stacheln, die sich nicht entfernen lassen, eingeführt zu haben. Gewalttätigkeit und völlige Unberechenbarkeit gelten als die besonderen Merkmale dieses Film-Aliens (vgl. Solomon 1997, S. 76). Im Musikvideo dagegen macht sich der gewiefte Mikey – als Spielzeugpuppe gut verkaufter Merchandisingartikel – nach dem

Tänzchen flugs mit Smiths hübschen Kolleginnen in dessen ›MiB‹-Spezial-Limousine auf und davon. Smith bleibt verdutzt zurück, um den Zuschauern – wie angekündigt – die Erinnerung an das Gesehene mit dem »Neuralyzer« auszulöschen.

Ausgelöscht scheint in diesem Science-fiction-Szenario auch die Erinnerung an den »in der Erfahrungswelt der jungen ›lower class blacks‹ aus den Armutsbezirken der großen Nordamerikanischen Städte« (Jacob 1997, S. 275) gründenden Rap: Die kulturindustrielle Adaption, so ließe sich in symptomatischer Interpretation behaupten, macht aus den »schwarzen Männern des Rap« schlicht »Männer in Schwarz«, die zwar auch eine verschworene Gemeinschaft bilden, doch mit einer ganz anderen Mission: Als völlig geheime, regierungsunabhängige Sondereinheit haben die Men in Black den Hollywood-typischen Auftrag, die *ganze* Welt vor dem »übelsten Abschaum des Universums« zu retten, nämlich vor kriegerischen Aliens, die die Erde vernichten wollen. Doch im Musikvideo werden dabei nicht zerstörerische Waffen wie im Film benötigt. Um Mikey zu zähmen genügt allein die Kraft der Musik, die offensichtlich selbst die Grenzen des Irdischen überwindet. So mutiert der Rap auf dem Weg in die Kinder- und Jugendzimmer der *einen* Welt, und das politische Projekt des radikalen Rap ist zumindest hier »neuralisiert«.

Daß mit dem Ziel des Profits auf einem internationalen Massenmarkt zugleich Tendenzen der Entpolitisierung, der »Verallgemeinmenschlichung« und der Inkorporation authentischer Kulturen verbunden sind, behauptet die Kritik der Kulturindustrie seit je. Die Popularisierung des Rap im Crossover mit Traditionen einer weißen Musik und Kultur, wie sie Garofalo (1990) oder Boyd (1991) nachzeichnen, scheint also nur ein weiteres Kapitel dieser Geschichte zu sein:

»Rap music, as a contemporary form of African-American expression, involves the articulation of a culturally specific art form in a dominant cultural context. The popularizing of the music moves the discursive apparatus away form the specificity of culture into an arena reserved for music that has no specific racial connotation, other than the coding of the music itself. [...] Much of this popularizing reflects the influence of MTV and the video medium, in that it distributes the music to a mass audience« (Boyd 1991, S. 107).

"I make this look good."

Dresscode aus dem Buch zum Film *Men in Black*: Gebrauchsanleitung für das ›richtig‹ bewegte Leben.

Das Musikvideo zu *Men in Black* schafft durch seine Verankerung im Szenario des Films einen ganz eigenen Kontext der kulturellen Zirkulation: Bezugspunkt ist eine Welt des populären Genrekinos, ein »Crossover« von Science-fiction-Filmen der fünfziger Jahre, von *Blues Brothers*, *E. T.* und *Independence Day*, deren Parodie durch *Men in Black* in der ganzen Welt goutiert werden kann, weil die zugrundeliegenden kulturellen Stereotypen bereits durch die Massenkultur global verbreitet sind. Der Prozeß der Popularisierung für einen kommerziellen Massenmarkt verwischt – ganz im Sinne der Kulturindustriekritik – die Spuren einer ursprünglichen, einer politischen Kultur.

Diesem kritischen Szenario der »Popularisierung« gegenüber erscheint die eingangs zitierte Apologie des Musikfernsehens wie ein schlechter Scherz. Doch gründet Fiskes Manifest des subversiven Vergnügens an Musikvideos auf einer Theorie der »Popularisierung«, die an einem ganz anderen Punkt der Zirkulation von Massenkultur ansetzt: Nicht ihre ökonomisch kalkulierte Produktion, sondern ihre Rezeption, die *Aneignung* kommerzieller Kultur steht im Zentrum seines Interesses. Kulturelle Umwelten, so lautet die schlichte wie zutreffende Voraussetzung, basieren mehr und mehr auf den Hervorbringungen der Kulturindustrie, und deshalb definiert Fiske bündig: »Popular culture is the art of making do with what the system provides« (1989a, S. 25).

Fiske knüpft damit an einem Projekt an, das in den achtziger Jahren unter dem Label der »British Cultural Studies« internationale Karriere zu machen begann. In den Untersuchungen zu Jugendkultur und Popmusik war am Centre for Contemporary Cultural Studies in Birmingham immer wieder die Frage aufgeworfen worden, wie Jugendliche der britischen Arbeiterklasse kommerzielle Rock- und Popmusik rezipieren und welche Folgen die Aneignung dieser mutmaßlich manipulierenden Massenkultur für ihre politische und soziale Identität zeitigt (vgl. zusammenfassend Storey 1996, S. 93 ff.). In einer frühen Studie konnten Hall und Whannel (1964) zeigen, daß Jugendliche Popmusik häufig in einer Art und Weise rezipieren, die der in politökonomischer Analyse deduzierten Ideologie kommerzieller Musik in einer kapitalistischen Konsumgesellschaft widerspricht. Wie Frith (1983) dann in seiner einschlägigen Studie *Sound Effects* nachgewiesen hat, propagiert kommerzielle Rock- und Popmusik alles andere als eine homogene Ideologie »von oben«. Vielmehr fungiert sie als ein Medium für Hunderte widerstreitender Ideologeme, eröffnet damit unterschiedliche »Lesarten« und provoziert insbesondere in Subkulturen Heranwachsender antihegemoniale Kräfte, wie sie auch von Hebdige (1979) und Chambers (1985) beschrieben worden sind.

Das Muster für diese Argumentation hatte Hall (1980) mit seinem berühmten »Encoding/Decoding«-Modell formuliert. Anstelle des gängigen Manipulationsverdachts durch die Kulturindustrie setzt er ein Kommunikationsmodell, das Rezeptionsprozessen in ihrem spezifischen sozialen und kulturellen Kontext eine Eigendynamik zuschreibt: Rezeption von Massenkultur läßt sich als ein aktiver, kreativer und transgressiver Prozeß begreifen. Seither kristallisieren sich um die Frage nach dem Grad dieser Eigendynamik die zentralen Auseinandersetzungen innerhalb der Cultural Studies.

Fiske, dem seine Kritiker vorwerfen, die Cultural Studies »transatlantisch popularisiert« zu haben (vgl u. a. Budd/Steinman 1989; Seaman 1992; Moores 1993, S. 129 ff.; Morley 1997a, S. 10), propagiert wie kein anderer die Souveränität eines aktiven Publikums und die Subversivität von Populärkultur (vgl. Müller 1993). Seine Argumentation geht von der besonderen Ökonomie kommerzieller Kultur aus, die den mechanischen Schluß von der Warenform auf eine manipulative Funktion, wie er für die Kulturindustriekritik typisch ist, verbietet. Fernsehprogramme wie MTV schaffen durch ein Programmangebot, das sie bei Produktionsfirmen einkaufen oder im Bartering-Geschäft tauschen, ihr Publikum. Dessen Zeit und mutmaßliche Aufmerksamkeit verkaufen sie ihrerseits an Werbekunden. Das ist die bekannte Ökonomie des werbefinanzierten Fernsehens. Doch ist diese Ökonomie mit der kulturellen Zirkulation des ausgestrahlten Programms verwoben: Aufgrund ihrer Profitinteressen sind Musikindustrie und Programmbetreiber dazu gezwungen, Produkte herzustellen resp. auszustrahlen, die für eine populäre Rezeption geeignet sind, denn seinen Gebrauchswert als Träger von Bedeutungs- und Vergnügungspotentialen entfaltet ein Programm erst im Prozeß der Aneignung, letztlich also, wie Fiske (1989a, S. 26ff.) argumentiert, durch die Aktivität und Produktivität seiner Rezipienten. Und wie ein Anteil von 80-90% ökonomischer Fehlschläge in der Musik- und Programmindustrie zeigt, sind die Konsumenten kommerzieller Kultur dabei durchaus wählerisch und alles andere als kalkulierbar:

»To be made into popular culture, a commodity must also bear the interests of the people. [...] Popular culture is made by the people, not produced by the culture industry. All the culture industries can do is produce a repertoire of texts or cultural resources for the various formations of the people to use or reject in the ongoing process of producing their popular culture« (Fiske 1989a, S. 24).

Weil die Kulturindustrie aber einen Massenmarkt anstrebt, muß sie mit ihren Produkten zugleich die verschiedensten Interessen eines sozial, ethnisch und kulturell heterogenen Publikums ›bedienen‹. In ein und demselben Produkt muß eine Vielzahl unterschiedlicher Gebrauchswerte zugleich ›angeboten‹ werden, was zu unterdeterminierten, offenen und polysemen Strukturen führt. Fiske begründet also die typischen Formen kommerzieller Kultur mit den ökonomischen Logiken eines Massenmarktes, dessen Produkte popularisierbar sein wollen – ein Argument, das letztlich auf der umstrittenen Unterstellung einer Konsumentensouveränität beruht und, wie es Morley (1997a, S. 10) titulierte, eine »Leser-Befeiungsbewegung« propagiert: Erst im Prozeß der Aneignung, bei dem die Rezipienten ihre Bedeutungen und ihr Vergnügen ›produzieren‹, wie es im Rahmen ihrer Alltagswelt ›Sinn macht‹, werden kulturindustrielle Produkte zu populärer Kultur. De Certeau (1988) lieferte mit seiner Beschreibung von Listen und Taktiken der Aneignung, mit denen die »Rohstoffe« der Kulturindustrie kunstfertig, kombinierend und verwertend umgedeutet werden, das bekannte Stichwort: »Bricolage« charakterisiert demnach die typische Form einer widerständigen Aneignung (vgl. dazu Winter 1995, insbes. S. 117ff.).

Als eine Kronzeugin für sein Manifest eines subversiven Vergnügens an Musikvideos hat Fiske nicht zufällig Madonna mit Clips wie *Like a Virgin* (1984), *Material Girl* (1984) oder *In the Groove* (1987) auserwählt. Madonna bildet insofern ein ebenso beliebtes wie umstrittenes Beispiel für die Diskussion um die subversive Kraft populärer Kultur, als ihre Musikvideos explizit und provokativ ein Spiel mit kulturellen Mustern, insbesondere mit Geschlechterstereotypen treiben (vgl. u. a. Schwichtenberg 1993, Frank/Smith 1993, Diederichsen et al. 1993, Curry 1993). Dies eröffnet, so argumentiert Fiske (1987, S. 270ff.; 1989b, S. 95ff.), ein widersprüchliches Feld möglicher Bedeutungen, und damit unterminiere Madonna potentiell die traditionelle patriarchale Repräsentation der Geschlechterdifferenz. Fiske beharrt jedoch darauf, daß sich das subversive Potential von Madonnas Musikvideos erst im Prozeß der Aneignung entfalten könne:

»Weit davon entfernt, ein sich selbst genügsamer Text zu sein, ist Madonna ein Provokateur von Bedeutungen, deren kulturelle Folgen nur in ihren mannigfaltigen und widersprüchlichen Zirkulationen studiert werden können« (Fiske 1997, S. 80).

Unter dieser Voraussetzung, daß soziale Effekte von populärer Kultur nicht dem jeweiligen Produkt in textueller Analyse ablesbar sind, eignen sich für die Untersuchung seiner kulturellen Zirkulationen prinzipiell zwei Strategien, die zuweilen auch plakativ als »American Cultural Studies« und »British Cultural Studies« unterschieden werden (vgl. Morley 1997b, S. 44): eine diskursanalytische, die unter dem Paradigma der Polysemie potentielle »Lesarten« bestimmt, und eine ethnographische, die unter dem Paradigma der aktiven Aneignung tatsächliche Rezeptionsprozesse in empirischer Feldforschung untersucht.

Fiske selbst hat in einer Analyse, die sowohl Madonnas Musikvideos als auch Rezeptionsdokumente wie Artikel der populären Presse und Fanpost auswertet, gezeigt, daß sich in diesem Diskursfeld eine Auseinandersetzung über Bilder der Weiblichkeit und deren Kontrolle abzeichnet. Und insofern stelle Madonna

»einen exemplarischen populären Text dar, weil sie voll Widersprüche ist – sie verkörpert gleichzeitig die patriarchale Vorstellung weiblicher Sexualität und eine dem widerstrebende Vorstellung, daß ihre Sexualität ihr *selbst* gehört und sie diese benutzt, wie es *ihr* gefällt, ohne dazu männliche Billigung zu benötigen« (Fiske 1997, S. 80).

An diese Analyse anschließend hat Bechdolf (1997) in ethnographischen Fallstudien vorgeführt, wie Heranwachsende Musikvideos dazu nutzen, ihre sexuelle Identität zu thematisieren und zu verhandeln. So rekonstruiert beispielsweise die neunzehnjährige Lisa zwar dominante Rollenbilder, »[i]ndem sie die Geschlechteroppositionen aufgreift und kritisiert«. Wie Bechdolf ausführt, tut sie

»dies aber nicht bedingungslos, sondern relativiert, verhandelt Brüche und Widersprüche, versucht Ausnahmen heranzuziehen und probiert alternative Deutungsmuster aus. Durch wechselnde Identifikationen versucht sie sich selbst immer wieder aus dem System herauszunehmen, sucht nach Auswegen aus dem Entweder-Oder und der damit verbundenen Hierarchie« (Bechdolf 1997, S. 210).

Ethnographische Fallstudien dieser Art lassen in der Regel keinen Zweifel an der Tatsache, *daß* die Rezeption populärer Kultur ihren Gegenstand zur »Verhandlungssache« macht. Der Wert dieser Erkenntnis begründet sich allein gegenüber dem traditionellen Manipulationsverdacht der Kulturindustriekrit. Wenn jedoch Polysemie, Heterogenität und Subversivität als Wesen von Populärkultur definitorisch vorausgesetzt werden, wie es häufig gerade in der bundesdeutschen Rezeption von Fiskes Populärkultur-Theorie geschieht, und wenn dann auch noch ein Gegenstand ausgewählt wird, der wie Madonnas Musikvideos Geschlechterstereotyen explizit zum Gegenstand der Verhandlung macht, dann handelt es sich um ein zirkuläres Verfahren, das sich allein durch die umgekehrten Vorzeichen von Borniertheit der Kulturindustriekritik der siebziger Jahre unterscheidet. Unbeantwortet bleibt die zentrale Frage, *wie* das »Verhandeln« von Identität in noch so aktiven, kreativen oder transgressiven Aneignungsprozessen durch die ökonomische und symbolische Macht der Kulturindustrie strukturiert wird – eine Frage, von der die

British Cultural Studies einmal ausgegangen waren (vgl. Moores 1993).

In jüngerer Zeit haben sich verschiedene Studien zu Musikfernsehen und Musikvideos dem Zusammenhang von ökonomischen und kulturellen Prozessen in der kommerziellen Musikkultur verstärkt zugewendet (vgl. u. a. Garofalo 1990, 1993; Goodwin 1993; Grossberg 1993; Banks 1996, 1998). Dabei ging es nicht um den wenig überraschenden Nachweis, daß ökonomische Motive in der Musikindustrie in nahezu jeder Hinsicht entscheidend sind, sondern v. a. darum, wie dies den Charakter von Musikfernsehen und Musikvideos prägt. Eine neue ökonomisch-kulturelle Konstellation wird in extremer Zuspitzung dort sichtbar, wo Rock- und Popmusik mehr und mehr in Strategien des sogenannten Jugendmarketing integriert werden, ein Marketing, das auf sog. »Synergie-Effekte« im Medienverbund von Musik, Fernsehen, Mode und Kino des jugendlichen Freizeitsektors zielt (vgl. u. a. Grossberg 1993, Göttlich/Nieland 1998).

Vor diesem Hintergrund deutet Goodwin etwa die Form des Pastiche, deren ästhetische Bedeutung Curry (1993) am Beispiel von Madonnas Musikvideos diskutiert hat, als simple Marketingstrategie:

»[…] it is foolish to ignore the extent to which ›pastiche‹ is merely a cover for cross-promotion. The quoting of other texts in order to advertise them is central to music video clips, and there is little that is ›blank‹ about this; on the contrary, the practice seeks to construct a very clear reading position centered on the effort to create an obedient consumer who will take an interest in the text (usually a film) that is being advertised« (Goodwin 1993, S. 165).

Nun wäre es genauso unsinnig, im Gegenzug allein ökonomische Motive und Funktionen zum Gegenstand der Analyse zu machen. Goodwins Einwand zielt vielmehr darauf, die ästhetische Analyse nicht von der kommerziellen zu trennen. Denn wenn z. B. die Ökonomie der Cross-Promotion bestimmte rhetorische oder ästhetische Figuren hervorbringt oder zumindest bevorzugt, dann ist zu fragen, wie die Effekte des wirtschaftlichen Kalküls in kulturellen Prozessen durchschlagen. So weist Goodwin (1993, S. 173 f.) in seiner Studie insgesamt nach, daß MTV als werbefinanziertes kommerzielles Programm seine Zuschauer tendenziell als Konsumenten adressiert, und zwar nicht allein durch die ausgestrahlten Musikvideos, sondern auch durch die Promotion der Stars und ihrer Produkte in redaktionellen Beiträgen des Senders, in Interviews, in Nachrichten über Tourneen, neue Alben, Filme oder Videos, in den Kommentaren der Vjs und in MTVs *Rockumentarys*.

Auch wenn solche Tendenzen nicht sinnvoll am einzelnen Musikvideo nachweisbar sind, so läßt sich der Clip zu *Men in Black* wiederum symptomatisch lesen. Über seine Inszenierung in den Kulissen des Films, dessen Handlung zusammenfassend erzählt wird, macht er sich offensichtlich zum Werbeträger, zumal im Hintergrund auf einem Bildschirm attraktive Einstellungen des Films mit Aliens, futuristischem Interieur und den Men in Black eingeblendet werden. Bezeichnenderweise stammt die erste dieser Einblendungen jedoch nicht aus dem Film: Bilder der charakteristischen Ray-Ban-Sonnenbrille der Men in Black, Bilder ihrer Uhren und ihrer Anzüge ziehen vorüber, so arrangiert, als würden sie in der Auslage einer Boutique präsentiert oder beim Shopping auf der Kleiderstange angeschaut. Während die Stilisierung von Interieur und Kostüm im Film noch narrativ durch die ganz eigene Welt der Science-fiction motiviert ist, inszeniert das Musikvideo die Welt eines konsumierbaren Lifestyles.

Doch natürlich läßt sich das Video nicht darauf reduzieren. So wie es ökonomisch durch die Cross-Promotion an den Film gekoppelt ist, so lebt es intertextuell durch den parodistischen Film und durch das Medienimage von Will Smith. Dessen Figuren bedürfen, auch wenn sie wie in seiner Fernsehrolle als »Fresh Prince of Bel-Air« in der Lebenswelt der ökonomisch erfolgreichen schwarzen Mittelklasse Amerikas angekommen sind, dennoch des »street knowledge« aus dem schwarzen Ghetto. Smiths Image als »King of Cool«, wie ihn Rodriguez (1993) tituliert, wird von seinen jüngsten Rollen getragen: Ob in *Independence Day* als Pilot der US-Airforce, der den aggressiven Außerirdischen trotzt, oder ob in *Men in Black*, wo er als einfacher New Yorker Streifenpolizist einen Alien zur Strecke bringt und hochkarätigen Harvard-Absolventen den Rang im Eignungstest abläuft, stets eröffnet ihm sein »street knowledge« einen gesellschaftlich erfolgreichen Weg: weil er keine Ehrfurcht vor staatlichen Autoritäten besitzt, weil er auf der Straße kampferprobt ist, weil er durch nichts zu erschrecken ist, weil er stets den ›cooleren‹ Spruch auf Lager hat.

Doch auch diese Eigenschaften des traditionellen Machos werden politisch korrekt gebrochen: Die Figuren, die Smith darstellt, haben im ausdrücklichen Unterschied zu ihren älteren, weißen Partnern zugleich die ausgeprägte Gabe, sich in die Perspektive ihres außerirdischen Gegenübers hineinzuversetzen und die jeweiligen Konflikte letztlich aufgrund dieser Fähigkeit zur Einfühlung zu meistern. Doch schließlich haben eine Frau oder, wie im Musikvideo, ein Alien das letzte Wort.

Man kann sich unschwer politische oder kulturelle Traditionen ausmalen, denen gegenüber diese widersprüchliche Zeichnung des »King of Cool« ein subversives Potential entfalten mag: Sicherlich brechen Smiths Figuren mit überkommenen Klischees der Darstellung Schwarzer im Mainstream-Kino; sicherlich schaffen sie, so wie es Spike Lee mit seinen Filmen propagierte, neue Leitbilder für Schwarze; sicherlich können ihre auf Eigenständigkeit bedachten Züge auch in weißen Kinderzimmern dazu anstiften, Gegenwelten zur Erwachsenenwelt zu imaginieren.

Doch die Konstruktion solch spezifischer Rahmen der Rezeption und Zirkulation bleibt naiv, wenn sie dies nicht zugleich mit Rücksicht auf globale gesellschaftliche Prozesse analysiert. Das Faktum, *daß* populäre Kultur Verhandlungssache der Aneignung ist, muß, egal ob im diskursanalytischen Verfahren oder in ethnographischer Fallstudie nachgewiesen, vor dem Hintergrund des Wandels grundlegender kultureller und gesellschaftlicher Formationen gedacht werden. So spricht Grossberg angesichts der von Musikvideos und Musikfernsehen provozierten visuellen Dominanz über den Sound vom »Tod der Rockkultur« (1993, S. 186), deren Kraft das Versprechen von Authentizität gewesen sei. An ihre Stelle trete eine neue kulturelle Formation, die der Logik einer »authentischen Inauthentizität« gehorche:

»This logic foregrounds an ironic nihilism which refuses to valorize any single image, identity, action or value as somehow intrinsically better than any other. But it goes even further, refusing to accept that there is any basis on which one can justify investing oneself into any such term – even an imaginary excess. There is no reason which would make one's decisions about what matters rational. It is not that nothing matters but that, in the end, it doesn't really matter what matters. […] The only authenticity is to know and even admit that you are not being authentic, to fake it without faking the fact that you are faking it« (Grossberg 1993, S. 206).

Einer solch neuen Formation der Jugendkultur geht die Verheißung des Authentischen verloren: ein – wenn auch bloß in der Konstruktion existenter – Ort des Identischen, der Eigensinn, Protest und Exzeß ermöglicht.

Angesichts dessen liest sich das »Gelöbnis« der Men in Black, das sie beim Eintritt in den Geheimdienst ablegen müssen, wie gesprochene Kulturtheorie einer schon anwesenden Zukunft:

»You'll conform the identity we give you.
You will have no identifying marks of any kind.
You will not stand out in any way.
Your entire image is crafted to leave no lasting memory.
You're a rumor, recognizable only as déja vu.
You don't exist; you were never born.
Anonymity is your name.
Silence is your native tongue
You are no longer part of the system.
We're above the system. Over it. Beyond it.
We are the Men in Black« (Solomon et al. 1997, S. 71).

Der schwarze Anzug und die Ray-Ban-Sonnenbrille, die während der Kinoauswertung von *Men in Black* in allen Brillenläden mit dem dazugehörigen Filmplakat beworben wurde (vgl. Göckenjan 1998), sind die Accessoires einer nicht identifizierbaren Identität, die bar jeder sozialen Bindung und Authentizität ist. Diese Konstellation verlangen das Szenario und das Genre des Films.

Aber das von Traditionen freie, mobile und flexible Individuum entspricht auch dem Leitbild einer kapitalistischen Ökonomie, die alle Lebensbereiche regulierend und konsumistisch durchdringt. Daß Musikfernsehen und Musikvideos der Jugendkultur ein neues Gesicht gegeben haben, steht außer Frage. Wie aber kulturindustrielle Strategien der »Popularisierung« das Möglichkeitsfeld der populären Aneignung von kommerzieller Kultur durch neue kulturelle Formationen verändern, das bleibt die Frage. Es geht – nach wie vor – um die Analyse von Vergesellschaftungsprozessen, und in denen sind Ökonomie und Kultur aufs engste verquickt.

# Literatur

Banks, J. (1996): Monopoly Television. MTV's Quest to Control the Music, Boulder/Oxford.

Banks, J. (1998): Video in the Machine. The Incorporation of Music Video into the Recording Industry, in: Popular Music 16, 3, S. 293-309.

Batschari, A. (1997): MTV und sein Bild der afro-amerikanischen Kultur. Eine Untersuchung unter besonderer Berücksichtigung der Sendung YO! Alfeld/Leine.

Bechdolf, U. (1997): Verhandlungssache ›Geschlecht‹: Eine Fallstudie zur kulturellen Herstellung von Differenz bei der Rezeption von Musikvideos, in: A. Hepp/R. Winter (Hg.): Kultur – Medien – Macht. Cultural Studies und Medienanalyse, Opladen, S. 201-214.

Boyd, T. E. (1991): It's Black Thang. The Articulation of African-American Cultural Discourse, DesMoines (Diss.).

Budd, M./Steinman, C. (1989): Television: Cultural Studies, and the »Blind Spot« Debate in Critical Communications Research, in: G. Burns/R. J. Thompson (Hg.): Television Studies: Textual Analysis, New York, S. 9-20.

Chambers, I. (1985): Urban Rythms: Pop Music and Popular Culture, London.

Chen, K.-H. (1986): MTV: The (Dis)Appearance of Postmodern Semiosis, or the Cultural Politics of Resistance, in: Journal of Communication Inquiry 10, 1, S. 66-69.

Curry, R. (1993): Madonna von Marylin zu Marlene: Pastiche oder Parodie, in: B. Naumann (Hg.): Vom Doppelleben der Bilder. Bildmedien und ihre Technik, München, S. 219-248 (in diesem Band).

de Certeau, M. (1988): Die Kunst des Handelns, Berlin.

Diederichsen, D. et al. (1993): Das Madonna-Phänomen, Hamburg.

Fiske, J. (1986): MTV: Post-Structural, Post-Modern, in: Journal of Communication Inquiry 10, 1, S. 74-79.

Fiske, J. (1987): British Cultural Studies and Television, in: R. C. Allen (Hg.): Channels of Discourse, Chapel Hill, S. 254-289.

Fiske, J. (1989a): Understanding Popular Culture, Boston u. a.

Fiske, J. (1989b): Reading the Popular, Boston u. a.

Fiske, J. (1997): Populäre Texte, Sprache und Alltagskultur, in: A: Hepp/R. Winter (Hg.): Kultur – Medien – Macht. Cultural Studies und Medienanalyse, Opladen, S. 65-84.

Frank, L./Smith, P. (Hg.) (1993): Madonnarama. Essays on Sex and Popular Culture, Pittsburg.

Frith, S. (1983): Sound Effects, London.

Garofalo, R. (1990): Crossing Over: 1939-1992, in: J. L. Dates/W. Barlow (Hg.): Split Image. African Americans in the Mass Media, Washington/DC, S. 57-127.

Garofalo, R. (1993): Black Popular Music: Crossing Over or Going Under? in: T. Bennett et al. (Hg.): Rock and Popular Music. Politics, Policies, Institutions, New York/London, S. 231-248.

Goodwin, A. (1993): Dancing in the Distraction Factory. Music Television and Popular Culture, London.

Göckenjan, G. (1998): Versteckte Kaufanreize auf der Leinwand: Product Placement, in: epd-Film 15, 1, S. 29-31.

Göttlich, U./Nieland, J.-U. (1998): Daily Soaps als Umfeld von Marken, Moden und Trends: Von Seifenopern zu Lifestyle-Inszenierungen, in: M. Jäckel (Hg.): Die umworbene Gesellschaft, Opladen, S. 179-208.

Grossberg, L. (1993): The Media Economy of Rock Culture: Cinema, Post-Modernity and Authenticity, in: S. Frith/A. Goodwin/L. Grossberg (Hg.): Sound and Vision. The Music Video Reader, London/New York, S. 185-209.

Hall, St. (1980): Encoding/Decoding, in: Hall et al. (Hg.): Culture, Media, Language, London, S. 128-139.

Hall, St./Whannel, P. (1964): The Popular Arts, London.

Hebdige, D. (1979): Subculture. The Meaning of Style, London.

Jacob, G. (1997): Update, in: D. Dufresne (Hg.): Rap Revolution. Geschichte, Gruppen, Bewegung, Zürich/Mainz, S. 270-419.

Kaplan, E. A. (1987): Rocking Around the Clock. Music Television, Postmodernism and Consumer Culture, London.

Moores, Sh. (1993): Interpreting Audiences. The Ethnography of Media Consumption, London/Thousand Oaks/New Delhi.

Morley, D. (1997a): Where the Gobal Meets the Local: Aufzeichnungen aus dem Wohnzimmer, in: Montage/AV 6, 1, S. 5-35.

Morley, D. (1997b): Radikale Verpflichtung zu Interdisziplinarität. Ein Gespräch über Cultural Studies, in: Montage/AV 6, 1, S. 36-66.

Müller, E. (1993) »Pleasure and Resistance«. John Fiskes Beitrag zur Populärkulturtheorie, in: Montage/AV 2, 1, S. 52-66.

Rodriguez, K. S. (1998): Will Smith. From Fresh Prince to King of Cool, New York.

Schenkewitz, J. (1988): Videopop. Musik als strukturbildendes Element einer Gattung, in: TheaterZeitSchrift 26, S. 104-109.

Schwichtenberg, C. (Hg.) (1993): The Madonna connection: Repressional Politics, Subcultural Identities and Cultural Theory, St. Leonards/New South Wales.

Seaman, W. R.(1992): Active Audience Theory: Pointless Populism, in: Media, Culture, and Society 14, S. 301-311.

Solomon, E. et al. (1997): *Men in Black*. The Script and the Story behind the Film, New York.

Storey, J. (1996): Cultural Studies and the Study of Popular Culture. Theories and methods, Athens.

Tetzlaff, D. J. (1986): MTV and the Politics of Postmodern Pop, in: Journal of Communication Inquiry 10, 1, S. 80-91.

Winter, R. (1995): Der produktive Zuschauer. Medienaneignung als kultureller und ästhetischer Prozeß, München.

Wulff, H. J. (1989): Die Ordnungen der Bilderflut: Konstellationen medialer Kommunikation als strukturbildendes Prinzip in Performance Videos, in: Rundfunk und Fernsehen 37, 4, S. 435-446.

# II. Musikfernsehen:
## Mythen – Markt – Monopoly

# Axel Schmidt
## Sound and Vision go MTV –
## die Geschichte des Musiksenders bis heute

MTV und Videoclips genießen heute eine kaum zu überbietende
Popularität. Keine andere populärkulturelle Erscheinungsform
hatte auf Kultur- und Medienlandschaft einen derart prägenden
Einfluß (Goodwin 1993, S. 53 f.). Kein anderes Phänomen hat eine
derartig umfassende akademische Beachtung in so kurzer Zeit erfahren. Wurden MTV und Videoclips jedoch anfangs auf der Basis
vornehmlich dekontextualisierter Produktanalysen als postmoderne Errungenschaften (vgl. Kaplan 1987, Fiske 1986) gefeiert, so
widmeten sich die Untersuchungen in der Folgezeit mehr und
mehr den historischen und ökonomischen Grundlagen des Musikfernsehens (vgl. Denisoff 1988; Goodwin 1992, 1993; Frith 1988a,
1988b, 1993). Diese Vorarbeiten konnten zeigen, daß das Phänomen MTV weder kulturhistorisch noch textanalytisch ausreichend
erfaßt werden kann, sondern in technologische und medienöko-
nomische Zusammenhänge der Musik- und Fernsehindustrie
einzubetten ist (vgl. Frith 1988b, S. 207). MTV fungierte von Anbeginn als strategische Speerspitze im internationalen Konkurrenzkampf großer Medienkonglomerate, so daß dessen Ent-
stehungs- und Wandlungsprozeß immer von ökonomischen,
personellen, institutionellen (eigentums- und firmenrechtlichen)
und soziokulturellen Faktoren sowie seiner Relation zu angren-
zenden Branchen bestimmt war (vgl. Goodwin 1993, S. 48 ff.). Auf
diesen Einsichten aufbauend lieferte Jack Banks mit *Monopoly Tele Vision* (1996) eine detaillierte Analyse der historischen und ökonomischen Bedingungen, die die Aktivitäten MTVs als *Corporate
Activities* verstehbar machen: Daß neue Programme entwickelt
und bestehende modifiziert werden, daß Videoclips einer identifizierbaren Ästhetik folgen, daß bestimmte Bands und Musikstile
›einschlagen‹ und andere nicht – *dies ist*, so die These von Banks,
weniger eine rezeptions- oder produktästhetische Frage als vielmehr eine Frage nach Strukturen und Dynamiken des Musikbusiness.

Ziel der vorliegenden Arbeit ist es, auf der Grundlage von

Banks' Studie zunächst zu zeigen, in welchem Kontext das Musikfernsehen entstehen konnte (1.) und welchen Entwicklungsverlauf der Sender nahm (2.), wobei jene Praktiken besondere Beachtung erfahren, die MTV einsetzte, um Konkurrenten auszuschalten (2.2.). Der dritte Abschnitt beleuchtet die aktuelle Situation der Videomusikbranche (3.1.) und die Rolle MTVs als Zensor (3.2.). Im letzten Teil werden die Konsequenzen aus der vorangegangenen Analyse erörtert.

## 1. Musikindustrie und MusicTeleVision (MTV): »Die Zeit war reif«

MTV war weder ein Zufallsprodukt noch der Geniestreich einzelner Macher. Vielmehr verstanden es die Gründer, ›die Zeichen der Zeit‹ zu deuten und daraus die richtigen Schlußfolgerungen zu ziehen: Das Potential der gerade mal 30 Jahre alten Pop- und Rockmusik war noch lange nicht ausgereizt; ihre Visualisierung und die dadurch gleichzeitig möglich gewordene globale Verbreitung via TV sollte ungeahnte Möglichkeiten eröffnen.

Die Vorboten eines solchen Wandels innerhalb der Pop- und Musikkultur waren unübersehbar: Obwohl sich das Zusammenspiel von Rockmusik und TV zunächst oft als unglückliche Liaison entpuppte[1], häuften sich in den siebziger Jahren Projekte, die populäre Musik mit TV-Shows, Filmen und Werbespots koppelten. Die Präsentation der Popmusik beschränkte sich in TV-Shows wie *Shinding*, *Hullaballoo*, *In Concert* oder *Saturday Night Life* jedoch auf Live- und Playback-Performances. Erst der vermehrte Einsatz visualisierter Popmusik zu Werbezwecken ebnete den Weg für *das* Erfolgsrezept MTVs: den Videoclip. Allerdings waren auch Clips als eine Synthese aus Sound und Vision nicht neu (vgl. Barth/Neumann-Braun 1996, Gehr 1993, Weibel 1987). Die Verschmelzung von Bild und Ton kann auf eine lange kulturhistorische Tradition zurückblicken, und sog.

---

[1] Traditionellerweise wurde das Fernsehen als ein Familien- und die Rockmusik als ein *Peer-Group*-Medium verstanden, wobei ersteres hegemonial, letzteres dagegen distinktiv funktionierte (vgl. Frith 1988a, S. 212ff.). Gegen eine Vereinnahmung der Rockmusik durch das Fernsehen sprach angeblich zudem, daß das Fernsehen kein Live-Medium sei, qualitativ minderwertigen Sound produziere und die Rockmusik einer rigiden Zensur unterwerfe (vgl. Banks 1996, S. 23ff.).

Popclips[2] gab es schon lange bevor überhaupt jemand an ein *MusicTeleVision* dachte. Der Nährboden für MTV war geschaffen: Die Popmusik eroberte das kommerzielle Fernsehen. Die Umstände, die dazu beitrugen, wurzeln in Entwicklungen musiktechnologischer und popkultureller (1.1.), medientechnologischer und -ökonomischer (1.2.), musikindustrieller (1.3.) sowie nicht zuletzt sozioökonomischer (1.4) Art.

## 1.1 Musiktechnologie und Popkultur

Eine Ende der siebziger Jahre einsetzende Revolutionierung der Produktions- und Reproduktionstechnologien (*Recording and Performing*) in der Musikbranche stellte die materielle Basis, die Hardware, für die Umsetzung neuer Ideen zur Verfügung: Mit Hilfe von Drumcomputern, Synthesizern und Sequencern konnten künstliche Sounds erzeugt, gespeichert und beliebig oft abgerufen werden. Durch Computer-Sampling war es nun möglich geworden, ganze Stücke zu komponieren, ohne selbst je entsprechende Instrumente gespielt haben zu müssen. Der Job des Studiomusikers war geschaffen: Versierte Tonkünstler liehen ihr handwerkliches Geschick, um für die Retorte Sounds zu produzieren, die für das Sampling neuer Songs eingesetzt werden konnten. Die Umwälzungen im Bereich der Produktion veränderten das traditionelle Konzept der Live-Performance: Reproduktionstechnologien hielten Einzug in die ›Live-Acts‹ der Popmusik allein schon deshalb, weil sich die technisch aufwendig ausgearbeiteten Songs einer Live-Präsentation im konventionellen Sinne widersetzten. Konzertbesucher der frühen achtziger Jahre begannen sich daran zu gewöhnen, daß die bei Bühnenauftritten erzeugte Musik unterschiedlichsten Quellen entstammte und daß deshalb die Band, die sie *live* sahen, nicht unbedingt in dem Sinne *live* spielte, daß Sounds mittels herkömmlicher Musikinstrumente

---

2 Als eigentliche Vorläufer der Videoclips gelten jene kurzen *Promotional Films*, die die Plattenindustrie in den frühen Siebzigern produzierte. Michael Nesmith, Ex-Sänger der TV-Band The Monkees und Popsolist, brachte die in Australien übliche Bezeichnung *Popclip* nach Amerika und legte 1977 mit *Rio* ein echtes Konzeptvideo im heutigen Sinne vor (vgl. Banks 1996, S. 29; Goodwin 1992, S. 30; McGrath 1996, 27ff.). In Kooperation mit John A. Lack produzierte er eines der ersten Pilotprojekte, das mit solchen ›Musikfilmchen‹ eine ganze Sendung zu füllen gedachte. Die Sendung debütierte 1980 auf dem Warner-Kanal Nickelodeon und erhielt den Namen *Pop Clips*; sie gilt als der direkte Vorläufer MTVs.

aktuell erzeugt wurden. Die Grenzauflösung zwischen künstlicher und Live-Darbietung und ein damit verbundenes »displacement of the musician« (Goodwin 1992, S. 32) bewirkten eine Relativierung auditiver bei gleichzeitiger Aufwertung visueller Qualitäten der Musik: Mehr und mehr bedeutete *live* aufzutreten weniger aktuell Musik zu erzeugen als vielmehr eine dem jeweiligen Starimage angemessene Show zu inszenieren. Je mehr Popmusik sich im Laufe der achtziger Jahre als visuelles Gesamtkunstwerk präsentierte, desto mehr verschob sich die Rolle des Popinterpreten vom Musiker zum Performer. Im Zuge der technologischen Neuerungen begann also die Live-Ideologie als Authentizitätsprädikat des traditionellen Rocks zu schwinden und eine Welle der Artifizialisierung die Werte der Rock- und Popwelt zu erfassen. Insbesondere Künstler der in der Post-Punkära gediehenen Stilrichtungen des New Wave oder New Pop definierten sich selbst und ihr Schaffen weniger als Musik bzw. als ›Musik machen‹ denn als popkulturelle Arrangements. Lippensynchrones Singen und die Selbstpräsentation zur Musik wurden zum integralen Bestandteil der Pop-Performance und bereiteten damit den Boden für den Videoclip als *der* popkulturellen Ausdrucksform der kommenden Jahre. Den im Zuge dieser Strömungen entstandenen Popclips mangelte es allerdings an geeigneten Foren, da das traditionelle Broadcast-TV keine regelmäßigen Programmplätze anbot. Die im folgenden zu erörternde Entstehung geeigneter Distributionsstrukturen kann als weitere notwendige Bedingung für die Entwicklung eines Musikfernsehens gelten.

## 1.2 Medientechnologie und Werbeökonomie

Erst mit dem Aufkommen des Kabel- und Satellitenfernsehens in den USA Ende der siebziger Jahre wurde Raum für Spartenkanäle im Stile MTVs geschaffen (vgl. Frith 1988a). Herkömmliche Sender funktionierten nach der Devise: Je breiter das Programmangebot, desto größer die potentielle Zuschauerschaft, desto höher die Werbeeinnahmen. Spartenkanäle dagegen setzten auf eine Kombination aus spezialisiertem Programmangebot (*Narrowcasting*) und dem globalen Adressaten ›Weltpublikum‹ (*Globalcasting*). Zur werbestrategischen Zauberformel avancierte das Schlagwort der Zielgruppenspezifität: Man konnte nun ein relativ begrenztes Bevölkerungssegment nahezu weltweit erreichen und gerade die

Zielgruppe der Jugendlichen – bisheriges Stiefkind televisionärer Werbekommunikation – über die Spartenkanäle direkt ansprechen.[3] Der Einsatz jugendspezifischer Programmformate sollte sich für die Sender doppelt auszahlen: Werbekunden wurden mit dem Argument geködert, jetzt sei eine heiß umkämpfte Zielgruppe via TV zu erreichen; Kabelnetzbetreibern versprach man höhere Zuschauerzahlen (in den USA oft *Subscribers*) dadurch, daß Jugendliche Druck auf elterliche Haushalte ausübten, um in den Genuß der neuen Sender zu kommen.

Neben der Entstehung eines lukrativen TV-Jugendmarktes stieß das aufkommende Kabel- und Satellitenfernsehen eine Entwicklung an, die für die Genese MTVs entscheidend sein sollte: Mit der explosionsartigen Vermehrung von Fernsehsendern wuchs das Bedürfnis nach preiswerteren Programmformaten (vgl. Goodwin 1992, S. 37f.). Da sich Werbeeinnahmen – als nahezu ausschließliche Einnahmequelle kommerzieller Sender – nach Einschaltquoten bemessen und der Zuwachs an Sendern eine Fragmentierung des TV-Marktes, damit also sinkende Einschaltquoten, bedeutete, waren die Sender gezwungen, entweder ihre Einnahmen zu erhöhen oder ihre Ausgaben zu verringern. Weil die Werbeminute nicht proportional zum durchschnittlichen Zuwachs an Sendezeit verteuert werden konnte, mußten die Sender die durchschnittlichen Kosten für das Programm zu senken versuchen. Nachlassende Qualitätsstandards und Recycling-Strategien waren eine Lösung. Das MTV-Format bot eine bessere: Werbung und Programm im ›Doppelpack‹ garantierten qualitativ hochwertiges Programm zum Nulltarif.

Daß der Impuls, einen Musiksender zu gründen, weniger aus der Musik- als vielmehr aus der Fernsehindustrie kam, zeigen die Umstände der Entstehung MTVs: Unter der Prämisse, einen dritten und kostengünstigen Sender in der TV-Branche zu etablieren, wurde die Entwicklung MTVs einer auf Kabel- und Satellitenprogramme spezialisierten Tochterfirma des Warner-Amex-Konzerns übertragen (s. u.).

3 Dies dokumentiert MTV heute etwa durch seine Selbstinszenierungspraxis in der Werbekommunikation: »MTV – Jugend ohne Streuverluste« (MTV Werbeprospekt 1998a; s. auch MTV Werbeprospekt 1998c).

Als dritter entscheidender Geburtshelfer eines Musikfernsehens erwiesen sich Umwälzungen in der Musikindustrie. Seit der Kommerzialisierung von Rockmusik in den fünfziger Jahren galt der Verkauf von Tonträgern als sicheres Geschäft (31).[4] Um so weniger vorbereitet und desto härter traf die erfolgsverwöhnte Musikbranche die Rezession Ende der Siebziger: Die Umsätze verkaufter Tonträger fielen in den USA von 726,2 Mio. (1978) auf 575,6 Mio. (1982), und die Bruttoeinnahmen sanken im gleichen Zeitraum von 4,31 Mrd. auf 3,59 Mrd. (31; Frith 1988b, S. 92 f.). Neben vielerlei kontrovers diskutierten Ursachen (Home-Taping, Mangel an Stars, Konkurrenz durch die wachsende Anzahl alternativer Medienprodukte, Rezession etc.) war eines Konsens: Die Musikindustrie brauchte effektivere Formen der Produktwerbung. Konzerttourneen und das Radio als vormals einzige Formen der Pop-Promotion hatten sich als zu kostenintensiv, schwerfällig, konservativ und in der Reichweite als zu begrenzt erwiesen. Hand in Hand mit popkulturellen Wandlungsprozessen (s. o.) bot MTV mit dem Videoclip ein effektiveres Werbemedium. Der Clip knüpft zwar an die Idee der Live-Performance von Popmusik (d. h. ihrer prinzipiellen Aufführbarkeit) an, stilisiert und artifizialisiert jedoch den Auftritt des Künstlers zu Werbezwecken: Die Inszenierung des Künstlers im Clip ist Auftritt und Werbung zugleich, ist »performance-as-promotion« (Goodwin 1992, S. 25). Damit ist eine Waren- und Werbeform geschaffen, die das Produkt Popmusik nicht nur synästhetisch erweitert, sondern in weitaus höherem Maße manipulierbar, reproduzierbar und distribuierbar macht. Der Clip garantierte somit eine kostengünstige (im Vergleich zu Tourneen), globale und reichweitenintensive (durch die Verbreitung via TV), vernetzte und integrierte (Visualisierung schafft ein größeres Potential für Strategien der Cross-Media-Promotion[5]) sowie kontrollierbare (aufgrund höherer vertikaler

---

4 Angaben der Seitenzahlen ohne Autor und Jahreszahl referieren auf das einschlägige und aktuelle Werk von Jack Banks (1996).

5 Populäre Beispiele sind Joint-ventures zwischen Film- und Musikindustrie: Kinofilme und Tonträger werden vernetzt promoted, meist auf der Basis stark beworbener Labels und Stars. Die Produkte etwa, die unter dem Label *Men in Black* und um den Star Will Smith herum angeboten werden (Film, Song, Album, Clip, Soundtrack und alle Merchandising-Produkte vom T-Shirt bis zum Schokoriegel), nehmen Waren- und Werbeform zugleich an: Sie werden als einzelne Produkte ver-

Integration) Form der Promotion von Popmusik. MTV avancierte so zum Retter einer angeschlagenen Tonträgerindustrie und erwies sich überdies als ein Medium, das mit den Tendenzen des Strukturwandels innerhalb einer wiedererstarkten Musikindustrie perfekt harmonierte.

Das Emporkommen des Musikfernsehens läßt sich somit erstens als eine Antwort auf die Profitabilitätskrise der Musikbranche und der damit einhergehenden Verschiebung von Einnahmequellen begreifen: Die Plattenindustrie trat im Laufe der achtziger Jahre zusehends als Rechtehändler (*Right Exploiter*) und weniger als Warenproduzent in Erscheinung, d.h., Kapital wurde mehr und mehr daraus geschlagen, daß Songs, Videoclips und Stars als Werbemedien für andere Produkte eingesetzt wurden (vgl. Frith 1988b, S. 93 ff.; Goodwin 1992, S. 39). Deutlichstes Indiz für die Tendenz, in erster Linie Fernsehunterhaltung statt Musik zu verkaufen (vgl. Frith 1988b, S. 92 ff.), ist, daß die Plattenindustrie Mitte der achtziger Jahre Lizenzgebühren für die Ausstrahlung von Clips institutionalisierte (s. Teil 2).

In engem Zusammenhang hiermit steht zweitens, daß Popkarrieren zusehends weniger linear als vielmehr punktuell verliefen. Simon Frith belegte diese Verschiebung mit den dichotomen Begriffen der ›Rockpyramid‹ und des ›Talentpools‹ (vgl. Frith 1988b). Die achtziger und beginnenden neunziger Jahre werden zur Zeit der Shooting-Stars und Revivals (vgl. zusammenfassend Rettenmund 1996).

Korrespondierend dazu etablierten sich drittens die Vermarktungsstrategien des Packagings (vgl. Burnett 1996, S. 5; Frith 1988b, S. 88 ff.) und ›Recyclings‹ (vgl. Bunting 1995, S. 54 ff.): Neue Produkte gerieten zu Arrangements erfolgversprechender Einzelteile und etablierte Produkte zu Diversifikationen in neuem Gewand. Eine Schlüsselrolle in diesem Medienverbund spielten die Musiksender und ihre Videoclips: Erstere fungierten mehr und mehr als werbestrategisches *Environment* und letztere als *promotional Tools* für alle Arten popkultureller Waren. Daß diese Funk-

kauft und bewerben sich wechselseitig. Darüber hinaus entstehen verschiedene Jugendmusiksendungen als Koproduktionen von Fernseh- und Clipproduktionsfirmen (z. B. die Sendung *Wired* als einem Joint-venture zwischen der TV-Industrie und Initial Film) sowie vielerlei TV-Musikmischfirmen (z. B. Hadrian Production), die sich auf die Entwicklung telegener Musiksendungen spezialisierten (vgl. Frith 1993, S. 70 ff.). Siehe hierzu auch den Beitrag von Eggo Müller in diesem Band.

tion bereits in der Entwicklung MTVs angelegt war, belegen frühe Selbstdefinitionen:

»It's an environment that's created around the centerpiece of music and a youth culture lifestyle you can buy into« (Mark Booth, MTV Europe's Managing Director über MTV, zit. n. Frith 1988a, S. 209).

## 1.4 Publikumsdiversifizierung und Musikspartenkanäle

Musikfernsehen war in den Anfangsjahren v. a. auf eines angewiesen: auf ein Publikum, das die neue Darbietungsform von Rock- und Popmusik akzeptierte und nutzte. Hinsichtlich des Musikkonsums konnten die soziokulturellen Rahmenbedingungen der beginnenden achtziger Jahre günstiger nicht sein: Ein alterndes Rockpublikum und die Entstehung einer Jugendkultur, in deren Zentrum nicht mehr allein die Musik stand (Goodwin 1992, S. 39f.), kurz, ›fernsehreife‹ Rockveteranen und an einer visuellen Popkultur orientierte *New-Wave-Kids* ebneten den Weg der widerständigen Rockmusik der Siebziger ins kommerzielle Fernsehen der Achtziger.

Darüber hinaus profitierte MTV von den Effekten gesamtgesellschaftlicher Tendenzen: Der einsetzende ›Individualisierungsschub‹ und die daraus resultierende Entstehung kultureller Nischen brachte den Einheitsmarkt zum Bröckeln. Die Konsumgüter- und Werbebranche reagierte darauf mit einer Differenzierung des Warenangebots und der Produktwerbung. Daraus ergab sich die Notwendigkeit, jeweils relativ begrenzte Gruppen mit spezifischen Produkten und Werbungen versorgen zu müssen. Das Erfordernis der Zielgruppenspezifität zwang die Medienindustrie gegenüber den Werbetreibenden in eine zunehmend spezifisch werdendere Zulieferungsrolle und wies Medieninhalten mehr und mehr die Rolle eines Werbeumfelds zu. Diese zielgruppenorientierte Fragmentierung der populären Medienkultur sollte nun im Modell eines *MusicTeleVision* seine Entsprechung finden.

## 2. MTV: Von der innovativen Idee zur internationalen Trademark

### 2.1 Markteinführung und Entwicklungsphasen

1979 beginnt der Warner-Amex-Konzern seine Aktivitäten im Medienbereich in einen Software- und einen Hardware-Sektor zu teilen und gründet die Tochtergesellschaften Warner Amex Cable Company (WACC) und Warner·Amex Satellite Entertainment Company (WASEC). 1980 wird John A. Lack, ehemaliger Mitarbeiter des CBS-Networks, Leiter der WASEC und engagiert Robert Pittman, ein ›Video Music Project‹ zu erarbeiten, das die Programmpalette des Konzerns (bisher: der Kinderkanal Nickelodeon und der Spielfilmsender The Movie Channel) um einen Videomusikkanal erweitern soll. Das ›Rocking-around-the-clock-Konzept‹ des geplanten Senders wird von Lack als ökonomischer und werbestrategischer Geniestreich gefeiert: Der Musiksender soll die entstandene Marktlücke nutzen, indem er Videoclips als Kernelement dazu einsetzt, der Werbe- und Konsumgüterbranche die begehrte Zielgruppe der Jugendlichen zuzuführen. Der Aufwand eines solchen Senders sollte zudem gering bleiben: Programmkosten entfallen, da die Videoclips – so das Kalkül – von der Plattenindustrie kostenfrei zur Verfügung gestellt werden. Lacks Idee, einen Musiksender als reines Distributionsmedium zu konzipieren, ging auf. Nach positiv verlaufenen Verhandlungen mit der Platten- und Werbeindustrie und intensiven Marktanalysen (s. o.) ging MTV[6] am 1. 8. 1981 um 12.01 Uhr auf Empfang. Der Sendestart wurde von einem symbolträchtigen Spot eingeleitet: Unterlegt von pompöser Musik erschienen Orginalbilder der ersten Mondlandung; Neil Armstrong sprach seine berühmten Worte[7] und plazierte eine Flagge auf dem Mond, die jedoch keine ›Stars and Stripes‹, sondern ein MTV-Logo zierte. Der darauffol-

---

6 Der Arbeitstitel des geplanten Senders TV-M wirkte auf die Macher als zu ausdruckslos, und daher entschloß man sich schließlich, ihn MTV zu nennen. Kurze Zeit darauf entwickelte die New Yorker Werbeagentur Manhattan Design das Logo MTVs: Auf einem großen ›M‹, das wie eine aus Backsteinen zusammengesetzte Mauer erschien, verlor sich ein kleines ›TV‹, das wie ein aufgesprühtes Graffiti aussah (vgl. McGrath 1996, S. 48 f.).

7 »That's one small step for man, one giant leap for mankind« (zit. n. McGrath 1996, S. 61).

gende erste Clip war nicht weniger symbolträchtig: Die Popband Buggles sangen *Video Killed the Radio Star*.

Der weitere Werdegang MTVs ist gekennzeichnet durch die Entwicklungsphasen der Etablierung (2.1.1), Konsolidierung (2.1.2) und Expansion (2.1.3) (vgl. dazu Goodwin 1993, S. 48ff.).

### 2.1.1 Phase der Gründung und Etablierung (1981-83)

»M-what?« lautete zu dieser Zeit die typische Frage, wenn Mitarbeiter des neuen Senders an die Öffentlichkeit traten (vgl. McGrath 1996). Die Hauptbeschäftigung der MTV-Staff bestand in den Anfangsjahren daher darin, die ›Werbetrommel zu rühren‹ und ›Klinken zu putzen‹, um den Sender und sein Konzept publik zu machen. MTV als florierendes Business zu etablieren bedeutete jedoch wesentlich mehr, als einfach Clips zu organisieren und sie über den Äther zu schicken. MTV wollte mehr sein als ein visuelles Radio, mehr als ein zusätzlicher Spartenkanal für Clips. Mit dem Sender sollte ein ungewöhnlicher und neuer kultureller Service etabliert werden. McGrath zufolge sah Robert Pittman, damaliger Programmchef, seine Aufgabe darin, aus vorhandenen Mitteln etwas Neues zu schaffen:

»Robert Pittman decided that if this rock and roll channel was going to be successful it would have to be part of young people's culture in the same way the music itself was. It would have to speak to the audience in the same way music did. It have to break the rules the way rock and roll itself always had. In short, it would have to be more than just rock and roll on television; it would really have to be rock and roll television« (McGrath 1996, S. 47).

Die Umsetzung dieses Anspruchs warf zwei grundsätzliche Fragen auf: Mit welchen Inhalten sollte sich der neue Sender präsentieren und wie sollte die Verpackung dafür aussehen? Auf inhaltlicher Ebene verband MTV altes mit altem in neuem Gewand: Existierendes Jugendentertainment (Rock- und Popmusik, Radioformat) wurde in bis dahin ungewöhnlicher Verpackung (Musikvideos) im Fernsehen gezeigt und trug damit zu einem Bedeutungswandel beider Medienformen bei. Fernsehen war plötzlich sozialsymbolisch besetzt und funktionierte distinktiv, Rockmusik dagegen wurde häuslich, artifiziell und zeitlich abgekoppelt vom Erlebnis der Live-Performance (vgl. Frith 1988b, S. 213f.). Tom

Freston, MTVs damaliger Marketingchef, bringt die Strategie der Gründerjahre auf den Punkt:

»What MTV has done has been to revolutionise the way people view and use television and listen to and consume music. We took the two pastimes of a generation – watching TV and listening to music – and wedded them« (zit. n. Frith 1988b, S. 212).

Die entscheidende Rolle für den Durchbruch MTVs sollte nach Pittman jedoch weniger das ›Was‹ als vielmehr das ›Wie‹ der Programmgestaltung spielen:

»People don't watch these clips to find out what's going to happen. They watch to feel a certain way. It's a mood enhancer. It's the essential appeal translated into visuals« (Pittman zit. n. Frith 1988b, S. 209).

Die zunächst als unpassend, ja widersprüchlich empfundene Fusion von Rockmusik und TV (s. o.) sollte also durch die ästhetische Kategorie der Stimmung zur Deckung gebracht werden. Jene heute als ›MTV-Style‹ berühmt gewordene Ästhetik stützte sich, zumindest in der Anfangsphase, auf zwei zentrale Konzepte: *Flow* und *Narrowcasting*, womit konventionellen TV-Formaten sowohl strukturell als auch inhaltlich eine Absage erteilt wurde. MTV verzichtete damit auf zwei entscheidende Konstitutiva bisheriger Fernsehunterhaltung: diskretes Programm für eine breite Masse. Mit diesen (groben) konzeptionellen Strategien war es jedoch nicht getan: Um dem Sender die nötige Portion *Hipness* zu verleihen, mußten konkrete Ideen her. Spontan und unkonventionell sollte es zugehen, so daß MTV bis ins Detail durchgestylt wurde: Vom gesprayten Programmlogo über die betont schlampige Innenausstattung der Studios bis zur Sprache und Kleidung der *Vee-Jays*[8] blieb nichts dem Zufall überlassen. So verstand es MTV von Anbeginn, sich als unkonventionelles, fernsehfeindliches und widerständiges Medium der Jugend zu inszenieren.

Der Programminhalt der frühen Jahre orientierte sich nun an den Kriterien der Zielgruppenspezifität und der Verfügbarkeit von Clips: Die begehrte Zielgruppe MTVs war die der *Young Urban*

---

8 Das Casting für die ersten Vee-Jays beispielsweise dauerte über ein halbes Jahr und wurde von einer speziell zu diesem Zweck gebildeten Abteilung durchgeführt. Die Leiterin Sue Steinberg ließ mit weit über hundert Personen in verschiedenen Städten Amerikas aufwendige Bewerbungsgespräche führen, bis im Juni 1981 Alan Hunter, Martha Quinn, Nina Blackwood, Mark Goodman und J. J. Jackson als die ersten MTV-Vee-Jays feststanden (vgl. McGrath 1996, S. 53 ff.).

*White Males*, deren Musikgeschmack mit sog. *AOR* (*Album Oriented Rock*) abgedeckt werden sollte. Diese Zielgruppe bot mehrere Vorteile: Sie besaß das technische Equipment, MTV zu empfangen, verfügte über ausreichende Kaufkraft, war quantitativ am stärksten vertreten und galt als Gruppe, die überdurchschnittlich viel für Tonträger und entsprechende Merchandising-Produkte ausgab. Da MTV anfangs jedoch von der Clip-Kollektion der Plattenindustrie abhängig war, mußte der Sender zunächst nehmen, was kam. Und das waren v. a. Videoclips von britischen Interpreten, die sich dem sog. ›New Pop‹ verschrieben hatten und das neue Genre extensiv nutzten. MTV machte aus der Not eine Tugend und hatte damit Erfolg: ›New Pop‹ sollte zu jener Musikrichtung werden, die dem Sender den Durchbruch ermöglichte und mit der er heute noch identifiziert wird (vgl. Goodwin 1993).

In den ersten drei Jahre schrieb der Sender gleichwohl rote Zahlen, blieb in den USA ein weithin unbekanntes Phänomen und erzielte marginale Reichweiten (anfangs 1,8 Mio. Haushalte). Obwohl sich diese Phase durch wichtige Weichenstellungen für die weitere Entwicklung MTVs auszeichnet, ist sie insgesamt in ihrem Einfluß auf Zuschauer und Medienindustrie vernachlässigbar.

### 2.1.2 Phase der Konsolidierung: *Make-or-Break* (1983-85)

Der neue Sender sah sich in dieser Zeit einer starken Konkurrenz ausgesetzt und stand unter dem Druck der Muttergesellschaft, endlich Gewinne zu erwirtschaften. Oberstes Ziel dieser Phase war es demzufolge, die eigene Marktposition zu stärken und Konkurrenten auszuschalten (s. auch 2.2). Diese Bewährungsprobe zwischen 1983 und 1985 sollte als ›Second Launch‹ in die Geschichte des Senders eingehen (vgl. Denisoff 1988). Augenfälligster Indikator des Durchbruchs ist zunächst die wirtschaftliche Situation des Unternehmens: 1984 gelangte der Sender erstmals in die Gewinnzone. Beliefen sich die Verluste der Jahre 1981-83 MTV-eigenen Angaben zufolge auf insgesamt 33,9 Mio. US-$, so konnte 1984 ein Gewinn von 12 Mio. US-$ bilanziert werden (41). Dieser Wandel ist zunächst auf einen dramatischen Anstieg der Lizenz- und Werbeeinnahmen zurückzuführen: Die Einnahmen des Senders stiegen im Vergleich zum Vorjahr um mehr als das Doppelte auf insgesamt 109,5 Mio. US-$. MTV hatte die Fernseh- und Werbewirtschaft für sich gewonnen. Gleichzeitig bedeutete die

Gunst der Kabelnetzbetreiber eine immense Zunahme der Reichweite: Im Dezember 1983 erreichte MTV 18 Mio. Haushalte, was knapp einem Viertel aller US-amerikanischen Haushalte mit Fernsehanschluß entsprach. Die Werbe- und Medienbranche reagierte damit ihrerseits auf den überwältigenden Popularitätszuwachs, der dem Sender in diesen Jahren zuteil wurde. Ein wahrer Videomusikboom brach aus, der sich in der Verschränkung zweier Momente manifestierte: MTV und Videoclips begeisterten Musikfans und Plattenindustrie gleichermaßen. Der Siegeszug des Clipsenders beim Publikum, der oft bloß am sog. New-Pop-Boom oder dem schwindelerregenden Erfolg eines Michael Jacksons illustriert wird[9], erfaßte das Popmusikgeschäft jedoch in seiner ganzen Breite und zeitigte harte ökonomische Fakten: Nachdem MTV Bands wie The Stray Cats und Duran Duran, die nahezu nie im Radio liefen, zum Durchbruch verholfen hatte (36f.), investierten mehr und mehr *Labels* in das neue Werbemedium. Die US-amerikanische Tonträgerindustrie begann sich zu erholen: 1984 stiegen die Umsätze der Branche auf über 4 Mrd. US-$ und stellten damit die Rekordumsätze des Jahres 1978 ein (41). Im Januar 1983 richtet das einflußreiche Wirtschaftsmagazin *Billboard* eine Chart-Liste für Videoclips ein, und ein Jahr später erhält der Sender den Presidental Award für seine Verdienste um die einst angeschlagene Branche (42). Derart in den Himmel gelobt, arrivierten Clips zu einem marketingstrategischen Gebot und verdrängten Konzerttourneen und das Radio zusehends. Len Epand von Polygram Records mutmaßte seinerzeit: »If you're not on MTV, to a large share of consumers you just don't exist« (zit. n. 42), und die Zahlen sollten ihm Recht geben: Während 1981 gerade mal 23% aller Top-100-Songs einen begleitenden Videoclip einsetzten, stieg diese Zahl im Mai 1983 auf 59% und erreichte ein Jahr später gar 76% (42). Die (unfreiwillige) Prophezeiung des Debüts war Wirklichkeit geworden: *Video Killed the Radio Star.*

9  Der Videoclip zum Song *Thriller* etwa brach zur damaligen Zeit alle Rekorde: Mit einem Kostenaufwand von 3 Mio. DM drehte der Regisseur John Landis, u. a. bekannt durch den Kultfilm *Blues Brothers*, einen 14-minütigen ›Kurzfilm‹ (vgl. Schmidtbauer/Löhr 1996, S. 14), in dem sich Michael Jackson im Rahmen einer Liebesgeschichte und unter Einsatz aufwendiger filmtechnischer Mittel in verschiedene Monster verwandelt (vgl. den Beitrag von Mercer in diesem Band). Der Clip wurde derart begeistert aufgenommen, daß das Album *Thriller* bereits zehn Monate nach seiner Veröffentlichung zum bis dato erfolgreichsten Projekt von CBS-Records avancierte und allein in den USA 10 Mio. Kopien verkauft wurden. Einschlägige Beispiele und Hintergründe finden sich in McGrath 1996, Kap. 5-9.

Daß MTV auf dem besten Weg war, nicht nur seinen Einfluß auf die Rezeption und den Konsum von Popmusik enorm zu steigern, sondern darüber hinaus zur *Conditio sine qua non* popmusikalischen Erfolgs aufzusteigen, begann sich in der Musikbranche herumzusprechen. Der kontinuierlich wachsende Stellenwert der Videomusik manifestierte sich einerseits in der beträchtlichen Erweiterung des Engagements der Plattenfirmen als auch im dramatischen Anstieg der Durchschnittskosten für Videoclips: Die Labels begannen separate Spezialabteilungen für die Entwicklung und Produktion der Clips zu etablieren (s. 3.1.1). Der Investitionsumfang der Branche in den neuen Werbezweig stieg 1984, dem Magazin *Fortune* zufolge, auf 2000 produzierte Videoclips für insgesamt 100 Mio. US-$, was eine Verdreifachung im Vergleich zum Jahr 1982 bedeutet. Die durchschnittlichen Kosten für Videoclips erhöhten sich im gleichen Zeitraum von 15 000 auf 50 000 US-$ und erklommen in Einzelfällen Rekordhöhen von über 100 000 US-$[10] (43). Die Beziehung zwischen MTV und der Musikindustrie sollte sich weiter intensivieren (s. u. und 3.1.1). Zwei Gründe für diese beispiellose Entwicklung, auf die später noch gesondert einzugehen sein wird, seien abschließend angemerkt. Einerseits fuhr MTV von Anbeginn eine knallharte Geschäftspolitik. Der Grundstein für die systematische Ausschaltung von Konkurrenten durch den Erwerb von Exklusivrechten (s. 2.2) wurde in den Jahren 1983/84 gelegt: Die Gründung der Aktiengesellschaft MTV-Networks im Februar 1984 und der Börsengang der neuen Gesellschaft im August 1984 galten u. a. als finanzpolitische Schritte, die notwendige Liquidität für die Abwicklung der Exklusivverträge zu erlangen (41). Andererseits begann MTV sich bereits in diesen frühen Jahren vom ursprünglichen Konzept zu entfernen und aus werbestrategischen Gründen eine Konventionalisierung des Programms anzustreben: Nach und nach wird das *Flow*-Prinzip aufgegeben und statt dessen diskrete Programmeinheiten eingeführt und eigene Sendungen (z. B. *The Basement Tapes* und *MTV Countdown*) entwickelt. In musikstilistischer und inhaltlicher Hinsicht begannen Heavy-Metal- und Performance-Clips das Programm zu beherrschen.

---

10  Der Videoclip zu Madonnas Hit *Like a Virgin* kostete z. B. damals bereits 150 000 US-$.

## 2.1.3 Phase der Krisenbewältigung, Diversifizierung und Expansion (1986 bis heute)

Der Triumphzug des neuen Senders fand im Jahr 1985 ein jähes Ende: Der Rückgang der Einschaltquoten von 1,2 Mio. (1983) auf 0,6 Mio (122f.) führte zu Einbußen bei den Werbeeinnahmen als auch zu einem partiellen Rückzug der Plattenindustrie aus dem Videomusikgeschäft. Mehr und mehr prangerten die großen Plattenfirmen das Mißverhältnis zwischen den hohen Kosten für Videoclips und deren marginaler Zuschauerquote an. Ihre generellen Zweifel an der Werbewirksamkeit der Clips hatten Produktions- und Budgetbeschränkungen zur Folge (125f.). Der daraufhin grassierenden firmeninternen Panik, das Ende von MTV sei nahe (vgl. McGrath 1996, Kap. 10), setzte der neue Programmchef Tom Freston eine einfache Erkenntnis entgegen: »MTV had become boring« (zit. n. 123). Die folgenden Entwicklungen auf medieninhaltlicher, selbstpräsentativer, ökonomischer und firmenorganisatorischer Ebene können daher als Maßnahmen zur Krisenbewältigung verstanden werden. Mitte der achtziger Jahre wurden somit Trends initiiert, die MTV bis in die neunziger Jahre prägen sollten:

Erstens: In musikstilistisch-clipästhetischer und programmgestalterischer Hinsicht setzte MTV zunehmend auf Diversifizierung: Konventionelle AOR-, Heavy-Metal- und Performance-Clip-Formate verloren ebenso an Einfluß wie der bisherige Leitgedanke, das MTV-Programm mit einer kontinuierlichen Flut von Videoclips füllen zu können. So wird die neue Ära durch die Auflösung zweier zentraler Konzepte geprägt: *Flow* und *Narrowcasting*. Dieser Umbruch basierte auf werbestrategischen Überlegungen: Einerseits zeigte sich, daß *Narrowcasting* im herkömmlichen Sinne, nämlich als das Bedienen eines bestimmten, jedoch relativ breiten Bevölkerungssegments mit einer speziellen Unterhaltungssparte, den Ansprüchen des Publikums und der Werbekunden nicht länger gerecht werden konnte. Es mußten Special-Interest-Formate geschaffen werden, um junge Zuschauer verschiedenster Couleur anlocken und Werbekunden streuverlustärmer bedienen zu können. So wurden zu jener Zeit vermehrt Mainstreambands auf den Tochterkanal VH-1 abgeschoben und innovativere Musikstile wie Rap und Cross-Over[11] eingesetzt, um

---

11 Als eine Kombination aus ›schwarzem‹ Rap und ›weißem‹ Heavy Metal (das sind zunächst *Joint-ventures*: z.B. Run DMCs/Aerosmiths *Walk this way* und Fat

das Trendsetter-Image des Senders zu betonen. Andererseits erwies sich das *Flow*-Prinzip im Vergleich zu *Dayparting*-Formaten (diskrete Sendungen mit festen Zeiten) als weniger geeignet, Zuschauer zum Einschalten und ›Dranbleiben‹ zu bewegen.

So begann MTV einen differenzierteren Programmplan zu entwickeln. Dabei brachte die Diversifizierung der Musikstile zunächst eine Auffächerung der Sendungen mit sich, die um spezifische Stile herum organisiert waren (z. B. *YO! MTV Raps* präsentierte Rap-Musik, *Headbangers' Ball* Heavy Metal, *Club MTV* Dancefloor und *120 Minutes* Alternative Rock). Der Sender, der 1981 mit dem Ziel an den Start ging, traditionelle TV-Sehgewohnheiten mit stimmungsvollen, endlosen Bilderschleifen zu konfrontieren, legte sich vier Jahre später ein an Broadcast-TV-Formate angenähertes Programmkorsett an: Die einzelnen Sendungen wurden durch formale Merkmale (einprägsame Namen, Jingles, Logos und Moderatoren) und inhaltliche Charakteristika (Themen, Musikstil) klar voneinander getrennt. Sie erhielten überdies feste, diskrete Programmplätze und entsprechende zeitliche sowie inhaltliche Ankündigungen in Programmheften und MTV-eigenen Vorschauen. Ferner wurde die Programmpalette um typische Fernsehformate erweitert: Seit 1985 kann man sich Cartoons, Sport- und Nachrichtensendungen, Comedy- und Game-Shows sowie Film- und Kulturmagazine auf MTV anschauen (vgl. Altrogge 1995, MTV-Werbeprospekt 1998b). Goodwin mutmaßte 1993 gar, daß die Zukunft MTVs in nichtmusikalischen Sendungen zu suchen sei (vgl. Goodwin 1993, S. 53).

Zweitens: Im Zuge der Programmumstrukturierungen feilte MTV auch am eigenen Image, um dem selbstgesetzten Anspruch gerecht zu werden, *der* Sender einer internationalen Jugendkultur zu sein. 1985 startete er etwa die Werbekampagne *Some People Just Don't Get It*, mit der er sich auf sarkastische Weise gegen öffentliche Diffamierungen wehrte. Sie zeigt – aus der Perspektive der

Boys'/Beach Boys' *Wipe out*; und schließlich Bands wie Beastie Boys und Living Colour, die schwarze und weiße Musikformate vermischen) war diese Stilrichtung insbesondere dazu geeignet, ein Problem zu lösen, das MTV seit den Gründungstagen verfolgte: Immer wieder der Diskriminierung schwarzer Interpreten bezichtigt, beriefen sich MTV-Sprecher routinemäßig auf den kommerziellen Status des Senders, der seine Kernzielgruppe zu bedienen habe, und diese höre eben weit weniger ›schwarze‹ Musik als Rock und Heavy Metal (39 ff.; 57 ff.). Der Erfolg schwarzer Rap-Musik und v. a. der Cross-Over-Bands ermöglichte es MTV, sich elegant vom Image eines ›weißen Senders‹ zu verabschieden.

Zielgruppe – Antisympathieträger wie konservative Politiker und Vertreter kirchlicher Organisationen, die platitüdenhaft über den Sender und sein Programm herziehen. Mehr und mehr versuchte MTV, sich als Sprachrohr der Generation X zu präsentieren und ein Lifestyle-Network aufzubauen: ›Alte‹ Vee-Jays wurden durch neue ersetzt, das Design aufgemotzt (vgl. 125) und aktuelle Highlights der Popwelt (z. B. der Tod Kurt Cobains) in Form von Dokumentationen und Hintergrundberichten aufgegriffen. Die Strategie erwies sich als Erfolg: Selbstproduzierte Sendungen avancierten zu Verkaufsknüllern (z. B. *Remote Control*) oder gewannen gar Kultstatus (z. B. *MTV-Unplugged* und *Beavis and Butt-Head*) und die Vee-Jays wurden als internationale Stars gehandelt (z. B. Ray Cokes).

Drittens: Die Pflege eines internationalen Images fand ihr Pendant im intensiv betriebenen Projekt MTVs, einen exklusiven Zugang zu einem globalen Jugendmarkt zu schaffen. Das Potential war Tom Freston zufolge allemal vorhanden: »This is the first international generation. They wear Levi's, shop at Benetton, wear Swatch watches and drink Coca Cola« (zit. n. 104). Der Schlüssel zur Konsumwelt der transnationalen Jugend war schnell gefunden: »Music is the global language. [...] We want to be the global rock 'n' roll village where we can talk to the youth worldwide« (ebd.), so Sara Levinson von MTV. Die Umsetzung des Traums vom ›globalen Rock 'n' Roll-Dorf‹ erfolgte in doppelter Hinsicht: Zum einen durch die Gründung von MTV-Ablegern in Übersee[12], zum anderen durch weltweite Werbefeldzüge im Verbund mit der Platten- und Konsumgüterindustrie (vgl. 105 ff.). MTV erreichte 1995 mehr als 250 Mio. Haushalte in 58 verschiedenen Ländern (200) und errang damit den konkurrenzlosen Status des einzigen globalen Werbemediums für jugendspezifische Tonträger und Konsumgüter.

Viertens: Die durch Corporate Activities initiierten Veränderungen MTVs nahmen einen weitestgehend eigenständigen Status ein: Die Entscheidung des Warner-Amex-Konzerns, seine Interessen an MTV-N im Jahr 1985 trotz anhaltenden Erfolgs des Senders zu verkaufen, beruhte auf konzerninternen Überlegungen, das Engagement im Fernsehbereich zu reduzieren. Für MTV jedoch

---

12  So entstanden seit der Gründung des Senders (1981) die folgenden MTV-Ableger: MTV Europe (1987), MTV Australia (1987), MTV Japan (1984-88), MTV Asia (1991), MTV Brazil (1990) und MTV Latino (1993) (vgl. Banks 1996, Kap. 5).

bedeutete es eine entscheidende Weichenstellung: Mehr noch als zuvor wird der Sender für die Machenschaften international operierender Mediengiganten funktionalisiert. So setzt sich Viacom International, ein Medienkonglomerat mit Interessen im Fernseh-, Rundfunk-, Film- und Kabelbereich (vgl. Hachmeister/Rager 1997), mit einem Übernahmeangebot von 80 Mio. US-$ gegen Mitstreiter durch und erwirbt im August 1985 eine kontrollierende Mehrheit an MTV-Networks (117). Der von Robert Pittman und Mitarbeitern geplante ›Leveraged Buyout‹ platzt, und 1986 bringt Viacom schließlich für 694 Mio. US-$ (ebd.) das restliche Drittel an sich. Viacom selbst wird 1987 in einem Leveraged Buyout durch Sumner Redston's National Amusements Corporation (NAC) für 3,2 Mrd. US-$ aufgekauft. 1994 schließlich schluckt Viacom den Filmkonzern Paramount Communications und kurze Zeit später die größte US-amerikanische Videokette Blockbuster. Die Aufkäufe machen den Viacom-Konzern nach Time Warner zum zweitgrößten Mediengiganten der USA.

Unter der Regie des vertikal hoch integrierten Medienriesen finden tiefgreifende personelle und strategische Umstrukturierungen statt: Robert Pittman, »The Keeper of the Vision« (McGrath 1996, S. 31), räumt 1986 nach dem gescheiterten Übernahmeversuch seinen Platz für Tom Freston und läutet die Ära einer zweiten Generation ein, für die Musikfernsehen ein alltägliches Phänomen geworden war und die mit ihrer Arbeit dort nicht mehr den einstigen Pioniergeist verbanden (ebd., S. 165 ff.). Darüber hinaus fungierte MTV innerhalb des Viacom-Konzerns zunehmend als strategisches Distributions- und Werbemedium für konzerneigene Produkte und wurde im Kampf um internationale Märkte als ›Wegbereiter‹ eingesetzt. Die aggressiven Vorstöße MTVs in ausländische (s. o.) und angrenzende Märkte (vgl. Banks 1996, Kap. 5 und S. 130ff.) sind somit zu weiten Teilen seiner strategischen Rolle im Verbund mit hoch integrierten Konzernen geschuldet.

Obwohl sich die Revitalisierung MTVs als langsamer und mühsamer Prozeß erwies, ging der Sender erstarkt aus der Krise hervor: MTV gewinnt das Vertrauen der Plattenindustrie zurück und unterhält 1991 mit allen großen Labels – bis auf Virgin, Mercury und PLG – Exklusivverträge (s. 2.2.1), steigert seine Einnahmen 1991 auf 44,7 Mio. US-$ (127) und erfährt eine beispiellose Verbreitung, so daß 1996 jeder vierte Haushalt *der Welt* MTV empfängt (vgl. Junker/Kettner 1996, S. 45).

Sein Gesamtengagement nimmt in den Neunzigern gewaltig zu: Mit der Gründung des MTV Record Clubs begann der Vertrieb von Videos, Tonträgern und Merchandising-Produkten, die sich unter der Trademark ›MTV‹ bestens verkauften. So konnte der Sender mit Produkten rund um *Beavis and Butt-Head* über 100 Mio. US-$ einstreichen. Auch in der Folgezeit sprachen alle Indizien für einen Erfolg MTVs: So gewann der Sender Fernsehpreise (z. B. für die Produktion *Decade*), wurde als Medium gefeiert, das den Durchbruch alternativer Bands (z. B. R. E. M.) und Musikstile (z. B. durch die Sendung *Yo! MTV Raps*) beförderte, fand Eingang in die Rede des US-Präsidenten George Bush und in *Webster's Dictionary* (mit dem Terminus *Vee-Jay*) und erhielt eine Prime-Time-Ausstrahlung der 10. Geburtstagsendung *MTV 10* auf ABC (vgl. Goodwin 1993, S. 53 f.).

## 2.2 *MonopolTeleVision: MTVs Kampf um die Marktherrschaft*

Der Siegeszug MTVs läßt sich keineswegs auf das Zusammenwirken günstiger Umstände reduzieren. Nach dem Sendestart 1981 entstanden eine ganze Reihe weiterer Musiksparkenkanäle[13], die MTV systematisch mit wettbewerbsfeindlichen Mitteln bekämpfte. Seine Absicht, die Monopolstellung im Videomusikmarkt zu erlangen, muß vor dem Hintergrund der spezifischen Branchenstrukturen gesehen werden: Musiksparkenkanäle operieren als Distributionsmedien in einer doppelten Ökonomie ($\ddot{O}_1$/$\ddot{O}_2$) spezieller Art (vgl. Junker/Kettner 1996, S. 54 ff.). Wie andere TV-Medien auch benötigen sie Zuschauer, Werbepartner und Kabeloperatoren. Kabeloperatoren und Zuschauer bringen potentielle Reichweiten und Einschaltquoten ($\ddot{O}_1$), welche wiederum die Finanzierung durch die Werbepartner ($\ddot{O}_2$) garantieren.

Dieses klassische Modell der medienbetreibenden Industrie erfährt im Fall von Musiksparkenkanälen eine entscheidende Erweiterung: Die Tonträgerindustrie (repräsentiert durch sechs *Major Record Labels*[14]) versorgt die Musiksender mit Werbung und Programm in einem – kurz: mit Videoclips. Sie nimmt somit eine

13  Z. B. 1984: Ted Turners CMC, FNN's DMN und Johnsons Black Entertainment Television (BET); 1985: Wodlingers Hit Video USA; 1989: Video Jukebox Network's The Box. (s. Banks 1996, Kap. 3).

14  Die ›sechs Großen‹, Sony Corp., MCA, Polygram, EMI, BMG und Warner Music, bestritten 1991 93 % aller Albenveröffentlichungen in den USA (vgl. 149; Bunting 1995, S. 26 f.).

Zwitterstellung zwischen Werbepartner und Programmlieferant ein. Die Musiksender üben in der Kette ›Produktion-Distribution-Verkauf/Ausstrahlung‹ die klassische Rolle des Distribuenten aus: Fremdproduzierte Werbung und Programme werden an Kabelfirmen weitergegeben, die diese Inhalte den Zuschauern nahebringen. Der Distribuent ist nun auf zwei Dinge angewiesen: Programmaterial und Ausstrahlung. Diese überlebensnotwendige Minimalbasis war es, auf die MTV es in den Anfangsjahren abgesehen hatte: Die Konkurrenten sollten weder Programm erhalten noch die Möglichkeit der Ausstrahlung. Mit den Worten Robert Pittmans: »The traditional solution for the distributor [MTV] to protect his business is to lock up the shelf space and/or lock up the supply of the product« (Pittman zit. n. 64). MTV verfolgte beide Strategien: Seit Anfang der achtziger Jahre kamen zahlreiche Exklusivverträge mit Plattenfirmen, Kabelbetreibern und Popstars zustande. In solchen Knebelverträgen verpflichten sich die Plattenfirmen, *nur* MTV mit Programmaterial zu versorgen, verpflichten sich Kabelbetreiber, *nur* MTV zu transportieren und verpflichten sich Popstars, *nur* in MTV aufzutreten. Wie der sich selbst verstärkende Kreislauf von wachsender Popularität und wachsender Exklusivität in Gang gesetzt wurde, wird im folgenden gezeigt.

### 2.2.1 *Lock up the supply:* Exklusivverträge mit Major Record Labels und Künstlern

Das prekäre symbiotische Verhältnis zwischen Plattenfirmen und Musiksendern spiegelte sich in den ständig aufflammenden Auseinandersetzungen um eine angemessene Definition des Produkts ›Videoclip‹. Als Werbung waren sie kostenlose Promotion für die Künstler der Majors, als Programm füllten sie die Sendezeiten MTVs zum Nulltarif. Der Deal, kostenloses Programm gegen kostenlose Werbung, funktionierte solange, bis der Videoboom Mitte der achtziger Jahre die Produktionskosten für Clips dramatisch in die Höhe trieb.[15] Die Majors betrachteten Clips zunehmend als reguläre Programmform und drängten konsequenterweise nach Kompensationszahlungen. Als Ende 1983 Stimmen laut wurden, daß Clips nur noch gegen Lizenzgebühren ausge-

---

15  Die Kosten für Clips liegen derzeit bei durchschnittlich 200 000 bis 300 000 DM und übersteigen damit sogar z. T. den Aufwand für die Produktion der Tonträger (vgl. Schmidtbauer/Löhr 1996, S. 14).

strahlt werden dürften und im Frühjahr 1984 die Majors ihren Druck auf die Musiksender vergrößerten, trat MTV die Flucht nach vorne an: Pittman forderte im April 1984 eine adäquate Gegenleistung der Plattenfirmen in Form von Exklusivverträgen. MTV sollte dabei doppelt profitieren: Die Einführung von Gebühren würde das Videomusikgeschäft derart verteuern, daß nur noch äußerst finanzstarke Kontrahenten sich behaupten könnten; dieser ›Rest‹ harter Konkurrenz würde dann dadurch in die Knie gezwungen werden, daß ihnen der Zugang zu attraktivem Programm durch Exklusivvereinbarungen abgeschnitten würde. Und so geschah es: Am 1. 12. 1983 bot MTV dem Plattenriesen Capitol/EMI 1 250 000 US-$ und freie Werbespots gegen die Exklusivrechte an 35 % der Clipproduktionen des Konzerns. MTV sollte zwei Drittel der Clips frei wählen dürfen und ein Drittel unbesehen übernehmen müssen. Obwohl die Vereinbarung nicht zustande kam, wurde sie wegweisend für weitere Verhandlungen. Im Juni 1984 gab MTV bekannt, daß mit den vier großen Plattenfirmen CBS, RCA, MCA und Geffen Exklusivverträge unterzeichnet wurden. Im August 1984 folgten die Warner-Labels Elektra und Asylum, im September Polygram, Chrysalis sowie Atlantic (ein weiteres Warner-Label) und 1986 schließlich Capitol Records (vgl. 63 ff.).

Jene Praktiken etablierten sich im Laufe der achtziger Jahre als Standardvereinbarungen zwischen MTV und den Major Record Labels und schufen damit eine Struktur formal geregelter ›Bestechungs-Arrangements‹ (*Payola*) (vgl. 68). Die im Videomusikbusiness etwa längst zum Alltag gewordene 30 %-Klausel (vgl. 67 f.) ist deshalb so entscheidend, weil auf diese Weise einerseits die attraktivsten und damit finanziell lukrativsten Clips (MTVs 20 %) und andererseits die Clips der neuesten und innovativsten Acts (*Labels* 10 %) von einer freien Zirkulation auf dem Markt ausgeschlossen werden. Was Pittman 1985 in *Billboard* als »a new distribution model beneficial to us both« (zit. n. 68) pries, war für Konkurrenten Grund genug, MTV der Wettbewerbsverzerrung zu bezichtigen. Die zwischen 1984 und 1989 von verschiedensten Seiten initiierten Antitrust-Untersuchungen blieben jedoch ohne nennenswerten Effekt. Auch die in jüngster Zeit von den Sendern The Box und BET erhobenen Klagen, wonach MTV durch gezieltes Akquirieren emporkommender Stars eine *Brave New MTV-World* errichte, konnten abgewehrt werden.

Mußte mit großen Plattenfirmen noch um Exklusivrechte gerungen werden, konnten dagegen Künstler genötigt werden, exklusive Vereinbarungen mit MTV zu treffen. David Benjamin, Produzent der *NBC's Friday Night Videos* berichtet:

»Artists come to me and say, ›We'd like to give you this video, but MTV says if they don't get it first, they'll never play any of our videos again.‹ I'll tell them, ›Don't risk your career, give it to them‹« (zit. n. 83).

Diese Einschüchterungstaktik widerfuhr selbst etablierten Superstars wie The Rolling Stones und Billy Joel: In beiden Fällen wurden Videos, nachdem sie in Programmen der Konkurrenz zu sehen waren, aus dem MTV-Programm verbannt (83). MTV versuchte darüber hinaus, Auftritte der Stars in Kokurrenzmedien zu unterbinden. McGahn zufolge lehnten es Rod Stewart, Billy Ocean und The Tompson Twins aus diesem Grund ab, in Spots für Ted Turners CMC mitzuwirken:

»They won't do IDs for us because Les Garland [damaliger Programmdirektor von MTV] told them that if they participate for Ted Turner in any way, shape or form they're going to be cut off MTV« (zit. n. 83).

### 2.2.2 ›Lock up the shelf space‹: Exklusivverträge mit Kabelbetreibern

War nach Pittman das erste Ziel eines Distribuenten, potentielle Konkurrenten von der Versorgung mit Software auszuschließen, durch vertragliche Regelungen mit den Labels und Künstlern erreicht, ging es in der Folge darum, den Zugang zur Hardware zu kontrollieren. MTV verstand es von Anfang an, nicht nur seine eigene Reichweite kontinuierlich zu vergrößern (von 2,5 Mio. Haushalten 1981 auf 18 Mio. zwei Jahre später), sondern die der Konkurrenzsender kleinzuhalten. Auch im Kampf um Zugangsrechte zu Kabel- und Satellitensystemen setzte MTV auf Verhandlungsgeschick und vertragliche Knebelung der Geschäftspartner: Mitte der achtziger Jahre, als der Sender schließlich Lizenzgebühren erhob, bot er großen Kabelfirmen sein Programm zu Discountpreisen an, um im Gegenzug die Kabelbetreiber dazu zu verpflichten, ihn für die nächsten vier bis fünf Jahre exklusiv zu transportieren. 1984 konnte MTV die beiden größten Kabelkonzerne in den USA, Tele-Communications und American Television & Communication (ATC), für Verträge dieser Art gewinnen. Seine Strategie, die Hardware durch Langzeitverträge mit Kabelnetzbetreibern zu blockieren, erreichte ihren Höhepunkt 1985 mit der Gründung des Tochterkanals VH-1. Offiziell als Musikspartenkanal für die Zielgruppe der *Thirty-Somethings* angekündigt, spielte VH-1 eine strategisch entscheidende Rolle im Kampf um Kabelplätze. O-Ton Pittman: »We polled our affiliates and found that while almost no one was going to drop us, Turner could get 15 million subscribers in two years as a second music service. We though, shit, if there's that big market, we should be the second service, not him« (zit. n. 52). Zunächst zeitlich also so plaziert, daß Ted Turners Bemühungen, einen zweiten Musikkanal neben MTV aufzubauen, empfindlich gestört wurden, sollte VH-1 auch in Zukunft im Doppelpaket mit MTV angeboten werden, um konkurrierende Musiksender bereits im Keim zu ersticken. Um MTV in ihren Kabelnetzen anbieten zu können, mußten die Kabelfirmen sich vertraglich verpflichten, VH-1 dann als zweiten Musikspartenkanal einzuspeisen, wenn sie einen weiteren Musiksender in ihre Angebotspalette aufzunehmen gedachten. Constance Wodlinger, Betreiberin von Hit Video USA, sah sich 1990 aus diesem Grund gezwungen, ihren Musiksender via Broadcast-TV auszustrahlen: »These contracts prevented Hit Video USA from doing business with 80 percent of the nation's cable systems« (zit. n. 84). Anfang der neunziger Jahre ging MTV sogar noch einen Schritt weiter. Der Sender nötigte Kabelbetreibern die in der Filmbranche berüchtigte ›A-Movie – B-Movie‹-Taktik auf: MTV wurde nur noch im Doppelpaket mit *VH-1* vertrieben.

Neben diesen Versuchen, die Programmpolitik der großen Kabelfirmen zu manipulieren, nutzte MTV von Anbeginn seinen vertikal hoch integrierten Status im Verbund mit den Muttergesellschaften Warner Amex (bis 1985) und Viacom (ab 1985), um die Reichweiten der Konkurrenten durch den Ausschluß aus firmeneigenen Systemen zu reduzieren.

## 3. Der Alltag eines Monopolisten: Strukturzwänge und Dynamiken in der Vermarktung von MTV

MTV erkämpfte sich auf diese Weise die Position eines *Major Only Channels* und stieg zu einem allumfassenden Mediator der Pop-, Rock- und Jugendkultur auf. MTV bestimmt heute Popkarrieren, kreiert *Shooting Stars* und wirbt auf einem internationalen (Jugend-)Markt für Lifestyleprodukte aller Art. MTV avancierte binnen zehn Jahren zu einem ubiquitären Medium der internationalen Kulturindustrie – kurz: »MTV is everywhere« (134). Was die Monopolstellung für die Entstehung und Verbreitung der Videoclips bedeutet, soll im folgenden untersucht werden.

### 3.1 Videoclips und ihre Produktionsbedingungen

#### 3.1.1 Die Rolle der Plattenfirmen

Das Schicksal eines Videoclips liegt nahezu ausschließlich in den Händen der Plattenfirmen, deren Marketing- bzw. Videoclipabteilungen die gesamte Logistik für Produktion, Promotion und Distribution der Clips übernehmen. Dort wird zunächst entschieden, welcher Star mit welchem Song zu welchem Zeitpunkt einen Clip veröffentlichen darf. Ist ein solches Paket geschnürt, werden in der Regel externe Produktionsfirmen[16] vertraglich in die Pflicht genommen (s. u.), den Clip im Rahmen eines festgelegten Budgets und Zeitraums zu liefern. Alle Kosten übernimmt zunächst die Plattenfirma, wobei sich der Aufwand an der Popularität der jeweils zu bewerbenden Musiker bemißt. Das Risiko ist hoch, da die Clips eine der teuersten Formen der Promotion sind und ein Kostenausgleich an steigende Verkaufszahlen und damit an den Erfolg eines Clips gekoppelt ist. Diesen Unwägbarkeiten begegneten die Labels zum einen mit dem Versuch, einen *direkten* Kostenausgleich über Lizenzgebühren (s. u. und 2.2.1) und den Verkauf der Clips auf dem Endverbrauchermarkt zu erreichen. Zum anderen hielten sie sich häufig an den Interpreten schadlos, indem sie v. a.

---

16 Manche Plattenfirmen produzieren ihre Clips jedoch selbst, um unabhängig von Produktionsfirmen zu sein. Picture Music International (PMI) z. B. ist eine interne Produktionsfirma des Plattenriesen Capitol Records.

*Newcomer* durch sog. *Royalty*- bzw. *Recoupment*-Regeln übervorteilten. Dabei wurden die Kosten für die Clipproduktion entweder auf die Gewinnbeteiligungen der Künstler umgelegt oder durch eine direkte Entschädigung prozentual gedeckt. In beiden Fällen behielt jedoch die Plattenfirma die Rechte an den Clips und ihrer weiteren Vermarktung, an deren Gewinn die Künstler nicht beteiligt wurden (143 ff.).

Nach Abschluß der Produktion wird der Clip den Musiksendern angeboten, allen voran MTV. Die Plattenfirmen nutzen die Musiksender dabei als effektives Werbemedium, die Musiksender die Plattenfirmen als kostengünstige Programmlieferanten. Daß jedoch beide Parteien an einem Strang ziehen, ist nur die halbe Wahrheit: Als ein Dauerbrenner im Streit zwischen Plattenindustrie und Musiksendern erwies sich die Forderung der Labels, Lizenzgebühren für die Ausstrahlung von Clips zu erheben. Hieran knüpfte sich die Frage, ob den Clips Werbe- oder Programmcharakter zuzusprechen ist. Daß Clips Werbung sind, zeigt sich an ihrer Finanzierung: Die Produktionskosten werden über den steigenden Absatz anderer Produkte (v. a. der Tonträger) gedeckt. Der Erfolg eines Clips bemißt sich somit zunächst weniger am Zuschauerzuspruch als vielmehr an dem Werbeeffekt, den er auf den Verkauf von Tonträgern ausübt. Daß Clips auch Programm sind, belegt die Resonanz der Zuschauer: Medienkonsumenten zahlen für Musikkanäle Gebühren und erwerben Clips auf Videocassetten im Handel.

Der Kampf um *New Acts* gilt als weiteres Indiz für die Interessenkonflikte beider Parteien. MTV als kommerzielles Medium muß darauf bedacht sein, ein Programm zusammenzustellen, das möglichst hohe Einschaltquoten und damit hohe Werbeeinnahmen zeitigt. Die Labels dagegen sind daran interessiert, neue Künstler aufzubauen und deren Songs zu plazieren. Ein Gefälle entsteht, das den Labels die Rolle des Lobbyisten zuweist: MTVs Programmchef Konowitch berichtet, pro Tag durchschnittlich 140 Anrufe von Plattenfirmen erhalten zu haben, die sich dadurch eine Plazierung ihrer *New Acts* auf MTV erhofften. Schließlich machte sich bei den Plattenfirmen zunehmend Unzufriedenheit darüber breit, daß MTV mehr und mehr auf nicht musikbasierte Programme zu setzen begann. Die Angst vor steigendem Kontrollverlust über die Distribution der Clips veranlaßte die Plattenfirmen, einen eigenen Musiksender zu gründen (79 ff.). Obwohl das Projekt in den USA im Sande verlief, sollte es für die Zukunft richtungsweisend werden.[17]

### 3.1.2 Die Rolle der Produzenten und Regisseure

Obwohl in den großen Plattenfirmen alle Fäden der Clipproduktion zusammenlaufen, sind letztlich die Produzenten und Regisseure für die Entstehung eines Clips verantwortlich. Neben den *Producern*, die den organisatorischen Teil – Finanzen und Personal – einer Videoclipproduktion übernehmen, spielen die Regisseure eine entscheidende Rolle. Sie leisten die eigentliche, kreative Arbeit und sind somit auch diejenigen, die die rigideste Kontrolle durch die Plattenfirmen erfahren. Als selbständige oder mit Produktionsfirmen assoziierte Regisseure erhalten sie Zeitverträge, in denen sie sich Plattenfirmen gegenüber verpflichten, innerhalb eines bestimmten Zeitraums mit einer begrenzten Menge Geld einen Clip herzustellen. Die Plattenfirmen machen Auflagen hinsichtlich des Inhalts der Clips und geben in vielen Fällen auch ein Konzept vor. Waren vertragliche Regelungen zwischen Produzenten bzw. Regisseuren und Plattenfirmen in den Anfangszeiten überwiegend Einzelarrangements, begannen sich in den Neunzigern allgemein übliche Verfahrensweisen herauszubilden, die den Plattenfirmen einen Kontrollgewinn über die Produktion sicherten. Da die Videomusikbranche weder gewerkschaftlich organisiert noch gesetzlichen Regelungen unterworfen war und zudem als Tummelplatz für *Showbiz*-Karrieristen galt, spielten die Labels von Anfang an Produzenten und Regisseure gegeneinander aus und nötigten ihnen ihre Spielregeln auf. *Producer* wurden in enge Zeit- und Finanzkorsetts[18] gezwungen (vgl. 164f.), erhielten eine im Vergleich zu branchenüblichen Regelungen minimale Bezah-

---

17 Umgesetzt wurde ein solches Projekt z. B. in der BRD mit dem Sender VIVA (vgl. Hachmeister/Lingemann in diesem Band).

18 Die Produktion von Clips gestaltet sich häufig als ein Wettlauf mit der Zeit und dauert oft nicht länger als ein paar Wochen: Für eine Clipproduktion des Rockstars Billy Idol z. B. engagierte die Firma Picture Music International 40 Personen, die zwei Wochen rund um die Uhr im Einsatz waren (157). Das Budget ist dabei abhängig vom Prestige der Künstler und dem Renommee der Regisseure: Schwankt der finanzielle Rahmen bei Novizen zwischen 1000 und 50000 US-$, so stehen renommierten Regisseuren durchschnittlich weit über 100000 US-$ zur Verfügung (164). In Verbindung mit Superstars können die Kosten astronomische Höhen erreichen. So verschlang z. B. das Video zu Michael Jacksons Song *Scream* 7 Mio. US-$ (164).

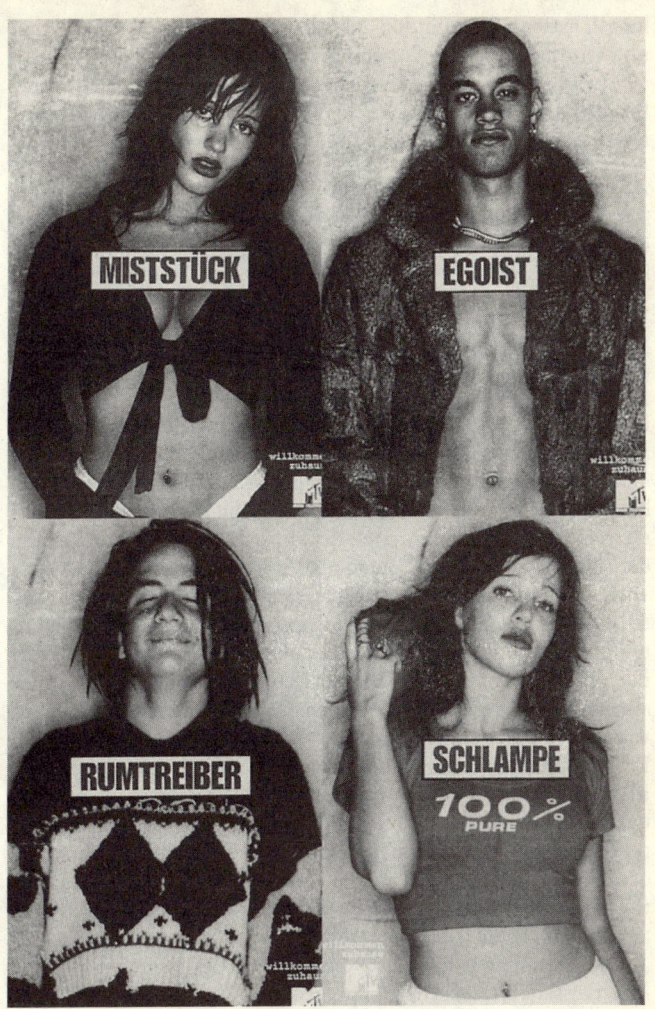

»Willkommen Zuhause« – MTV wirbt 1994 mit diesen Fahndungsphotos um die Jugendlichen in Deutschland.

lung[19], hatten wenig Einfluß auf Inhalt und Ablauf der Produktion und wurden von jeder Gewinnbeteiligung, die über den Verkauf des beworbenen Songs hinausging, ausgeschlossen. Ken Walz, Produzent des Clips zum Welthit *Girls Just Want to Have Fun* von Popikone Cindy Lauper, beschreibt seine Situation so:

»Contracts with the record companies are terrible. They say ›We'll give you your budget, and we want a video, no matter what. You have no rights; you're a hired hand‹. It's totally skewed to the record companies. [...] I know that I've made Lauper and Portrait Records an awfull lot of money. [...] They're selling both videos I did for Lauper on a compilation. Money is pouring into Cindy's pockets and to CBS Records. [...] I'm partially responsible for that, and I've received virtually no compensation« (zit. n. 163).

Daneben erregte v. a. die Auftragsvergabepraxis der Labels die Gemüter. Das Verfahren des sog. *Fixed-Biddings*, in dem Plattenfirmen Aufträge für Clipproduktionen ausschreiben und auf Angebote der Produktionsfirmen in Form von Konzeptvorschlägen warten, demonstrierte in zweierlei Hinsicht die Vormachtstellung der Labels: Zum einen standen die Vertragsbedingungen von vornherein fest, was bedeutete, daß sich die Produzenten lediglich entscheiden konnten, ob sie das Angebot annahmen oder ablehnten. Zum anderen mußten die Produktionsfirmen bereits im Vorfeld Konzepte entwickeln, um überhaupt mit einem Zuschlag für einen Auftrag rechnen zu können. Diese kreativen Vorarbeiten waren fester Bestandteil des *Fixed-Bidding*-Prozesses, für die die Produzenten bzw. Regisseure keine Entschädigung erhielten. Die Plattenfirmen konnten nun aus einem Pool professionell erarbeiteter Ideen auswählen, ohne dafür einen Pfennig zu zahlen. Clipregisseur Jon Roseman fügt hinzu, »that production companies often submit a script for a video solicited by a label and hear nothing from the record company until we see it on TV and there's an idea we submitted« (zit. n. 163).

Die Dominanz der Plattenfirmen traf des weiteren v. a. die künstlerische Freiheit der Clipregisseure. Detaillierte Anweisungen seitens der Labels degradierte das Gros der Berufsregisseure zu Handlangern. Vorgaben wie diese, so David Fincher, Clipregis-

---

19  Regisseure erhielten im Schnitt eine Marge von 10 % des Budgets und lagen damit weit unter den branchenüblichen 15-20 %. Bei einem durchschnittlichen Budget bedeutete das 5000 US-$ für drei Wochen Arbeit und einen fertigen Clip (159).

seur der Propaganda Films, gehörten zur gängigen Praxis: »A label will come to you and say things like they want a 70/30 split between performance and concept with portrait-type breakaways and an overall glossy look« (zit. n. 166). Die Plattenfirmen – bedacht darauf, ihren Clip auf MTV zu plazieren – drängten obendrein die Regisseure dazu, sich an Videoclips zu orientieren, die der Musiksender hoch- und runterspielte. Insbesondere in den späten Achtzigern entstanden auf diese Weise eine Unzahl Plagiate im MTV-Style – »rising smoke, smashing glas, and scantily clad women« (167).

Trotz Frestons Aufruf »kill the cliches« (zit. n. 167), der das Stimmungsbild Ende der Achtziger auf den Punkt brachte und zu einem zwischenzeitlichen Low-Budget-Boom führte, erlebte die Clipbranche in den Neunzigern einen weiteren Konzentrationsschub: Ein Oligopol großer Produktionsfirmen entstand, meist Tochterfirmen großer Medienkonglomerate, die kleinere Firmen aufkauften oder zum Aufgeben zwangen. Die Zusammenarbeit zwischen Plattenfirmen und den Oligopolisten gestaltete sich nun zunehmend enger: Der Löwenanteil der Aufträge wurde an ›die Großen‹ vergeben, die im Verbund mit global operierenden Mediengiganten genügend Finanzkraft hatten, die Bedingungen der Labels zu erfüllen (Dumpingstrategie). So verbindet die Major Record Labels und die großen Produktionsfirmen heute eine Art Stammkundenverhältnis.

### 3.2. *MTV als Zensor: Wie Videoclips in die Playlist gelangen*

Die Auswahl der Videoclips auf MTV erfolgt entlang offizieller und inoffizieller Standards. Clips durchlaufen zu diesem Zweck einen internen Evaluationsprozeß, an dessen Ende die sog. *Playlist* steht. MTV etablierte hierzu unterschiedliche Abteilungen und z. T. aufwendige Verfahrensweisen, deren Wirken einer breiten Öffentlichkeit verschlossen bleibt, um das sorgsam konstruierte Image eines spontanen Jugendmediums nicht zu gefährden. Bei der Zusammenstellung einer Playlist bleibt jedoch nichts dem Zufall überlassen; MTV agiert vielmehr als popkultureller *Gatekeeper* und Zensor.

Der erste Schritt besteht darin, die Spreu vom Weizen zu trennen: Diese Aufgabe übernimmt das sog. *Acquisition Committee* (AC), das sich aus drei bis zehn Mitgliedern, welche in einem bestimmten Turnus wechseln, zusammensetzt. Es tagt einmal pro Woche und sortiert in einer Art *Screening*-Verfahren 80% der ca. 35-40[20] Neuzugänge aus (176). Dieser Auswahlprozeß orientiert sich – MTV zufolge – zuallererst an der Vereinbarkeit des Musikgenres mit dem Image des Senders bzw. der anvisierten Zielgruppe. Bestimmte Stilrichtungen wie Country oder Easy Listening werden so von vornherein ausgeschlossen. Darüber hinaus entscheiden v. a. produktionstechnische Standards, ob ein Clip in die engere Auswahl aufgenommen wird. Neben diesen ›propagierten‹ Kriterien der Auswahl sind es vornehmlich Zwänge werbeökonomischer und vertraglicher Natur, die die Arbeit des AC bestimmen: Zum einen spielt eine entscheidende Rolle, welchen Labels die Künstler angehören. Neue Acts der großen Plattenfirmen erhalten in der Regel Eingang in die Playlists, wogegen Künstlern der Independent Labels mit größeren Ressentiments begegnet wird.[21] Zum anderen verpflichten die exklusivvertraglichen Bindungen, die MTV mit einem Großteil der Major Labels unterhält (s. 2.2.1), den Sender ohnehin dazu, einen bestimmten Anteil von Clips die Aufnahme in seine Playlists zu garantieren.

In einem zweiten Schritt wird das verbleibende Clipmaterial (20%) einer *inhaltlichen* Prüfung durch das sog. *Program Standards and Public Responsibility Department* unterzogen, kurz: *The Committee*. Dieser Ausschuß wurde 1984 etabliert, bestand zunächst aus nur *einer* Person und hatte die Aufgabe, anstößige und nicht jugendfreie Inhalte aus den Clips, die MTV in das Programm aufzunehmen gedachte, zu verbannen. MTV-Verantwortliche reagierten durch die Schaffung einer solchen Instanz der Selbstkontrolle auf den politischen Druck, der zu dieser Zeit von allen Seiten auf den Sender ausgeübt wurde (vgl. 185 ff.). Unter der Leitung von Michelle Vonfeld, die dem *Committee* neun Jahre lang vorsaß, wurde die Zensurpraxis alltägliche Praxis. Anhand der Kriterien ›Anstößiges‹ (Sex, Drogen, Gewalt) und ›Schleichwerbung‹ werden die Clips den Kategorien ›angenommen‹, ›abgelehnt‹ oder ›Nachbearbeitung erforderlich‹ zugeteilt. Diese Entscheidungen sind, Freston zufolge, notwendigerweise hochgradig subjektiv: »Where it gets tricky is drawing the line. It's never a

---

20 Stand 1989 (176).
21 Dem Magazin *Billboard* zufolge setzte sich eine 24-Stunden-Playlist MTVs im Jahr 1989 durchschnittlich aus 129 Acts der Major Labels und zwei Acts von Independent Labels zusammen (132f.).

black-or-white issue. There's a lot of grey stuff. Is that too much or too little of Cher's ass? Somebody has to decide« (zit. n. 178).

Ist die Entscheidung gefallen, werden die beanstandeten Clips mit der Bitte um Nachbearbeitung an die Plattenfirmen zurückgeschickt. Dabei wird jedoch die Identität Vonfelds und der *Committee*-Mitglieder gegenüber den Plattenfirmen nicht preisgegeben. Verhandlungs- und Ansprechpartner für die Labels und Künstler ist das *Talent Relations Department*, das den Geschäftspartnern MTVs zu erklären hat, warum ein Video nicht bzw. nur abgeändert, etwa durch das Ersetzen oder Überblenden anstößiger Bilder (*scrambling*)²², gesendet werden kann. Der Umfang der Zensuren nahm im Lauf der Zeit zunehmend restriktivere Formen an: 1989 wurden 10% aller Clips beanstandet, 1994 waren es bereits über 30% (178f.). Die Definitionskämpfe um ›Erlaubtes‹ und ›Verbotenes‹ führten dazu, daß in einigen Fällen die Clips bis zu sechsmal zwischen MTV und den Plattenfirmen hin- und hergeschoben wurden.

Obendrein mußten die Labels die Songtexte mit einreichen, damit auch das sprachliche Material einer genauen Prüfung unterzogen werden konnte. Eine besonders drastische Beschneidung künstlerischer Ausdrucks- und Gestaltungsfreiheit widerfuhr der schwarzen Frauenband The Fuzztones, deren Song *Nine Month Later* folgende Textzeile enthielt: »if you don't want to live this life of shame, be sure to wear your rubbers when you're out in the rain« (181). Was auch immer die Botschaft des Songs gewesen sein mag, die von MTV geforderte Ersetzung des Wörtchens *rubber* durch das äußerst sinnfällige und jugendfreie Substitut *raincoat*, verfälschte sie mit Sicherheit.

Trotz dieser teilweise kruden Zensurpraktiken blieben die Reaktionen seitens der Künstler und Plattenfirmen verhalten. Vielmehr wurde in nahezu allen Fällen den Forderungen MTVs entsprochen. Offenen Widerstand leisteten allenfalls etablierte Superstars wie Madonna, die sich 1990 im Kampf mit MTV um die geplante Zensur ihres Songs *Justify My Love* den Ruf einer widerständigen Künstlerin erstritt. Daß sich solche Authentizitätsinszenierungen durchaus auszahlen (Madonna verkaufte nahezu 500 000 Kopien des ›verbotenen‹ Clips), hat sich inzwischen herumgesprochen: Der Underground-Nimbus der Grunge-Rocker

22   Einen exemplarischen Überblick gibt Banks 1996, S. 181.

von Pearl Jam etwa zehrte wesentlich davon, daß sich die Band lange Zeit weigerte, für MTV Clips zu produzieren (vgl. Scholz 1998). Darüber hinaus waren es v. a. progressivere Künstler, die MTV vorwarfen, mit zweierlei Maß zu messen: Hinter den offiziellen Richtlinien – so die Kritik – verwende MTV Standards, die Geschäfts- und Rufschädigendes ausschlössen. Aus Angst, das behutsam konstruierte Image könnte beschädigt werden, beanstandete MTV beispielsweise ein Video, das von den Machern mit dem Stempel *Censored* versehen wurde (177f.). Als Werbegag der Band gedacht, hätte es fälschlicherweise als tatsächlicher Kontrollakt MTVs mißverstanden werden können, was ein schlagendes Licht auf den Umgang mit der eigenen Zensurpraxis warf. Im Falle eines Videos zum Song *This Notes for You* von Neil Young, das die Kommerzialisierung von Popmusik persiflierte und Textzeilen wie »Ain't singin' for Pepsi/Ain't singin' for Coke/I don't sing for nobody/Makes me look like a joke« enthielt (177), trat der Konflikt zwischen offizieller und inoffizieller Zensurpolitik noch offener zu Tage: MTV lehnte die Ausstrahlung des Videos, in dem seine zahlungskräftigsten Werbepartner brüskiert wurden, mit der fadenscheinigen Begründung ab, die Musik Neil Youngs passe derzeit nicht in das Sendeformat. Der Fall Young sollte Furore machen[23] und im Zuge der Auseinandersetzungen zumindest eines klar stellen: MTV operiert zwar an der Oberfläche mit dem Anstrich des Widerständigen, Priorität genießen jedoch (werbe-) ökonomische Entscheidungsgrundlagen. Um den schönen Schein zu wahren, läßt der Sender nichts unversucht, seine strategischen Aktivitäten zu verschleiern. Für Tom Shales, Musikkritiker der *Washington Post*, operiert MTV gar in einer selbstkonstruierten, geschlossenen Welt, in der die Bedingungen und Strukturen der eigenen Existenz systematisch ausgeblendet bleiben:

»Rock stars adopt poses of surly rebelliousness, but what they portray themselves as rebelling against are things like table manners and having to go to school, never against the corporate or political powers that be« (202).

Hat ein Clip die Hürden der Auswahl und Zensur glücklich überwunden, erhält er einen *Add-On*-Status und kann in die

---

23 Die Vorwürfe, die im Zusammenhang mit der Ablehnung des Young-Videos gegen MTV erhoben wurden, reichten von »MTV is worried about biting the hand that feeds them« bis »spineless« (177).

MTV-Playlist aufgenommen werden. Die letzte Entscheidung im MTV-internen Evaluationsmarathon obliegt wiederum dem *Aquisition Committee*: Daß ein Clip gespielt wird, hat oft noch wenig zu bedeuten; ausschlaggebend für den Erfolg sind vielmehr die Frequenz der Ausstrahlung und der Sendeplatz. Um nach standardisierten Maßstäben zuteilen zu können, wie häufig und zu welcher Zeit ein Clip zu sehen sein soll, etablierte MTV sog. *Rotation Categories* (vgl. 184f.; Altrogge 1995, S. 155ff.). Das in den Anfangsjahren an Hit-Radio-Formate angelehnte Kategoriensystem *light/medium/heavy* erfuhr mit wachsender Popularität MTVs vielfältige Erweiterungen und Modifizierungen. Die Sendedichte kann so zwischen einmal pro Woche und mehrmals am Tag rangieren. Die 1986 eingeführte Kategorie *The Hip Clip of the Week* z. B. garantiert, daß ein Song für die Dauer einer Woche alle drei Stunden auf MTV zu sehen ist. In welcher Rotation die Clips laufen, hängt zuallererst von der Popularität der Künstler und des Musikgenres ab. Darüber hinaus spielen subjektive Geschmacksurteile und nicht zuletzt die Label-Zugehörigkeit der Künstler eine Rolle. So räumt Tom Freston ein, daß Clips von Plattenfirmen, mit denen Exklusivverträge bestehen, selbst dann in *Heavy Rotation* laufen, wenn sie qualitative Mängel aufweisen (185).

Neben programmorganisatorischen Funktionen leisten die *Rotation Categories* jedoch auch einen wichtigen Beitrag zur Selbstinszenierung des Senders als eines Jugendmediums ›am Puls der Zeit‹. Das Dilemma eines kommerziellen Musikkanals, eine prekäre Gratwanderung zwischen Mainstream und progressiverer Musik vornehmen zu müssen, wird auf diese Weise geschickt gelöst: Von den wöchentlich 300 ausgestrahlten Clips sind gerade mal 30 mehr als einmal pro Woche zu sehen (184). So ist eine Mischung erreicht, die beiden Ansprüchen gerecht wird: Etablierte Superstars und boomende Musikgenres erhalten eine hohe Sendedichte und sorgen so für die nötigen Einschaltquoten und Werbeeinnahmen; neue und unbekannte Acts dagegen verhelfen MTV durch ihre immerhin marginale Präsenz zur Etablierung und Aufrechterhaltung eines internationalen Trendsetterimages.

# 4. Musikindustrie, Jugendkultur und Empty Vee – ein Fazit

Über die Art und Weise der Produktion und Distribution populärer Musik werden aufgrund des kulturindustriellen Entscheidungs-, Definitions- und Kontrollmonopols die entscheidenden Weichen dafür gestellt, welche populärkulturellen Erzeugnisse unter welchen Umständen zustande kommen. Es geht zunächst weniger darum, welche Bedeutungen, Ideologien oder Lesarten ein bestimmtes Medienprodukt möglicherweise transportiert, sondern vielmehr darum, welche alternativen Medieninhalte dadurch ausgeschlossen wurden, daß man andere favorisierte. Die Frage, was *nicht* gespielt oder gezeigt bzw. unterstützt oder gefördert wurde, kann so Aufschluß darüber geben, welche Zensur- und Ausschlußmechanismen innerhalb medienindustrieller Mühlen wirksam sind, bevor Produkte überhaupt eine Ausstrahlung und damit eine Verbreitung in der Öffentlichkeit erfahren.

Videoclips und Popmusik als populärkulturelle Produkte – so die oben vertretene These – unterliegen innerhalb einer zunehmend konzentrierten und global operierenden Medienindustrie (vgl. 197ff.) spezifischen Strukturzwängen, die ihrer Herstellung und Verbreitung enge Grenzen setzen. Eine Schlüsselrolle in diesem Prozeß spielt MTV als kommerzielles Distributionsmedium, das – wie oben dargestellt – primär ökonomisch funktioniert. Beide – die großen Plattenfirmen und MTV – fungieren im internationalen Musikgeschäft somit als *Gatekeeper*-Institutionen (195ff.). Daß populäre Musik deshalb heute als global vereinheitlichtes Werbemedium genutzt wird und daß eine solche Entwicklung ohne MTV kaum denkbar gewesen wäre – dies, so die abschließende These, hat Konsequenzen, die die Bedeutung populärer Musik verschieben. Unter den Stichworten *Kommerzialisierung, Standardisierung* und *Domestizierung* wird abschließend ein Ausblick gegeben, inwiefern heute noch davon die Rede sein kann, populäre Musik sei mehr als profitables Jugendentertainment, insbesondere hinsichtlich jener Musikstile, die sich in die Traditionslinie mit der einst widerständigen Rockmusik bringen ließen. Ohne einem Kulturpessimismus Adornoscher Prägung das Wort reden zu wollen, um damit jegliche Warenförmigkeit als Sündenfall zu deklarieren, lassen sich doch folgende Tendenzen ausmachen, ohne deren Berücksichtigung eine Analyse populärer

Musik – selbst wenn sie sich einem wechselseitig determinierendem Konzept von Produktion und Rezeption verpflichtet fühlt – zu kurz griffe.

## Kommerzialisierung:
### »Money makes the music world go round«

Populäre Musik in den neunziger Jahren ist weniger Ware als vielmehr Werbung (vgl. Goodwin 1992, S. 45 ff.). Die Bedeutung der Musik selbst beginnt sich von der Warenform zum werbestrategischen Vehikel zu verschieben. Somit ist auch Musikfernsehen weniger eine Ware als vielmehr ein Mittel, Musik zu promoten, welche wiederum in steigendem Maße dazu eingesetzt wird, andere Waren – insbesondere Konsumgüterartikel wie Kleidung und Lebensmittel – zu promoten (Promotion-Kette). Auf diese Weise ist populäre Musik integraler Bestandteil einer global operierenden Medienindustrie (vgl. Frith 1993), die die werbeökonomisch lukrative Trias ›Jugend – Musik – TV‹ intensiv nutzt (vgl. 1.4). Die Entstehung eines ›World Music Promotion-Modells‹ als Resultat zunehmender Verflechtung von TV-, Musik- und Werbeindustrie bedeutet *Sell of Image* statt *Hardsell* (vgl. Frith 1993, S. 71) – eine Entwicklung, die auch die Musikindustrie in das Korsett einer doppelten Ökonomie (vgl. 2.2) preßt: Da der Verkauf von Tonträgern als ehemals vorrangige Einnahmequelle zunehmend durch die Finanzierung über Werbeverträge abgelöst wird, erfährt populäre Musik – einst über Verkaufszahlen direkt an die Gunst des Publikums gebunden – einen kategorialen Bedeutungswandel. Die Produktion populärer Musik unterliegt nun der Logik eines werbekommunikativen Kalküls: Musik steht so weit weniger für sich selbst als vielmehr für zu bewerbende Organisationen/Firmen (z. B. MTV oder Nike), Ereignisse (z. B. eine Fußballweltmeisterschaft) und Waren (z. B. Kinofilme, Kunsumgüterartikel). Kurz: Daß Pop- und Rockmusik heutzutage ökonomischen *und* werbestrategischen Prämissen verpflichtet ist, bedeutet eine zusätzliche Instrumentalisierung, eine Indienstnahme der Musik durch ein weltweit agierendes Medienverbundsystem. Eine derart umfassende *Commercialization* populärer Musik verweist auf zwei weitere Tendenzen: die weltweite Vereinheitlichung und Domestizierung von Pop- und Rockmusik.

## Standardisierung: »More of the same«

Die Tendenz zur Standardisierung populärer Musik erfolgt sowohl quantitativ als auch qualitativ: Zum einen ermöglicht eine global hoch integrierte Medienindustrie eine Gleichschaltung und eine – größtenteils damit verbundene – Amerikanisierung der Produktpalette: Wie oben bereits erwähnt stammten 1991 93% aller Albenveröffentlichungen von den sechs marktführenden Plattenfirmen (vgl. auch Bunting 1995).[24] Zum anderen zwingen ökonomische Kriterien zu einer anwachsenden Rationalisierung des Musikgeschäfts (vgl. 2.1) und werbeökonomische Überlegungen zu einer Orientierung an zielgruppenstrategischen Kalkülen. Ersteres führt dazu, daß Maßnahmen zur Kostensenkung der Musikproduktion – insbesondere Strategien des *Product Recycling*s – einen Trend zu risikoarmen Billigproduktionen etablierten. Letzteres hat zur Folge, daß ›Musik produzieren‹ vielfach an externe Werbestrategen delegiert wird, mithin in einen an international ›funktionierenden‹ Jugendsymboliken orientierten *Packaging*-Prozeß (vgl. 1.3) verwoben ist. Kurz: Die globale Vereinheitlichung der an ökonomischen und werbestrategischen Kriterien orientierten Produktion setzt musikalischer Ausdrucksfreiheit enge Grenzen: Musik soll sich – bei gleichzeitig geringem Kostenaufwand – gut verkaufen und effektiv für andere Produkte werben – im Idealfall weltweit auf die gleiche Art und Weise.

## Domestizierung: »(Rock-)Music goes (M)TV«

Die Indienstnahme der Musik durch die Werbung und die damit einhergehende Errichtung eines auf die Zielgruppe der Jugendlichen zugeschnittenen Medienverbundsystems bedeutete für die musikproduzierende und -distribuierende Industrie ein Orientierungsdilemma: Einerseits mußten die Bedürfnisse der jugendlichen Zielgruppe nach Unangepaßtheit und Authentizität musikalischer Produkte berücksichtigt werden, andererseits war man auf Werbekunden angewiesen, deren Zumutbarkeitsgrenzen schnell erreicht waren (vgl. 3.2). Wie ließ sich also der rebellische Gestus einer jugendlichen Zielgruppe mit den verkaufsstrategischen Interessen der Werbepartner vereinen? Die Strategie, über die diese

24  Eine interessante Vertiefung liefert Banks in diesem Kontext mit seiner Darstellung des Verhältnisses von Independent und Major Labels (vgl. S. 147ff.).

Spannung aufgelöst werden sollte, läßt sich als eine *Ästhetisierung von Werbung und Konsum* begreifen. Einerseits beginnen sich die Grenzen zwischen Programm und Werbung aufzulösen: Den Konflikt, eine Zielgruppe bedienen zu müssen, die traditionellerweise Fernsehwerbung kritisch gegenüberstand, führte zu dem Versuch, die doppelte Ökonomie auf die Rezipientenseite zu verlängern. Werbung und Programm erfuhren eine ästhetische Annäherung und fielen im Fall MTVs gar gänzlich zusammen: Clips bewerben Songs, Spots bewerben Waren und Jingles den Sender selbst. Gestalterisch angelehnt an die als Videoclipästhetik bekannte Machart, erhalten alle Programmelemente auf diese Weise Unterhaltungs- und Werbefunktion zugleich. MTV ist insofern kein ›Werbeumfeld‹ – wie andere Programme –, sondern »vielmehr grenzenloses Werbefeld – gleichsam eine temporalisierte Plakatwand« (Junker/Kettner 1996, S. 56). Andererseits werden Konsumgewohnheiten ästhetisch stilisiert und rücken so in das Zentrum selbstdefinitorischer Prozesse. Grundbedürfnisse wie Essen, Trinken und Kleiden erfahren über die medial verbreitete Verbindung mit Musik eine sozialsymbolische Besetzung, damit eine Ästhetisierung und auf diese Weise ein hoch distinktives Potential (Markenkult). MTV spielt eine Schlüsselrolle bei der globalen Errichtung einer jugendlichen Sozialsymbolik, die sich um Artikel der Konsumgüterindustrie formiert. Jugendkulturen erscheinen auf diese Weise als um Konsumgewohnheiten und Musikvorlieben herum gruppierte, mediale Konstrukte. Musik degeneriert zum globalen Werbecode, zum marketingstrategischen Suchraster, um über musikstilistische Klassifikationen Ordnung in einen zusehends unübersichtlicher werdenden Jugendmarkt zu bringen. Die Interessen der Produzenten und Konsumenten scheinen zur Deckung gebracht: Vergnügen durch Konsum. Populäre Musik und Videoclips – ›aerodynamisiert‹ im ›Windkanal‹ der Medienindustrie – tragen ihren Teil zur schönen, neuen Medienwelt bei: Infantile Aufsässigkeitsinszenierungen verschleiern die Eingebundenheit der Jugendmedien in ökonomische Strukturzwänge, und die musikalische Message setzt auf Konsum und *Hipness* statt auf Kritik. Ist die einst widerständige und schockierende (Rock-) Musik heute eingemeindet, glattgeschliffen, domestiziert? Einerseits hat die Instrumentalisierung populärer Musik durch internationale Medienkonglomerate in den Neunzigern drastisch zugenommen, andererseits – so die Kritiker angesichts eines solchen, in ihren Augen überzogenen Ökonomismus – werde die Macht der Rezipienten unterschätzt. Klagen über eine ›Jugend ohne Werte‹ lassen zumindest erahnen, daß man hier die Geister, die man rief, nun nicht mehr los wird: Die Generation X als eine lose Ansammlung vergnügungssüchtiger Egomanen (vgl. Coupland 1994) avanciert zum Schreckensgespenst sozialplanerischen Denkens. Die Diagnosen reichen somit von ›purer Verblendung‹ bis zu *Resistance through Pleasure* (vgl. Müller 1996) und oszillieren damit als Extrempole eines Kontinuums zwischen einer Überbetonung der Produzenten- bzw. Rezipientenseite.

Wie die Rezipienten allerdings – insbesondere die um spezifische Musikstile herum gruppierten Jugendkulturen – mit diesem Angebot, das – wie oben argumentiert wurde – einer zunehmenden Kommerzialisierung, Standardisierung und Domestizierung auf der Produzentenseite unterliegt, umgehen, wie also der Ausfluß einer hoch integrierten und global operierenden Medienindustrie jeweils in den Alltag der Rezipienten eingepaßt und angeeignet wird, bleibt zu untersuchen.[25]

## Literatur

Altrogge, M. (1995): MTV – One World, One Music? in: L. Erbring (Hg.): Kommunikationsraum Europa. Schriftenreihe der Deutschen Gesellschaft für Publizistik und Kommunikationswissenschaft, Konstanz, S. 198-225.

Banks, J. (1996): Monopoly Television. MTV's Quest to Control the Music, Boulder.

Barth, M./Neumann-Braun, K. (1996): Augenmusik. Musikprogramme im deutschen Fernsehen – am Beispiel von MTV, in: Landesanstalt für Kommunikation Baden-Würtemberg (LFK) (Hg.): Fernseh- und Radiowelt für Kinder und Jugendliche, Villingen, S. 249-265.

Bunting, H. (1995): US-Media Markets Leading the World? Bedfordshire.

Burnett, R. (1996): The Global Jukebox. The International Music Industrie, London/New York.

Coupland, D. (1994): Generation X. Geschichten für eine immer schneller werdende Kultur, Berlin.

Denisoff, R. S. (1988): Inside MTV, New Brunswick/NJ.

Fiske, J. (1986): MTV: Post-Structural Post-Modern, in: Journal of Communication 10, S. 74-79.

25  Siehe dazu die Beiträge in Kapitel 5 dieses Bands.

Frith, S. (1988a): Making Sense of Video. Pop into the Nineties, In: Ders.: Music for Pleasure. Essays in the Sociology of Pop, Oxford, S. 205-225.

Frith, S. (1988b): Video Pop: Picking up the Pieces, in: Ders. (Hg.): Facing the Music. Essays on Pop, Rock and Culture, London, S. 88-130.

Frith, S. (1993): Youth/Music/Television, in: S. Frith/A. Goodwin/L. Grossberg (Hg.): Sound and Vision: the Music Video Reader, London, S. 67-84.

Gehr, H. (1993): The Gift of Sound and Vision, in: Deutsches Filmmuseum Frankfurt (Hg.): Sound & Vision – Musikvideo und Filmkunst. Schriften-reihe des deutschen Filmmuseums, Frankfurt/M., S. 10-28.

Goodwin, A. (1992): Dancing in the Distraction Factory. Music Television and Popular Culture, London.

Goodwin, A. (1993): Fatal Distraction: MTV Meets Postmodern Theory, in: S. Frith/A. Goodwin/L. Grossberg (Hg.): Sound and Vision: the Music Video Reader, London, S. 45-66.

Hachmeister, L./Rager, G. (1997): Wer beherrscht die Medien? Die 50 größten Medienkonzerne der Welt, München.

Junker, I./Kettner, M. (1996): Most wanted. Die televisionäre Ausdrucksform der Popmusik, in: Frauen und Film 58/59, S. 45-58.

Kaplan, E. A. (1987): Rocking Around the Clock. Music Television, Postmodernism and Consumer Culture, London.

McGrath, T. (1996): The Making of a Revolution: MTV, Philadelphia/London.

Müller, E. (1996): ›Pleasure and Resistance‹. John Fiskes Beitrag zur Populärkulturtheorie, in: Montage/AV 2, 1, S. 52-66.

MTV Werbeprospekt (1998a): MTV: Der erfolgreichste globale Fernsehsender der Welt.

MTV Werbeprospekt (1998b): Das Programm 1997/98.

MTV Werbeprospekt (1998c): Viewing the Viewers. Eine qualitative Jugendstudie.

Rettenmund, M. (1996): Totally awesome 80s, New York.

Schmidtbauer, M./Löhr, P. (1996): Das Programm für Jugendliche: Musikvideos in MTV Europe und VIVA, in: Televizion 9, S. 6-32.

Scholz, M. (1998): Die am eigenen Ast sägen. Wieder kein Video, aber eine grandiose CD von Pearl Jam, in: Frankfurter Rundschau, 16.1., S. 8.

Weibel, P. (1987): Von der visuellen Musik zum Musikvideo, in: V. Bódy/P. Weibel (Hg.): Clip, Klapp, Bum. Von der visuellen Musik zum Musikvideo, Köln, S. 53-164.

# Lutz Hachmeister/Jan Lingemann
## Das Gefühl VIVA

*Deutsches Musikfernsehen und*
*die neue Sozialdemokratie*

## 1. Einleitung

Sommer 1998 hatte Dieter Gorny, Geschäftsführer des deutschen
Musikfernsehens VIVA, einen schweren Stand in der Presse.
Pünktlich zur »PopKomm«, der einst von ihm begründeten Kölner Messe für alle Angelegenheiten der Popmusik, hatte die deutsche Musikindustrie ihre akute Verkaufskrise öffentlich gemacht.
Im ersten Halbjahr 1998 mußten die Tonträgerunternehmen bei
den Stückzahlen ein Minus von sechs Prozent hinnehmen, im Juni
und Juli wurden sogar zweistellige Umsatzrückgänge ausgewiesen. Konzern- und Verbandsvertreter sprachen von allgemeiner
Konjunkturschwäche, vom jetzt abgeschlossenen Transfer der alten Vinylscheiben in CDs und von den Problemen, zugkräftige
Pop- und Rockgrößen langfristig am Markt zu etablieren.

Und weil die deutsche Popmusik und die PopKomm, VIVA
und Dieter Gorny mittlerweile unauflöslich ineinander verwoben
scheinen, wird der VIVA-Leiter für die Malaise gleich in General-
haftung genommen. »Die alte Tante Plattenindustrie«, so *Die Zeit*,
sei erschreckend hinfällig geworden, wolle es aber partout nicht
wahrhaben.

»Deshalb zieht sie sich die Leggings über die welken Schenkel und
schmeißt in Köln eine Riesenparty [...] VIVA sendet täglich bis zu
sieben Stunden Döntjes und wilde Töne, und Dieter Gorny, vielleicht
bald Bundes-Pop-Beauftragter der neuen Regierung, betrachtet wohl-
gefällig, was er da einst ins Leben gerufen hat. Aber dann ist die Party
vorbei. Die alte Tante zieht die Leggings aus. Von nun an ging's
bergab.«[1]

Die *Süddeutsche Zeitung* konstatierte, daß VIVA den »gedanken-
losen Nebenbei-Konsum von Musik als permanent und kostenlos
verfügbarer Dudelware bis zum Anschlag« beschleunigt habe

---

1 O. V.: »Tanz auf dem Vulkan«, in: *Die Zeit*, 13. 8. 1998.

(»und er gehört den vier großen Plattenkonzernen«).[2] Die *Frankfurter Rundschau*, der SPD in kritischer Solidarität verbunden, zielte direkt auf Gorny, den »ehemaligen Musikpädagogen aus Soest«. Dieser geschickte Rhetoriker verstehe es meisterhaft, »die von ihm betriebene Verflachung der Popmusik und den Ausbau des VIVA-Markennamens als Bestandteil jenes geistigen Aufbruchs schönzureden, den er als Berater des SPD-Kanzlerkandidaten Schröder herbeiführen« wolle.[3]

VIVA ist ein Politikum, seit Anfang der neunziger Jahre erstmals über Sinn und Unsinn eines deutschen Clip-Fernsehens räsonniert wurde. So prägt sich das »Gefühl VIVA« ganz unterschiedlich aus. Für die kreischenden Fans und die »I want to be in the Media«-Kids besteht VIVA aus D. J. Bobo und Mr. President, Stefan Raab und Mola Adebisi, dem Schlangestehen vor dem Sendezentrum im unfertigen Kölner MediaPark und der Sehnsucht nach einer Hospitanz bei Deutschlands hipster TV-Station. Für Dieter Gorny ist VIVA ein kulturpolitisches Instrument, ein Vorzeigeprojekt der spezifisch nordrhein-westfälischen Medien-Standortpolitik, Realsubjekt einer pragmatischen Popsoziologie. V. a. aber befindet sich Gorny im ständigen Kampf mit MTV, der Mutter allen Musikfernsehens.[4]

Dieter Gorny (*1955) steht für die Politisierung des VIVA-Projekts. Von den Gründern des Spartenkanals ist er allein übrig geblieben; sein poptheoretischer Singsang zählt zu den Konstanten der Senderidentität. Mit MTV wird personell bestenfalls noch der mittlerweile 73jährige Viacom-Chairman Sumner Redstone verbunden, der in Los Angeles residiert. Die neobarocke Erscheinung Gorny wird dagegen vor Ort faß- und hörbar. So hatte die deutsche Sozialdemokratie, in der Ära des schwerelosen Kapitalismus auf der Suche nach festem Grund im elektronischen Supermarkt, in dem (damals) langmähnigen Westfalen einen heimischen Transferagenten und Kompaßhalter gefunden. Gorny ganz realistisch über seine Rolle:

2  -gr.: »In die Krise gedudelt«, in: *Süddeutsche Zeitung*, 14. 8. 1998.
3  Martin Scholz: »Der Pate des Pop. Dieter Gorny beherrscht die PopKomm-Messe«, in: *Frankfurter Rundschau*, 17. 8. 1998.
4  vgl. Tanja Buntrock: »Edgy, trendy, progressiv. Musiksender VIVA sticht Konkurrenten MTV, MTV sticht zurück«, in: *Der Tagesspiegel*, 24. 7. 1998; darin Gorny: »Wir reagieren auf jedes Komma von MTV und versuchen immer, einen Schritt voraus zu sein.«

»Es ist ein unschätzbarer Vorteil für die Politik, mit Leuten umgehen zu können, die den öffentlichen Dienst kennen und dadurch auch in der Lage sind, Tatbestände in die entsprechende Syntax zu übersetzen, und damit auch ein bißchen mehr Realitätsbezug herstellen.«

Kritikern, die ihm vorwerfen, er nutze VIVA nur als Zwischenstation auf dem Weg in die Politik (manche dichteten ihm Ambitionen auf das Amt des NRW-Kultus- oder gar Wirtschaftsministers an), hält Gorny entgegen, er sei als außenstehender, aber loyaler Pop-Berater viel wertvoller für die Genossen.

Gornys Karriere hängt mit den Spätausläufern sozialdemokratischer Volksbildung, speziell aber mit einer nordrhein-westfälischen Tradition institutioneller Reflexion des medialen Geschehens zusammen, die inzwischen an Rhein und Ruhr von streng ökonomistischen Varianten der technologischen Modernisierung überlagert worden ist. Der examinierte Musiklehrer Gorny wurde 1984 Fachbereichsleiter »Popularmusik« an der Bergischen Musikhochschule in Wuppertal. 1985 schlug er dem seinerzeitigen Wuppertaler Kulturdezernenten Heinz Theodor Jüchter ein öffentliches Projekt zur Förderung von Rockgruppen vor und wurde erster Leiter des »Rockbüros NRW«. Dazu kam ein Lehrauftrag an der Musikhochschule Köln für Werkanalyse, Formenlehre und Ästhetik der Popularmusik. 1988 erfanden Gorny und einige Gleichgesinnte schließlich die PopKomm, bei der – zunächst in der intimen Cadrage des Kölner Gürzenichs – über das Musikverlagswesen, die Chancen des deutschen Pop-Nachwuchses, Rechte- und Vertriebsfragen und neue Technologien debattiert wurde. Dazu spielten Nachwuchs-Combos auf. Gorny vermittelte den in Düsseldorf regierenden Sozialdemokraten die Bedeutung des Standort- und Imagefaktors »Musikwirtschaft« und gewann bald den braven Wirtschaftsminister Günter Einert als Schirmherrn und Geldförderer der Popmesse.

Seit den Wuppertaler Tagen hat Gorny gelernt, daß es sich lohnt, auf die empfangsbereite Fortschrittsfraktion in der Politik einzureden, auch wenn diese nicht immer alles versteht. Im Bundestagswahlkampf 1998 hat der VIVA-Chef gemeinsam mit dem Hamburger Thalia-Intendanten Jürgen Flimm, 57, dem Verlagsleiter Arnulf Conradi (Siedler, Berlin Verlag), 53, »und anderen Intellektuellen« ein Strategiepapier zu einem »Aufbruch für Künste und Kultur in Deutschland erstellt« und dem SPD-Kanzlerkandidaten Schröder überreicht. Der *Spiegel* lauerte den Strategen am Rande eines Filmtreffens in Berlin auf und holte ein Interview[5] ein, das bei echten und skeptischen Intellektuellen für Entsetzen sorgte. »Eine Mischung aus Rosamunde Pilcher und Sartre stünde uns gut an«, war Flimm zur Vermischung von U- und E-Kultur eingefallen, und Gorny hatte die Aufgaben eines künftigen Staatsministers für Kultur definiert:

»Er muß ja nur, musiktheoretisch gesprochen, eine Art Renaissance der Cluster anregen, das Reden und Reflektieren über die Gesellschaft, so wie sie heute ist: fragmentiert, pluralistisch, widersprüchlich, wobei die unterschiedlichsten Stile und Moden gleichzeitig und nebeneinander existieren«.

Gleichzeitig und nebeneinander verlieh Gorny in jenem Monat Michail Gorbatschow einen *Comet*-Preis (die VIVA-Variante der MTV-Music Awards) für Verdienste um die europäische Jugendkultur, schlenderte mit Oskar Lafontaine und Wolfgang Clement über die PopKomm und ließ dort auch über »Lernen von Cool Britannia« diskutieren. Dies hatte Gorny-Kritiker René Martens schon im Musikmagazin *Spex* vom Mai 1998 vorausgesehen; die SPD und einige Protagonisten des hiesigen Musikbusiness würden verstärkt Kontakte knüpfen, so Martens, »obwohl in Großbritannien die bisher innigste Beziehung zwischen Sozialdemokratie und Pop gerade in die Brüche gegangen« sei. Über den Schulterschluß zwischen Gorny, Müller-Westernhagen, Grönemeyer und Schröder schrieb er in *Spex* hoffnungsfroh, je stärker Popstars und Sozis vor der Wahl kungelten, »desto vehementer könnten sich Musiker schon kurze Zeit nach der Wahl von ›ihren‹ Volksvertretern abwenden [...] Wenn die SPD zum Hauptgegner würde, besteht Anlaß zur Hoffnung, daß die gesamte Linke einen Energieschub erhält.«[6]

So gilt Gorny der Popkritik[7] links von der SPD als schwer er-

---

5  »Ein geistiger Aufbruch«, in: *Der Spiegel* 31 (1998), S. 154ff.
6  René Martens: »Pop & Politik. Bye bye Blair, Viva SPD«, in: *Spex* 5 (1998), S. 37ff.
7  Popmusik gilt im Rahmen linker Theoriebildung nach wie vor als privilegiertes Erkenntnismedium, das zwar nach kapitalistischen Imperativen funktioniert, aber dennoch subversive Qualitäten besitzt, mit denen die Gesetzmäßigkeiten der reinen Kapitalakkumulation überschritten werden können. Und gerade die massenwirksame Öffentlichkeit von Pop im Gewande des Musikfernsehens schürt daher die Hoffnung auf weitere Demokratisierung. VIVA, konzipiert als Forum für Popkultur, das nah an den musikalischen Szenen operiert, sorgte hier für Erwartungen

trägliche Phrasendreschmaschine und subventionierter Clown der Medientechnokratie. Im gemäßigten Feuilleton taucht er als lebendes Mahnmal für den Verfall des Popzeitalters auf. Zweifellos ist VIVA unter Gorny zu einer *sozialdemokratischen Anwort* auf MTV geworden.

Der deutsche »Pate der Popmusik« (Standardformel journalistischer Gorny-Beschreibung und inzwischen auch für die Eigenwerbung übernommen) wirkt allerdings kompetent und jugendlich, verglichen mit jenen Gesichtern, die von den Fernsehkameras bei dem trostlosen Berliner SPD-Kulturtreff im August 1998 eingefangen wurden (Katja Ebstein, Senta Berger, Manfred Bissinger und Uwe Friedrichsen etwa). Und immerhin hat es der »Verräter am Pop« – Konzernverflechtung hin, Subventionspolitik her – geschafft, daß VIVA finanziell einigermaßen solide dasteht und als Marke für weitere Unternehmungen zu gebrauchen ist.

## 2. Das Bündnis mit den großen Medienkonzernen

Das Projekt eines deutschen Musikfernsehens kam zunächst nur schleppend in Gang. Das erste und bis dahin letzte Unternehmen in Sachen Musik-TV, den Münchener Sender musicbox,[8] hatten

und Enttäuschungen. Die Theoriebildung zum Phänomen »Popmusik« orientiert sich in Deutschland grundsätzlich an jenem Meinungsspektrum, daß in der kritischen Theorie in den vierziger Jahren erarbeitet wurde (vgl. zu Adornos Kulturmelancholismus die aufschlußreiche Analyse von Heinz Steinert: *Die Entdeckung der Kulturindustrie oder: Warum Professor Adorno Jazz-Musik nicht ausstehen konnte,* Wien 1992). Die grundsätzliche Kritik an VIVA als pseudolibertäre Oberfläche eines Konzernverbundes schließt bei Marcuses zirkulärer Denkfigur von der »repressiven Toleranz« an. Auf der anderen Seite fungierte Walter Benjamins Thesenapparat als Vorläufermodell aller Subversionstheorien von Edel-Revolutionären wie Hans Magnus Enzensberger bis hin zu Cultural-Studies-Theoretikern wie Dick Hebdige. Sie alle gingen mehr oder weniger von der Annahme aus, daß die Kulturindustrie kraft ihrer eigenen Logik antagonistische Wertesphären generiert, die unter bestimmten Bedingungen in einen Kampf um die kulturelle Hegemonie eintreten können. Diese Auffassung einer Popkultur als politischer Kampf um die Zeichen konnte sich unter sogenannten »Poplinken«, die innerhalb der Kulturindustrie tätig waren, sehr schnell als mehr oder weniger verbindliche Arbeitsgrundlage durchsetzen (vgl. dazu Christopf Gurk: »Wem gehört die Popmusik?«, in: Tom Holert/Mark Terkessidis (Hg.): *Mainstream der Minderheiten. Pop in der Kontrollgesellschaft,* Berlin 1996, S. 20-40).

8 *musicbox,* ein Gründerprojekt aus der Frühphase des deutschen Privatfernsehens, bot vielen Praktikanten und Volontären die Chance zum schnellen Berufseinstieg »by doing« und ohne geregelte Ausbildung. Aus dem Sender erwuchs ein großer Teil späteren Führungspersonals im kommerziellen Fernsehen.

die Gesellschafter 1988 wegen Erfolglosigkeit in das Vollprogramm Tele 5 umgewandelt, aus dem das Deutsche Sportfernsehen DSF hervorging. Mit dem Start des jugendorientierten RTL2 im März 1993 begann sich zudem der Kampf um das Marktsegment der werberelevanten jungen Zielgruppen noch einmal zu verschärfen. Zwar hatte MTV eine schnelltaktige Bildersprache bereits etabliert, doch die Meßlatte für jegliches Musik-TV war damit auch entsprechend hoch gesetzt: Programm und Design des international etablierten Kanals galten unumstritten als *state-of-the-art*. Mit dem finanzstarken US-amerikanischen Mutterkonzern Viacom im Rücken schien das MTV-Monopol unanfechtbar. Alle Branchenkenner beurteilten die Aussichten eines deutschen Musikkanals daher pessimistisch: »Die haben keine Chance«, fertigte damals nicht nur Helmut Thoma (RTL Television) die Neugründung ab. Auch die mediensoziologische Fraktion zweifelte am Erfolg von VIVA, erschien doch die nationale Orientierung des Senderprojekts als dezidiert anachronistisch angesichts der globalen Präsenz angloamerikanischer Popkultur.

Spontanen Zuspruch hatte das Projekt allerdings schon auf der PopKomm 1992 durch den damaligen Chef der Staatskanzlei NRW und »Minister für besondere Aufgaben«, Wolfgang Clement, erfahren. Der heutige Ministerpräsident Nordrhein-Westfalens ging von dem Axiom aus, daß schon die Quantität neuer Medienprojekte ein NRW-Image jenseits von Kohle, Stahl und Chemie prägen könnte – in keinem anderen Bundesland wurde das Mediengeschäft so unbedingt als Leitökonomie definiert: »Es gibt kein Medienprojekt in Nordrhein-Westfalen, an dem ich nicht hoch interessiert bin. Und ich bin bereit, für jedes dieser Medienprojekte einzustehen und geradezustehen«, so Clement noch jüngst im Zuge einer presseöffentlichen Debatte über Erfolge und Defizite der NRW-Medienpolitik.[9]

Initiatoren des deutschen Musik-TV waren die beiden Fernsehproduktionsfirmen Me, Myself & Eye/MME (Hamburg) und DoRo (Wien) sowie die Kölner PopKomm GmbH. Rudi Dolezal und Hannes Rossacher von DoRo waren als Clipproduzenten bereits international ausgewiesen und hatten dazu beigetragen, den

9 Wolfgang Clement im Rahmen der Debatte um das »Subventionsgrab« HDO (Oberhausen), zit. in: *epd medien*, 12. 8. 1998, S. 12; vgl. für viele gleichartige Artikel zum HDO-Projekt: »Clements Medienprojekt vor der Pleite«, in: *Süddeutsche Zeitung*, 24. 8. 1998.

österreichischen Sänger Falco zu lancieren. MME wurde in Branchenkreisen v. a. durch das VOX-Medienmagazin *Canale Grande* bekannt; die MME-Gesellschafter Jörg Hoppe und Christoph Post waren schon Redakteure bei musicbox gewesen. Zunächst verhinderten Unklarheiten hinsichtlich der Finanzierung, der Gesellschafterstruktur und der Lizenzierung durch die Landesanstalt für Rundfunk NRW (LfR) immer wieder verbindliche Aussagen oder konkrete Fortschritte des VIVA-Projekts. Schon die Präsentation des Senders unter dem Titel *Rock around the cable* auf dem Kölner Medienforum 1993 fiel, wie es hieß, wegen Krankheit des vorgesehenen Geschäftsführers aus. Nach August, September und November wurde schließlich Dezember 1993 für den Sendestart avisiert.

Gründe für eine Beschleunigung des Gründungsverfahrens gab es genug: Für den August 1993 hatte ein gemeinsamer Spartenkanal von ARD und ZDF, der Kultursender Eins Plus, die Einstellung seines Sendebetriebs angekündigt. Über diese vakant gewordene Frequenz sollte möglichst schnell VIVA auf Sendung gehen, bevor ein anderes Unternehmen den begehrten Platz im Kabelsystem der Telekom zugeteilt bekäme. Zudem mußte VIVA sein Programm im Herbst über Kabel und Satellit verbreiten, um sich der werbetreibenden Industrie präsentieren zu können. Dann nämlich legten die Unternehmen ihre Werbebudgets für das kommende Jahr fest, und »die Manager müßten schon unser Programm sehen [können], in dem sie ihre Spots buchen sollen«.[10]

## Die Tonträgerindustrie

Bei der VIVA-Gründung kamen die kleinen kreativen Zellen mit den großen Unternehmen der Tonträgerindustrie zusammen, bei denen Finanzkraft und hinreichendes medienpolitisches Interesse vermutet werden konnte. Von den weltweit großen fünf Major Labels[11] verabschiedete sich nur Bertelsmann/BMG schon frühzeitig aus dem potentiellen Gesellschafterkreis. In Gütersloh hatte man genug Probleme mit dem dahinsiechenden VOX und dem ka-

---

10  VIVA-Gesellschafter Frank Otto, zit. in: Andreas Hoffmann: Rätselraten um Viva geht weiter«, in: *Frankfurter Rundschau*, 23. 6. 1993.
11  Gemeint sind die weltweit fünf größten Unternehmen in der Tonträgerindustrie: Sony Music, BMG, PolyGram, EMI und Warner Music. Zu Geschichte und Struktur der großen Medienkonzerne siehe Lutz Hachmeister/Günther Rager (Hg.): *Wer beherrscht die Medien? Die 50 größten Medienkonzerne der Welt*, München 1997.

pitalintensiven Pay-TV premiere. Von Beginn an zeigten sich hingegen der US-amerikanische Time-Warner-Konzern und der japanische Elektronik-Riese Sony interessiert, dazu stießen die britische Thorn EMI, die niederländisch-britische Phillips (über ihr damaliges Unternehmen PolyGram[12]) und der Hamburger Medienunternehmer Frank Otto. Der Versandhaus-Erbe, bereits Gesellschafter und Geschäftsführer des privaten OK Radios in Ham-burg, wollte sich mit 10-20 % an VIVA beteiligen.

Die Medienkonzerne, die allesamt einen großen Teil ihres Geschäftes in der Tonträgerindustrie machen, waren aus zwei Gründen für ein deutsches Clip-TV zu motivieren. Zum einen herrschte die diffuse Befürchtung, der Konkurrent Viacom würde via MTV über kurz oder lang die gesamte Popindustrie dominieren, zum anderen stagnierte seit 1990 der Umsatz von Tonträgern in Deutschland, damals (Umsatz 1990: 3,65 Mrd. DM) wie heute (Umsatz 1997: 4,91 Mrd. DM) der weltweit drittgrößte Markt. 1992 mußte erstmals ein Umsatzrückgang von 2,1 % im Vergleich zum Vorjahr hingenommen werden.[13] VIVA schien das geeignete Promotion-Instrument, um dieser Entwicklung zu begegnen.

»Ein weißer Elefant in der medialen Landschaft« beurteilte die *Süddeutsche Zeitung* damals VIVA, unter Hinweis auf die bislang beispiellose unternehmerische Konstruktion bei der Gründung des neuen Spartensenders. Tatsächlich war das strategische Kalkül hinter dem TV-Engagement der Major Companies problematisch: Zum ersten Mal würde die werbetreibende Industrie ihre eigene Abspielstation gründen. Mit weltweiten Umsätzen von insgesamt 34 Mrd. DM beherrschten die VIVA-Gesellschafter allein 85 % der Tonträgerindustrie. Die Kosten für einen eigenen Clipkanal könnten de facto als Werbung abgeschrieben werden. Das Sendematerial würde kostengünstig aus den eigenen Unternehmen geliefert, zudem wären über Werbespots die eigenen Produkte zu propagieren. Ein weiterer Grund für das Engagement lag in der wachsenden Bedeutung der Entertainment-Software für die großen Unterhaltungselektronik-Konzerne wie Sony oder Phillips, die neben HiFi-Anlagen, Fernsehgeräten und Videorecordern zunehmend

12  Im Frühjahr 1998 wurde Polygram an die Seagram Corp. verkauft. Der kanadische Spirituosenhersteller plant, Polygram dem ebenfalls in seinem Besitz befindlichen Medienkonglomerat Universal einzuverleiben, so daß der Name Polygram über kurz oder lang vom Markt verschwinden dürfte.
13  Sämtliche Angaben aus: *Jahrbuch Phonographische Wirtschaft 1998*, Starnberg 1998.

auch Musik-, Film- und TV-Produktionen in ihr Unternehmens-Portfolio aufgenommen hatten, um über eine möglichst tiefgestaffelte Verwertungskette zu verfügen.

Allerdings galt der deutsche Fernsehmarkt schon Anfang der neunziger Jahre als dicht besetzt und hart umkämpft. Für VIVA waren jahrelange Anlaufverluste zu kalkulieren – so schien es jedenfalls angesichts der MTV-Übermacht. Auf der anderen Seite gestalteten sich die Herstellungs- und Personalkosten für das Programm relativ niedrig, und ein zunächst veranschlagtes VIVA -Jahresbudget von 100 Mio. DM nahm sich im Investitions-Portfolio eines Medienkonzerns wie Time-Warner (aktueller Jahresumsatz: 43 Mrd. DM) ziemlich bescheiden aus. Der damalige Time-Warner-Beauftragte für den deutschen Fernsehmarkt, Tom McGrath, spekulierte eher darauf, mit dem Clip-Sender neben dem Nachrichtenkanal n-tv ein kostengünstiges Standbein auf dem deutschen Fernsehmarkt zu etablieren. McGrath trieb daher das Projekt von Konzernseite am stärksten nach vorne. Später wechselte er zu Viacom und arbeitet heute in leitender Funktion in der Viacom Entertainment Group.[14]

## »Niemand ist glücklich über diese Art von Sender«[15]

Die kartellrechtlichen Bedenken angesichts des Joint-venture mehrerer marktbeherrschender Konzerne waren schnell formuliert. »Das ist ungefähr so«, urteilte *Der Kontakter* damals, »als würden Springer, Gruner + Jahr und Bauer einen News-Sender gründen, in dem Dagmar Berghoff – unterbrochen von einzelnen Werbespots der genannten Verlage – die neuesten Berichte aus *Welt*, *Stern*, *Focus* und *Playboy* vorliest.«[16] Entsprechend zögerlich verhielten sich die Medienkontrolleure. Sie erteilten VIVA die Sendegenehmigung im August 1993 zunächst nur unter Vorbehalt: Weil die Konstruktion des Musiksenders »Merkwürdigkeiten« enthalte, »die wir bislang nicht hatten«, brauchte die Düsseldorfer

---

14  Einen Überblick über das Engagement und die Mißerfolge US-amerikanischer Medienkonzerne auf dem deutschen Fernsehmarkt gibt Lutz Hachmeister: »Die US-Medienkonzerne, der deutsche Fernsehmarkt und der Stand der Dinge«, in: Adolf Grimme Institut u. a. (Hg.): *Jahrbuch Fernsehen 1997/1998*, Köln/Marl 1998, S. 5-10.

15  Hans Hege, Vorsitzender der Direktorenkonferenz der Landesmedienanstalten (DLM), zit. in: *epd Rundfunk und Kirche*, 18. 9. 1993.

16  *Der Kontakter*, 9. 8. 1993.

Landesanstalt für Rundfunk (LfR) zur Formulierung der Lizenz-urkunde »noch etwas Zeit«.[17] Der gültige Rundfunkstaatsvertrag beschränkte zwar den Anteil von Werbung im Programm, sagte aber nichts über Programme aus, bei denen die Werbung nicht mehr Mittel, sondern Zweck war. Zwar hatte sich die Direktoren-konferenz der Landesmedienanstalten (DLM), in der sich alle Me-dienanstalten über Senderzulassungen allgemein verständigten, im September 1993 für die Konzession des »musikorientierten Ju-gendspartenprogramms VIVA« ausgesprochen, doch in der festen Erwartung, daß in dem Lizenzbescheid der LfR hinreichende Auflagen – etwa über die Unabhängigkeit der Programmgestal-tung bei VIVA und die Herkunft der Videoclips – aufgenommen werden. Weiter wollte die LfR prüfen, ob der nachträglich in den Gesellschafterkreis aufgenommene Frank Otto eine echte, risiko-behaftete Beteiligung an VIVA halte.

Doch sowohl die VIVA-Initiatoren als auch die maßgebenden NRW-Medienadministratoren wiegelten ab. Der große Cross-Over zwischen Medienkonzernen, Förderung der deutschen Pop-musik und sozialdemokratischer Standortpolitik wurde zur Vi-sion erklärt: »Märkte sind keine Plätze mehr, sondern Netze, und der Erfolg in einer vernetzten Welt hängt wesentlich von der Fä-higkeit zum vernetzten Denken ab.«[18] Mit diesem Zitat des Medi-enunternehmers Hubert Burda verwies Dieter Gorny, schon da-mals Sprachrohr des Projekts, in einem Interview auf die Tatsache, daß auch die Musikbranche längst in ein multinationales und -funktionales Entertainment-Netzwerk eingebunden ist und die VIVA-Finanzierung vor diesem Hintergrund nur konsequent er-schien. Zudem wurden den leitenden Managern des Musikkanals Unabhängigkeitsklauseln vertraglich eingeräumt. Damit schien zumindest die organisatorische, juristische und finanzielle Logi-stik des Senders ausreichend im Sinne der Medienwächter justiert.

*Für deutsche Popmusik im deutschen Fernsehen*

Von Beginn an propagierten die VIVA-Macher den inhaltlichen Anspruch des Musikkanals und trugen damit weiteren Anforde-rungen der Landesmedienanstalten Rechnung – der Qualität des

17 LfR-Direktor Norbert Schneider, in: *epd Kirche und Rundfunk*, 18.9.1993.
18 Hubert Burda, zit. von Dieter Gorny in: »VIVA – eine Vision wird wahr. Ein TV-Kanal allein für Popmusik«, in: *Text Intern*, 18.8.1993.

Programms und dessen Beitrag zur Vielfalt im deutschen TV-Angebot. Das Vielfaltsgebot war leicht zu erfüllen, denn Popmusik fand im deutschen Fernsehen zu jener Zeit kaum noch statt. Öffentlich-rechtliche Bemühungen um dieses Segment, Sendungen wie *Formel 1* und *Rockpalast*, wurden im Lauf der achtziger Jahre aus dem Programm genommen und wirkten seit dem deutschen Sendestart von MTV im Jahr 1987 in Inhalt und Form sowieso nicht mehr zeitgemäß. Auch bei den Privatsendern fanden Popsendungen keine Überlebensnische, obgleich die Werbewirkung von Popfernsehen belegt war: Je öfter auf MTV bestimmte Musiktitel gespielt wurden, desto besser verkauften sie sich, wobei Umsatzsteigerungen bis zu 20 % erreicht wurden.

»Das bisherige Angebot an TV-Sendern reicht im Falle des vorliegenden musikalisch-kulturellen bzw. musikwirtschaftlichen Defizits nicht aus«, dozierte Gorny: »Auch MTV kann hier aufgrund seiner speziellen Programmphilosphie kein Ersatz sein. VIVA ist somit nicht ein Schritt hin zur weiteren Programmübersättigung, sondern schließt konsequent eine vorhandene mediale Lücke.«[19] Der Mehrwert, mit dem man bei VIVA den übermächtigen Konkurrenten MTV ausstechen und gleichzeitig die Medienwächter von der Integrität des Programms überzeugen wollte, lag in der eigens installierten Vorgabe einer »germanischen Quote«: Das Musikrepertoire – neben Videoclips auch Magazine, Interviews, Reportagen, Shows oder spezielle Dokumentationen – sollte zu 40 % aus deutschen Titeln bestehen, die bislang beim englischen Konkurrenten nur unzureichend berücksichtigt wurden. »Deutsche Künstler können nur noch via *Wetten daß...?* deutsche Wohnzimmer erreichen. [...] Deutscher Pop findet im Fernsehen nur noch in der Pinkelpause statt.«[20]

Trotz dieser löblichen Annonce blieben die Kritiker skeptisch. Man witterte im VIVA-Projekt eine clevere Vermarktungsstrategie. Kunst und Kommerz – der spätere VIVA-Geschäftsführer Gorny gab sich bei dem anhaltenden Versuch, es allen recht zu tun, ganz realistisch:

»VIVA ist sicherlich eine Chance, Popkultur kulturell wie wirtschaftlich stärker auf den medialen Weg zu bringen. Daß hierbei auch kom-

19  Dieter Gorny, zit. in: *Text Intern*, 18. 8. 1993.
20  EMI-Geschäftsführer Jochen Fest in: »Kleiner Bruder. Der Musiksender VIVA will mit deutschen Künstlern das Monopol von MTV brechen«, in: *Der Spiegel*, 23. 8. 1993.

merzielle Interessen ein große Rolle spielen, ist normal, insofern wird sich auch bei VIVA, wie bei jedem anderen privatfinanzierten Fernsehkanal, alles zwischen den Eckpfeilern Qualität und Quantität bzw. inhaltlicher Anspruch und Quote abspielen.«[21]

Neben den internationalen Medienkonzernen hielten die kreativen Initiatoren schließlich noch ein Prozent am neuen Unternehmen, organisiert in der VIVA Medien GmbH. Deren Teilhaber waren Michael Oplesch, Marcus Rosenmüller, Jörg A. Hoppe und Christoph Post von MME, Hannes Rossacher und Rudi Dolezal von DoRo sowie der Kölner Rechtsanwalt Helge Sasse und PopKomm-Chef Gorny. Das Bundeskartellamt erhob schließlich keine Einwände gegen die Gesellschafterstruktur. Zwar bestehe auf dem hochkonzentrierten Tonträgermarkt eine Oligopolsituation. Die Prüfung habe allerdings ergeben, daß der Zusammenschluß von vier der fünf Oligopol-Mitglieder bei VIVA nicht zu einer Stärkung dieses Oligopols führen werde, da das fünfte Oligopol-Mitglied – der Bertelsmann-Konzern – nicht bei dem Musiksender vertreten sei. Vielmehr sei Bertelsmann an konkurrierenden Unternehmen auf dem Fernsehmarkt – darunter RTL2 – beteiligt. Bei der Prüfung des Fernsehwerbemarkts gelangte das Bundeskartellamt sogar zu der Auffassung, daß durch das Hinzutreten des neuen Anbieters VIVA die Situation verbessert werde.

Doch nachdem die medienrechtlichen Klippen nahezu komplett umschifft waren, mußte der geplante Sendestart erneut verschoben werden: Schon wurde in der Branche geunkt, VIVA würde sich genauso blamieren wie zuvor RTL2, dessen Sendestart mehrmals angekündigt und doch immer wieder hinausgezögert wurde. Bei VIVA konnten offenbar die Gesellschafter keine gemeinsame Linie finden: Es fand sich weder ein Geschäftsführer noch ein Programmdirektor (im Gespräch damals u. a.: Fred Kogel, Ex-*musicbox*, später ZDF und SAT.1). Mit rd. 120 Mitarbeitern, davon etwa 70 Redakteure, wollte man starten, doch hatte Interims-Geschäftsführer Michael Oplesch bis Mitte 1993 noch niemanden eingestellt. Dreimal kündigte er den neuen Geschäftsführer und den Programmdirektor an, dreimal platzte der Termin. In dieser mißlichen Situation versuchte Time Warner die Richtung vorzugeben und stellte die Standortfrage neu zur Diskussion. Statt in Köln wollte

21 Dieter Gorny im Gespräch, in: »VIVA – eine Vision wird wahr. Ein TV-Kanal allein für Popmusik«, in: *Text Intern*, 18. 8. 1993.

Time Warner VIVA plötzlich in Berlin angesiedelt wissen – im Umfeld von n-tv. Als Gesellschafter des defizitären Nachrichtenkanals erhoffte sich der US-Konzern auf mittlere Sicht eine Verbesserung der finanziellen Situation durch Synergie-Effekte, da VIVA sein Programm bei n-tv in Berlin abwickeln könne.

### »Jetzt fängt VIVA richtig an«

Die Gesellschafter trennten sich schließlich von Michael Oplesch, dem u. a. unseriöses Geschäftsgebaren vorgeworfen wurde: Oplesch habe sich nicht genügend um den Senderaufbau gekümmert, statt dessen die Videoproduktionsfirma, bei der er beschäftigt war, mit umfangreichen und kostspieligen Produktionsaufträgen für VIVA versorgt. Als neuer Geschäftsführer wurde am 1.11.1993 Gorny berufen, der sich zuvor schon in der Standortfrage engagiert hatte:

»Und dann gab's tatsächlich diese heiße Phase, da habe ich immer 'reintelefoniert. Das dürft ihr nicht tun! Lebensgefährlich! Ihr könnt nicht nach Berlin gehen. Ihr könnt nicht zwei Jahre hier dem Clement auf dem Schoß sitzen und Euch ernsthaft einbilden, das ginge so.«[22]

Gorny wurden Klaus Finger (zuvor bei der Deutschen Fernseh-Nachrichtenagentur, DFA) als Stellvertreter, Michael Schwertle (ehemals Ufa) als Finanzdirektor sowie Christoph Post (Me, Myself & Eye) als Programmdirektor zur Seite gestellt. Die technische Sendeabwicklung sollte der marode Kölner Infotainment-Kanal Vox übernehmen und entsprechende Studiokapazitäten bereitstellen. Auch die Redaktionsräume – eine Batterie von Baucontainern – wurden in unmittelbarer Nachbarschaft zum Vox-Zentrum im Industriegebiet Köln-Ossendorf installiert. Viel Zeit, das Programm aus der Taufe zu heben, gab es nicht. Bis zur Rekrutierung eines eigenen Mitarbeiterstamms sollte ein Teil der Manpower zunächst von den Gesellschaftern gestellt werden, d. h. Musikredakteure von OK Radio (Frank Otto) sowie Techniker von Time Warner. Am 1.12.1993 sendete VIVA über Kabel (technische Reichweite von 55 %) und Satellit (Eutelsat) seine ersten Clips in die Republik.

22  Dieter Gorny im Gespräch: Alle folgenden Zitate des VIVA-Geschäftsführers ohne weiteren Verweis entstammen einem Gespräch, das die Autoren mit Dieter Gorny am 10. 7. 1998 in Köln führten.

Heute erreicht VIVA mit seinem Programm über Kabel und Satellit nominell 27 Mio. Zuschauer in Deutschland, Österreich und der Schweiz. Die Zahl der Beschäftigten stieg seit dem Sendestart von 50 auf 178 festangestellte Mitarbeiter – VIVA Zwei eingeschlossen. Nachdem Frank Otto sein Engagement bei VIVA aufgekündigt hatte, wurden die freiwerdenden Anteile gemäß des zuvor vertraglich festgelegten Vorkaufsrechts unter den übrigen Gesellschaftern aufgeteilt. So ergibt sich heute folgende Gesellschafterstruktur: Warner Music Germany Entertainment GmbH (24,69 %), Sony Medienbeteiligungsgesellschaft mbH (24,69 %), PolyGram Holding GmbH (24,69 %), EMI Group Germany (24,69 %) sowie die inzwischen umbenannte Gemeinschaft der Initiatoren, die Musik im Fernsehen Kapitalbeteiligungsgesellschaft mbH (1,25 %).

### 3. Die Bastelstube des Deutschpop

»Wir wollen mit unserer Zielgruppe wachsen«[23], sagte Dieter Gorny zum Sendestart von VIVA. Es gehe darum, sich schrittweise zu entwickeln, Sendeformen auszuprobieren, die kreativen Impulse der Jugendszene aufzunehmen und daraus das Programm zu entwickeln. Konzeptionell stellte sich den VIVA-Initiatoren noch einmal die Frage nach der spezifischen Funktionsweise von Musik-TV: Funktioniert es wie Musik oder wie TV? Doch ließ der »mörderische Zeitdruck« in der Startphase von VIVA weder lange Diskussionen noch Experimente zu und, so Gorny,

»der Rest war schon fast frech und genial, nämlich zu sagen: Fernsehen ist ein Zeitmedium. Es muß nicht wie ein Tonträger jetzt perfekt sein, sondern es entwickelt sich, um dann zu sagen: ›Guckt mal, wir sind da. Wir sind jetzt für immer zusammen. Jetzt entwickeln wir uns halt zusammen. Guckt hin: Wir sind schlecht gelaunt. Ihr seid schlecht gelaunt. Wir sind schlecht. Ihr seid schlecht. Und am Ende werden wir besser.‹«

Das Notprogramm, das VIVA zum Sendestart improvisiert hatte, bestand weitgehend aus sogenannten Bits, wiederkehrenden Programm-Modulen wie Videoclips, Moderationen, Interviews und

23 Zit. in: Stefan Nink: »Veni, Vidi, Viva. Der deutsche Musik-Kanal Viva bittet MTV-Fans an die Fernbedienung«, in: *Musik Express* 1 (1994).

News: Sie waren leicht zu produzieren und boten maximale Flexibilität bei der Kompilation des Programmes:

»Clips, News, Interviews – daraus komponieren wir die Stundenuhr immer neu. Wenn ich aus was für Gründen auch immer eine News-Verdichtung brauche, dann häng' ich eben 24 News-Bits aneinander und schon hab' ich 'ne richtige News-Show.«[24]

Die Kritik arbeitete sich an diesen ersten Eindrücken ab: »Ein Endlosloop aus abgehangenen Clips«[25] – dies bildete den krassen Gegensatz zur vollmundigen Pop-Philosophie des als »Ankündigungs-Weltmeister« geschmähten Gorny.

   Schon im Vorfeld wurde bezweifelt, ob die deutsche Musikszene für die nationale und regionale Orientierung des Programms genug Stoff bieten würde, zumal etablierte Bands und Interpreten wie BAP, Marius Müller-Westernhagen und Herbert Grönemeyer wohl kaum die angepeilte Zielgruppe der 14-29jährigen Zuschauer vor den Fernseher locken würden. So flackerte auch nach dem offiziellen Sendebeginn nur eine beliebige Melange aus Videos über den Bildschirm. Die angekündigten Formate und Shows – u. a. Spezialsendungen über Independent-Rock oder Dance-Musik sowie redaktionelle Beiträge über »Schrilles und Skurriles«, vollgepackt mit »Infos und Interviews, die direkt aus der Szene kommen« – standen lediglich in den Fernsehzeitschriften.[26] Realistischerweise benannte Gorny die Programmierung »richtiger Sendungen« dann auch erst als dritten oder vierten Schritt in der Entwicklung von VIVA.

### »VIVA ist deutsch«

Das VIVA-Programm wurde von Anfang an komplett in deutscher Sprache präsentiert. Davon versprach man sich eine höhere Identifikation der jungen Zielgruppe mit dem Programm:

»VIVA ist deutsch. Es ist ein verdammt großer Unterschied, ob jemand englisch quasselt, wo die Hälfte der Kids dann doch nicht mehr mitbekommt als ›This is the new video from Phil Collins.‹ – oder ob jemand was zu sagen hat und das in der Sprache der Teens und Twens

24  Ebd.
25  Vgl. Peter Glaser: »Geld statt Stil«, in: *Die Woche*, 22.12.1993.
26  M. Aschmann/T. Baumgärtel: »Rund um den Schokoriegel«, in: *die tageszeitung*, 18.4.1994.

tut, die vor dem Ausgehen oder nach der Schule sich bei VIVA informieren. Die Sprache ist enorm wichtig – unsere Zuschauer sollen merken, daß wir wie sie sind.«[27]

Der Anteil deutschsprachiger Musik bewegte sich in der Gründungsphase zwischen 25 und 30%. Es wurde allerdings getrickst: Verlautbarungen bezogen sich mal auf den Anteil deutschsprachiger Musik, dann auf Musik für den oder vom deutschen Markt. Heute kann man tatsächlich auf einen Anteil von 40% deutscher Produktionen im VIVA-Programm verweisen. Allerdings haben sich die Zeiten geändert: War es zu Beginn mehr als fraglich, ob Popmusik »Made in Germany« VIVA genügend Material bieten könne, gewannen deutsche Produktionen in den vergangenen sechs Jahren sukzessive Terrain – Tic Tac Toe, Sabrina Setlur oder Thomas D. wurden wesentlich durch und mit VIVA populär. Gegenwärtig beträgt der Deutschpop-Anteil an den Single-Charts nahezu 50% und dies ohne staatlich angeordnete Quoten und Subventionen.

Im Gegensatz zur Branchenmeinung erwies sich gerade der von Gorny propagierte regionale Anachronismus als erfolgreich. Galt bei den in den fünfziger und sechziger Jahren Geborenen Pop als Synonym für angloamerikanische Produkte, so suchten die Jüngeren nun via VIVA plötzlich nach heimischen Alternativen – auch wenn es sich nur um deutsche Varianten ursprünglich angloamerikanischer Stile handeln mochte.

»Wir haben die erste Nachkriegsgeneration von Fans als Konsumenten, die nicht mehr im globalen Sinne mit Musik umgeht, d. h., die nicht mehr sagt: Das kommt aus Amerika – das ist gut. Das kommt aus Deutschland – das ist doof, sondern einfach nur noch konsumiert.«

### Internationale Vorbilder: CityTV und MuchMusic

In der internationalen Medienlandschaft gab es Vorbilder, die den nationalen Ansatz in mancherlei Hinsicht konturierten und viele Entwicklungsschritte des deutschen Musikkanals vorwegnahmen. Das kanadische Metropolen-Fernsehen CityTV präsentierte sich »relentlessly local […] and as interactive as possible«. Sein Gründer und Leiter, der bekennende McLuhan-Schüler Moses Znai

27  Zit. in: Nink, a. a. O.

mer, »raps about TV with evangelical fervor, laced with the irreverance of a streetwise hipster«.[28] Hohe Aktualität, lokaler Bezug, Interaktivität, Selbstreferentialität und v. a. niedrige Programmkosten sind die Grundkoordinaten des Programms. Ein-Mann-Teams (»Videographers«) durchstreifen die Stadt nach aktuellen Bildern, Nachrichtenkorrespondenten schreiten den Raum ab, von dem sie berichten (»The Roving Newscast«), anstelle eines Studios und Redaktionsbüros wird aus einem vernetzten Hauptquartier (»The Living Movie«) gesendet und an der »Speaker's Corner« im CityTV-Building kann jeder Bürger zu beliebigen Themen auf Sendung gehen. Das ganze Unternehmen wurde von medientheoretischen Aphorismen des charismatischen Znaimer, »who spreads the gospel according to Moses«, wie seinen »Ten Commandments of Television«, ausgesprochen PR-wirksam begleitet. Das Unternehmen expandiert stark: Weltweit werden ähnlich gestaltete Kanäle lanciert, und Schätzungen zufolge beläuft sich der Umsatz auf rd. 500 Mio. DM. Späher sämtlicher großer Medienkonzerne schielen neugierig auf die Produktionsstrategien, und längst sind zahlreiche »Kopien« bei den großen US-amerikanischen Networks auf Sendung gegangen. Mit MuchMusic, dem ersten 24-Stunden-Musikkanal, bekam diese lokal ausgerichtete Marktstrategie 1984 ihre Entsprechung im Bereich Musik-TV. Viele der Verlautbarungen Gornys zum VIVA-Programm klingen wie ein Nachhall auf die Erfolgsgeschichte von CityTV bzw. MuchMusic:

»Ich glaube, daß die Chance von VIVA nicht darin liegt, ein professionelles, toll ausgeleuchtetes, sehr teures, personalintensives Fernsehbild zu produzieren, sondern Dinge zu machen, die sich andere nicht trauen. Ich kann Interviews mit Hi 8 machen, ich kann ungewöhnliche Effekte durch Grafik und Kameraführung erreichen. Wir wollen die Regeln des seriösen Fernsehens außer Kraft setzen. Ich glaube fest daran, daß sich mit einem eingeschränkteren Budget viel kreativere Dinge anstellen lassen als mit einem hohen Etat.«[29]

28  J. Max Robins, in: *Variety*, 26. 7. 1995; vgl. auch das Themenheft zu Moses Znaimers TVTV: *Canadian Journal of Communication* 21, 1 (1996).
29  Dieter Gorny, zit. in: »Sesamstraße auf Speed«, in: *Wiener*, 1. 2. 1994.

Einen rigorosen Regionalismus wollte man im VIVA-Programm durch intensiven Kontakt mit der deutschen Musikszene kultivieren. Gorny liebäugelte zunächst mit regionalen Fenstern:

»Stell dir vor, Du wohnst in Berlin und bekommst am Freitagnachmittag vorm Ausgehen eine halbe Stunde ›VIVA Berlin‹! Du siehst Clubs, in die Du gleich gehen kannst, Du siehst Leute, die Du gleich triffst, Du hörst Bands, die am gleichen Abend in Deiner Lieblings-Disco spielen! Mein Gott – was will ich mit einem Bon-Jovi-Konzertbericht aus Los Angeles? Das kann's doch nicht sein! [...] Wenn sich z. B. so etwas wie ›VIVA Berlin‹ etabliert, wird das auch für lokale und regionale Werbekunden eine interessante Sache.«

Da solche Fenster technisch wie organisatorisch nicht zu realisieren waren, beschied man sich mit der Einrichtung von Regionalbüros.

Um in einer dezentralen, föderalen deutschen Kulturlandschaft den Anschluß an die lokalen Musikszenen zu halten, wollte VIVA kleine Dependancen in musikalischen Zentren der Republik installieren: Aktives »Trendscouting«, die Suche nach vielversprechenden Newcomern und ein ständiger Informationsfluß sollten gewährleisten, daß sich die VIVA-Zielgruppe auch in ihren regionalen Besonderheiten adäquat im Programm wiederfindet. Es blieb jedoch zunächst bei der Einrichtung eines Regionalbüros in Hannover, allerdings sind weitere in Berlin, Bremen, München und Stuttgart geplant.

Auch im Hinblick auf die Moderatoren setzte VIVA ganz auf eine Inhouse-Strategie, anstatt fernseherfahrene Anchormen und -women kostspielig von der Konkurrenz abzuwerben. Die betont unprofessionelle Ansprache der VIVA-Moderatoren an das Publikum sorgte anfangs für Aufsehen: Mangelnde »Coolness und Credibility« und »pubertäres Gezappel« waren nur einige der Attribute, mit denen die Presse Heike Makatsch (*1970), Mola Adebisi (*1973) und Nils Bokelberg (*1976) bedachte. Außerdem vermißte man etablierte TV-Tugenden wie Sprechausbildung und versierte Interviewtechniken. Doch auch in diesem Fall trat man bei VIVA die Flucht nach vorn an: »[...] das beste sind natürlich unsere Moderatoren. Keine Profis, keine alten Hasen. Kids, die genau so sind wie die anderen vor den Bildschirmen. Aufgeweckt, sprachlich toll drauf.« Zudem belegte eine Flut von positiv gestimmter Zuschauerpost schon in der Anfangsphase, daß man auf dem richtigen Weg war.

## Der Fall »Freestyle«

»Ich will Teams draußen in der Szene haben, ich will Bands hier im Studio, ich will im Untergrund wühlen. Das ist doch die große Chance, die VIVA hat: MTV sitzt in einer Stadt auf einer Insel hinter dem Ärmelkanal – VIVA sitzt in Köln, mittendrin«, hatte Gorny verkündet. Die wöchentlich ausgestrahlten Musikmagazine *WahWah*, *Freestyle*, *Metalla* und später auch *Housefrau* waren im Vergleich zum Restprogramm redaktionell aufwendig betreute Sendungen, die sich aktuellen Musikstilen jenseits des Mainstreams widmeten. Man suchte den Kontakt zur lokalen Szene und ergänzte seinen Mitarbeiterstab durch entsprechende Leute aus dem kreativen Milieu. Überdies bemühte man sich um ein authentisches Erscheinungsbild. So sendete *WahWah* in Sachen Independent-Rock teilweise aus einem heruntergekommenen Übungsraum im Kölner Stadtteil Sülz.

Zu einem Höhepunkt im VIVA-Programm entwickelte sich die HipHop-Sendung *Freestyle* mit DJ Torch von der Heidelberger HipHop-Formation Advanced Chemistry. Produziert wurde die Sendung durch die Turner & Tailor TV-Produktion (ehemals Weltbild), die sich durch die preisgekrönte 3sat/arte-Musikmagazin-Reihe *Lost in Music* Meriten erworben hatte. *Freestyle* profitierte natürlich vom HipHop-Boom in Deutschland: Nach der ersten deutschen HipHop-Compilation *Krauts with Attitude* formierten sich immer mehr HipHop-Posses jedweder ethnischer Herkunft, die mit markanten kulturpolitischen Statements von sich reden machten. Da die Musik afroamerikanischen Ursprungs ist und stark an den Kontext US-amerikanischer Urbanität gebunden ist, war sie in ihrer deutschen Spielart nicht unumstritten. Zudem gerierte sich die schnell gewachsene deutsche HipHop-Szene als Underground-Kultur, die sich dem Ausverkauf an die Musikindustrie zu verweigern suchte. Diese Sujets fanden ausgerechnet beim kommerziellen Musikkanal VIVA – einem Konstrukt eben jener Platten-Majors – ein lebendiges Forum, und zum ersten Mal verwirklichte sich das so oft bemühte Gorny-Diktum vom »Mittendrin«: »*Freestyle* war die integrativste Sendung. Sie hat über

HipHop deutsche und nichtdeutsche Kids zusammengebracht – und zwar ohne jede Sozialromantik.«[30]

## Konsolidierung und Controlling

Doch der Traum, den Sender im Kielwasser von *Freestyle*, *Metalla* und *WahWah* weiterhin im produktiven Austausch mit der Szene entwickeln zu können, platzte 1996: Eine »kleine Programmreform« im Frühjahr markiert den entscheidenden Wendepunkt der VIVA-Entwicklung.

Zwar hätten die Gesellschafter in der Anfangsphase des Senders noch Interesse am Programm gezeigt, so der damalige Programmdirektor Christoph Post, »doch als gerade mal klar war, daß es keinen totalen Crash geben wird, haben sie gewissermaßen einen Haken hinter das Produkt gemacht und sich nur noch für die Vermarktung interessiert, aber nicht mehr für eine Entwicklung des Programms«.[31]

In den Jahren bis 1996 hatte sich das Unternehmen VIVA unstrittig konsolidiert. Die positive öffentliche Resonanz erleichterte es, potente Sponsoren zu gewinnen und zukunftsträchtige Kooperationen einzugehen und garantierte zudem die Fortsetzung der medienpolitischen Protektion. Dennoch läßt auch Gorny keinen Zweifel daran, daß es sich bei den um stilistische Breite bemühten Sendungen wie auch bei den Nachwuchsförderprogrammen um »eine Art nettes Privatvergnügen« handelt, das VIVA sich nur leisten konnte, »solange immer noch genügend hingucken«.

Nachdem sich der Sender konsolidiert hatte, mußte nach Management-Meinung jetzt die betriebswirtschaftliche Logik zu ihrem Recht kommen: Weitere Investitionen ins Programm wurden gestoppt, die finanziellen Mittel anderen Zwecken zugeführt, die Sendungen einer Kosten-Nutzenanalyse unterzogen.

Diesem Programm-Controlling fielen Sendungen wie das außer Haus produzierte *Freestyle* oder *WahWah* in ihrer ursprünglichen Form zum Opfer. In den Redaktionen betrachtete man die Entscheidung als im schlechten Sinne branchenüblich:

30  Der ehemalige *Freestyle*-Redakteur Oliver von Felbert in: René Martens: »Viva-Musik am Strang«, in: *Spex* 3 (1996).
31  Ebd.

»Bei einem kommerziell ausgerichteten Sender, wie wir es sind, verschwinden solche Spielplätze spätestens nach zwei Jahren«, resümiert Redaktionsleiter Hoersch. »Wenn man's böse formulieren würde: *Freestyle* und die anderen beiden Sendungen waren eh nur Feigenblätter. Trotzdem hätte ich sie gern in ihrer bisherigen Form erhalten.«[32]

Anfeindungen seitens des Pop-Feuilletons wegen dieser Einebnung des Programms konterte Gorny in Manager-Manier: »Man kann nicht so tun, als sei VIVA ein kulturelles Jugendzentrum, in das so'n Ölscheich jedes Jahr drei Mio. reinschiebt. Wir haben 1995 rd. 40 Mio. DM ausgegeben, fast vier Mio. mehr als geplant. Wir haben also opulent gelebt.« Dennoch räumt er strategische Inkonsequenzen der Programmreform ein.

Aus den Spezialsendungen für HipHop, Heavy Metal und Alternative Rock wurden »VJ-Strecken mit ein bißchen Drumherum«[33] (Redaktionsleiter Hoersch). Nur *House TV*, das frühere *Housefrau*-Format, behielt einen gewissen Magazincharakter – ansonsten war für Interviews und Hintergrundberichte kein Platz mehr. »Durch eine höhere Professionalisierung *Freestyle*-intern und verstärkter Vor-Ort-Berichterstattung aus den USA konnten wir erst Mitte 1995 inhaltlich das Niveau erreichen, das uns vorschwebte. Von daher ist es schwer nachvollziehbar, eine Sendung abzusetzen, wenn sie am besten ist«, monierte Ex-*Freestyle*-Redakteur Oliver von Felbert.[34]

Als spätes, aber nicht wirklich überraschendes Echo einer solchen Programmreform wird auch die aktuelle Absatzkrise der Musikindustrie beurteilt:

»Die Konzerne haben selbst dafür gesorgt, daß die Gruppe jener Musikfans verschwindet, die sich intensiv und intellektuell mit ihrem Hobby beschäftigen will – genau jene Käuferschicht, die regelmäßig in den Plattenladen rennt, um die Sammlung zu vergrößern.«[35]

Musiksender wie VIVA und auch MTV hätten maßgeblich zu dieser Entwicklung beigetragen, indem sie genrespezifische Spezialsendungen zugunsten von stilistisch unstrukturierten Videoclip-Strecken aus dem Programm tilgten. Zudem schlage jetzt die Ver-

32  Redaktionsleiter Teddy Hoersch in: Martens 1996, a. a. O.
33  Ebd.
34  Ebd.
35  Vgl. »In die Krise gedudelt«, in: *Süddeutsche Zeitung*, 6. 8. 1998.

knappung der musikalischen Bandbreite zu Buche, da man die Playlists zu sehr an den Charts orientierte und sich auf die Förderung weniger, zumeist bereits etablierter Acts konzentrierte. Nicht erst seit den Neunzigern heißt ein gern zitierter Sinnspruch in der Plattenbranche: »Wer sich in die Mitte der Straße stellt, läuft am stärksten Gefahr, überfahren zu werden.«[36]

## VIVA Zwei

Gorny begründete die fehlende Investitionsbereitschaft ins Programm außerdem mit den Verlusten von VIVA Zwei, die den Gewinnen von VIVA gegenüberstanden. VIVA Zwei hatte man zunächst aus strategischen Gründen lanciert, um den vakanten Kabelplatz nicht dem Konkurrenten VH-1, einem Tochtersender von MTV, zu überlassen. Sendebeginn war der 21. 3. 1995; als Zielgruppe hatte man die 25-49jährigen Zuschauer anvisiert, die sich »noch für Musik interessieren, für die es aber nicht mehr das Top-Thema ist«.[37] VIVA Zwei konkurrierte in diesem Marktsegment der kaufkräftigen und geburtenstarken Jahrgänge mit dem anhaltend defizitären Musiksender VH-1 (Reichweite 9,25 Mio. Haushalte) und dem in Dortmund ansässigen, ebenfalls unrentablen Onyx Music, einer hundertprozentigen Tochter der britischen Capital Media Group Ltd Television (Reichweite ca. 11,5 Mio. Haushalte).

Seit dem Sendestart betrugen die Verluste von VIVA Zwei nach eigenen Angaben jährlich rd. 10 Mio. DM, was das Programm immer wieder Neukonzeptionierungen und Umstellungen unterwarf. Schließlich hatte sich bei Gorny die Erkenntnis durchgesetzt, daß Musik-TV für »Ältere« nicht vermarktbar ist, und im ersten Halbjahr 1998 erlebte VIVA Zwei eine tiefgreifende Umformatierung: »Laut, schrill, ambitioniert, unangepaßt und schnell. [...] Musikfernsehen für Erwachsene. Frei ab 18 Jahren«, heißt es dazu im hauseigenen Pressetext. »Progressive Popkultur« soll der Sender bieten, »ein Forum v. a. für solche Bands, für die es zwar einen Markt gibt, denen aber im Musikfernsehen kaum mehr in adäquater Weise eine Plattform geboten wird.« MTV – so die VIVA-Macher –

---

36  Vgl. Lukas Sadowski: »Rammstein der Weisen«, in: *Süddeutsche Zeitung*, 13. 8. 1998.
37  Der ehemalige VIVA-Programmdirektor Christoph Post, in: Martens 1996, a. a. O.

habe seinen Bonus als innovativer Trendsetter verspielt, und VIVA Zwei solle nun dessen Zielgruppe vor dem Bildschirm bannen und sich mit progressiv-intellektuellen Wortbeiträgen und »kantiger Musik als coolster und innovativster Sender [etablieren], der die Nase im Wind hat und den man sehen muß, um hip zu sein«.[38]

Unternehmensintern sorgte die neue Ausrichtung immerhin für klarere Strukturen und Zuständigkeiten: VIVA Zwei soll sich nun Musikstilen jenseits des Mainstream widmen und VIVA nun ganz von jeglicher Verantwortung für die angemessene Repräsentation musikkultureller Communities und nicht-mehrheitsfähiger Bands entlasten. VIVA kann sich nun bedingungslos kommerziell präsentieren – laut Geschäftsführer Gorny die konsequenteste Entscheidung,

»weil es das wegnimmt, was bei VIVA immer so ein Nightpflänzchen war, weg vom Alibi, vom Ornament. Der Einser kann sich in seiner Eindeutigkeit weiter entwickeln und zieht aber dieses Defizit ganz deutlich auf ein zweites Format: kleiner, sparsamer, aber sehr konsequent.«

Spezialistisch orientierte Redaktionen, die bei VIVA nicht zum Zuge kamen, sollen ihre Qualitäten jetzt bei VIVA Zwei ausleben. »Bisher konntet ihr eine Sendung machen, jetzt könnt ihr einen Sender machen.« Gorny bezeichnet VIVA Zwei als »kleinen bösen Musikterrier«, der viel schmaler als VIVA sei und deshalb leichter den Kostendeckungspunkt erreichen könne.

Die Voraussetzungen hierfür sind nicht schlecht, da VIVA Zwei die technische Reichweite in den vergangenen Monaten ausbauen konnte. Mit derzeit 19,6 Mio. erreichbaren Haushalten (Stand: Juli 1998) liegt man im Ranking der Musikkanäle in Deutschland inzwischen auf Platz zwei, noch vor MTV (17,5 Mio. Haushalte).

### Playlists und Rotationen

Die Steuerung und Zusammenstellung des Programms beider Sender stand angesichts der mächtigen VIVA-Gesellschafter von Beginn an im Mittelpunkt des öffentlichen Interesses: Operierte der Sender bei der Clip-Auswahl eigenmächtig oder setzte sich das kulturindustrielle Definitions- und Entscheidungsmonopol der beteiligten Medienkonzerne bis ins Programm fort?

38  Vgl. Axel Postinett: »Kaufhof setzt mit Viva auf die Jugend«, in: *Handelsblatt*, 15.6.1998.

Diese Kritik habe er nie verstanden, wiegelt Gorny ab. Es sei doch logisch, daß in einer solchen Konstruktion jeder dem anderen auf die Finger schaue, zumal man hundertprozentig darauf achten werde, daß auch ja genügend BMG/Ariola-Künstler auf VIVA präsent seinen: »Und wenn die Independent-Labels Verdacht wittern würden, hätten wir doch gleich das Kartellamt im Haus.«[39]

Jeden Mittwoch trifft sich ein Gremium aus acht bis zehn Leuten aus dem Musikmanagement, um von ca. 70-80 Videoclips sieben oder acht in die Playlists aufzunehmen. Hitqualitäten der inszenierten Songs und herausragende Ästhetik sind in Verbindung mit der »germanischen Quote« somit die eigenverantwortlich verwalteten Kriterien für das VIVA-Programm. Dennoch ist es in den Redaktionen ein offenes Geheimnis, daß auch Clips ins Programm rutschen, welche die Konferenz zuvor abgelehnt hatte. »Es kommt schonmal vor, daß ein großes Tier aus einer der Gesellschafter-Firmen anruft und sagt: ›Laßt uns doch dieses oder jenes Video spielen.‹ Und das wird dann auch gemacht.«[40]

Bis zum Ausstieg von Gesellschafter Frank Otto aus dem Unternehmen hatten v. a. dessen Vertreter – hausintern die »Otto-Schergen« genannt –, de facto die Musikredaktion bestimmt.[41] Heute gibt es fünf verschiedene Rotationen bei VIVA, die ersten drei richten sich ausschließlich nach den Charts. In der A-Rotation finden sich ungefähr 15 Titel von den Plätzen 1 bis 20, die vier Mal täglich ausgestrahlt werden. In der B-Rotation laufen die Stücke der Ränge 21 bis 40 (15 Einsätze pro Woche), darüber hinaus gibt es noch die Kategorien C (mittlere Chartsplazierungen), N1 (Neuheiten), N2 (Neuheiten Primetime) sowie die Nachtschiene, in der auch schon mal der Pfad der sicheren Chartsplazierung verlassen werden kann. Das Wochenrepertoire von VIVA – Spezialsendungen nicht mitgerechnet – besteht insgesamt also nur aus rd. 80 Clips. Wirtschaftlich macht die geringe Anzahl Sinn: Weniger Clips bedeuten eine größere Rotationshäufigkeit, und die entscheidet letztlich über den Erfolg eines Titels.[42]

39  Zit. in: Nink, a. a. O.
40  Der ehemalige VIVA-Redakteur Gugu Tyskiewicz, zit. in: Martens 1996, a. a. O.
41  Ebd.
42  Ebd.

Prinzipiell können Bands und Interpreten sämtlicher Labels auf VIVA gespielt werden. Die »Software«, das Lizenzprodukt Musikvideo, ist weltweit für jeden verfügbar. Anders als in den Bereichen Spielfilm und TV-Movies, wo sich Sender durch Output-Deals Produkte zur exklusiven Ausstrahlung sichern können, entsprechen solche direkten Lizenzierungsabkommen im deutschen Musikfernsehen nicht den Gepflogenheiten. Das mag v. a. daran liegen, daß die Musikindustrie den Videoclip noch immer als ein Sekundärprodukt und nicht als vollwertige Programmware sieht. Als Primärprodukt gilt weiterhin der Tonträger.

Für eine Handlinggebühr von jeweils 200-300 DM kommen die Videoclips direkt von den Plattenfirmen. Zahlen müssen die Sender für die Ausstrahlung an die Gesellschaft zur Verwertung von Leistungsschutzrechten (GVL), die die Tonträgerindustrie und die ausübenden Künstler vertritt, sowie an die GEMA, deren Klientel die Komponisten und Musikverleger sind. Die Höhe richtet sich dabei nach dem Nettowerbeumsatz, also nach dem wirtschaftlichen Erfolg des ausstrahlenden Mediums. Diese neutrale Berechnung, die in Deutschland flächendeckend gilt, soll Unabhängigkeit garantieren:

»Ob ich also im Sinne des Nutzens Avantgarde-Sachen spiele, Westernhagen, Newcomer oder sonstwas, ist völlig egal. Zumal die Diskussion ja auch immer an zwei Eckpunkten ist: Spielst du nur das, was die Gesellschafter wollen, bist du nicht unbedingt erfolgreich. Sollst du gleichzeitig als Sender Profite machen, geht das nur über das attraktivste Programm, und da sind dann auch die entsprechenden Werbeinnahmen.«

Dieses Prinzip Unabhängigkeit wird allerdings z. B. durch Vereinbarungen zwischen Privatradios und der Plattenindustrie mehr und mehr aufgeweicht: Zur gezielten Förderung werden Songs einer Plattenfirma besonders häufig im Radio gespielt, im Gegenzug dafür stellt die Plattenfirma dem kooperativen Sender Werbespots in Aussicht.[43]

Desgleichen in den USA: Hier hatte MTV im Zuge seines Kampfes um die uneingeschränkte Marktherrschaft bereits in den achtziger Jahren den Spieß umgedreht. Um Konkurrenten das

---

43  Vgl. Volker Lilienthal: »Plattenindustrie und Privatsender: Hits gegen Cash«, in: *epd medien*, 27. 6. 1998.

Wasser abzugraben, war der Sender bemüht, Deals direkt mit der Musikindustrie zu schließen und Musiker exklusiv an sich zu binden (vgl. den Beitrag von Axel Schmidt in diesem Band).

## 4. Pop & Politics

Für seine Verdienste als Geschäftsführer der PopKomm GmbH wurde Dieter Gorny schon 1992 mit dem Titel des »Erfolgreichsten Medienmannes« sowie mit dem »Echo-Award 1992« ausgezeichnet. Sein Erfolg bei VIVA wurde 1997 sogar mit der »Besonderen Ehrung« des Adolf-Grimme-Preises gewürdigt, wegen der beispielhaften Verbindung von »kulturellem Engagement und medienwirtschaftlicher Tätigkeit«,[44] so die nicht unumstrittene Begründung. Gorny hat nie in Abrede gestellt, daß seine Unternehmungen von der Förderpolitik des nordrhein-westfälischen Wirtschaftsministeriums maßgeblich profitieren konnten. Allein die 1989 von ihm gegründete PopKomm GmbH erhielt bis 1993 4,6 Mio. DM an Subventionen.[45] Nachdem die PopKomm GmbH zur MusikKomm. GmbH expandierte, gingen die Fördergelder fortan an dieses Unternehmen. Die MusikKomm. veranstaltet neben der Musikmesse PopKomm – inzwischen neben der MIDEM die größte ihrer Art – außerdem noch die Multimedia-Kongresse »Komm« in Düsseldorf sowie die »mecon«, einen Teil des jährlichen »Medienforums NRW«. Beteiligt ist die Gesellschaft außerdem an dem Multimedia-Kongreß »Berlin Beta« und an der halböffentlichen Veranstaltungsagentur »Media Kultur Köln«. Gornys informelles Netzwerk in Köln und Nordrhein-Westfalen reicht natürlich über diese sichtbaren Tentakel weit hinaus.

Gornys wirksamste Waffe im Kampf um politische Willensbildung ist der omnipräsente Begriff der Popkultur. Entlockten Anfang der neunziger Jahre noch Neue Medien, Interaktivität und hazarde Vernetzungsszenarios den Politikern reichlich Fördergelder (»denn sonst verputzen uns die Japaner und Amerikaner morgen zum Frühstück«[46]), so ist es heute v. a. die Popkultur mit ihren

44  Vgl. Adolf Grimme Institut u. a. (Hg.), a. a. O., S. 252.

45  Vgl. René Martens: »Pop & Politik. Bye bye Blair, Viva SPD«, in: *Spex* 5 (1998), S. 37ff.

46  Vgl. Diedrich Diederichsen in der Einleitung zu Agentur Bilwet: *Medienarchiv*, Bensheim/Düsseldorf 1993, S. 8.

»attraktiven, transparenten neuen gesellschaftlichen Verhältnissen«, auf die es sich gesellschaftspolitisch einzustellen gilt. Gern
reüssiert Gorny mit popkulturtheoretischen Aphorismen und
engagiert sich – seiner Position als Geschäftsführer eines Musikkanals gemäß – v. a. in der Aufhebung überkommener kulturtheoretischer Dualismen: Kultur vs. Kommerz, Hochkultur vs.
Popkultur, Musikwirtschaft vs. Kulturpolitik und Jugend vs. Esta-
blishment:

»Wenn der Rolling Stone Mick Jagger genauso alt ist wie der Kanzler-
kandidat der SPD, dann wird es schwer, Popkultur immer noch als
Hauptphänomen jugendlicher Sozialisation zu bezeichnen. Der zeitgenössische kulturelle Gestus ist jugendlich, aber nicht mehr jung –
jenseits aller Subkulturen, die es weiterhin gibt. Die Leute gehen heute
ins Popkonzert und in die Oper. Die alten Hürden zwischen Hochkultur und Popkultur sind weitgehend obsolet geworden.«[47]

## VIVA-Standort Mediapark

Wie Gorny in medienpolitischen Zusammenhängen operiert,
wurde auch beim Umzug des Musikkanals aus dem Container-
Dorf in den Kölner Mediapark deutlich. Bei diesem 500 Mio. DM
schweren Prestigeprojekt – Gesellschafter waren neben der Stadt
Köln das Land NRW und der Münchener Medien- und Immobili-
enunternehmer Bernd Schaefers – folgte schnell Ernüchterung: An-
teilseigner Schaefers entpuppte sich weder als fachlich noch finanziell potenter Partner und schied aus. Als RTL Television 1988 dann
seinen günstigen Standort im Kölner Westen bezog, ein Mediapark-
Investor aus der Schweiz Konkurs anmeldete und 1995 schließlich
der Immoblilienhändler Hillebrand wegen finanzieller Probleme
die Bauarbeiten am repräsentativen Büroturm nach dem Entwurf
des französichen Stararchitekten Jean Nouvel einstellte, galt das
Projekt endgültig als gescheitert, zumal die avisierten Mieten von
35-40 DM pro Quadratmeter viele Interessenten schreckten.
      Rettung nahte in Form der Kölner Stadtsparkasse. Deren Toch-
ter SK Immobilien errichtete den Gebäudeblock, aus dem seit
1996 VIVA auf Sendung geht.

»Daß der Aufsichtsratvorsitzende der Mediapark-Entwicklungsge-
sellschaft mit dem Vorsitzenden des Sparkassen-Verwaltungsrats

47   Dieter Gorny in: »Ein geistiger Aufbruch«, in: *Der Spiegel* 31 (1998).

identisch ist und kein geringerer als der ehemalige SPD-Fraktionsvorsitzende und neue Kölner Oberstadtdirektor Klaus Heugel, das ist in der Stadt des Kölschen Klüngels sicher kein Zufall«[48], kommentierte seinerzeit der Branchendienst *Funkkorrespondenz*.

Doch auch aus Düsseldorf hatte man hartnäckig um die Ansiedlung von VIVA gebuhlt.

Ein kriselndes Prestigeobjekt Mediapark, ein unerbittlicher Standortkampf zwischen zwei selbsternannten nordrhein-westfälischen Medienmetropolen und Kölsche SPD-Seilschaften: Gorny und VIVA profitierten von dieser Konstellation.

»Fragt man im Rathaus der nordrhein-westfälischen Landeshauptstadt nach, warum das Düsseldorfer Werben um VIVA vergeblich war, wird von Quadratmeter-Mieten unterhalb von 15 DM gesprochen. Die Kölner Sparkassen-Tochtergesellschaft SK Immobilien mag das zwar nicht bestätigen, doch hält sich auch bei den VIVA-Nachbarn [...] hartnäckig das Gerücht, die VIVA-Mieten seien ›quasi subventioniert‹«[49], schrieb die *Funkkorrespondenz*.

Und der Standort-Poker geht weiter: Für den Relaunch und den sukzessiven Aufbau von VIVA Zwei will Gorny den Sender personell, redaktionell und technisch von dem Mutterschiff VIVA abkoppeln. Dabei – so läßt Gorny verlauten – ist es durchaus denkbar, daß VIVA Zwei mit seinen 40 Beschäftigten Köln verlassen könnte.

### Kritik: Autokratie und Stagnation

Dieter Gorny geriet immer wieder wegen seines Führungsstils beim Aufbau des Unternehmens in die Schußlinie der Kritik. VIVA verkörpere ziemlich genau jene »Vision« von neoliberaler Wirtschaftspolitik mit sozialdemokratischem Anstrich, die Tony Blair in Großbritannien z. T. schon durchgesetzt habe, merken Kritiker ironisch an. Niedriglöhne, »flexible« arbeitsrechtliche Verhältnisse und eine mit Hipness-Partikeln aufgedonnerte Dienstleistung-als-Befreiung-Philosophie sind dabei entscheidend.[50]

---

48  Matthias Kurp: »Der kommunale Wirtschaftsfaktor. Wie Düsseldorf und Köln um die Gunst der Medienbranche buhlen«, in: Funk-Korrespondenz 30 (1998).
49  Ebd.
50  René Martens: »Pop & Politik. Bye bye Blair, Viva SPD«, in: *Spex* 5 (1998), S. 37ff.

Häufig fällt bei der Beschreibung des Führungsstils im Hause VIVA der Begriff Autokratie. Nachdem sich Gorny in der Startphase des Senders in öffentlichen Auftritten und Interviews verausgaben mußte und daher nur geringen Einfluß auf das Programm nehmen konnte, sind heute sämtliche Abteilungen ohne seine Zustimmung mehr oder weniger entscheidungsunfähig. Gorny förderte diese Verhältnisse durch gezielte Personalpolitik, indem er Schlüsselpositionen mit Leuten besetzte, die »nicht als Macher mit Visionen gelten, sondern als funktionierende Apparatschiks«.[51] Abweichler, wie z. B. der ehemalige Programmdirektor von VIVA Zwei, Steve Blame, wurden vor die Tür gesetzt. Durch rigide Kontrolle der Programmgestaltung lähmte Gorny auch dessen inhaltliche Fortentwicklung. Enttäuscht verließen daher einige VIVA-Mitarbeiter wie Programmdirektor Christoph Post den Sender und wechselten zur Konkurrenz VH-1. Daß man heute bei VIVA nur noch an der Erhaltung des Status quo und nicht an neuen Formaten interessiert ist, fiel auch der ehemaligen VIVA-Ikone Heike Makatsch auf: »VIVA zählt sicher, wie auch *Bravo*, zu dem Teil von Popkultur, die Bestehendes bestehen lassen, und nicht gerade umwälzen. Viele Ressorts bei VIVA sind genau mit den Leuten besetzt, die diese Philosophie vertreten.«[52]

## 5. Die VIVA-Lebenswelt

In der Planungsphase kristallisierten sich bei den Initiatoren zwei unterschiedliche konzeptionelle Strategien heraus, den Sender zu konstruieren und zu profilieren. Geschäftsführer Gorny:

»Ist VIVA ein Sender, den man hochkriegt, indem man an bestimmten als Primetime vermuteten Tageszeiten hochwertige Programme zelebriert und den Rest der Zeit mit Videoclips füllt? Oder ist VIVA eine Gesamtbotschaft, die, zusammengesetzt aus diesen vielen kleinen Mosaiksteinchen, ein Ganzes ergibt?«

Die Entscheidung fiel schließlich zugunsten des ganzheitlichen Gesamtkunstwerks – der VIVA-Lebenswelt. Da Videoclips auswechselbar sind, mußte die Marke VIVA kulturelle Identität stif-

51  Martens 1996, a. a. O.
52  Zit. in: Isabelle Graw/Tom Holert: »Heike Makatsch. Es gilt alles zu betrachten«, in: *Spex* 9 (1997).

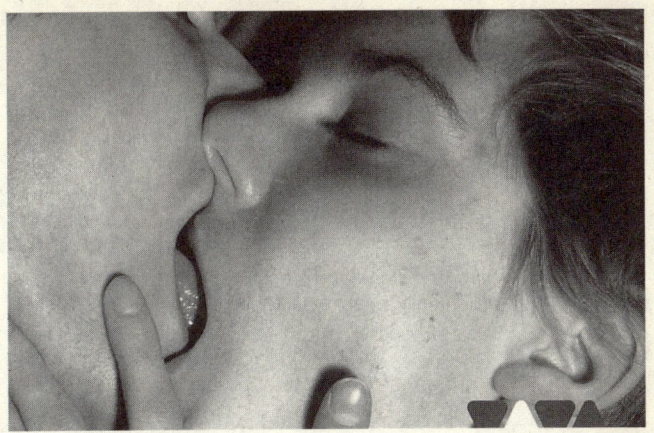

»Vera und Martin lieben VIVA – VIVA liebt Martin und Vera« – die '97er Werbekampagne des Kölner Senders.

ten. »Und die Entscheidung für das Ganzheitliche hat dann auch letztendlich dazu geführt, daß man sich von Anfang an auf die zentralen Momente konzentrieren mußte: Die richtige Musik, die richtigen Leute, die richtige Verpackung.«

## Senderdesign

Von Beginn an waren die VIVA-Macher bemüht, den Sender als Marke zu etablieren, die auch jenseits des eigentlichen Programms ihren Einfluß geltend machen konnte. Mit der zunehmenden Konkurrenz auf dem deutschen TV-Markt war es unabdingbar geworden, Zuschauern und Zielgruppen durch ein unverwechselbares On-air-Design verläßliche und wiedererkennbare Strukturen zu bieten. Dabei machte sich zunehmend die Erkenntnis breit, daß Design in den meisten Fällen vom Zuschauer nicht rational, sondern emotional begriffen und aufgenommen wird. Da TV-Design in Deutschland aufgrund der spezifischen Medienentwicklung noch keine große Tradition aufweisen konnte, wandten und wenden sich viele deutsche Sender in die USA oder nach Großbritannien, wo sie ihren Programmen von branchenführenden TV-Design-Schmieden wie Pittard Sullivan, Novocom und Lee Hunt Associates den unverwechselbaren »Look & Feel« verpassen lassen.

VIVA ging auch hier einen eigenen Weg: Man engagierte mit der DMC (Wien/Hamburg) ein Unternehmen aus dem deutschsprachigen Raum – auch, so VIVA Art-Directorin Asta Baumöller, »weil sie näher dran sind. Einflüsse, kulturelle Entwicklungen, lokale Trends, Schwingungen, allgemeine Strömungen, Zukunftsvisionen können erspürt und in die Arbeit miteinbezogen werden.«[53]

VIVA setzte auf plakative Einfachheit, im Gegensatz zu MTV, wo für das Artwork auch renommierte Künstler wie Jenny Holzer verpflichtet werden und sich der *state-of-the-art* der Animationstechnik ein Stelldichein gibt. Das VIVA-Logo verzichtet auf die direkte typographische Auszeichnung des Namens (»sieht aus wie Vava«[54]), und die optische Welt um dieses Zeichen ist die Designsprache der Shopping-Malls und Supermärkte: Sog. »billige« Schriften und Farben, der Verzicht auf räumliche Tiefe sowie eine starke ironische Künstlichkeit und Fröhlichkeit schaffen einen optischen Gegenpol zu MTV.[55]

1998 entschloß man sich zur Überarbeitung des VIVA-Designs, die insbesondere eine Integration des Zielpublikums ins Design zum Inhalt hatte. Bestimmende Gestaltungsfläche sind jetzt amateurhafte Hi-8-Aufnahmen von Teens und Twens. Die plakative Formenhäufigkeit soll sich zugunsten einer bewegteren, »lebensnäheren« und chaotischeren Gestaltung auflösen,[56] Respektlosigkeit vor gestalterischem Geschmack einen Gegenpol zur Glattheit vieler Pop-Produkte bilden.

Auch bei VIVA Zwei beschritt man 1996 neue Pfade. Das neue Design verzichtet ganz auf die Einbindung des Sendernamens und besteht nur aus einem einfachen weißen Kreuz. Das erwachsene Zielpublikum von VIVA Zwei – so der zugrundeliegende Gedanke – steht dem Medium Fernsehen bereits in einer reflektierenden Weise gegenüber. Die äußerst reduzierte Gestaltung sollte als Verweigerungshaltung gegen die Mechanismen des populären Fernsehens signifikant sein. Auch die abstrakten und assoziativen filmischen Vorspänne bei starker Betonung des Soundtracks steuern in diese Richtung. Nahezu intellektualistisch wirken die *Station Identities* – kurze, zufällige Ausschnitte des täglichen Lebens, de-

53 In: *Horizont* 5, 29. 1. 1998 (Sonderbeilage: Off Line).
54 Aschmann/Baumgärtel, a. a. O.
55 Vgl. *Design for Media and Communication*, Mainz 1998, S. 2 ff.
56 Ebd.

ren Bildinhalt durch populäre Songtexte oder persönliche Statements einer nicht näher definierten Person kontrastiert wird.[57] Das Senderdesign von VIVA Zwei sorgte für Aufsehen in der Branche und wurde u. a. mit Auszeichnungen vom Art Directors Club Deutschland und mit dem amerikanischen Merit Award geehrt.

### Kooperationen und Drittmarken

Um das Potential der Marke VIVA auszuschöpfen, bemühten sich die Verantwortlichen, den Sender über ein reines Fernsehprodukt hinaus zu einem kulturellen Produkt im weitesten Sinne zu konstituieren. Die globale Markenexpansion war jedoch problematisch, da sie nur zielgruppenbezogen funktioniert. So wandte sich VIVA zwar an ein Publikum von 10-40jährigen, doch beschränkt sich die hohe emotionale Identifikationsphase, »wo ich wirklich so sein will, und auch bereit bin, so ein lila T-Shirt zu tragen, auf das Alter zwischen 10 und 17 Jahren, also bis Pubertätsende«. Dann teilt sich der Zuschauerstamm in die normalen Musik-TV-Konsumenten und diejenigen, die z. B. einen Sender mit Haltung bevorzugen. Die Idee war, neben der eigentlichen Marke durch Kooperationen Außenplattformen zu schaffen und Drittmarken zu entwickeln, »neue Marken, die zwar immer latent durchschimmern lassen, wo sie herkommen, die aber ganz bewußt dadurch der Alltags-Falle, dem Teenie-Effekt positiv entrinnen«. Damit beschritt VIVA auch hier einen anderen Weg als MTV, dessen »Markenarroganz« immer dominant war.

Unter dem Label »VIVA & Friends« präsentierte man 1997 mit dem Schreibwarenhersteller Landré eine eigene Produktlinie für den Schul- und Freizeitverbrauch, die im Stil der VIVA-Bildschirmästhetik gestaltet wurde. Weitere Kooperationen unterhält VIVA mit der Zeitschrift *Amica* der Verlagsgruppe Milchstraße (*Amica TV*), Agfa (Einwegkamera VIVA Agfa Easy), der Deutschen Funkruf GmbH (Paging-Dienst Telmi) und mit AOL Deutschland (VIVA Online-Angebot).

1998 verkündete der Sender zum wiederholten Mal das Erscheinen einer »Zeitschrift zum VIVA-Lebensgefühl«, die gemeinsam mit dem Bauer Verlag noch im gleichen Jahr auf den Markt ge-

57 Ebd.

bracht werden soll. Die Idee ist von 1995, doch zunächst war das Projekt, das zuerst gemeinsam mit Gruner + Jahr entwickelt und als Konkurrenzprodukt zur Jugendzeitschrift *Bravo* lanciert werden sollte, auf Eis gelegt worden. Nun soll bei eben jenem *Bravo*-Verleger Heinrich Bauer das neue VIVA-Magazin *Comet* in einer Auflage von mindestens 300 000 Exemplaren erscheinen. Kernzielgruppe sind die 15-20jährigen, »alle, die der *Bravo* entwachsen sind, aber trotzdem weiterhin kompetent über populäre Entertainment- und Lifestyle-Trends informiert werden wollen«.[58] Obgleich die ähnlich projektierte Gazette des Konkurrenten MTV (*xtreme*) floppte, glaubt Gorny an ein Potential der Zeitschrift *Comet* von monatlich bis zu 500 000 Exemplaren: »Es gibt unterhalb von *Max* und oberhalb der *Bravo* im Moment nichts. *Musikexpreß* und diese Dinge sind zu sehr Musikzeitschrift. Es gibt also nichts, was ganzheitlich ist, so daß die Marktlücke sicher da ist.«

Seit 1997 beteiligt sich VIVA auch an der von Volkswagen initiierten »Sound Foundation«, die jungen Nachwuchskünstlern finanzielle Mittel, Sachleistungen und kompetente Beratung bieten soll. Im VIVA-Programm ist dieses VW-Engagement in den Sendungen *Overdrive* und *Trendflash* präsent.

Mit »Lust for Life« wurde VIVA 1998 Partner der Kaufhof Warenhaus AG. Ziel: eine bundesweite Kette von VIVA-Cafés in den Häusern des Konzerns, von denen rd. 40 als altersgruppenbezogene Jugendkaufhäuser ausbaut werden sollen. VIVA sorgt als Lizenzpartner für eine entsprechende Gastronomie und Fashion. Neben den Jugendhäusern, die außerdem in den ebenfalls zum Kaufhof-Komplex zugehörigen Horten- und Kaufhalle-Filialen für die 20-30jährigen eröffnet werden sollen, sind ebenfalls noch Sporthäuser und Konzepte speziell für Kids unter 18 Jahren in Planung. Gorny sieht Kaufhof als idealen Kooperationspartner, der VIVA flächendeckend den Sprung »vor Ort« zu den Kids ermöglicht. Gleichzeitig eröffnet sich ein Distributionskanal in Top-Innenstadtlagen für zahlreiche geplante VIVA-Lizenzprodukte, die einmal rd. zehn Prozent des Gesamtumsatzes ausmachen sollen.[59]

58  IP Sonderheft August 1998: *Bravo und VIVA präsentieren: Comet.*
59  Vgl. Postinett, a. a. O.

Auch der Umgang mit den Anchormen und -women entspricht einer Markenstrategie, die anders als bei MTV nicht auf »arrogante Exklusivität« setzt, sondern eine im positiven Sinne breit gestaltbare VIVA-Welt fördern sollte. Echte Stars produzierte VIVA v. a. mit Heike Makatsch und Stefan Raab. Heike Makatsch avancierte über die Sendungen *Interaktiv* und *Heikes Hausbesuch* schnell zur Repräsentantin von Pop und Jugend in Deutschland schlechthin und prägte maßgeblich das Bild, das sich deutsche Teens vom »Girlie« machten. Nach ihrem Abschied von VIVA moderierte sie noch für RTL2 die Sendung *Bravo-TV* und später *Die Heike Makatsch Show.* Die Personality-Show brachte jedoch nicht den erhofften Erfolg und wurde kurz darauf eingestellt. Heike Makatsch zog sich daraufhin aus dem TV-Bereich zurück und trat als Schauspielerin in Filmen wie *Männerpension, Obsession* und *Aimée und Jaguar* auf.

Seit 1993 bestreitet Stefan Raab (*1966) dreimal wöchentlich mit der chaotischen Talkshow *VIVAsion* die Primetime des Programms. 1996 wurde der ausgebildete Metzger für seine Sendungen, einem wüsten Mix aus Talk, Reportage und Parodie auf TV-Gepflogenheiten, mit dem Fernsehpreis »Der Goldene Löwe« für das »beste Jugendprogramm« ausgezeichnet. Auch als Musikproduzent reüssierte Raab mit Hits wie *Böörtie Böörtie Vogts, Hier kommt die Maus* und *Guildo hat euch lieb,* dem deutschen Beitrag beim Grand Prix Eurovision de la Chanson 1998 in Birmingham.

Die Aktivitäten und Erfolge von Heike Makatsch und Stefan Raab, obgleich außerhalb von VIVA, sieht Geschäftsführer Gorny dennoch in idealer Entfernung zur Marke VIVA und der Strategie einer breit angelegten VIVA-Welt:

»Das passiert scheinbar alles außerhalb von VIVA. Das ist für mich aber sehr nahe, weil wir, anders als MTV, immer gesagt haben: Wir wollen uns über profilierte Persönlichkeiten vermitteln, die auf dem Logo stehen und nicht, wie bei MTV, über Persönlichkeiten, die das Licht des Logos, das über ihnen hängt, mit abkriegen.«

Aber nicht nur über die Marke, auch unternehmensintern entstand eine VIVA-Welt: Gemeinsam hatte man dieses angeblich leck geschlagene VIVA-Schiff in sicheres Fahrwasser und gar zur Marktführerschaft gesteuert. Schon bald wurde die Arbeit bei VIVA zum Mythos, der nicht nur Tausende zu Casting-Veranstaltungen lockte, sondern auch unzählige Schulabgänger und Studierende veranlaßte, bereitwillig unentgeltlich zu arbeiten. Junge Praktikanten/innen bekommen sehr schnell große Verantwortung übertragen, im Dienste der Programmgestaltung dürfen sie schon frühzeitig attraktive Reisen unternehmen. Zum einen wird so die rasche Assimilation der jungen Mitarbeiter in das Unternehmen gefördert, zum anderen bieten solche Strukturen gezielte Kontrolle über die Weiterentwicklung des Senders: Nachwuchsleute, denen man zügig Privilegien einräumt, halten erst mal still, genießen ihre Vorrechte und sind ausreichend damit beschäftigt, vorhandene Standards und Erwartungen zu erfüllen, bestätigt auch Heike Makatsch: »Deshalb ist es auch schwer von denen zu erwarten, daß sie sagen: ›Ihr könnt uns mal.‹«[60] In dieselbe Richtung weist das häufig kolportierte Diktum Gornys, VIVA sei ein Sprungbrett für jeden der dort arbeitenden Moderatoren, Redakteure und Praktikanten. »Ja, du darfst nichts fordern. Weder positionell, finanziell noch vom Einfluß her. All das kannst du nicht einklagen, denn es ist ja nur dein Sprungbrett.«[61]

»VIVA ist vom sozialen Ansatz ein Vorzeigeunternehmen«, kontert Gorny derartige Vorwürfe und verweist auf eine geringe Fluktuation, ordentliche Besoldung, Betriebsrat, Betriebskindergarten usw. »Gut an VIVA ist, daß man so selbstverständlich reinwachsen kann. Es handelt auch sehr kommunikativ und integrativ, hat dadurch aber den Nachteil, daß alles, was mit Spielregeln zu tun hat, ein direkter Angriff auf die Freiheit der Leute ist.«

---

60  Zit. in: Isabelle Graw/Tom Holert: »Heike Makatsch. Es gilt alles zu betrachten«, in: *Spex* 9 (1997).
61  Ebd.

## 6. VIVA und das Geld

Beim Zuschnitt von VIVA hat Gorny nie einen Zweifel daran gelassen, daß trotz aller Diskussionen um Kulturförderung vs. Kommerz die wirtschaftliche Etablierung des Senders Priorität genießt – eine Aussage, die im »Umfeld Musik immer sehr schwer zu goutieren ist«. Die Schuld für die weitgehend unbefriedigende Situation im deutschen Musik-TV – Gleiches konkurriert mit Gleichem – sieht Gorny in dem Verhalten der öffentlich-rechtlichen Konkurrenz in einem freien, wirtschaftlich agierenden Mediensystem:

»Ich habe das immer sehr bedauert, daß die Antwort der Öffentlich-Rechtlichen auf das Phänomen VIVA noch kommerziellere Jugendradiosender waren. [...] Wie hat denn die ARD auf VIVA reagiert? Sie haben ein Top-Twenty-Magazin, *Hit-Clip*, eingeführt und eine musikalische Leiche revitalisiert, nämlich *Rockpalast*. Als erstes haben sie Gary Moore auf die Bühne gestellt. Was ist denn das für ein kulturpolitisches Signal?«

Gorny erwartet für ein funktionsfähiges duales System ein klareres Engagement der ARD und ZDF in Sachen Minderheiten, wie es der Rundfunkstaatsvertrag vorsieht. Das Wechselspiel zwischen Qualität und Quote könne nur dann funktionieren, wenn es einen Bestandsschutz sowohl für öffentlich-rechtliche Sender als auch für Privatsender gebe. »Wenn Wettbewerb nicht mehr möglich ist, weil alle ›Privat‹ spielen – die einen mit Gebühren, die anderen ohne –, dann verzerrt sich das Prinzip. Dann wird aus freiem Wettbewerb ein staatlich subventionierter Verdrängungswettbewerb. Das wäre gefährlich.« Handlungsbedarf sieht Gorny v. a. in einer angemessenen »Spielfeldbeschreibung« seitens der Politik, die einen fairen Wettbewerb ermöglichen soll. »Zur Zeit ist die Frage, wie weit der Expansionsdrang der öffentlich-rechtlichen Anstalten noch tolerierbar ist«, ohne daß im Hinblick auf die Gebühren ein Legitimationsproblem entstünde. So ging der WDR 1999 mit einem TV-Ableger seines erfolgreichen Radiosenders Eins Live auf Sendung, und auch andere Jugendwellen haben bereits ihr TV-Engagement bekanntgegeben.

Angesichts einer angekündigten Investitionssumme von 80-100 Mio. DM seitens der Gesellschafter bezifferte man bei VIVA den Jahresetat 1993 auf 35 Mio. DM. So konnte der Sender drei Jahre lang arbeiten, ohne Gewinne erwirtschaften zu müssen. Der auf drei Jahre festgezurrte Finanzplan gestattete dem Sender sogar kumulierte Anlaufverluste von 85 Mio. DM. Lediglich 20 Mio. DM, so das Ziel, mußte VIVA bis Ende 1996 an Nettowerbeeinnahmen einbringen. Mit besonders günstigen Werbepreisen zwischen 60 DM und 1590 DM lockte der TV-Newcomer zum Sendestart die Werbetreibenden. Bei einem sehr konservativ kalkulierten durchschnittlichen Marktanteil von 0,3 % ergab sich im Schnitt über das gesamte Jahr gesehen ein Tausender-Kontakt-Preis von 11,88 DM. Im ersten Jahr wurden 7 Mio. DM an Einnahmen erzielt.

Die Rechnung ging auf. In den folgenden Jahren konnte VIVA Marktanteile und Werbeumsätze kontinuierlich steigern. Bereits 1995, zwei Jahre nach Sendestart, gelangte man in die Gewinnzone, doch flossen die ersten Gewinne dem inzwischen gestarteten und anhaltend defizitären VIVA Zwei zu (jährliche Verluste von ca. 10 Mio. DM). Mittlerweile erwirtschaftet die ganze VIVA-Gruppe Gewinne von 10 Mio. DM bei einem geschätzten Umsatz von über 70 Mio. DM (1997). Vermarktet wurde das VIVA-Programm von Beginn an in Eigenregie. Schließlich, so der stellvertretende Geschäftsführer Klaus Finger, sei man anders als die reichweitenorientierten Programme und war daher an der Einführung neuer Regeln interessiert: »Wir wollen nicht quantitativ, sondern qualitativ im Markt argumentieren«.

## VIVA-Marktforschung

Ein Kardinalproblem für VIVA war stets die Ermittlung des Zuschauererfolges. In die »Falle der GfK-Quoten« wollte man nicht tappen, dazu sei die anvisierte Zielgruppe zu klein. Und nicht nur bei den Sendern, auch auf seiten der Werbeindustrie und Mediaplanung herrscht schon seit geraumer Zeit Unzufriedenheit mit den Meßmethoden der Gesellschaft für Konsumforschung (GfK): So sind Spartenkanäle wie n-tv oder VIVA in der GfK-Reichweite kaum noch zu erfassen, obgleich sie sehr wohl ihre Zielgruppen erreichen. Ein spezialisiertes Musikmagazin, das auf eine bestimmte jugendliche Zielgruppe ausgerichtet ist und dort die Opinion Leader erreicht, ist für die Werbeindustrie hochinteressant, doch in den üblichen Quotentabellen kommt ein solches Programm nicht vor. VIVA beabsichtigte deshalb, zusammen mit Agenturen und Werbetreibenden eigene Marktforschung zu betreiben.

In der Zuschauergunst konnte der Sender bereits 1996 zum Konkurrenten MTV aufschließen: Umfragen der Niko Media Research (Frankfurt/M.) ergaben, daß »VIVA und MTV bei jungen Leuten gleich gut ankommen und sich ein heißes Kopf-an-Kopf-Rennen« liefern. Dabei gaben 16,8 % der befragten Bundesbürger im Alter von 14-24 Jahren an, »gestern« VIVA verfolgt zu haben (MTV: 16,7 %).[62] Im Auftrag von VIVA diagnostizierte die BIK-Umfrageforschung (Hamburg) bereits im Oktober 1996 die Übernahme der Marktführerschaft des Kölner Senders bei den deutschen Musikkanälen, allerdings wurden hier auch 25-29jährige befragt. Einer telefonischen Umfrage zufolge erreichte VIVA in der Kernzielgruppe der 14-29jährigen in bundesdeutschen Telekom-Kabelhaushalten 9,2 % »Seher gestern« deutlich mehr als MTV (4,4 %). Bei den 14-55jährigen mit Kabelanschluß sahen sogar 10,5 % VIVA, gefolgt von VIVA Zwei (4,7 %) vor den beiden Viacom-Konkurrenten MTV (4,2 %) und VH-1 (0,4 %). Laut Untersuchung sind die Reichweiten an die qualitative Beurteilung des Programms gekoppelt. 31,6 % der Befragten gaben VIVA die Noten »sehr gut« bzw. »gut«, 17,7 % für VIVA Zwei (MTV: 13,1 %; VH-1: 11,2 %).

MTV-Unternehmenssprecher Stefan Vogel kommentierte lakonisch, es mache keinen Sinn, Research gegen Research zu stellen und die Zahlen im einzelnen zu kommentieren. Entscheidend

---

62  Die vorgelegten Daten basieren auf dem sogenannten Niko-Werbe-Index 1996 der Niko Media Research. Diese kooperiert mit der A. C. Nielsen Werbeforschung S+P sowie dem Bielefelder Emnid-Institut. Emnid führt für den Werbe-Index jährlich dreimal 5000, also insgesamt 15 000 Befragungen durch, die im Februar/März, Juni/Juli und November/Dezember stattfinden. Abgefragt werden dabei 40 soziodemographische Variablen, 100 Zeitschriften, 42 Hörfunkprogramme, 15 TV-Sender nach Zeitsegmenten, zehn Tageszeitungen, die Kinonutzung sowie die Beachtung von Plakaten. Im Mittelpunkt stehen die Mediennutzung und die Markendaten bzw. die Werbeeffizienz.

Um bei den Musiksendern mit einer ausreichenden Fallzahl in der »Kernseherschaft« der 14-24jährigen zu arbeiten, wurden alle drei Wellen des Jahres 1996 zusammengefaßt. So entstand eine Fallzahlbasis von 1830 Befragten zwischen 14 und 24 Jahren. Zu beachten ist dabei, daß nur die »Seher gestern«, also die »Kernseher« ausgewiesen wurden.

seien die Werbebuchungen, und da läge MTV vorn. Zudem verweist man bei MTV auf die Bedeutung der Zuschauertypologie: Während VIVA »Mainstream« sei und sich vom Zuschauerprofil anderer Programme kaum unterscheide, sei der MTV-Stammseher anders: weniger aus dem Arbeiter-, mehr aus dem postmodernen Milieu. Die Ergebnisse weiterer Marktforschungsstudien »Result: Institut für Medienforschung« (Frühjahr 1997) sowie »Infratest Burke Studie« (Herbst 1997), allesamt im Auftrag von VIVA durchgeführt, zeugten jedoch rein quantitativ eindrucksvoll vom Siegeszug des Senders. Die jüngste Untersuchung des Instituts für Demoskopie Allensbach, das im Frühjahr 1997, Herbst 1997 und im Frühjahr 1998 insgesamt 19 888 Personen befragte, kam zu dem Ergebnis, daß VIVA seine Marktführerschaft im Vergleich zum Vorjahr noch weiter ausbauen konnte. So erreicht der Sender in der Zielgruppe »Erwachsene ab 14 Jahren« 3,86 Mio. Zuschauer pro Tag (MTV: 2,7 Mio.). Noch eindeutiger sehen die Werte in der Zielgruppe der 14-19jährigen aus: 30,2 % geben an, daß sie am Vortag VIVA eingeschaltet haben (MTV 20,1 %).

## 7. VIVA 2000: Strategien und Perspektiven

VIVA galt schon früh als »erster Schritt zu einem globalen Konzept«. Eine wirkliche Fortsetzung der VIVA-Strategie wurde aber erst im Juni 1998 in einer Sitzung der Konzernvertreter beschlossen, weil laut Gorny unter den Gesellschaftern vorderhand die Meinung vorherrschte, allein könne man es besser.

Zunächst sind eigene Angebote des VIVA-Programms in denjenigen Ländern geplant, in denen der Sender zu empfangen ist: So soll Anfang 1999 zunächst ein Fensterprogramm in Polen angeboten werden, wo VIVA seit geraumer Zeit in die meisten Kabelnetze (ca. 3 Mio. Anschlüsse) eingespeist wird. Einheimische Moderatoren werden die Musikclips präsentieren, die sich an den polnischen Hitlisten orientieren. Zum ersten Mal soll VIVA somit in der internationalen TV-Arena gegen den Konkurrenten MTV antreten. Falls das Konzept aufgeht, ist auf mittlere Sicht ein eigener Musiksender in Warschau geplant. Gewinne werden schon im ersten Jahr erwartet.

Weitere Fensterprogramme könnten sich in Spanien und Ungarn anschließen. Bei dieser Expansion ist für VIVA von Vorteil, daß es im Gegensatz zu MTV europaweit unverschlüsselt über Satellit zu empfangen ist. Schon 1993, gleichzeitig zum Sendestart von VIVA, hatte der MTV-Mutterkonzern Viacom verfügt, den Sender über Satellit nur noch verschlüsselt auszustrahlen – ein Schachzug, der MTV viele Sympathien kostete.

Generell fordert Gorny mehr Mut von den Gesellschaftern bei der Gestaltung der VIVA-Zukunft. Wenn nämlich »MTV zu einer VIVA-Kopie wird, egal was sie da nachmachen, ist der Markt frei«. Und trotz einer jungen Zielgruppe erachtet Gorny diesen Markt als Massenmarkt. VIVA muß sich längerfristig nicht mehr unbedingt als Nischenkanal inszenieren: »MTV hat ja auch ganz proper gelebt.« Eine zentrale Rolle hat Gorny für VIVA Zwei vorgesehen:

»Wenn wir das als Alternative anbieten, hat MTV ein Problem, weil der wahre Wettbewerber der kleinere Sender VIVA Zwei ist. Das Kommerzschiff kann sich dann fröhlich weiterentwickeln und mit RTL2 um Marktanteile streiten.«

Entscheidend bei der sukzessiven Ausweitung von VIVA zum Vollprogramm bleibt allerdings die technische Reichweite. Doch wo konkurrierende Musiksender einen Network Development Manager beschäftigen, dessen Aufgabe ausschließlich darin besteht, den Sender auf den wenigen freiwerdenden Frequenzen in den Kabelnetzen unterzubringen, hat VIVA-Chef Gorny mit seinen politischen Seilschaften vermutlich die besseren Karten.

Ins digitale Zeitalter hingegen wird VIVA vorerst wohl nur als Zusatzangebot via Pay-TV einsteigen. Die Strahlkraft der VIVA-Hauptprogramme im Free-TV könnte durchaus digitale Pay-Kanäle wie »VIVA plus«, »VIVA Dance« oder »VIVA Concert Channel« anschieben. Nach Gornys Einschätzung wären dabei Zuschauerzahlen auf heutigem DF1-Niveau durchaus realistisch.

»Nur als Mittelständler rutsche ich sofort wieder zurück und sage: ›An einer potentiellen Medienwelt kann ich mich leider nicht beteiligen, ist mir zu teuer, guckt doch, was passiert, wenn man sich gerade im Sinne dieser Reizworte von digital engagiert, wie MTV.‹ Man landet bei DF1 in irgend so einer ausgetrockneten Ecke des digitalen Überraums und keiner sieht einen. Man muß immer bedenken: Fernsehen ist ein Massenmedium.«

Mit dieser Philosophie verficht Gorny, wie der ehemalige RTL-Chef Thoma, eine herkömmliche Ordnung der Massenkommunikation. Mit VIVA ist er, wenn auch in seinem speziellen Bereich des TV-Angebots, Marktführer geworden, so wie Thoma einst mit RTL. Thoma und Gorny haben ihre Sender am stärksten personalisiert und auch ebenso stetig wie unbarmherzig nach außen vertreten. VIVA ist eine sozialdemokratische Integrationsleistung, und deshalb kann es für Gorny ruhig noch eine Weile dauern, bis sich der Fernsehmarkt durch digitale Techniken und Pay-Bouqets weiter parzelliert. Solange der Sender weiter expandieren kann, stört es ihn nicht, daß der Altersabstand zwischen ihm und dem VIVA-Zielpublikum naturgegeben immer weiter wächst.

»Da sehen Sie«, korrigierte er in einem legendären Interview die 31jährige Jugendministerin Claudia Nolte, »das ist ja dieser furchtbare Fehler: Pop ist jung, und Politik scheint vorzeitig altern zu lassen: Popkultur – auf Nimmerwiedersehen! Wir haben nicht diese selbstverständliche Verbindung von Gesellschaft und Popkultur. In England hat Eric Clapton eine große Villa und Phil Collins lebt da und jeder kennt die Spice Girls.«[63]

Und gern verweist Gorny auf Ahmet Ertegun (*1923), einen wirklichen Mogul der Popkultur. Der Sohn des türkischen Botschafters verlegte bei Atlantic Records einst Otis Redding, Led Zeppelin, ABBA und die Rolling Stones. Ertegun gründete die »Rock & Roll Hall of Fame« in Cleveland, ist zweifacher Ehrendoktor, war Präsident des Fußballclubs Cosmos New York und wurde 1998 MIDEM Man of the Year. An Lebenszielen im Popbusiness sollte es Gorny also nicht mangeln.

63  In: *Süddeutsche Zeitung*, 25. 11. 1997.

# III. Kunst für die Massen:
## Videoclips

# Ramona Curry
## Madonna von Marilyn zu Marlene:
## Pastiche oder Parodie?

»Pastiche is, like parody, the imitation of a peculiar or unique style, the wearing of a stylistic mask, but it is neutral practice of such mimicry, without parody's ulterior motive, without the satirical impulse, without laughter. Pastiche is blank parody, parody that has lost its sense of humor...«[1]

In diesem oft zitierten Abschnitt aus seinem einflußreichen Essay *Postmoderne und Konsumgesellschaft* unterscheidet Fredric Jameson streng zwischen Pastiche und Parodie, und allein der Parodie schreibt er die Möglichkeit einer Gesellschaftskritik zu. Mein Aufsatz versucht, Jamesons Trennung von Parodie und Pastiche, die er auf der Grundlage ihrer unterschiedlichen Formen und politischen Ziele vornimmt, in Frage zu stellen, und zwar anhand des komplexen Starimages von Madonna, dem amerikanischen Musik- und Medienphänomen. Der Aufsatz möchte zeigen, daß diese Trennung keinen effektiven theoretischen Ansatz darstellt, will man Phänomene der zeitgenössischen Massenkultur untersuchen. Es sei bemerkt, daß das Projekt weniger von Jameson als von dem Phänomen Madonna inspiriert wurde, denn das Ziel dieses Aufsatzes ist die Untersuchung einiger Streitfragen, die das kulturelle Zeichen Madonna hervorhebt und die sowohl für Theorien der Postmoderne als auch für eine feministische Diskussion von Medienerscheinungen von Bedeutung sind.[2]

1 Fredric Jameson: »Postmodernism and Consumer Society«. The Anti-Aesthetic, Essays on Post-Modernist Culture, in: Hal Foster (Hg.): Port Townsend, Washington 1983, S. 114.
2 Dieser Aufsatz entstand im Grundriß im Frühjahr 1988 und wurde im Juli 1988 bei einer Tagung der »Society of Cinema Studies« vorgetragen. Er erschien in erweiterter Form im *Journal for Film and Video*, 42.2. (Sommer 1990): S. 15-30. Microfilmkopien dieser Zeitschrift sind erhältlich über: University Microfilms International (ISSN 07244671). Der Aufsatz wurde im Februar 1991 überarbeitet und ins Deutsche übersetzt von Ramona Curry, mit Dank an Eva Gruenstein-Neumann und Barbara Naumann für Übersetzungshilfe und weitere Redaktion. Dank auch an die vielen Freunde, Kollegen und Studenten, die mir beim Austausch von Texten und Ideen sehr behilflich waren.

Seit 1983 haben die Massenmedien in den USA das vielschichtige Starbild Madonna ständig kommentiert und damit auch gefördert. Darin dokumentierte sich nicht nur eine lebendige Verkörperung des postmodernen Pasticheprinzips, sondern die Medien trugen zu dessen Schöpfung wesentlich bei. Madonna wurde nicht nur von der Tagespresse als ein Leitphänomen der postmodernen Massenkultur anerkannt, sondern sogar von akademischen Verlagen in den USA (die, so gesehen, ebenfalls »Publicity« für Madonna beisteuerten). Aus dem Bereich der Medienwissenschaft haben sich bisher insbesondere E. Ann Kaplan und John Fiske mit dem Phänomen *Madonna* auseinandergesetzt.[3] Kaplan und Fiske schätzen Madonnas potentielle kulturkritische Wirkung sehr unterschiedlich ein. Fiske argumentiert, daß Madonnas frühe Videoclips von britischen Mädchen im Teen-Alter als Parodie aufgefaßt werden.[4] Dagegen behauptet Kaplan, daß die Videoclips letztlich jede klare Aussage verfehlen, denn deren Pastichebildung vernebele mögliche Stellungnahmen und erlaube einzig mehrdeutige Auslegungen. Dieser Endeffekt verdanke sich auch der Ausstrahlung der Videoclips durch das Fernsehprogramm MTV, das selbst ein Pastiche bildet.[5] Obwohl Kaplan sich gegen Jamesons negative Beurteilung der Postmoderne wendet, stimmt sie mit ihm überein, daß die Mehrdeutigkeit postmoderner Texte deren Verständnis als Parodie widerspricht.[6]

Es geht in dieser Streitfrage um die Möglichkeit eines kritischen Standpunktes gegenüber zeitgenössischen Massenmedienprodukten. Wie – wenn überhaupt – kann ein Medienphänomen wie *Madonna,* die eine Pastiche bildet, als Parodie wirken? Nach Jameson

---

3  Siehe E. Ann Kaplan: Rocking Around the Clock: Music Television, Postmodernism, and Consumer Culture, New York 1987, bes. S. 115-127; s. a. ihren Beitrag »Feminist Criticism«, in: Robert C. Allen (Hg.): Channels of Discourse: Television Criticism in the 80s, Chapel Hill/North Carolina, S. 211-253, bes. S. 239-246, sowie Kaplans Beitrag: »Whose Imaginary? – The Television Apparatus, the Female Body and Textual Strategies in Select Rock Videos on MTV«, in: E. Deidre Pribram (Hg.): Female Spectators: Looking at Film and Television London/New York 1988, S. 134-156, bes. S. 139-146. S. auch John Fiske: »British Cultural Studies«, in: Allen, S. 254-289, bes. S. 270-284. Die Karikaturzeichnung von Madonna auf der Deckelseite des Sammelbands *Channels of Desire* deutet an, daß das Buch das Madonna-Phänomen inhaltlich abhandelt, läßt aber auch vermuten, daß ein akademischer Verlag erkennt, welche Anziehungskraft Madonna bei Medienwissenschaftlern besitzt, die ja den Hauptmarkt für das Buch bilden.
4  Fiske, a. a. O., S. 275-283.
5  Kaplan: Rocking, S. 115-127 und S. 130-133 und Kaplan: Channels, S. 240-246.
6  Kaplan: Rocking, S. 45-47, S. 145-147; und Kaplan: Channels, S. 240.

schließt die Pastichebildung der postmodernen Kultur jede Möglichkeit ihres kritischen Konsums aus. Die Konsequenzen aus dieser Überlegung sind nicht nur im Rahmen der Medientheorie von Bedeutung. Sie sind auch von Belang für die Praxis, v. a. die Praxis derjenigen Kulturkonsumenten, die von den Massenmedien weitgehend als »das Andere« dargestellt werden, d. h. jede Person, die nicht männlich, nicht von weißer Rasse, nicht heterosexuell orientiert, nicht ein Erwachsener oder nicht der Mittel- oder Oberschicht zugehörig ist. Wie – wiederum, wenn überhaupt – können diejenigen Konsumenten, die sozial benachteiligten Gesellschaftsgruppen angehören (darunter auch Frauen), Instanzen der zeitgenössischen Massenkultur zuerst begreifen und dann von Standpunkten aus aufgreifen, die ihren eigenen sozialpolitischen Interessen entsprechen? Im vorliegenden Fall muß gefragt werden, wie besonders viele weibliche Konsumenten und auch Kritiker(innen) dazu kommen, Madonna als eine Parodie der dominanten patriarchalischen Gesellschaft zu verstehen, obwohl die einzelnen Erscheinungen (z. B. in Videoclips) dieses Stars wie auch ihr gesamtes Starimage ein deutliches Beispiel postmodernen Pastiches bieten.[7]

## Image des Stars als Zeichen

Dieser Aufsatz geht davon aus, daß Textbedeutungen nicht allein durch die Erfahrung eines Lesers (sprich Zuschauers/Zuhörers im Falle von Filmen und Videoclips) beim Lesen eines einzelnen, etwa geschlossenen Textes entstehen. Statt dessen erschließen Leser die Bedeutungen eines vorliegenden Textes aus seiner diskursiven Rezeption im Zusammenhang mit mehreren mit ihm verbun-

7  Als Beispiele für den anhaltenden Diskurs, der Madonna umschreibt und der sich häufig mit ihrer feministischen Bedeutung auseinandersetzt, siehe folgende Zeitungsauszüge aus dem Zeitraum Dezember 1990 - Januar 1991: Stephen Holden: »That Madonna Video: Realities and Fantasies«, in: *New York Times*, 3. 12. 1990; Mim Udovitch: »Beyond Ambition«, in: *Village Voice*, 11. 12. 1990; Richard Goldstein: »Free MTV!« in: *Village Voice*, 18. 12. 1990, S. 52; Camille Paglia: »Madonna – Finally, a Real Feminist«, in: *New York Times*, 14. 12. 1990, S. A 19; Letters to Editor, in: *New York Times*, 30. 12. 1990; and Letters to Editor, in: *New York Times*, 6. 1. 1991. Siehe auch *Glamour*: »Women of the Year«. Dez. 1990, S. 101. Diese Frauenzeitschrift zollt Madonna Anerkennung als einer von zehn »Frauen des Jahres«, und zwar dafür, daß sie die Macht von Frauen verkörpere, sich selbst zu bestimmen.

denen Texten. Entsprechend ist das Verhältnis zwischen den einzelnen Videoclips Madonnas zu ihrem gesamten Image als Star zu erläutern. Ein »Starimage« entsteht aus vielen verschiedenen Texten, fungiert also diskursiv als intertextuelles Pastiche. Diesem Ansatz liegt die Dyersche Analyse der Entstehung und Aufnahme von »Starimages« zugrunde.[8] Danach entsteht das Starbild Madonnas aus ihren wiederholten Auftritten in verschiedenen Medienformen: Schallplatten, Radio, Videoclips, Konzerten und deren Videoaufnahmen, die nachträglich auf den Markt kommen, sowie aus Filmrollen und Auftritten auf dem Broadway sowie in Talkshows und Werbespots. Dazu treten noch intensive Promotion und Publicity, die jeden neuen Auftritt begleiten, sowie die ständige Kommentierung von Madonnas Aktivitäten und Verhalten in der Tages- und Boulevardpresse.

Mit der Auffassung von Madonnas Starimage als Text soll hier nicht die Bedeutung einer Textanalyse verworfen werden, die die Erzählstrukturen, die Zuschaueranrede und die ideologische Konstruktion der einzelnen Texte (z. B. Videoclips), von denen das Starimage teilweise ausgeht, zugrunde legt. Doch ohne die textuelle Analyse zu vernachlässigen und auch ohne den Einfluß eines ortsspezifischen Erscheinungskontexts (z. B. in MTV oder in einer Discothek) auf die Rezeption eines einzelnen Textes (z. B. eines Videoclips) zu unterschätzen, vertrete ich hier den Standpunkt, daß der Begriff »Starimage« als intertextuelles Zeichen bei einer detaillierten Auseinandersetzung mit dem Phänomen Madonna unentbehrlich ist.

Ich will auch nicht behaupten, daß die hier unternommenen Analysen von Madonnas Starimage und ihren Videoclips eine endgültige oder die einzig »richtige« Deutung darstellten. Denn auch *mein* soziales Bestimmtsein als feministische Medienkritikerin und Konsumentin prägt die Parameter des Diskurses, innerhalb dessen ich als eine spezifische »Leserin« das Kulturphänomen *Madonna* aufnehme. Ich gebe eine bestimmte Ambivalenz einzelnen Darstellungen Madonnas gegenüber offen zu. Ich finde z. B. das fetischisierte Frauenbild und die durchgehende Anrede an einen außertextuellen männlichen Zuschauer, die zahlreiche Videoclips Madonnas prägen, sehr problematisch. Ich behaupte keineswegs,

8 Siehe Richard Dyer: Stars, London 1979, insbesondere S. 38-72. S. auch Dyer: Heavenly Bodies: Film Stars and Society, New York 1986.

daß Madonna an und für sich weder als biographisches Individuum noch als Kulturzeichen für »feministisch« gehalten werden kann. Doch argumentiere ich, daß eine feministische *Deutung* von Madonnas Starimage sehr wohl möglich sein muß, und weiter, daß dieses Starimage die Rezeption einzelner Madonna-Videoclips als feministische Parodien (besonders in den USA) weitgehend ermöglicht.

Ein Überblick über die bestimmenden Merkmale von *Madonna* als Kulturzeichen läßt schon ahnen, wie ihr Starbild im Kontext der amerikanischen Medien- und Musikindustrie feministisch zu wirken vermag. Madonnas Auftritte betonen stets die vitale Energie, soziale Macht und finanziellen Erfolg einer Frau. Allein hierdurch ist zu verstehen, warum Madonna in einer Gesellschaft, die Gesundheit, körperlicher Schönheit und hohem Konsumniveau einen großen Stellenwert beimißt, für Mädchen und junge Frauen ein Rollenideal darstellen kann.

Ein zum Tanz stimulierender Rhythmus sowie die weitgehend optimistische Gesangslyrik in Madonnas Musik tragen zu ihrer Beliebtheit besonders bei Mädchen (und auch in vielen Aerobictanzstudios) bei, denn sie zelebriert eine unverdrängte Sexualität, die – aus weiblicher Sicht – eine starke Sehnsucht zum Ausdruck bringt und aktiv auf deren Befriedigung zielt. Hinzu kommt, daß die Kernphrasen der Gesangslyrik einfach, klar ausgedrückt und leicht zu merken sind, auch für Zuhörer, deren Muttersprache nicht Englisch ist. So, z. B., »I'm burning up for your love«, »You make me feel like a virgin«, »Holiday, celebrate«, »Open your heart«, »Express yourself« und, als Schlachtruf jugendlicher Lust, »Where's the party?« Madonnas Musik und Gesangslyrik drücken ein elementares Vergnügen an der Bewegung des eigenen Körpers und an der Beherrschung des umgebenden Raumes aus. Die Videoclips der einzelnen Songs machen diese Freude am eigenen Körper noch sichtbarer.

Der Medienwissenschaftlerin Lisa Lewis zufolge verkörpert Madonna (wie es auch andere weibliche Rockstars, z. B. Tina Turner, Cyndi Lauper und Pat Benatar tun) für weibliche Fans einen Zugang zu Privilegien, die traditionell nur Männern zugesprochen werden: nämlich Anspruch auf Vergnügen, Geld und Autorität. Lewis findet den visuellen Ausdruck dieser Privilegien insbesondere in Videoclips, in denen Madonna sich aktiv und selbstbewußt auf offener Straße bewegt, einem traditionell männlichen Bereich.[9] Die Verbindungen zwischen Madonnas Starbild und konventionellen männlichen Privilegien resultieren nicht allein aus ihrem Auftreten in den Videoclips und Filmen. Diese Assoziationen werden auch hervorgerufen durch ihre öffentlichen Auftritte auf Konzertbühnen vor Abertausenden von Fans und durch ihren allgemein anerkannten Status als Pionier in der Musikindustrie. Denn Madonna ist die erste und noch einzige weibliche Solorocksängerin, die zu einem internationalen Superstar wurde. Die Macht, die ihr Starimage ausstrahlt, wird dadurch verstärkt, daß die Medien Madonnas außerordentliche Fähigkeit propagieren, entgegen vielen anfänglichen Erwartungen ihren Superstarstatus über Jahre hinweg zu erneuern.[10]

Allgemein zeigt die Pressedarstellung Madonna als eine außerordentliche Frau, die sowohl klug, kühn, vital, erfolgreich, machtvoll und selbständig als auch schön und sexuell aktiv ist. So läßt sich die große Bewunderung aus feministischer Perspektive gut verstehen, mit der viele Mädchen und Frauen Madonna betrachten, sie sogar in Kleidung und Verhalten nachahmen wollen. Doch wie zutreffend auch immer diese Beschreibungen des Starimages Madonnas sein mögen, sie liefern dennoch keine Einsichten in den oft mehrdeutigen Effekt, den Madonnas Auftritte haben, und ebensowenig in die scheinbaren Widersprüche zwischen deren vielfältigen Erscheinungsformen. Alle Madonna-Texte zusammengenommen bilden einen komplexen intertextuellen Begriff, den die bisherigen Teilanalysen nur unzulänglich erörtern.

Das auffallende und anhaltende Interesse an Madonna resultiert jedoch nicht sosehr daraus, daß dieser weibliche Star auf etwa direkte oder einfache Weise Männerprivilegien für sich beansprucht. Es entsteht, glaube ich, in erster Linie dadurch, daß Madonna eine

9  Lisa A. Lewis: »Being Discovered: The Emergence of Female Address on MTV«, in: JumpCut 35, S. 6-8. S. auch dies.: Gender Politics and MTV, Philadelphia/Penn. 1990. – (Vgl. z. B. die Videoclips *Borderline* und *Isla Bonita* und Madonnas Filmrollen in *Desperately Seeking Susan* und *Who's That Girl*.)

10 S. z. B. *Time Magazine*: »Madonna Rocks the Land«, 27. 5. 1985, S. 74 ff.; *Vanity Fair*: »Classic Madonna«, Dez. 1986, S. 102 ff. – Stephen Holden: »Madonna Re-Creates Herself – Again«, in: *New York Times*, 19. 3. 1989, S. 2: 1; Steve Anderson: »Madonna: Forgive Me, Father«, in: *Village Voice*, 4. 4. 1989, S. 67-68; Greg Kot: »Tressed to Kill: Madonna Pumps Up the Image Machine«, in: *Chicago Tribune*, 13. 5. 1990, S. 13: 4 ff.; William R. Macklin: »Madonna: She's in Vogue, But Old Friends Still Wonder, Who's That Girl?« in: *Grand Rapids Press*, 31. 5. 1990, DI; Matthew Schifrin with Peter Newcomb: »A. Brain for Sin and a Bod for Business«, in: *Forbes*, 1. 10. 1990, S. 162-166.

widersprüchliche Komplexität von herkömmlichen und ikonoklastischen Geschlechtsrollen und Geschlechtsverhältnissen darstellt. Die vielfältigen Bedeutungen des Zeichens gehen aus einem ständigen Gegenspiel hervor, das in seiner pasticheartigen Zusammensetzung *und* in seiner breiten Rezeption als Parodie sowohl in einzelnen Medientexten wie auch im Gesamtstarbild stattfindet. Eine überzeugende Auslegung des Zeichens müßte gerade bei diesen Widersprüchen von Madonna ansetzen. Ein von Jameson abweichender Begriff von Parodie in postmodernen Kulturformen soll deshalb hier als Grundlage zu Auseinandersetzungen mit zwei Madonna-Videoclips dienen.

## Das intertextuelle Zitat als parodistisches Moment

Der Kunst- und Literaturwissenschaftlerin Linda Hutcheon gelingt in ihrem 1985 erschienenen Buch *A Theory of Parody*[11] eine Präzisierung der zentralen Begriffe des Diskurses über Parodie. Hutcheon geht davon aus, daß keine überhistorische Festlegung der Parodie möglich ist. Sie verlangt statt dessen eine Auffassung von Parodie in der zeitgenössischen Kultur als »an integrated structural modeling process of revising, replaying, inverting and ›trans-contextualizing‹ previous works of art«.[12] Für Hutcheon ist diese ironische »Transkontextualisierung« (»trans-contextualization«) das ausschlaggebende Moment zur Unterscheidung von Parodie und Pastiche (das mit Nachahmung identisch ist). Obwohl ein parodistischer Text einem Text, der aus Pastiche besteht, ähnelt, da beide einen »Hintergrundtext« (backgrounded text) in sich einschließen, weist die textuelle Verdoppelung in der Parodie auf die Unterschiede zwischen beiden Texten hin.[13] Hutcheon setzt Parodie von sozialer Satire auch dadurch ab, daß Parodie auf ein bestimmtes Kunstwerk oder ein anderes textuelles Beispiel von symbolischem Diskurs Bezug nimmt.[14] Parodie ist demnach eine ironische Darstellung einer Darstellung und damit eine Wiederholung mit kritischer Distanz.[15]

11 Linda Hutcheon: A Theory of Parody, New York 1985.
12 Ebd., S. 11.
13 Ebd., S. 53.
14 Ebd., S. 16.
15 Ebd., S. 18.

Hutcheon nennt folgende Techniken, die in parodistischen Texten einen ironischen Abstand herstellen: Selbstbezugnahme, Inkongruenz, Diskrepanz und Simulation bzw. Täuschung. Sie weigert sich jedoch, Parodie eng zu bestimmen, nämlich als einen Katalog von genauen textuellen Operationen. Statt dessen behauptet sie, »parody involves not just a structural *énoncé* but the entire *énonciation* of discourse«. Dieses Verfahren beschreibt die kontextuelle Herstellung und Rezeption von Texten.[16] Hutcheon grenzt sich insbesondere von denjenigen Autoren ab (worunter implizit auch Jameson fällt), die in jeder Parodie, die den Zieltext nicht lächerlich macht, eine falsche Parodie erkennen.[17] Dagegen weist Hutcheon darauf hin, daß eine Parodie den zitierten Text nicht immer zum Zielobjekt machen muß, denn die Parodie kann eine komplexe Übereinstimmung mit dem Hintergrundtext herstellen, um Ironie gegenüber Darstellungskonventionen zu schaffen, die beide Texte umschreiben.[18] Als Beispiel gibt Hutcheon die ironische Umstellung des Filmes *Casablanca* (1943) durch Woody Allens Film *Play it Again, Sam* (1972) an, den sie als eine Parodie der ästhetischen und mythologiebildenden Traditionen Hollywoods auffaßt.[19] Hutcheons Entwurf eines erweiterten Begriffs der Parodie, der zeitgenössischen Kulturformen entspricht, liefert einen inspirierenden und produktiven Ansatz, der sich z. B. für die Analyse der Anziehungskraft und Wirkung eines zeitgenössischen Massenphänomens wie Madonna nutzen läßt. Dessen möglicher parodistischer Effekt ist aufgrund der involvierten Pastichebildung nicht von der Hand zu weisen.

Wie alle populären Texte produzieren auch Madonnas Videoclips verschiedene, manchmal widersprüchliche Effekte. Madonnas Körperbewegungen und Mimik deuten oft eine ironische Einstellung ihrer eigenen Bühnenerscheinung gegenüber an. Als Beispiele wären hier zu nennen: das Augenzwinkern, die Anhebung der Augenbrauen, übertriebene Bewegungen des Kopfes und der Hüften und ein »wissendes« Lächeln.[20] Manchmal kommen all diese Gesten innerhalb eines etwa vierminütigen Songs vor, so z. B. in ihrem Videoclip *True Blue* (1987). Dieser Videoclip präsentiert

16  Ebd., S. 23.
17  Ebd., S. 50.
18  Ebd., S. 52.
19  Ebd., S. 25 f.
20  Der umstrittene Videoclip *Justify My Love* endet, indem Madonna eine Szene der sexuellen Phantasien mit genau einem solch wissenden Lächeln verläßt.

den Stil einer amerikanischen *Rock-and-Roll Girl Band* der sechziger Jahre. Die Reihe von spielerischen Gesten, die Madonna in diesem Videoclip demonstriert, bewirkt eine kritische Distanz zwischen dem Performer und dem »romantischen« Text sowie dem allgemein nostalgischen Charakter des Stückes. Doch ist die Aussage dieses verhältnismäßig einfachen Videos mehrdeutig. Madonna und die zwei »Backup«-Sängerinnen zwinkern mit den Augen und schneiden sich gegenseitig Grimassen, während sie zugleich solche Phrasen singen wie »... those tears won't fall again, I'm so excited that you're my best friend«. Diese Darstellungsweise spielt darauf an, daß mehr Verlaß sein soll auf die Gemeinsamkeit und Freundschaft unter Frauen als auf die »wahre Liebe«, die in diesem Moment im Song scheinbar gefeiert wird. Gleichzeitig aber bedient der Videoclip – und zwar durch Stilmittel wie heitere Lyrik, eine faßliche »Melodie«, rhythmische Tanzbewegungen der Frauen, Naheinstellungen ihrer schwingenden Hinterteile und die zentrale Stellung Madonnas als narzißtischem Star – die emotionale Fülle und persönliche Befriedigung, die mit den konventionellen Mediendarstellungen der romantischen Liebe verbunden sind.

Die Fähigkeit, *True Blue* sowie zwei weitere noch zu besprechende Videoclips als Parodie zu verstehen, setzt eine(n) Zuschauer(in) voraus, der/die gute Kenntnisse der amerikanischen Massenkultur der Gegenwart sowie auch der vergangenen 30 bis 50 Jahre hat, um den von Hutcheon so bezeichneten »Hintergrundtext« (im Falle von *True Blue* die Darstellungskonventionen der weiblichen Rock-and-Roll-Gruppen) sowie die signifikanten Unterschiede im vorliegenden präsenten Text (ein *Madonna-Videoclip*) zu erkennen. Ebenfalls vorausgesetzt werden ausreichende Kenntnisse der englischen Sprache, um die allgemeinen Bedeutungen der Gesangslyrik zu erfassen, sowie ein Mindestmaß an Aufmerksamkeit gegenüber möglichen Verbindungen, die im Videoclip zwischen Lyrik, Bildern und Darstellungsweisen erscheinen. Drittens setzt eine Auslegung der Videoclips Madonnas als Parodie voraus, daß der Zuschauer Madonna als Massenmedienstar erkennt, d. h. etwas von dem anhaltenden öffentlichen Diskurs um die Figur weiß, und sei es auch nur, daß sie populär oder aber umstritten ist.

Wir haben gesehen, daß das Zeichen Madonna, wie jedes Starimage, aus einer Reihe von distinkten, wiederholt vorkommenden Merkmalen besteht. Bei Madonna erscheinen als Haupteigenschaften »selbstsichere, offen ausgedrückte Sexualität«, »Narzißmus«, »jugendliche Vitalität« und »Selbständigkeit«. Ein weiteres Merkmal ihres Images ist der »kommerzielle Erfolg«. Letzteres Element wird verbunden mit dem schon beschriebenen häufigen Wechsel in der visuellen Erscheinung Madonnas (Haarfarbe, Figur, Bekleidung usw.).[21] Der stete Wandel von Madonnas Aussehen in den vielen Videoclips, den vier Spielfilmen und den drei Konzertvideos, in denen sie bisher zu sehen war, weist eine Sammlung von Madonna-Bildern auf, die viele andere amerikanische Stars visuell zitieren, darunter Marilyn Monroe, Marlene Dietrich, Liza Minelli, Jean Seberg, Judy Holliday, Cyndi Lauper, James Cagney, David Bowie und Michael Jackson, wie auch einige frühere Präsentationen von Madonna selbst. Die Herstellung und Umwandlung von Madonnas Starimage findet in erster Linie in ihren Videoclips statt. Die folgenden Analysen der zwei Videoclips *Open Your Heart* und *Express Yourself* erörtern die Pastichebildung jedes diskreten Textes und dessen Verbindung zum Gesamtstarbild Madonnas, um nachzuweisen, daß eine feministische Auslegung dieses eindeutig postmodernen Phänomens als Parodie sehr wohl möglich ist.[22]

## Die lausbübische Dominatrix

Madonnas Videoclip zu dem Song *Open Your Heart* erschien im Dezember 1986, vier Monate nach einem Videoclip mit dem sehr umstrittenen Song *Papa Don't Preach,* dessen Text die Schwangerschaft eines unverheirateten Teenagers als unproblematisch zu erklären scheint. Der Videoclip *Open Your Heart* löste eine weitere öffentliche Kontroverse aus, diesmal wegen der darin zur Schau gestellten aufreizenden Kleidung und der sexuellen Andeutungen, darin den Kontroversen ähnlich, die im März 1989 bzw. im De-

---

21 Obwohl viele populäre Stars ihre Images von Zeit zu Zeit verändern, vollzieht Madonna dies auffallend oft und schöpft darüber hinaus die neuen Images auch aus einem etwas breiteren Feld als andere. Einige Beispiele für die Kommentierung dieses Aspekts des Madonna-Phänomens durch die Massenmedien zeigen Stephanie Brush: »A Material Girl for All Seasons – and Reasons«, in: *New York Times* 29. 5. 1988, S. 2:24, und auch die Aufsätze von Holden und Schifrin, zitiert in Fußnote 10.

22 Die Videoclips *Open Your Heart* und *Express Yourself* sind auf dem kommerziell erhältlichen Videoband *The Immaculate Collection* (Warner Bros., USA 1990) erschienen.

zember 1990 beim Erscheinen der Videoclips zu *Like a Prayer* und *Justify My Love* entstanden sind. Der Videoclip *Open Your Heart* trug wesentlich dazu bei, Madonnas frühes Starimage als »trashy iconoclast« und »Material Girl« in das einer »sexy phallic woman« umzuwandeln. In der Rezeption des Videoclips wurden Streitfragen laut, die seitdem den Diskurs um Madonna weitgehend bestimmen.

Madonna tritt in *Open Your Heart* im schwarzen Lederkorsett als Striptease-Girl in einer Peep-Show auf, während ein etwa zehnjähriger Junge in der Eingangshalle des Etablissements steht und sich nach Madonna sehnt. Anschließend erscheint Madonna neben dem Jungen, jetzt, wie er, im Stil Buster Keatons gekleidet, worauf die beiden die Peep-Show verlassen und die Straße entlang fortlaufen. In visueller Hinsicht ist dieser auffallende Videoclip ein dichtes Pastiche der Filmgeschichte, das mehrere Starimages zitiert, z. B. Marlene Dietrich, Liza Minelli und Rita Hayworth und zum Schluß auch Charlie Chaplin mit *The Kid*; er assoziiert aber auch für Zuschauer, die die italienische Filmgeschichte kennen, Giulietta Masina in *La Strada*.[23] Der Videoclip fungiert in erster Linie als eine Parodie des Voyeurismus, der bekanntlich eine große Rolle im Kino spielt.[24]

Die weißen männlichen Zuschauer in *Open Your Heart,* die durch die Fenster der Kabinen um die runde Peep-Show-Bühne herum Madonna intensiv betrachten, werden visuell dadurch ironisiert, daß sie Stereotypen darstellen: der dümmliche Bauernsohn, der mit offenem Mund Kaugummi kaut und Fotos von Madonna macht; der geile Alte, der an Magenbeschwerden leidet; der Journalist (oder auch Akademiker), der seine Beobachtungen von Madonna fleißig auf einen Notizblock schreibt. All diese Zuschauer müssen sich aber anstrengen, die tanzende Madonna im Auge zu behalten, denn die undurchsichtigen Scheiben, die beim Münzeinwurf hochgehen und den Blick auf die Bühne durchs Fenster freigeben, fallen immer wieder herab.

23 Madonna zitiert Marlene Dietrichs Rolle in *Der Blaue Engel* (1930), und zwar in Tanzbewegungen mit einem Holzstuhl, Liza Minellis Rolle in *Cabaret* (1972), die ja selbst in Kostüm und Make-up Dietrich zitiert, und Rita Hayworths bekannten Striptease mit ihren Handschuhen in *Gilda* (1946). Dietrich und Hayworth werden auch visuell zitiert in den verschiedenen Fotoaufnahmen von Madonna, die in der Lobby der Peep-Show hängen. Denn Madonnas Gesichtsausdruck, Make-up, Frisuren und Körperhaltung auf den Fotos erinnern stark an populäre Fotoaufnahmen dieser Stars.

24 Der bekannteste Aufsatz, der Voyeurismus im Kino aus einer feministischen Sicht analysiert, ist von Laura Mulvey: »Visual Pleasure and Narrative Cinema«, in: *Screen* 16, Nr. 3, Herbst 1975. Siehe auch Annette Kuhn: Women's Pictures: Feminism and Cinema, London 1982.

Während diese Zuschauer der Pornoshow lächerlich gemacht werden, wird es derjenige Darsteller nicht, der die Blickposition der *Videozuschauer* einnimmt. Denn das ist der zehnjährige Junge, dem innerhalb der Videoerzählung ein visueller Zugang zu Madonnas pornographischem Tanz untersagt wird und der seine Enttäuschung darüber lindert, indem er sich vor einen Spiegel stellt und Madonnas exhibitionistische Tanzbewegungen selbst nachmacht. Die Figur des Jungen, der durch kinematographische Techniken und Erzählstrukturen zur Hauptidentifikationsfigur für die Videozuschauer gemacht wird, konstruiert der Videoclip als klassische Ödipus-Erzählung, in der der Sohn sich nach der mächtigen phallischen Mutter (Madonna im Tanzspiel als Dominatrix) sehnt und sie anschließend (in diesem Fall nach vier Minuten!) für sich gewinnt.

Dieser Videoclip erzielt also eine parodistische Wirkung in bezug auf die klassischen kinematographischen Erzählungen des Ödipus-Stoffes dadurch, daß der Konnex zwischen dem Jungen und der Peep-Show den sexuellen Inhalt seiner Sehnsucht bloßlegt. Dabei wird nicht nur die Schaulust der lächerlich dargestellten Peep-Showbesucher, sondern auch die der *Video*zuschauer selbst, die sich (wenn auch unbewußt) in die Rolle des Jungen versetzt haben, zur Schau gestellt. Die Parodie des Ödipaldramas besteht weiter darin, daß der Junge und Madonna gegen die konventionelle Erwartung zu Gleichen gemacht werden, indem zuerst der Junge Madonna, danach Madonna den Jungen nachahmt, als sie am Ende des Videos als asexueller Androgyn zusammen mit dem Jungen vom Schauplatz der Sexualität weg in den Horizont hinauszieht.

Ebenfalls trägt Madonnas eigenes Auftreten in *Open Your Heart* zum parodistischen Effekt des Videoclips bei, denn nachdem der Star als konventionelles Sensuchtsobjekt durch Kamera und Schnitt strukturiert wird, unterbricht die Tänzerin den von Peep-Show-Besuchern auf sie gerichteten Blick dadurch, daß sie zuerst den im Video dargestellten Männerblick erwidert und danach vor deren Blicken flieht. Das Spiel der Blickrichtungen im Videoclip: Wer sieht wen? deutet auf die Macht des Stars, eine unwiderstehliche Schaulust der anderen auf sich zu lenken, dagegen aber auch auf Madonnas dargestellte Fähigkeit, unwillkommene Blicke zurückzuweisen.

Gleichzeitig nimmt Madonna eine deutliche Subjektstellung im Videoclip ein. Das geschieht sowohl durch ihre Hauptrolle in der

Erzählung als auch durch die Lyrik, die sie singt. Diese drückt eine brennende Sehnsucht (»my desire burning inside of me«) aus und bittet das Objekt ihrer Sehnsucht um Zutritt zu seinem/ihrem Herzen (»open your heart to me«). Im Kontext der Peep-Show wirkt diese Lyrik ironisch, denn die karikaturartigen Zeichnungen der Voyeure im Zusammenhang mit Madonnas Gesten und Blikken machen deutlich, daß die Pornozuschauer eben *nicht* Objekt ihrer Sehnsucht sind.

Das Videoclip *Open Your Heart* ruft bei den Zuschauern also konventionell weibliche wie auch männliche Phantasien hervor, und zwar durch die Darstellungseffekte der Kameratechniken und des Schnitts, die zusammen genommen den Zuschauern eine Möglichkeit schaffen, sich nicht allein mit dem Jungen, der sich nach Madonna sehnt, sondern auch mit Madonna selbst zu identifizieren. Es ist der narzißtische Exhibitionismus in Madonnas Performance bei diesem Videoclip wie auch in anderen Inszenierungen, der ihre starke sexuelle Anziehungskraft über andere behauptet. Als Darstellerin gibt Madonna aber gleichzeitig eine eigene starke sexuelle Sehnsucht zu erkennen, die offensichtlich wiederholt beantwortet und befriedigt wird. In der Phantasievorstellung genießt der Star also die volle Entscheidungsmacht darüber, für wen sie Objekt der sexuellen Sehnsucht sei, wen sie selbst zum Objekt machen will.

Als dieser Videoclip erschien, behaupteten viele Zuschauer (darunter viele Afroamerikaner), daß der Junge der schwarzen Rasse angehöre, wenn er auch relativ helle Hautfarbe habe. Anderen fiel diese Möglichkeit nicht auf oder sie stritten sie ab. Die seitherige Entwicklung in Madonnas Konzerten und Videoclips unterstützt die erste Interpretation, denn Madonna erscheint in der Mehrzahl ihrer Auftritte der letzten fünf Jahre zusammen mit Tänzern und »Backup-Sängern« oder Schauspielern, die hispanischer, afrikanischer oder asiatischer Herkunft sind. Die unterschiedliche Beurteilung dieses Details in *Open Your Heart* zur Zeit seines Erscheinens (wie auch die unterschiedlichen Meinungen über Rasse und Geschlecht mancher Darsteller in dem Videoclip *Justify My Love*) weist auf eine weitere Zweideutigkeit des Videotextes hin. Pragmatisch betrachtet, schafft die Vagheit dieses Details ein breitest mögliches Publikum für den Videoclip, während aus theoretischer Sicht die textuelle Zweideutigkeit weitere Verwicklungen bei der Darstellung von Sehnsucht und der Strukturierung der Zuschaueranrede ermöglicht. Die Annahme, daß der Junge, der ja einen Doppelgänger Madonnas darstellt, schwarz oder zumindest »ethnisch unterschieden« strukturiert ist, unterstützt die Auslegung von *Open Your Heart* als *Parodie* eines klassisch strukturierten Textes. Demzufolge wird die Hauptidentifikationsstelle im Videoclip durch eine Figur besetzt, die innerhalb der dominanten (d. h. der weißen, patriarchialischen) Gesellschaft der USA als der »Andere« gilt.[25]

In diesem Zusammenhang ist es bemerkenswert, daß einige Peep-Show-Besucher nicht lächerlich, sondern attraktiv dargestellt werden: ein junger Schwarzer, der in einer Einstellung vorkommt; eine dunkelhäutige, männlich gekleidete androgyne Frau, die sich in zwei Einstellungen findet; und androgyne weiße Zwillingsbrüder, als Matrosen gekleidet, die sich in einer Kabine aneinanderlehnen. Der Schnitt des Videoclips verbindet besonders die zwei erstgenannten Figuren mit Madonna. Zunächst wechselt eine normale Einstellung des jungen Mannes mit Dreadlockfrisur mit der Naheinstellung von goldenen Fransen an Madonnas Kostüm. Die Dreadlocks des Mannes korrespondieren der Form dieser Fransen. Darauf folgt eine Totale, in der Madonna athletisch, aber verführerisch tanzt, dann eine schnelle laterale Kamerabewegung, die bei der zuschauenden Frau ansetzt. Ein letzter Schwenk der Kamera über die lächerlich dargestellten Zuschauer (von denen einer gerade mit der Faust auf die Wand pocht, ein anderer die Krawatte geradezieht und ein dritter Handgesten mit einem Taschentuch macht, die Onanie andeuten), endet in einer Naheinstellung der Frau, die jetzt im Profil beim Rauchen gesehen wird. Dieses Bild wird gleich darauf durch eine Naheinstellung des Jungen ersetzt: Schnell streckt Madonna den Kopf in das Bild hinein und küßt den Jungen auf die Lippen. Durch diese Elemente betont und rechtfertigt der Videoclip Madonnas eigene Sehnsucht wie auch die der sich nach Madonna sehnenden Zuschauer, die als »Andere« markiert sind (d. h. das Kind, der Mann mit Dreadlockfrisur und die Frau, die auch als schwarz oder hispanisch gesehen wird), wäh-

25 Ich verwende den Terminus »das Andere« hier nicht im engeren Lacanschen Sinne hinsichtlich psychoanalytischer Subjektkonstruktion, sondern als Kennzeichnung von Subjekttypen oder Gruppen innerhalb einer vorgegebenen Gesellschaft, denen eine politisch und geschichtlich bedingte unterprivilegierte Stellung zugewiesen wird. D. h., »das Andere« wird bei der Verteilung von Gütern und politischen Rechten benachteiligt oder sonst als soziales Außenseitertum bestimmt.

rend der Clip die Schaulust der weißen heterosexuellen Männer in Frage stellt. (Häufig halten Zuschauer des Videoclips die enigmatischen, androgynen Zwillinge, die ebenfalls nicht ironisiert werden, für schwul. Diesem Verfahren der Darstellung zufolge muß der/die Zuschauer(in), der/die sich positiv im Videoclip erkennen möchte, sich an die Stelle des »Anderen« setzen.)

So könnte eine »alternative Zuschaueranrede« als subtile Unterstützung von unterdrückten Sozial- und Rassengruppen angesehen werden, aber durchaus auch zynisch als kluge Marktstrategie, die ihre Anziehungskraft der Ware Madonna auf die denkbar größte Reichweite von Konsumenten ausübt.[26] Die Eigenschaften »Menschlichkeit« und »liberale politische Einstellung«, mit denen Madonnas Starimage im Videoclip assoziiert wird, erhalten weiteren Nachdruck durch die Teilnahme des Stars an öffentlichen Veranstaltungen sowie an Konzerten zur Unterstützung des Umweltschutzes oder der Bekämpfung von AIDS. Auch die Veröffentlichungen über die enge Freundschaft zwischen Madonna und der Komödiantin Sandra Bernhard, die 1988-89 gleichzeitig mit Presseberichten über Madonnas Trennung und anschließende Ehescheidung von dem Schauspieler Sean Penn erschien, trug dazu bei, Madonna mit einem oppositionellen Wertgefüge in Verbindung zu bringen. Denn in gemeinsamen Auftritten mit S. Bernhard deutete Madonna spielerisch an, daß ihre Beziehung lesbisch sein könnte.[27]

Die mehrdeutigen ethnischen und Geschlechtsidentitäten und sexuellen Orientierungen der Personen, mit denen sich Madonna umgibt, verleihen Madonnas Starimage die Aura des »Exotischen« und eines »Tabus«. Insgesamt wird damit wohl die Anziehungskraft des Stars auch bei Konsumenten verstärkt, die zum Kern der dominanten Gesellschaft gehören. Während also die Assoziation Madonnas mit dem »Anderen« eine Auslegung ihres Starimages aus feministischer und politisch linksgerichteter Perspektive unterstützt, schließen diese Assoziationen Wirkungen bei manchen Publikumsgruppen (so z.B. heterosexuellen Männern, die Madonna sexuell sehr attraktiv finden) nicht aus, die wiederum aus feministischer Sicht problematisch erscheinen können. Es läßt sich eben nicht aufgrund des Videotextes bestimmen, wie und von

26  Schifrin und Newcomb z. B. vertreten diesen Standpunkt in ihrem Artikel in Forbes (s. Fußn. 10), S. 163.
27  Vgl. hierzu Paul Mathur: »Wishing on a Star«, in: *Spin*, April 1989, S. 72.

wem die mehrdeutigen Elemente in *Open Your Heart* rezipiert und benutzt werden.

Jedoch muß die Mehrdeutigkeit eines Videoclips nicht als Makel betrachtet werden, der einen möglichen parodistischen Effekt abschwächt. Statt dessen sind die Bedeutungen des Videoclips weitgehend in der Praxis, d. h. in dessen Rezeption, zu suchen, denn die Wirkungen eines einzelnen Videoclips werden in dem breiten und anhaltenden öffentlichen Diskurs um den Star festgelegt. Seit 1986 haben Entwicklungen und Veränderungen des Zeichens Madonna, zu denen der Meinungsaustausch über Mehrdeutigkeiten in diesem und anderen Madonna-Texten beiträgt, in weitem Maße eine feministische Auslegung von *Open Your Heart* induziert, und zwar als Parodie der traditionellen Geschlechtsrollen und deren konventioneller Darstellungen. Eine Analyse des Videoclips *Express Yourself* (1989) im Kontext des Images von Madonna wird diesen Punkt näher erläutern.

## Madonna als teutonische Mieze

Erzählstruktur und Bilder in *Express Yourself* entstammen deutlich dem Ufa-Film *Metropolis* (Fritz Lang und Thea von Harbou, 1926). Dieser Film wird sowohl in den USA wie auch in Deutschland wegen seiner inhaltlichen politischen Ambiguität und auch wegen der ihm nachträglich geschenkten Beachtung durch Hitler und Goebbels mit faschistischer Ideologie in Verbindung gebracht.[28] Faschistische Assoziationen zum Film *Metropolis,* der in Hutcheons Sinne als Hintergrundtext zu *Express Yourself* fungiert, werden schon in den ersten Einstellungen des Videoclips durch das Erscheinen eines Symbols, das faschistisch konnotiert ist, hervorgehoben: ein monumentaler Adler, der an den stilisierten Adler im Vorspann der Ufa-Wochenschau und an nationalsozialistische Architektur und den Bühnenbau der Nazijahre erinnert. Von ihrem Sitz auf dem Rücken des Adlers (dessen Kopf allerdings eher dem eines Truthahns ähnelt) adressiert Madonna

28  Zu diesem Punkt im kritischen Diskurs um *Metropolis* siehe z. B. Siegfried Kracauer: From Caligari to Hitler, Princeton 1947, S. 164. Peter Gay: Weimar Culture: The Outsider as Insider, New York 1968, S. 141 f.; und Roger Dadoun: »Metropolis‹ Mother-City – ›Mittler‹ – Hitler«. Übersetzt von Arthur Goldhammer, abgedruckt in: Close Encounters: Film, Feminism and Science Fiction. Redaktion Constance Penley u. a., Minneapolis 1991, S. 133-159, bes. S. 133.

die Zuhörer/Zuschauer mit den Eröffnungsworten des Songs: »Come on girls! Do you believe in love?«

Die Bauten und Innenräume, in denen der durch Madonna dargestellte Charakter zu wohnen scheint, transportieren für solche Zuschauer weitere Anspielungen auf den Faschismus, die sich in der Ikonographie und der Kinogeschichte der dreißiger und vierziger Jahre auskennen. Der elegante, kahle Innenbau, in dem Madonna als ein kalter, blonder Typ in der Rolle einer gut gekleideten reichen Frau erscheint, bildet einen auffallenden Kontrast zur dunklen Unterwelt der Arbeiter. Dieser Kontrast erinnert nicht nur an *Metropolis,* sondern auch an den amerikanischen Film *The Fountainhead* (King Vidor, 1949), der auf Ayn Rands als faschistisch rezipiertem Roman basiert. Madonnas Aussehen und Gesten im Videoclip deuten manchmal Marlene Dietrich, aber auch Sybille Schmitz, eine deutsche Kinodarstellerin der Nazizeit, an.

Weitere Einstellungen im Videoclip nehmen auf den Film *Cat People* (Val Lewton/Jacques Tourneur, 1942) sowie auf das Remake mit Nastassja Kinski (Paul Schrader, 1982) Bezug. Eine besonders erotische Szene, in der Madonna eine Schale Milch ihren Rücken hinunter auf das Gesicht ihres Liebhabers gießt, wiederholt eine Geste aus dem avantgardischen schwulen Kultfilm *Fireworks* (Kenneth Anger, 1947). Madonnas Performance in *Express Yourself* zitiert ausdrücklich und wiederholt den Tanzstil von Rockstar Michael Jackson sowie ihre eigenen Gesten und Erscheinungen in früheren Auftritten. Ähnlich wie *Open Your Heart* weist der Videoclip *Express Yourself* explizite Konventionen der Pornographie auf. Ebenfalls wie *Open Your Heart* assoziiert *Express Yourself* das Starimage Madonnas stark mit verschiedenen Rassen- und Geschlechtsidentitäten und Mustern von Sexualität »der/des Anderen«, in diesem Fall mit denen von Frauen und homo- oder bisexuellen Männern.

*Express Yourself* besteht also, wie *Open Your Heart,* aus einem Pastiche von Bildern, die bekannte Stars, Momente der Kinogeschichte und Darstellungskonventionen zitieren, die aber nicht nur dem Bereich der Pornographie, sondern auch dem Faschismus entstammen. Trotzdem behaupte ich, daß *Express Yourself* aus feministischer Perspektive als eine Parodie aufgefaßt werden kann und auch so rezipiert worden ist. Der Videoclip wirkt in erster Linie als Parodie der sexuell differenzierten Darstellungskonventionen, wonach der Mann die sexuelle Lust empfindet und deren Befriedigung aktiv verfolgt, während die Frau (und *nur* die Frau) ein passiver Auslöser und das Objekt der männlichen Lust ist. Ein möglicher Nebeneffekt solcher Parodie besteht in einer Kritik an faschistischen Konzepten, die durch die Bilderzitate hervorgerufen werden. Die Parodie entsteht im Hutcheonschen Sinne durch die ironischen Umkehrungen der zitierten Texte (z. B. *Metropolis*) sowie durch die auffallenden Disjunktionen und Inkongruenzen zwischen den Videobildern und dem Text des Songs.

Der Song *Express Yourself* wurde in USA nach seinem Erscheinen auf der LP *Like a Prayer* im Februar 1989 oft im Radio gespielt, war also als Song gut bekannt, bevor der dazugehörige Videoclip drei Monate später in MTV uraufgeführt wurde. Der Text des Songs drückt auf einer ersten semantischen Ebene die Meinung aus, daß offene Mitteilung von Gefühlen eine wichtige Rolle in einer intimen Liebesbeziehung spiele. Weiterhin wird auch die Idee vertreten, daß große Konsumfähigkeit eines Mannes keine ausreichende Voraussetzung für eine Beziehung bilde; Madonna lehnt hier also eine *Material Girl*-Einstellung ausdrücklich ab. So zum Beispiel, in Englisch:

»You dont't need diamond rings or 18 carat gold,
Fancy cars which go very fast, you know they never last, no, no . . .
Long-stemmed roses are the way to your heart, but he needs to
start with your head
Satin sheets are very romantic, what happens when you're not in bed
You deserve the best in life, so if the time isn't right then move on
Second best is never enough, you'd do much better, baby, on your
    own.

Don't go for second best, baby, put your love to the test,
You know you've go to make him express how he feels,
and baby then you'll know your love is real.
Express yourself
You've got to make him express himself
So if you want it right now, make him show you how,
Express what he's got, baby, ready or not.«

*Express Yourself* findet sich auf der LP *Like a Prayer* gleich vor den Titeln *Till Death Do Us Part* und *(This is not a) Love Song,* einem bluesartigen Duo zwischen Madonna und Prince. Der Text des ersten Songs schildert im starken Kontrast zum heiteren Auftakt der Musik den gewaltsamen Zusammenbruch einer Ehe. In diesem

Kontext und im Zusammenhang mit zahlreichen Presseveröffent-lichungen über Madonnas Eheprobleme gerade in der Zeit, als die Schallplatte erschien, unterstreicht der Text von *Express Yourself* bestimmte Elemente in Madonnas Image, und zwar das Bild des Stars als einer selbständigen, pragmatischen, sogar antiromanti-schen Karrierefrau. Diese Merkmale in Madonnas Starimage, die z. T. aus der Frühzeit ihrer Popularität stammen, wurden verstärkt durch Presseberichte über Madonnas Trennungen von Penn im Herbst 1987 und Frühjahr 1989, die in der Boulevardpresse, wie man sich denken kann, besonders ausführlich ausfielen. Solche Be-richte verknüpften Madonna mit dem Starimage Penns, der allge-mein als »wilder Junge« etwa im Stil James Deans dargestellt wird. Die Trennungen und anschließende Ehescheidung wurden weitge-hend als ein kluger und notwendiger Schritt für Madonnas eigene Karriere interpretiert, zu dem sie wegen der Unzuverlässigkeit ih-res Ehemannes und seiner Neigung zur Gewalttätigkeit leider ge-zwungen war.[29]

Die komplexen Bilder im Videoclip *Express Yourself* tragen aber noch weitere Bedeutungen als die eben skizzierten, textlich veran-kerten. Alle visuellen Elemente des Clips betonen *Glamour* und Reichtum des Stars und zielen auf eine sexuelle Deutung der wie-derholten Phrase »express your/himself«. Obwohl der Text be-hauptet, das Allerwichtigste in einer Liebesbeziehung sei geistige und emotionale Kommunikation, macht das Bildmaterial deutlich, daß der Imperativ »Make him express himself« von einer lustvol-len, begehrenden und machtvollen Frau ausgesprochen wird, die damit ausdrücklich die (phallische) Leistung eines Mannes meint.

Darstellungskonventionen der Pornographie tauchen im Vi-deoclip wiederholt auf. Madonna erscheint nur mit einem schwar-zen Korsett und Strumpfhosen bekleidet, tanzt provokativ hinter einer Leinwand und legt sich zum Schluß auf ein breites, mit Satin bezogenes Bett. Offenbar nackt, bis auf ein eisernes Band und eine Kette um den Hals, also in Paraphernalien des sadomasochisti-schen Spiels (engl.: »bondage paraphernalia«), scheint sie den mus-kulösen jungen Mann, der aus der Unterwelt zu ihr hinaufsteigt,

---

29  Vgl. z. B. den Artikel von Joanne Kaufmann: »Everyone Said it Wouldn't Last«, in: *People*, 14.12. 1987, S. 138–144. Auf S. 138 nennt Kaufmann Madonna und Penn »the material girl and her rebel without a pause«. Der letzte Satz bezieht sich auf James Deans bekannte Rolle in dem Film *Rebel without a Cause* (Nicholas Ray, 1955).

kaum erwarten zu können. Inzwischen schleicht sie mit herabge-
glittenen Kleidern und ungekämmter Frisur auf allen vieren kat-
zengleich auf dem Boden herum, zuerst wie ein Panther schreiend,
dann aber Milch aus einer Schale trinkend.

Diese Anspielungen an konventionell pornographische Darstellungen werden aber in *Express Yourself* von anderen Elementen umschrieben, die diese Bilder wiederum zeitweise in Frage
stellen. In einem zentralen Abschnitt ahmt Madonna ironisch die
Kleidung und Tanzgesten von Michael Jackson nach. Die Unterwelt wird stark homoerotisch dargestellt, und ein weißer Kapitalist, der in einer Nebenhandlung auftaucht, verliert seine Macht
über die starken Arbeiter der Unterwelt.

Der Videoclip beginnt mit Einstellungen einer blau ausgeleuchteten
»Metropolis«, in der Madonna hinter dem monumentalen Adler auftaucht. Diese Bilder wechseln mit vielen kurzen Naheinstellungen von
drehenden eisernen Maschinenrädern und von nackten Oberkörpern
junger Männer, die mit sichtbarer Anstrengung die Maschinen bedienen. Visuell beeindruckt die Werkshalle der Unterwelt v. a. wegen
ihrer durchdringenden Nässe. Die nasse Darstellung der Unterwelt
erinnert an die bemerkenswerte Flutszene, den erzählerischen Höhepunkt von *Metropolis,* wird aber auch deutlich von Konventionen der
zeitgenössischen Gay-Pornographie in den USA beeinflußt. Blau
belichtete muskulöse nackte Männerkörper schimmern in ihrem
Schweiß, wenn sie sich zuerst allein bei der Arbeit mühen und sich
später gemeinsam bewegen, zuerst bei Gymnastik im Gleichtakt auf
dem überfluteten Boden, danach im Ringer-Wettkampf.

Aus eben dieser Welt steigt ein langhaariger junger Mann heraus,
um Madonna aufzusuchen, nachdem er von ihr in Gestalt einer flin-
ken schwarzen Katze, die in die Unterwelt geschlichen ist, in ihre lu-
xuriösen Kammern bestellt wird. Inzwischen erscheint Madonna in
ihren Räumen der »Oberwelt« als eine unzugängliche blonde Frau
(oder Reihe von Frauen), die abwechselnd weibliche und männliche
Kleidung trägt, anschließend als eine in Ketten gehaltene Gefangene
auf dem Bett, während sie noch immer die Worte des Songtexts mit
dem Mund formt.

Madonnas Bewegungen beim »Nachsingen« des Songs schaffen
eine ironisierende Distanz zur ernsten Lyrik. So singt sie beispielsweise die Phasen »Satin sheets are very romantic, what happens when
you' re not in bed«, während sie lediglich ein schwarzes Korsett trägt;
zu der Schlußfrage: »was geschieht, wenn ihr nicht im Bett seid?« liefert sie einen burlesken Stripper-Gestus mit den Hüften, der soviel

aussagt wie »sogar noch mehr von dieser Tätigkeit«. Während sie den Refrain »You've got to make him express himself« singt, erscheint Madonna mit streng zurückgekämmtem Haar und im übergroßen Männeranzug auf einer Bühne in der Unterwelt und imitiert, übertrieben in ihren Bewegungen, den Tanzstil Michael Jacksons. Madonna betont das parodistische Moment ihrer Performance als Jackson, indem sie wiederholt bei dem zentralen Ausruf »Make him express what he's got, baby, ready or not«, (»bringe ihn dazu, das, was er hat, auszudrücken, ob er will oder nicht«) sich in die Schamgegend greift. Diese Geste, die in der Zeichensprache der afroamerikanischen Straßenkultur für die Männlichkeit steht, hat Michael Jackson zu einem Bestandteil seines Tanzstils gemacht.[30] Das Bild in *Express Yourself*, das Madonnas Imitation dieser Geste folgt, zeigt den von ihr ersehnten jungen Mann, der noch in der Unterwelt sitzt und gleich darauf auf die gesungenen Worte hin mit etwas geängstigtem Gesichtsausdruck auf seinen Unterleib herabblickt.

Die ironische Disjunktion zwischen Gesten und Gesangslyrik bewirkt eine Parodie der konventionellen romantischen Darstellung des verliebten heterosexuellen Paars im Song. Denn Madonnas Performance-Stil lenkt die Aufmerksamkeit auf Unterschiede zwischen den Anspielungen der Videobilder und den etablierten Bedeutungen der Hintergrundtexte, die der Videoclip zitiert. Erstens betont der Videoclip, im Gegensatz zum etwas naiven, sogar sentimentalen Text, daß nicht offene Kommunikation, sondern sexuelle Befriedigung das Hauptziel einer Beziehung zu einem Mann sei. Madonna verkörpert eine Frau, die aktiv und mit erfolgreichem Ausgang die eigene sexuelle Befriedigung verlangt. Damit wird die oben skizzierte Interpretation des Songtextes gestützt. Das geschieht aber im Kontrast zur Darstellung der Frau im Film *Metropolis*, worin Männer die gute, keusche Maria retten und ihre böse, erotische »geklonte« Doppelgängerin töten.

Während sich Madonna durch bestimmte Darstellungskonventionen als zentrales sexuelles Objekt des Videoclips entfaltet, werden auch die Körper ihres Liebhabers und der anderen Männer filmisch erotisiert. Das sexuelle Zusammenkommen in der Schlußszene erinnert an den Stil von Trivial- und Groschenromanen, die für ein weibliches Publikum geschrieben werden. In ihnen erschei-

---

30 Der Film *Do the Right Thing* (Spike Lee, 1989) stellt diesen Gestus auch ironisch in den Handlungsweisen der drei älteren Männer dar, die zusammen an einer Wand sitzen und über die Nachbarn und ihre Erfahrungen sprechen.

nen immer wieder Phantasien aus angeblich weiblicher Sicht, wobei die Hauptfigur, eine Frau, den starken, von ihr ersehnten, aber zuerst unzugänglichen Mann anzieht, sich ihm dann völlig hingibt, ohne jedoch dabei die eigene »weibliche« Macht über ihn zu verlieren.[31] Im Gegensatz zur Konventionalität dieser Romane genießt im Falle des Videoclips die Frau, Madonna, die eindeutig überlegene wirtschaftliche und Klassenlage. Dieser Zustand bedeutet also eine Umkehrung bestimmter romanhafter Konventionen. Anderseits entspricht die im Videoclip dargestellte Situation einer anderen Darstellungskonvention, wobei Erotik aus Differenz (auch sozialer Ungleichheiten bei Liebhabern) entsteht, wie beispielsweise schon bei *Lady Chatterley*.[32]

Die durch Schnitte hergestellte Abwechslung zwischen erotischen Szenen, in denen Madonna eine heterosexuelle Frau spielt, und Szenen in der Unterwelt, die eine starke erotisch-schwule Ikonographie zeigen, unterstützt eine Rezeption des Videoclips und in zweiter Linie auch des Songtextes aus der Sicht schwuler Männer. Die offene homoerotische Zuschaueranrede im Videoclip weist auf weitere Unterschiede zwischen diesem Gesamt-Text und den Texten hin, die sein Pastiche bilden (z. B. *Metropolis* und die heterosexuellen pornographischen Konventionen, die Madonnas Darstellung zum Teil umschreiben). Im Gegensatz zu diesen Hintergrundtexten stellt der Videoclip Sexualität und sexuelles Verhalten dar, die in der dominanten Gesellschaft als transgressiv gelten.

Madonnas Parodie von Michael Jackson, der selbst auch eine Parodie der konventionellen, sexuellen Differenz bietet, verschleiert die tradierte strenge Abgrenzung zwischen Mann und Frau noch weiter. Ein Star, der gerade übertrieben weiblich im Korsett erschienen ist, tritt in Männerkleidung auf, um einen weiblichen Mann nachzuahmen, der dafür bekannt ist, einen übertriebenen männlichen Gestus – den Griff in die Schamgegend – in seiner Performance zu zeigen. Der Effekt dessen ist eine Parodie konventioneller Darstellungen von und konventioneller Ansprüche an Geschlechtsunterschiede(n). Das trifft v. a. die Zuschreibung eines starken sexuellen Triebes allein an Männer.

Der Videoclip inszeniert zweierlei Phantasien von Machtver-

---

31 Eine sehr interessante Analyse des populären literarischen Genres der »Harlequin Romance« erarbeitet Tani Modleski: Loving with a Vengeance: Mass-Produced Fantasies for Women, New York 1982, S. 35-58.
32 Hier ist der Roman *Lady Chatterley's Lover* von D. H. Lawrence gemeint.

hältnissen, einerseits das Verlangen, anderseits das Ausgrenzen. Denn der Clip zelebriert geradezu Madonnas persönliche Fähigkeit, einen von ihr erwählten Mann sexuell anzuziehen und zu beherrschen, behauptet aber gleichzeitig in einer Nebenerzählung, daß Madonna aufgrund ihrer professionellen Perfektion die Fähigkeit besitze, der Macht der patriarchalischen Musikindustrie auszuweichen. Einem weißen Mann in mittlerem Alter, der die Unterwelt überblickt und dessen Tochter oder Frau die Figur, die Madonna vorstellt, sein könnte, wird durch den Schnitt des Videoclips stets verwehrt, auch nur visuellen Zugang zu ihr zu bekommen. Die beiden Charaktere erscheinen nie in einem Bildrahmen zusammen, und einige Einstellungen, die durch seinen nach außen gerichteten Blick den Eindruck vermitteln, er würde Madonna ansehen oder zu ihr gehen wollen, werden von Einstellungen gefolgt, in denen die Stahltür zu ihrem Zimmer sich schließt und dabei den Blick des Mannes »abschneidet«. Dieser Mann ist dem Charakter des Kapitalisten John Fredersen (dem Vater des Hauptcharakters Freder) in *Metropolis* nachgebildet. Im Videoclip stellt er andeutungsweise einen Angestellten der Musikindustrie dar, denn er bewegt mit Hilfe einer Fernbedienung eine runde Bühne in einer Glasvitrine, auf der schwarze Jazzmusiker still stehen. Diese drehende Bühne, die in der Erzählhandlung die Stelle des frühen Fernsehapparats von Fredersen einnimmt, kann auch als eine überdimensionierte Schallplatte aufgefaßt werden. Im Videoclip scheint diese Szene also anzudeuten, daß die amerikanische Musikindustrie schwarze oder zumindest Jazzmusiker ausbeutet, es aber nicht schafft, Madonna auszunutzen oder zu beherrschen.

Offensichtlich ist der Kapitalist auch nicht imstande, die Sexualität der männlichen Arbeiterklasse zu zügeln, denn er zieht sich ängstlich aus der Unterwelt zurück, als die Arbeiter zu kraftvollen homoerotischen Ring-Wettkämpfen zusammenkommen. Doch wird die sympathische Darstellung des »Anderen« (im Sinne von »nicht weiß, nicht männlich, nicht heterosexuell«), die viele von Madonnas Videoclips konsequent durchzieht, hier nicht völlig realisiert, denn ein asiatischer Mann, mit dem der Kapitalist in zwei Einstellungen über die Arbeit zu sprechen scheint, läßt sich als eine etwas rassistische Anspielung an japanisches Geschäftsgebaren deuten.

Als Ganzes bietet *Express Yourself* eine Parodie der herkömmlichen Darstellungen weiblicher *und* männlicher Sexualität, und zwar für diejenigen Zuschauer, die die offensichtlichen Widersprüche und ironischen Disjunktionen in zumindest einigen der vielen Textzitate erkennen. Damit wird keineswegs behauptet, daß dies ein »feministischer« Videoclip sei. Wie *Open Your Heart* bildet *Express Yourself* die weibliche Sexualität weitgehend als fetischisiertes Ikon ab; sie wird aus phallozentrischen Darstellungsweisen konstruiert, die der Videoclip gleichzeitig parodiert und selbst ausnutzt.

Wenn Madonna auf dem Bildschirm erscheint, bleibt weitgehend unklar, ob der Star etablierte Konventionen der Darstellung von Frauen kritisiert oder ob sie diese Konventionen nur auf komplexe Weise ausbeutet, indem sie aus sich eine Ware für den Popmarkt synthetisiert. Das hat einige feministische Medienwissenschaftler zu dem Schluß geführt, Madonna besitze kein parodistisches Potential. Wir haben gesehen, daß der männlich strukturierte Blick bei vielen Madonna-Videoclips aus feministischer Sicht problematisch ist und daß die politische Einstellung dieser komplexen Clip-Texte letztlich mehrdeutig ausfällt. Doch werden die Videoclips nicht als einzelne Texte aufgenommen, sondern immer im Kontext des Starimages Madonnas rezipiert. Bestimmte Merkmale dieses Starimages, das im Hutcheonschen Sinne eine weitere »Transkontextualisierung« der einzelnen Videotexte bildet, *ermöglichen* feministische Interpretationen ihrer Videoclips wie *Open Your Heart* and *Express Yourself,* auch wenn die Wirkungen des Zeichens Madonna aufgrund von Madonnas Status als Konsumware und wegen seiner vielfachen und jeweils anderen Rezeption durch die einzelnen Medienformen sehr unterschiedlich und komplex ausfallen.


## Madonna als Pastiche und Parodie von Hollywoodstars

Die vielfältigen Figuren, die Madonna in Texten wie den Videoclips *Open Your Heart* und *Express Yourself* verkörpert, bezeichnen eine in sich heterogene, aber begrenzte Reihe von Assoziationen, die das Starimage von Madonna prägen. Diese reichen während der letzten Jahre von einem kühnen, etwas ungezogenen, antiklerikalen Mädchen, wie z. B. in *Desperately Seeking Susan* (Susan Seidelmann, 1986) bis zur kühlen, gefährlichen *femme fatale,* die Madonna z. B. in *Dick Tracy* (Warren Beatty, 1990) spielt.

Dieser permanente Wandel des Starimages Madonnas entsteht durch stetige Pastichebildung.

Die Analysen von *Open Your Heart* und *Express Yourself* können zeigen, wie sich die Pastichebildung in den Videoclips vollzieht. Ich habe dabei argumentiert, daß das Zeichen Madonna keinen willkürlichen Pastiche, sondern eine Ansammlung von Elementen darstellt, die bestimmte Andeutungen transportieren. Im Kontext dieser Anspielungen im Starimage Madonna bewirken einige Videoclips von Madonna eine Parodie der herkömmlichen Konstruktion von Geschlechtsunterschieden in etablierten Darstellungsformen, die die Videoclips als Hintergrundtexte zitieren. Zum Schluß möchte ich untersuchen, wie das pastichegeformte Zeichen *Madonna*, ein abstraktes Ganzes, aus feministischer Sicht als Parodie verstanden werden kann, und zwar als eine Parodie weiblicher Starimages, ja selbst des Begriffs »Star« überhaupt.

Wie bei anderen postmodernen Kunstwerken entsteht das kritische Potential des Zeichens Madonna als Effekt seiner Konstruktion: Madonnas Aneignung von Images populärer Stars deckt auf, daß die Einzigartigkeit jener Stars eine Täuschung ist und daß diese Stars, wie wohl Madonna auch, nur eine Bricolage aus Illusionen darstellen. Madonnas Starimage wirkt als populäre lebendige Version der Parodie, die in der seriösen Kunst von Cindy Sherman ihr darstellerisches Pendant findet. Shermans Fotoaufnahmen von sich selbst, in denen sie verkleidet Posen verschiedener Hollywood-Größen der fünfziger Jahre einnimmt, setzen sich ebenfalls mit dem Konzept von Stars als Ikonen der Sehnsucht auseinander.[33]

Madonna stellt Gesten von Stars wie Marilyn Monroe, Dietrich, Hayworth, Minelli und Judy Garland nach, ohne diese direkt zu imitieren. Doch etablieren die Kontexte, in denen diese Starbilder erscheinen, eine Basis, auf der der Pastiche als Parodie verstanden werden kann. Denn Madonnas Nach-Stellungen weisen auf genau jene Phantasievorstellungen, die diese Stars verkörpern. So wirken z. B. Szenen von *Open Your Heart,* in denen Madonna weibliche Kinostars wie Dietrich und Hayworth durch Kostüm und Bewegungen andeutet, ironisch, gerade weil sie sich in einem Pornogeschäft abspielen. Dieser Kontext macht deutlich, daß die Darstellungstechniken, mit denen das Hollywoodkino die Sehnsucht der

---

33 Siehe Craig Owens: »The Discourse of Others: Feminists and Postmodernism«, in: Hal Foster: The Anti-Aesthetic, S. 57-82, bes. S. 73-75.

Zuschauer strukturiert, mit denen identisch sind, die die Pornographie verwendet. Der veränderte Kontext ergibt eine »Wiederholung mit ironischem Abstand«, die nach Hutcheon die Parodie kennzeichnet. Solche textuellen Momente fungieren als ironische Inkongruenzen und Umkehrungen von Erzählstrukturen des Hollywood- und auch des Pornofilmes.[34]

Die Videoclips stellen Ironie auch her durch Veränderungen des Erzählschlusses gegenüber den Filmen, in denen die von Madonna zitierten Stars erscheinen. Die Mehrzahl der Hollywoodfilme faßten und fassen noch immer die dargestellte Macht und offene Sexualität eines weiblichen Charakters als gefährlich auf. Diese Filme enden in der Regel in der festen Besitznahme der sexuell verführerischen Frau durch einen starken Helden oder aber mit dem Tod der weiblichen Figur. Im Gegensatz dazu behält Madonna in den Videoclips die Herrschaft und triumphiert am Ende sowohl als Hauptfigur der Erzählungen wie auch als populäre Stardarstellerin, die innerhalb wie außerhalb des Videoclips andauernden Erfolg genießt. Madonnas allgemein bekannter ungebrochener Erfolg steht in starkem Kontrast zu den unglücklichen Lebens- und Berufserfahrungen der meisten Stars, die Madonna zitiert: so z. B. Marilyn Monroe, Rita Hayworth und Judy Garland, deren tragische Lebensgeschichten vielfach in populären Biographien und Zeitungsartikeln geschildert wurden. Die Erkenntnis des Unterschieds zwischen den zitierten Starimages, den Hintergrundtexten und deren Realisierung im Zeichen Madonna weist aus feministischer Sicht auf die parodistische Wirkung der Figur Madonna hin.

Wir haben gesehen, daß innerhalb der Videoclips Madonnas Körper durchgehend als fetischisiertes Objekt, auch als Konsumware dargestellt wird. Dies gilt auch für solche Videoclips, in denen Madonnas Aussehen und Verhalten scheinbar Kritik an anderen Starimages übt. Die Parodien beziehen sich auf die Frage, wie andere Stars eine illusorische Kino-Sehnsucht herstellen; sie erzielen den Effekt, daß die Sehnsucht der Zuschauer zuletzt auf Madonna gerichtet wird. Der exhibitionistische Narzißmus des Stars etabliert Madonna letztlich doch als integrierte Persönlichkeit, deren Haupteigenschaft in Kaplans Worten ist: »a desire to be desired«.[35]

---

34 Vgl. als ausführliche Analyse der Erzählstrukturen und kinematographischen Techniken des amerikanischen pornographischen Filmes Linda Williams: Hard Core: Power, Pleasure, and the »Frenzy of the Visible«, Berkely 1989.

Besonders das etwas abgewandelte Starimage Madonnas als das einer ernsthaften reifen Frau, die unter dem Zerbrechen ihrer Ehe leidet und auch den frühen Tod ihrer Mutter noch betrauert, ein Image, das im Zusammenhang mit den Songs der *Like a Prayer*-LP kreiert wurde, bedeutet dem Publikum stärker als frühere Varianten, daß es eine »echte Madonna« als integriertes Subjekt gibt.[36]

Ein unwandelbares Ergebnis von Madonnas wandelbaren und unterschiedlichen Erscheinungen ist jedoch der Status dieses Stars als *Metamaskerade*. Die Wandelbarkeit *Madonnas* bleibt ihre zentrale Eigenschaft und wahrscheinlich auch der wichtigste kommerzielle Zug dieses Stars. Eine Zeitlang signalisierte diese Maskerade in erster Linie die »blasphemische Schlampe«, aber seit mindestens sechs Jahren weist Madonnas Ver- und Darstellung hauptsächlich die Merkmale eines Frauendarstellers auf, in dem Sinne, in dem Mae West als »female impersonator« gesehen wird.[37] Wie Mae Wests – ohne jedoch bisher den individuellen Stil dieses Stars adoptiert oder direkt zitiert zu haben – setzen sich Madonnas Kostüme und Performance-Gesten schon durch schiere Übertreibung mit dem Diskurs der Weiblichkeit auseinander.[38] Wie im Starimage Mae Wests und wie auch in den Darstellungen von Männern (häufig Transvestiten), die als groteske Frauen auf die Bühne treten, bewirkt auch Madonnas Maskerade der exzessiven Weiblichkeit, z. B. mit ihren frivolen Dessous, die sie offen trägt, eine Kritik der »natürlichen« Geschlechtsunterschiede. Denn die Inszenierung solcher Darsteller und Darstellung lenkt die Aufmerksamkeit des Publikums auf die soziale Konstruktion – im Gegensatz zu natürlicher Determination – der Geschlechtsunterschiede. Es ist auffällig, daß Madonna sich auch in den letzten Jahren gelegentlich eine androgyne oder sogar ausdrücklich männliche Maskerade angezogen hat, die sie abwechselnd mit der weiblichen Maske trägt. Der Austausch der Masken kann sowohl

35  Kaplan: Rocking, S. 126.
36  Vgl. hierzu Ian Blair: »Madonna, Seriosly«. In: *Chicago Tribune,* 19. März 1989, S. 18; Sp. 6; John Rockwell: »Pushing the Sincerity Button«. In: *New York Times,* 16. April 1989 und Becky Johnson: »Confessions of a Catholic Girl«, in: *Interview* (Mai 1989), S. 59ff.
37  Vgl. Ramona Curry: Power and Allure: The Mediation of Sexual Difference in the Star Image of Mae West. Diss., Northwestern University, 1990. Darin eine Analyse von Mae West als »female *female impersonator*«.
38  Vgl. Lewis: »Being Discovered«, S. 9. Lewis erläutert diesen Punkt folgendermaßen: »(Madonna's) visual images engage in and hyperbolize the discourse of femininity.«

zwischen Auftritten wie auch innerhalb eines einzigen Auftritts geschehen, so bei *Express Yourself.* Im Videotape zu ihrer Konzerttour *Ciao Italia* (1987) verwandelt sie sich beispielsweise während der Live-Performance von einer Striptänzerin in einen frechen Jungen, dann in eine Rocksängerin der sechziger Jahre, dann in James Cagney und geht im Anschluß noch einmal alle Darstellungen von vorn durch! Die gleiche Bandbreite der wechselnden Darstellungen sowie die Schnelligkeit der Maskenwechsel erreichte sie in der Konzerttour *Blonde Ambition* von 1990. Die Parodie in ihrem Starimage besteht nicht etwa darin, daß sie ein solches Repertoire von Masken besitzt, sondern daß Madonna nichts als dieses Repertoire *ist.*

Sicherlich vermag diese Wandelbarkeit eine einzigartige Staridentität zu ersetzen, besonders angesichts eines Marktes, der Druck ausübt auf die populären Images, weil sie sich in kürzester Zeit verbrauchen. Eine solche Wandelbarkeit kann einem Star aber auch als Gegenstrategie dienen, und zwar nicht gegen die Abnutzung seines Images durch den populären Konsum, sondern auch als Strategie gegen eine Tendenz, die allen bedeutsamen Zeichen innewohnt, nämlich angesichts der stetigen Wiederholung und des erschöpfenden Konsums in diversen postmodernen Medien seinen Sinn zu verlieren und nur mehr zu einem Klischee reduziert zu werden.

Daß ein parodistisches Moment immer wieder auf ein Pastiche ohne klare Aussage reduziert werden kann, geht auf die warenästhetische Funktion des Pastiche-Textes zurück. Seine Bedeutungen werden in dem nivellierenden Apparatus z. B. von MTV und anderen (post)modernen Medien durch »heavy rotation« regelrecht abgeschliffen. Die stete Verneinung des parodistischen Potentials mag wohl bei populären Texten unvermeidlich sein, die innerhalb eines Warensystems hergestellt und getauscht werden. Die übergreifende Charakteristik eines Textes als Parodie ignoriert keineswegs die wirbelnde Schnelligkeit, mit der Institutionen der populären Kultur Zeichen generieren, zirkulieren und verbrauchen.

Hutcheon behauptet, daß Parodie sich zum Pastiche verhalte wie die rhetorische Trope zum Klischee und daß »in pastiche and cliche, difference can be said to be reduced to similarity«.[39] Wir haben gesehen, daß eine solche Reduktion bei der Zirkulation frühe-

39  Hutcheon, a. a. O., S. 38.

rer Starimages durch Madonna geschieht. Denn jede Maskerade, die Madonna sich aneignet, geht aus einem Darstellungsklischee hervor. Das durch sie zitierte Klischee wird aber – durch Umkehrung und Umschreibung anderer Assoziationen – in Madonnas Starimage oder in einem Text wie diesem Videoclip in neue Perspektive gerückt, bevor es sich durch stetige Wiederholung, z. B. im Radio oder Fernsehen, erneut zum Klischee reduziert.

Eine solche Reduktion aufs Klischee vollzieht sich jedoch zum größten Teil nicht aufgrund der individuellen Konstruktion eines Textes, sondern ist, wie ich glaube, durch die Konstruktion des Konsumsystems vorstrukturiert, durch das ein Text zirkuliert. Ich habe versucht zu zeigen, daß auch ein Pastiche von Klischees ein parodistisches Moment beinhalten kann, wenn Zuschauer die Unterschiede zwischen den zitierten Klischees und deren neuen Kontext erkennen, wie es viele Fans bei jeder neuen Erscheinung von Madonna tun. Aber auch ein Text, der zunächst parodistisch wirkt, kann nachträglich selbst zum Klischee werden, und zwar in erster Linie durch seinen wiederholten Konsum. Denn die Aufmerksamkeit der Zuschauer gegenüber Unterschieden zwischen einem Zitat und dem aktuellen Text, der das Zitat umfaßt, wird angesichts der Überfülle von Bildern und Tönen, die zum Konsum angeboten werden, unvermeidlich entschärft. Ein neu erscheinender Text wandelt sich zu einem altbekannten, in dem dargestellte Differenzen bald in das Ganze diffundieren.

So wird der Gestus, mit dem Madonna »Michael Jackson« zitiert, nach einiger Widerholung durch Madonna bald als ihr eigener Gestus erkannt. Für diejenigen Zuschauer, die die Herkunft des Gestus aus einer männlichen Zeichensprache nicht kennen, und auch für die, die nach wiederholtem Zusehen nicht mehr an seine Herkunft denken, wirkt Madonnas Griff an die Scham als kühne oder vulgäre sexuelle Bewegung, aber nicht (länger) als Parodie eines herkömmlichen männlichen Ausdrucks. So kann die Fähigkeit eines Textes, parodistisch zu wirken, verlorengehen.

Seit mehr als acht Jahren gehört Madonna zu den wohl meistkonsumierten populären amerikanischen Kulturprodukten. Doch für viele Zuschauer wird der ironische Abstand zu ihrem Starimage immer wieder erneuert, besonders dadurch, daß Madonna als eine stets wandelbare Maske erscheint. Sicherlich stellt ihr Starimage eine *begrenzte* Parodie dar. Es erreicht keine grundlegende Umstrukturierung der Konventionen, mit denen Frauen in Medien dargestellt werden, und suggeriert ebensowenig eine radikale Neuschreibung weiblicher Identität. Doch bietet Madonna ein bemerkenswertes Moment von Widerstand gegen die geschlechtsbedingten Begrenzungen unserer zeitgenössischen Warengesellschaft. Denn Frauen – darunter auch weibliche Rockstars und -fans – konnten (durften!) bis vor kurzem nahezu gar keinen Einfluß auf Produkte der Massenkultur ausüben, insbesonders nicht auf die Darstellung von Frauen innerhalb dieser Massenkultur.[40] Das Starimage Madonna hat auch bewirkt, daß der Darstellung von nichtweißen, nicht heterosexuellen Menschen und deren Künsten und Phantasien mehr Raum zugestanden wird, als es bisher der Fall war, auch wenn dies nur für die Darstellungsarbeit eines weißen, heterosexuellen Rockstars gilt. Eine Bewertung dieses Aspekts von Madonna – ob es sich um kommerzielle Ausbeutung von Minderheiten oder um ein wichtiges »Sichtbarmachen« von ihnen handelt – kommt durch die diskursive Praxis der betroffenen Konsumenten und auch Künstler zustande. Die Tatsache, daß Madonna in den USA als ein »schwules« und auch lesbisches Ikon gilt, spricht dafür, daß die Texte und das Gesamtimage des Stars nicht nur vielen Feministen, sondern auch anderen Konsumenten, die sich in manchen Hinsichten als ausdrücklich von der dominanten Gesellschaft »unterschieden« verstehen, eine Quelle der Phantasie , vielleicht auch ein Moment der Parodie bieten.[41]

Parodie bewirkt Dekonstruktion, Pastiche und Rekonstruktion. Dem Zeichen Madonna gelingt es, entgegen der synthetisierenden Operation der Pastichebildung, aus der sie als ein eindeutig postmodernes Kulturprodukt hervorgeht, häufig als Parodie zu fungieren. Madonna kann so auch als ein Testfall dienen, der von allgemeinerer Bedeutung ist: Parodie und Pastiche sind in der diskursiven Rezeption von postmodernen Kulturprodukten viel enger miteinander verbunden, als es von gängigen Theorien der Postmoderne erkannt wird.

40  Viele Kritiker merken an, daß Madonna selbst starken Einfluß auf die Herstellung der Videoclips und der sonstigen Konstruktion ihres Images ausübt. Solche Veröffentlichungen führen zu der Annahme, Madonna bestimme sich selbst, und tragen damit zu ihrer populären feministischen Aufwertung bei. Die Annahme läßt aber völlig außer acht, wie die Konstruktion von Madonnas Starbild durch Konventionen der Darstellung und des Konsums von Stars umgeschrieben wird.

41  In letzter Zeit wird Madonna (wie schon lange vor ihr Marlene Dietrich und Mae West) von professionellen »female impersonators« auf der Bühne dargestellt. Ich danke Craig Kois für diese Informationen.

# Kobena Mercer
## Die Monster-Metapher

*Anmerkungen zu Michael Jacksons Video* Thriller [1]

Michael Jackson ist ein Megastar. Seine 1982 erschienene Lang-spielplatte *Thriller* ging weltweit über 35 Mio. Mal über den La-dentisch und gilt seitdem als erfolgreichste LP in der Geschichte der Popmusik. Bereits im Alter von 26 Jahren soll er über ein Ver-mögen von mehr als 75 Mio. Dollar verfügt haben. Schon als Elf-jähriger war er ein Star – damals als Leadsänger der Jackson Five, der erfolgreichsten Gruppe, die das Label Tamla/Motown in den siebziger Jahren herausbrachte. Die Jackson Five erfanden den »Teenie Bopper«-Pop, aus dem weiße Sänger wie Donny Osmond in der Folgezeit reichlich Kapital schlugen. Während sich an diese Epigonen jedoch kaum jemand erinnert, ist in den alten Songs der Jackson Five (z. B. *I Want You Back* oder *ABC*) noch immer etwas vom Selbstbewußtsein und Enthusiasmus der »Black Pride«-Be-wegung zu spüren.

Mitte der siebziger Jahre wechselte Jackson mit seinen vier Brü-dern zu einer anderen Plattenfirma, die ihnen mehr Mitsprache bei der Gestaltung ihrer Produktionen einräumte. In der Folge ent-wickelte sich auch Michael als Sänger, Komponist und Performer weiter. Seine 1979 erschienene Solo-LP *Off the Wall* dokumentiert nicht nur die Geschmeidigkeit und Sinnlichkeit seiner Stimme, sondern zeigt auch, daß er eine Vielzahl musikalischer Stile und Idiome von der romantischen Ballade bis zum Rocksong meister-haft beherrscht. Doch was machte diesen jungen Schwarzen so an-ziehend, daß er zum Megastar wurde?

Zweifellos beruht seine Anziehungskraft auf dem Klang seiner Stimme. Aus der Tradition afroamerikanischer Soulmusik kom-mend, hat Jackson seinen eigenen, durch atemloses Keuchen, schrilles Kreischen, lüsternes Seufzen und andere averbale Äuße-rungen gekennzeichneten Gesangsstil entwickelt. Auf diese Weise werden die Emotionen und die körperliche Lüsternheit der Musik in seiner Stimme hörbar, ein Phänomen, das Roland Barthes in an-derem Zusammenhang die »Rauheit« der Stimme genannt hat –

---

1 Zuerst erschienen in *Screen*, 27. Jg., Nr. 1, 1986.

»die Rauheit ist der Körper in der Stimme, die singt«.[2] Zur emotionalen und erotischen Ausdruckskraft von Jacksons Gesang tritt die laszive Anmut, das Aufreizende seiner Bewegungen. Schon als Kind wurde er wegen seiner Bühnenperformance mit James Brown und Jackie Wilson verglichen.

Doch es gibt noch einen weiteren Grund für Jacksons Erfolg und Popularität: sein Image. Sein individueller Stil fasziniert. Die 7/8tel langen Jeans, die behandschuhte Hand und v. a. die Wetlook-Frisur, die seine Markenzeichen wurden, haben die Kleidungsrepertoires schwarzer und weißer Jugendkulturen beeinflußt und sind sogar in die Mainstreammode eingegangen.

Vorher hatte sich Jacksons physische Erscheinung auf verblüffende Weise gewandelt. Aus dem niedlichen Kind mit dem prächtigen Afro-Look und schreiend bunten Flower-Power-Klamotten ist ein Ausbund rassischer und sexueller Ambiguität geworden. Auf dem Cover der LP *Thriller* liegt Michael in weißem Anzug und schwarzem Hemd seitlich aufgestützt vor einem verschwommenen Hintergrund. Schauen wir genauer hin: Sein Teint wirkt heller als zuvor, die Nase schmaler, weniger »afrikanisch«, die Lippen zarter und weniger ausgeprägt. An die Stelle des Afro-Looks ist eine schimmernde Dauerwelle getreten und ein neues Markenzeichen erscheint, die in die Stirn gezogene Locke.

Der Reiz dieses Neuentwurfs von Jacksons Image wird durch die zugehörige Legendenbildung erhöht, die es unmöglich macht oder schlicht als unangebracht erscheinen läßt, zwischen Wahrheit und Lüge unterscheiden zu wollen. Es heißt, er habe sich schönheitschirurgischen Eingriffen unterzogen, um ein »weißeres«, europäisches Aussehen zu bekommen, was Jackson allerdings bestreitet.[3] Zum Eindruck der rassischen Ambiguität tritt zudem der einer geschlechtlichen, die ans Androgyne grenzt. Michael Jackson mag so lieblich singen wie Al Green und so kraftvoll tanzen wie James Brown – sein Aussehen ähnelt eher dem von Diana Ross als dem irgendeines männlichen schwarzen Soulsängers. Die Medien haben diese Ambiguitäten begierig aufgegriffen und das Bild einer Privatperson »hinter« dem Image konstruiert, die zum Spielball von Spekulationen und Gerüchten wurde. Diese kulminieren

---

2  Roland Barthes, »The Grain of the Voice«, in: Stephen Heath (Hg.): *Image – Music – Text*, London 1977, S. 188.
3  Robert Johnson, »The Michael Jackson Nobody Knows«, in: *Ebony* (USA), Dezember 1984.

im Vergleich von Jackson mit Peter Pan, dem Jungen, der nie erwachsen wurde. Es heißt dann, hinter dem Image des Stars komme ein einsamer, »verlorener Junge« zum Vorschein, dessen Leben von morbiden Obsessionen und Ängsten überschattet sei. Er lebe wie ein Einsiedler und »erwache« überhaupt nur zum Leben, wenn er auf einer Bühne stehe, vor seinen Fans. Die mediale Ausbeutung des öffentlichen Interesses, das Michael Jackson auslöst, hat nicht einmal vor einer »Pathologisierung« seiner Persönlichkeit Halt gemacht:

»Selbst die vielen Fans von Michael Jackson finden seinen Lebensstil seltsam. Er ist, wie einer seiner Hits heißt, *off the wall*.[4] Leute, die sich auskennen, sagen:

Sein größter Nervenkitzel sind Ausflüge nach Disneyland.

Seine engsten Freunde sind Tiere.

Er redet mit den Schneiderpuppen in seiner Lounge.

Sonntags fastet er und tanzt anschließend in seinem Schlafzimmer, bis er vor Erschöpfung umfällt. Seine Kollegen im Showbusiness fragen sich: ›Is Jacko wacko?‹[5]

Zwei führende amerikanische Psychiater haben mehrere Stunden damit verbracht, ein detailliertes Dossier über Jackson auszuwerten. Hier ist ihr Bericht von der Couch.«[6]

Im Mittelpunkt dieser öffentlichen Faszination steht Jacksons Sexualität, v. a. seine sexuellen Vorlieben, wie Shirley Brooks, eine seiner Mitarbeiterinnen, beklagt:

»Er gibt in der Öffentlichkeit keine Statements über sein Liebesleben ab und wird das auch in Zukunft nicht tun, denn er glaubt – und zwar zu Recht –, daß dies niemanden etwas angeht. Wir haben uns ausführlich darüber unterhalten. Michael findet, daß die Presse immer, wenn einer im Blickpunkt der Öffentlichkeit steht und nicht mit ihr redet, dazu neigt, sich Geschichten über ihn auszudenken, um die Spalten ihrer Blätter zu füllen.«[7]

Weder Kind noch Mann, weder schwarz noch weiß, überdies weder maskulin noch feminin – Jacksons Star-Image ist eine »gesell-

4 Etwa: Verrückt, durchgedreht, ausgeflippt (A. d. Ü.).
5 *Jacko*: Kosename für Michael Jackson; *wacko*: (Slangausdruck zu engl. *wack*: überspannter Kerl) einen Hau haben, durchgeknallt sein; also etwa: Ist Jackson durchgeknallt? (A. d. Ü.).
6 *The Sun*, 9. 4. 1984.
7 Zit. nach Nelson George: *The Michael Jackson Story*, London 1984, S. 106.

schaftliche Hieroglyphe«, wie Marx in seiner Betrachtung des »Fetischcharakters der Warenform« jedes Arbeitsprodukt nennt, das eine Entzifferung verlangt und sich ihr zugleich widersetzt. Der vorliegende Aufsatz versucht das Musikvideo *Thriller* mit Blick auf jene Fragen zu interpretieren, die die phänomenale Popularität eines Stars aufwirft, dessen Image durch den Eindruck rassischer und geschlechtlicher Unbestimmtheit dominiert wird.

## Neues Image, alte Formen:
## Videos in der Vermarktung der LP *Thriller*

In den letzten Jahren hat das neue, zwitterhafte Medium Musikvideo große Bedeutung für den Absatz und die Bekanntheit von Popsongs erlangt. Ohne das »Werbemittel« Video ist es inzwischen nahezu unmöglich, eine Schallplatte in die Hitparaden zu bringen. Das Medium – dessen Institution der amerikanische Kabelsender MTV ist, der Warner Communications und American Express gehört – hat der Popindustrie zu neuem Aufschwung verholfen, indem es aus Konsumformen Kapital schlug, die durch die massenhafte Verbreitung der Videotechnik entstanden sind.[8] MTV betrieb zu Anfang eine Politik des stillschweigenden Ausschlusses schwarzer Künstler. Erst die Videos zu Michael Jacksons LP *Thriller* haben diese Rassenschranke durchbrochen.

Zwei dieser Videos, *Billy Jean* und *Beat It*, konzentrieren sich auf die Darstellung von Jacksons neuem Image. Unter der Regie von Steve Barron visualisiert *Billy Jean* die »filmische« Atmosphäre des Liedes, das die Geschichte einer falschen Vaterschaftsbehauptung erzählt, und erzeugt mit Hilfe von Innenaufnahmen, raschen Schnitten und diversen Effekten ein Milieu, das den Song eher ergänzt als illustriert. Es orientiert sich am Cover der LP und zeigt Jacksons neuen Kleidungs- und Tanzstil. Das Pflaster einer Straße leuchtet auf, Jackson twistet, kickt und wirbelt herum – die Aura des Stars wird beschworen. *Beat It*, unter der Regie von Bob Giraldi, der Fernsehspots für Mac Donald's und den Limonaden-

---

8 Zum Thema Musikvideo vgl. Michael Boodro: »Rock Videos: Another World«, in: *ZG* (»*breakdown*«-Ausgabe), London 1984; Dessa Fox: »The Video Virus«, in: *New Musical Express*, London, 4. 5. 1985; Dave Laing: »Music-Video: Industrial Product – Cultural Form«, in: *Screen*, März/April 1985, 26. Jg., Nr. 2, sowie Andy Lipman: »The World of Salvador Disney«, in: *City Limits*, 24. 5. 1985.

hersteller Dr. Pepper drehte, verbildlicht den Text des Liedes, das sich gegen den Machismo wendet. Die Szene wechselt von zwei sich kampflustig umkreisenden Gangs »jugendlicher Delinquenten« zu Michael, der einsam und verletzlich in seinem Schlafzimmer sitzt. Am Schluß besänftigt er die Gegner, indem er sie mit seiner Anmut bezaubert, und führt die ausschließlich männlichen Darsteller durch eine Tanzsequenz, deren Bildsprache an Filme wie *The Warriors* und *West Side Story* erinnert.

Diese Videos, die nach Ideen von Michael Jackson gedreht wurden, und andere, in denen er auftrat (etwa *Say, Say, Say* von Paul McCartney und *Can You Feel It* von The Jacksons), leisteten einen wichtigen Beitrag zum kommerziellen Erfolg von *Thriller*, weil sie die von der Musikindustrie aufgerichteten Rassenschranken durchbrachen. Im Gegensatz zu Stars wie Lionel Richie ist Jackson nicht den Weg eines »Crossovers« von schwarzen zu weißen Elementen gegangen, um in einer Grauzone zu landen: Vielmehr hat er mit Hilfe seines Umgangs mit Image und Stil, die für die Vermarktung von Popmusik schon immer von extremer Wichtigkeit waren, schwarze Musik auf den weißen Rock- und Popmärkten popularisiert. Dadurch hat Jackson an der entlang des Rassenbegriffs verlaufenden Grenze einen Freiraum eröffnet, in dem sich nun auch neue Stars wie Prince tummeln können.

*Thriller*, der Titelsong des Albums, wurde als dritte Single ausgekoppelt. Das begleitende Video sprengte die damals geltenden Konventionen und Beschränkungen des Mediums, das, David Laing zufolge, v. a. ökonomischen Zwängen unterlag:

»Erstens waren die Bilder der Musik untergeordnet, die sie verkaufen helfen sollten; zweitens orientierte sich das Musikvideo als Vermarktungsinstrument von Anfang an an der Ästhetik und den Techniken der älteren, hochentwickelten Form des Fernsehwerbespots.«[9]

Folglich wurde die Konvention der schnellen Schnitte, die von den Montagegesetzen der Fernsehwerbung übernommen wurde, von einer zweiten überlagert: dem Wechsel von naturalistischen bzw. »realistischen« Szenarien (die Musiker beim Musizieren während eines Konzerts oder in einem Studio) und »konstruierten« bzw. phantastischen Szenarien (der oder die Musiker treten in fiktiven Rollen auf, die sich am Songtext oder der »Atmosphäre« der Mu-

9  Dave Laing, a. a. O., S. 81.

sik orientieren). Zwar übernimmt *Thriller* diese Montage- und Abwechslungskonventionen, doch wird der Fluß der Bilder durch eine *narrative* Inszenierung in den Rahmen einer packend erzählten *Geschichte* eingebunden, die für Zusammenhang und Abgeschlossenheit sorgt. Seit *Thriller* ist dieser narrative Code selbst zu einer Konvention des Musikvideos geworden: Die Videos *Undercover of the Night* (Rolling Stones, 1983) und *Jazzin' for Blue Jean* (David Bowie, 1984), beide unter der Regie von Julian Temple entstanden, sind einfallsreiche Beispiele dafür. *Thriller* unterscheidet sich von anderen Videos nicht nur aufgrund seiner formalen Struktur, sondern auch durch seine weitgehende Freiheit von ökonomischen Zwängen. Die LP war bereits ein »ungeheurer« kommerzieller Erfolg, bevor der Titelsong als Single erschien: Es gab keinen Anlaß für eine aggressive Verkaufsförderung. Deshalb dient das Video *Thriller* weniger der Promotion des Albums, sondern *feiert den Erfolg, den Michael Jackson mit der LP hatte*, indem es den Star in den Mittelpunkt stellt. Da ein unmittelbarer kommerzieller Zwang fehlt, bietet das Video Raum für Jacksons Lust an der Schauspielerei. Durch die Verwendung von Codes und Strukturen des Kinofilms schafft es einen Rahmen, in dem er sich wie ein Filmstar bewegen kann. Jackson hatte bereits in dem Film *The Wiz* (1977) mitgespielt, einem Remake von *The Wizard of Oz* mit rein schwarzer Besetzung, in dem er die Rolle des Scarecrow übernahm. Er bekundet ein großes Interesse an der Schauspielerei:

»Ich liebe das sehr. Es ist eine Flucht. Es macht Spaß. Es ist einfach schön, jemand anders zu sein, ein anderer Mensch. Besonders, wenn man wirklich daran glaubt und es einem nicht so vorkommt, als ob man schauspielern würde. Ich konnte das Wort ›darstellen‹ noch nie leiden, auch nicht die Behauptung: ›Ich bin Schauspieler.‹ Es sollte mehr sein als das. Man sollte es wirklich glauben.«[10]

In *Thriller* probiert Jackson eine Vielzahl von Rollen aus, während das Video auf parodistische Weise die Stereotypen, Codes und Konventionen des Horrorgenres zitiert. Durch den intertextuellen Dialog, den die Elemente Bild, Musik und Tanz innerhalb des Videos führen, werden auch wir, die Zuschauer, in ein *Spiel* mit den Zeichen und Bedeutungen hineingezogen, die zur »Konstruktion« von Jacksons Starimage beigetragen haben. Die folgende Interpre-

10 Zit. nach Andy Warhol/Bob Colacello: »Michael Jackson«, in: *Interview*, Oktober 1982.

tation analysiert daher zuerst das Lied, untersucht dann, auf welche Weise es »visualisiert« wird, und betrachtet anschließend das Zusammenspiel von Musik, Image und Stil, das die Struktur des Videos bestimmt.

## *Thriller* – eine Interpretation

Widmen wir uns zuerst den Eigenschaften des Liedes. Im Titel, der auch als Albumtitel dient, zitiert es ein Filmgenre, den Spannungs- oder Gruselfilm, den Krimi oder Thriller. Doch sein Text befaßt sich weder mit Film noch mit dem Kino. Es handelt sich um eine mittelschnelle Funk-Nummer, komponiert von Rod Temperton, der schon ähnliche Songs für Michael Jackson geschrieben hat, z. B. *Off the Wall*. Im Text finden sich Anspielungen und Verweise auf die Kinotradition des Grusel- und Horrorfilms, die jedoch allein dem Spiel mit der Bedeutung des Wortes *thriller* dienen. Erzählt wird die Geschichte »einer Nacht, in der sich ein junger Mann und seine Freundin [...] Horrorfilme anschauen«.[11] Der Text erzählt diese fiktive Geschichte aus der Perspektive eines Ich-Erzählers:

»It's close to midnight and somethin' evil's lurkin' in the dark/[...] You try to scream, but terror takes the sound before you make it/You start to freeze, as horror looks you right between the eyes/You're paralysed.«
(»Kurz vor Mitternacht. Etwas Böses lauert im Dunkel/[...] Du willst schreien, doch die Angst preßt dir die Kehle zu/ Als das Grauen direkt vor dir steht, erstarrst du/Du bist wie gelähmt.«)

Wer ist das Du, das hier angesprochen wird? Die Antwort gibt eine semantische Wendung in der dritten Strophe und dem folgenden Refrain, in der die Doppeldeutigkeit des Titels offenbar wird:

»Now is the time for you and I to cuddle close together/All thru' the night, I'll save you from the terror on the screen/I'll make you see, that [Refrain:] This is thriller, thriller-night, 'cause I could thrill you more than any ghost would dare to try/Girl, this is thriller – so let me hold you tight and share a killer, thriller tonight.«[12]
(»Es ist Zeit, daß wir uns aneinanderschmiegen/Die ganze Nacht

11  Nelson George, a. a. O., S. 108.
12  *The Great Songs of Michael Jackson*, London 1984.

über werde ich dich vor dem Grauen auf dem Bildschirm beschützen/ Ich zeig' dir, daß [Refrain:] der Thriller hier spielt, in dieser Thriller-Nacht, denn ich kann dich mehr erregen als alle Gespenster zusammen/– drum komm in meine Arme und laß uns heute Nacht den spannendsten Thriller gemeinsam erleben.«)

Der Text spielt also mit der Zweideutigkeit des Wortes *thrill*, Erregung.

Wie Ian Chambers bemerkt hat, wird hier

»der übliche Diskurs über Sexualität in die Zeichensprache des Soul und in die klandestine Befreiungskultur der Soulmusik übersetzt.«[13]

Sexualität ist, neben den vielfältigen Schwierigkeiten von Liebesbeziehungen, *das* Thema der traditionellen Soulmusik. Doch Chambers behauptet zu Recht, daß die Fähigkeit des Soul, sexuelle Regungen auszudrücken, weniger auf Wörtern als vielmehr auf der Leidenschaftlichkeit des Gesangs beruht. Der Inhalt des Textes tritt hinter der sinnlichen Schwingung der individuellen Stimme, ihrer »Rauheit«, zurück. Während sich in der »Rauheit« der Stimme die Widersprüche, Freuden und Nöte der Sexualität abzeichnen, fordert der ostinate Rhythmus der Musik unverhohlen zum Tanzen auf. Im Tanz wiederum, der kultivierten Form des sexuellen Rituals, werden der Klang der Musik und der Inhalt des Textes in Bewegung übersetzt. In ihrem Bemühen, den Zuhörer zum Tanzen zu bringen, zum aktiven Teilnehmer im Gewebe aus Stimme, Worten und Rhythmus zu machen, handelt die Soulmusik nicht bloß »von« Sexualität, sondern trägt selbst zur körperlichen Erregung bei.[14] In *Thriller* ist es die »Rauheit« von Jacksons Stimme, die dieser unterschwelligen sexuellen Bedeutung einen spielerischen Ausdruck verleiht, der über den nachlesbaren Text hinausgeht und analytischer Reduktion entzogen bleibt. In Jacksons Interpretation verwandeln sich die kinematographischen Anspielungen in Tempertons Versen in einen Diskurs über Sexualität. Die Story, die der Text erzählt, etabliert ein Wechselspiel zwischen zwei Bedeutungsebenen: Die Beschwörung gruseliger Filme geht über in die Aufforderung, sich »aneinanderzuschmiegen«.

13  Iain Chambers: *Urban Rhythms: Pop Music and Popular Culture*, London 1985, S. 148.
14  Ebd., S. 143-184 passim; vgl. auch Richard Dyer: »In Defence of Disco«, in: *Gay Left* 8, Sommer 1979.

Die Ironie, die aus dieser Bedeutungsopposition entsteht, ist gewissermaßen der meßbare Teil der parodistischen Atmosphäre des Songs. Zu ihr tragen auch diverse akustische Effekte – quietschende Türen und heulende Hunde – bei. Das parodistische Spiel erreicht seinen Höhepunkt, wenn Vincent Price am Ende der Aufnahme zu rappen beginnt. Die Idee, einen bekannten weißen Filmschauspieler wie Price einen Rap, also eine typische Ausdrucksform schwarzer Stadtbewohner, aufführen zu lassen, ist an sich schon komisch. Doch der liebevolle Humor, der den Song durchzieht, wird erst durch den sonoren, kehligen Klang von Prices Stimme deutlich, der ein Genre parodiert, dessen lebende Parodie er selbst ist:

»Darkness falls across the land. The midnight hour is close at hand. Creatures crawl in search of blood, to terrorise y'awl's neighbourhood. And whosoever shall be found, without the soul for getting down, must stand and face the hounds of hell, and rot inside a corpse's shell.«

(»Dunkelheit senkt sich übers Land. Mitternacht ist nah. Blutrünstige Geschöpfe schleichen umher und versetzen die ganze Nachbarschaft in Angst und Schrecken. Wenn sie dich erwischen und du nicht den Mumm hast, einen wegzustecken, wirst du den Höllenhunden übergeben und mußt als Leichnam vegetieren.«)

Die Parodie besteht hier in der Übertragung typischer Wendungen der Sprache des Soul – »get down«, »midnight hour«, »funk of forty thousand years« – in den Kontext eines ganz anderen Genres, des Horrofilms. Die geradezu »Camp«-mäßig übertriebene Sprechweise von Price und sein britischer Akzent bilden einen extremen Kontrast zum Zeichenrepertoire der schwarzen amerikanischen Soulmusik.

Wenn wir auf die in dem Musikstück erzeugten Bedeutungen »hören«, vereinigen sich die verschiedenen »Stimmen« der an der Aufnahme Beteiligten (Temperton, Jackson, Price, Quincy Jones[15] etc.) in eindeutig parodistischer Absicht. Um sich der Nahtstelle von Musik und Video anzunähern, könnte man also sagen, daß John Landis, der Regisseur des Videos, seine eigene »Stimme« als Autor von Hollywoodfilmen in den Dialog einbringt. Mir scheint, daß Landis zu den Doppeldeutigkeiten und dem Spiel mit der Be-

15  Der Produzent der LP (A. d. Ü.).

deutung des Wortes »thriller« beiträgt, indem er Stereotypen des Mainstream-Horrorfilms verwendet.

## Story, Plot, Parodie

Landis führt zwei wichtige filmische Elemente in das Medium des Musikvideos ein: eine an der Story orientierte, erzählerische Regie sowie die Verwendung von Spezialeffekten, die für den Erfolg von Horrorfilmen stets von großer Bedeutung waren. Diese Spezialeffekte werden in zwei Szenen eingesetzt: In der einen verwandelt sich Jackson in einen Werwolf, in der zweiten in einen Zombie. Die Verwendung dieser Filmeffekte ist das, was *Thriller* von anderen Musikvideos unterscheidet. Das Video bietet seinen Betrachtern *tatsächlich einen Thrill* – es erzeugt eben die Spannung, den Grusel und die Furcht, die den Reiz des Horrorgenres ausmachen. Die Vorführung der physischen Verwandlung des süßen, liebenswerten Michael Jackson in einen hungrigen Werwolf verstört, weil sie so überzeugend, »lebensecht« und fesselnd ist. Philip Brophy meint:

»Der Reiz der (Horror-)Thematik besteht eben darin, daß man eine Scheißangst kriegt – und Spaß daran hat: ein Wechselspiel, das durch Adrenalin vermittelt wird.«[16]

Spezialeffekte und Story des Videos verweisen auf dessen Regisseur John Landis, der 1979 den Film *An American Werewolf in London* inszeniert hatte, eine Horrorkomödie. Der Film greift den alten Werwolf-Mythos auf. Seine Protagonisten sind zwei junge amerikanische Touristen in England, die nachts von einem unbekannten Tier angegriffen werden, in das sich dann einer der beiden bei Vollmond verwandelt. Der Film verwendet Popsongs, um seine parodistischen Absichten deutlich zu machen – *Moondance* (Van Morrison), *Bad Moon Rising* (Creedence Clearwater Revival) und *Blue Moon* (Frankie Lymon and the Teenagers). Dieser parodistische Zugang wird mit Spezialeffekten und maskenbildnerischen Techniken kombiniert, die es im Gegensatz zu den wenig überzeugenden Zeitraffer-Techniken ermöglichen, die physische Verwandlung eines Menschen in einen Wolf in Echtzeit zu zeigen.

16 Philip Brophy: »Horrality«, nachgedruckt in *Screen*, 27. Jg., Nr. 1, 1986.

Das Video zu *Thriller* verweist nicht nur auf diesen Film, sondern auch auf andere Klassiker des Genres, unter anderem auf *Night of the Living Dead* (1968) von George Romero und *Halloween* (1978) von John Carpenter. Tatsächlich steckt das Video voller Anspielungen auf Horrorfilme. Brophy stellt fest:

»Dieses Genre zitiert sich unablässig selbst – weil seine Aussage gerade in dieser Selbst-Nachahmung besteht [...] Das liegt nicht daran, daß der moderne Horrorfilm die Konventionen des Genrefilms nicht kennt oder sich ihnen widersetzt, sondern an seinem Bewußtsein, Teil eines ungeheuer saturierten Genres zu sein.«[17]

Folglich scheint der Horrorfilm geradezu zur Parodie seiner eigenen Konventionen gezwungen.[18] Im nachhinein ist man versucht zu behaupten, der Song *Thriller* müsse eigens zum Zweck seiner Verfilmung geschrieben worden sein, da er diese kinematographischen Bezüge herstellt. So sind denn auch einige Szenen des Videos unmittelbar aus dem Text übernommen:

»They're out to get you, there's demons closin' in on ev'ry side/–
Night creatures call and the dead start to walk in their masquerade«
usw. (»Sie sind dir auf den Fersen, Dämonen haben dich umzingelt/ Von den Geschöpfen der Nacht gerufen, gehen die Toten in ihren grausigen Kostümen umher.«)

Doch auf der Ebene der *Erzählstruktur* geschieht noch mehr: Das Video führt einen intermedialen Dialog mit der Musik. Die folgende Zusammenfassung der Filmhandlung soll diese Struktur umreißen:

Die Anfangsszene zeigt ein Auto, das nachts durch einen Wald fährt. Der Motor erstirbt. Zwei Jugendliche, »Michael« (gespielt von Michael Jackson) und eine namenlose junge Frau (gespielt von Ola Ray), steigen aus und gehen zu Fuß weiter. Michael sagt der erfreuten jungen Frau, daß er gerne ihr fester Freund sein möchte. Dann gesteht er ihr, er sei »anders als die anderen Jungs«. Der fragende Blick der jungen Frau verwandelt sich in einen Ausdruck des Schreckens, als er sich vor ihren Augen in einen Werwolf verwandelt. Sie läuft davon. Eine Verfolgungsjagd beginnt, auf deren Höhepunkt das Michael-Monster über die junge Frau herfällt.

17  Ebd.
18  S. S. Prawer: *Caligari's Children: The Film as Tale of Terror*, Oxford 1980.

Szenenwechsel: Michael und die junge Frau sitzen im Kino und sehen sich (wie wir annehmen können) den Film an, den wir gerade gesehen haben. Die junge Frau bekommt Angst und verläßt den Saal. Michael hingegen ist fasziniert und bleibt noch eine Weile sitzen, steht dann aber doch auf und folgt ihr ins Foyer. Als sie das Kino zusammen verlassen, wird die Musik eingeblendet und Michael fängt zu singen an, wobei er, während sie weitergehen, tanzend um die junge Frau herum hüpft.

Nach den ersten beiden Strophen beginnt Vincent Price zu rappen. Leichen erheben sich aus ihren Gräbern und wanken zur Straße. Wir sehen wieder Michael und die junge Frau, von Untoten umringt. Die Musik wird ausgeblendet, die junge Frau wendet sich hilfesuchend an Michael und sieht, daß er sich in einen Zombie verwandelt hat. Als solcher führt er die lebenden Toten durch eine Tanzsequenz, während die Musik in den Refrain übergeht (in dem Michael wieder Mensch ist). Die Musik wird ausgeblendet; die junge Frau flieht in ein verlassenes Haus. Die Zombies folgen ihr. Mit Gewalt verschaffen sie sich Einlaß in das Zimmer, in dem sie sich verbirgt. Mit Michael als Oberzombie an der Spitze kommen sie immer näher.

Die junge Frau stößt einen Schrei des Entsetzens aus, da verwandelt sich Michael wieder in ihren Freund. Er beruhigt sie und bietet ihr an, sie nach Hause zu bringen. Während sie den Raum verlassen, dreht sich Michael noch einmal um und blickt in die Kamera. Wir sehen seine gelben Augen und hören das Lachen von Vincent Price.[19]

Anders als die meisten Popvideos fängt *Thriller* nicht mit dem ersten Takt des Songs an, sondern wird von einem langen Panoramaschwenk und dem »filmischen« Geräusch aufgezeichneter Stille eröffnet. Diese Überblicksperspektive, die das alles sehende, selbst aber unsichtbare »Auge« der Kamera einführt, hat eine ähnliche diskursive Funktion wie der allwissende Erzähler im Roman. Die Schnitt/Gegenschnitt-Sequenz, die den Dialog der beiden Protagonisten in der ersten Szene zeigt, etabliert dann »perspektivische« Kamerawinkel in Analogie zu »subjektiven« Wahrnehmungen im personalen Erzählstil. Die Verwendung dieser spezifisch kinematographischen Erzählweisen strukturiert die gesamte Bildfolge des Videos nach dem Muster eines aristotelischen Plots mit Anfang, Mittelteil und Ende. *Thriller* übernimmt die für Popvideos übliche Konvention des Wechsels zwischen »realistischen«

19  Zu sehen ist das Video *Thriller* auf der Videokassette *The Making of Michael Jackson's Thriller*, Warner Home Video 1984.

und »phantastischen« Szenarien, fügt diese jedoch mit Hilfe der Story in einen abgeschlossenen Erzählzusammenhang ein. Die beiden Verwandlungsszenen sind die Wendepunkte dieser erzählerischen Struktur: Die erste zerstört die »Ordnung« der Anfangssequenz, um die Geschichte in Gang zu bringen, die zweite hingegen dient dem Abschluß der Bildfolge und der Wiederherstellung der Ordnung. Die Störung der Ordnung wird innerhalb der Erzählkonventionen des Horrorgenres durch den Auftritt eines Monsters, Werwolfs, Vampirs oder Außerirdischen signalisiert: Die Gegenwart des Ungeheuers aktiviert die erzählerische Bewegung, bis diese ihr Ziel, einen Akt der Gegengewalt, erreicht, durch den das Monster vernichtet wird.[20]

In der Anfangssequenz von *Thriller* wird eine Ordnung etabliert und anschließend zerstört.

– Totale/Panoramaschwenk

Ein großer Wagen im Design der fünfziger Jahre fährt langsam auf einer Straße durch den nächtlichen Wald.

– Nahaufnahme (Schnitt/Gegenschnitt)

Michael (M) und die junge Frau (F) im Profil auf der Vorderbank des Autos. Als der Wagen stehenbleibt, sieht F ungläubig zu M. M schaut sie an, muß lächeln, sagt schließlich lachend: »Wir haben wirklich kein Benzin mehr.« F wendet kokett den Kopf: »Und was machen wir jetzt?« M grinst.

– Halbtotale (Schnitt/Gegenschnitt)

M und F gehen nebeneinander, die Kamera schwenkt allmählich vom Boden auf Augenhöhe. F hängt sich bei M ein: »Es tut mir leid, daß ich dir nicht geglaubt habe.« M bleibt stehen und schaut F ins Gesicht: »Darf ich dir eine Frage stellen? – Du weißt doch, daß ich dich mag, nicht wahr? (»Ja.«) – Und ich hoffe, daß du mich genauso gern hast wie ich dich. – (»Ja.«) – Ich frage mich, ob du meine Freundin sein willst?« F ruft: »Michael!« und umarmt ihn. M bietet ihr einen Ring an und steckt ihn auf ihren Finger. F betrachtet den funkelnden Ring. »Wie schön er ist!« M: »Jetzt ist es offiziell. – Es gibt noch etwas, das ich dir sagen möchte.« Ms Gesichtsausdruck ändert sich und »unheimliche Orgeltöne« werden eingeblendet. F: »Was, Michael?« M: »Ich bin nicht wie die anderen Jungs.« F: »Natürlich nicht, deswegen liebe ich dich ja.« M: »Nein, ich meine, ich bin anders.« F: »Was willst du damit sagen?«

Die Musik braust lauter. Ein Insert unterbricht die Schnitt/Gegen-

20  Stephen Neale: *Genre*, London 1980, S. 21, 56, 62.

schnitt-Sequenz: der Vollmond in Wolken. F sieht M verwirrt an. M krümmt sich plötzlich vor Schmerz, verzieht das Gesicht, stößt Stöhnlaute und Schreie aus. F: »Michael, fehlt dir etwas?« M hebt den Kopf und zeigt zwei gelbe Augen: »Lauf weg!«, ruft er/es. F stößt einen Schrei des Entsetzens aus. Erste Verwandlung.

Dialog und Blickwechsel zwischen Michael und der jungen Frau, dem Helden und der Heldin der Geschichte, etablieren den erzählerischen Zusammenhang einer Liebesgeschichte. Als der Wagen stehenbleibt, tritt ein fragender Ausdruck auf das Gesicht der jungen Frau. Hat er den Wagen absichtlich angehalten? War es eine Liebeslist, um sie in eine Falle zu locken? Die kokette Antwort der jungen Frau auf seine bestürzte Rechtfertigung (»Wir haben wirklich kein Benzin mehr«) verweilt lasziv auf jeder Silbe: »Und – was machen wir jetzt?« Ihre Frage und sein Lächeln verschärfen die unterschwellige erotische Spannung zwischen den beiden Figuren. Der Boyfriend, den Michael spielt, bekommt durch den Dialog ein wenig Kontur: Er wirkt wie ein eher schüchterner, sehr anständiger und höflicher »Junge von nebenan«. Die junge Frau hingegen verkörpert den Typ »Girlfriend«. Die Kleidung der beiden erinnert an die fünfziger Jahre und läßt sie als Vertreter jugendlicher Unschuld, als Archetypen des verliebten Teenagers erscheinen. Doch das idyllische Szenario wird durch Michaels Bemerkung, er sei »nicht wie die anderen Jungs« ins Wanken gebracht. Damit beginnt ein Diskurs über die Frage der Geschlechterrollen, besonders der männlichen: inwiefern ist er anders als »die anderen Jungs«?

Unmittelbar darauf verwandelt sich der Boyfriend in ein Monster. Zwar beantwortet das die Frage, es zerstört aber auch die Ordnung der Liebesgeschichte zwischen den beiden Protagonisten. An die Stelle der Liebesbeziehung tritt die von Monster und Opfer. Dieser Teil der Geschichte endet mit der Verfolgungsjagd durch den Wald. Die folgende Szene, die uns Michael und die junge Frau im Kino zeigt, etabliert erneut die Ordnung einer Liebesgeschichte und stellt die Protagonisten wiederum als Freund und Freundin vor, allerdings auf einer anderen Handlungsebene.

– Halbtotale
M und F in der dritten Sitzreihe im Kino. Das Publikum kreischt. F, die entsetzt auf die Leinwand schaut, klammert sich an M.

– Großaufnahme

F birgt den Kopf an Ms Brust. M starrt auf die Leinwand, kaut Popcorn und grinst.

– Totale

Entsetzensschreie aus dem Publikum.

– Großaufnahme

F wendet den Kopf und schaut aus dem Augenwinkel auf die Leinwand. Stimmen aus dem Off: »Er ist hier drüben, Sheriff. Mein Gott, schauen Sie sich das Ding an!« (Ein Schuß fällt) »Achtung!« F: »Wollen wir nicht lieber rausgehen?«

– Großaufnahme

M: »Nein, ich möchte das sehen.« Schaut weiterhin zur Leinwand und grinst.

– Großaufnahme

F: »Ich kann mir das nicht angucken.«

– Nahaufnahme

F erhebt sich, geht nach rechts ab.

– Großaufnahme

M ist weiter damit befaßt zu grinsen, zu kauen und auf die Leinwand zu starren. Stimmen aus dem Off: »[...] mit Blut geschrieben [...] Was steht darauf? [...] Wir sehen uns nächsten Mittwoch.« Schreie des Kinopublikums.

– Halbtotale

M erhebt sich und geht nach rechts ab.

– Totale

Schwenk von oben hinab zur Aufschrift »Palace Cinema/Vincent Price/Thriller« auf dem Vordach des Kinos. Musik wird eingeblendet. Die Kamera schwenkt weiter, bis der Eingang im Bild ist.

– Totale

F verläßt das Kino; M läuft hinter ihr her. Sie bleiben unter der Aufschrift »Thriller« stehen. M: (lacht) »Es ist doch nur ein Film.«

– Nahaufnahme

F: »Das ist nicht zum Lachen.«

M: »Da hast dich richtig gefürchtet, nicht wahr?«

F: »So sehr nun auch wieder nicht.«

M: »Nee – du hattest Angst.« M lacht. F dreht sich um und geht nach rechts ab. M folgt ihr. Die Musik des Songs *Thriller* beginnt.

Der Wechsel von der phantastischen Ebene (Michaels Verwandlung und die Verfolgungsjagd) zur realistischen Ebene (auf der der Song vorgeführt wird) ist strukturell bedeutsam, da er die gesamte Anfangssequenz in einen Film im Film, genauer gesagt: einen Film im Video verwandelt und auf diese Weise verdeutlicht, daß es sich um *eine Parodie auf die B-Filme des Horrorgenres der fünfziger Jahre* handelt. Dies signalisieren auch die darstellerischen Manierismen Jacksons und die Kleidung der beiden Protagonisten, die den Stil der Teenagermode der fünfziger Jahren nachahmt. Der Übergang von der Parodie eines alten Horrorstreifens zur Totale eines Kinosaals der Gegenwart, in dem dieser Film läuft, und zum Kinopublikum, das diesen Film ansieht, erhärtet die These, daß der Film sich bewußt ist, »Teil eines ungeheuer saturierten Genres zu sein«.

»Während in den Hammer Studios die alten Monster der Universal-Filme wieder zum Leben erweckt wurden [...] drehte American International Pictures eine Reihe von Filmen, die beinahe überhaupt nicht mehr ernst zu nehmen waren – ein treffliches Beispiel für die Vorliebe, die Hersteller und Rezipienten der Kunst des Schreckens für ›Camp‹ hegen.

Der erste Film dieser Serie trug den (inzwischen berüchtigten) Titel *I Was A Teenage Werewolf* (1957). [...] Absurde Handlung, alberne Darsteller, dazu unablässig dröhnende Popmusik – all dies kam bei jungen Zuschauern gut an und ermutigte die Produzenten, die Reihe mit Filmen wie *I Was A Teenage Frankenstein*, *Teenage Monster* und *Teenage Zombie* fortzusetzen – Werke, die in Bild und Ton gleichermaßen gräßlich waren.«[21]

Jede Parodie setzt Selbstreflexion voraus: Dialoge, Kostüme und das Spiel der Akteure in der Anfangssequenz von *Thriller* zeugen von einer solchen. Indem das Video eine Parodie parodiert, muß es auf einen Plot im eigentlichen Sinn verzichten: Trotz seiner narrativen Struktur hat es keine Geschichte zu erzählen. Die Parodie von Genrekonventionen erzeugt lediglich das Abziehbild, die Karikatur einer Story. Gerade durch die reflektierte Nachahmung von Geschlechterstereotypen des Horrorgenres visualisiert das Video jedoch den sexuellen Diskurs der Musik und die Doppeldeutigkeit des Wortes *thriller*.

21   S.S. Prawer, a. a. O., S. 15.

In dem Moment, in dem das Video aus einem phantastischen in ein realistisches Szenario springt, verschieben sich parallel dazu auch die Rollen der beiden Protagonisten. Der fiktionale »Film im Video« erzählte scheinbar eine Liebesgeschichte und stellte Michael und die junge Frau als Freund und Freundin vor, deren Liebesbeziehung sich durch Michaels Metamorphose in die Schreckensbeziehung von Monster und Opfer verwandelte. Wenn wir uns Michaels Bemerkung in dieser Szene ins Gedächtnis rufen – »Ich bin nicht wie die anderen Jungs« –, merken wir, daß tatsächlich eine gewisse Konfusion hinsichtlich seiner Rolle besteht.

Die erste Antwort der jungen Frau – »Natürlich nicht. Deswegen liebe ich dich ja« – deutet an, daß er möglicherweise »anders« ist, weil er Michael Jackson ist. Da sie ihn in ihrer Freude über seinen Antrag beim Vornamen nennt, spricht sie ihn zugleich als fiktiven Boyfriend und als realen Superstar an. Diese Ungewißheit über seine Rolle verdankt sich Jacksons selbstbewußtem Schauspielstil: Wir, die Betrachter des Videos, haben den Eindruck, daß er mit seiner Rolle spielt, und »wissen« plötzlich wieder, daß es Michael Jackson ist, der Sänger, der Star, der hier als Filmschauspieler auftritt. Sein Outfit – die Wetlook-Frisur, die 7/8tellangen Jeans, die mit dem Buchstaben »M« verzierte Jacke – verstärkt diese metatextuelle Überlagerung der Rollen. Wenn Michael als der männliche Hauptdarsteller sowohl Boyfriend als auch Star ist, ist sein weibliches Gegenüber innerhalb der Ordnung der Liebesgeschichte die Freundin und, auf der metatextuellen Ebene, ein Fan. Die junge Frau befindet sich an zwei Orten zugleich: auf der Leinwand und im Publikum. Als Betrachterin des Films im Video erschrickt sie vor den Bildern auf der Leinwand und verläßt den Saal. Sie hält das Phantastische, durch den grausigen Anblick der Verwandlung verwirrt, für real, sie vergißt, daß es »nur ein Film« ist. In beiden Szenarien ähneln die Reaktionen der jungen Frau denen des Videobetrachters – den Ereignissen, vor denen sie in der fiktionalen Welt erschrickt, entsprechen die Effekte, die dem Zuschauer einen »Thrill« bereiten.

Insofern fungiert die junge Frau als Bindeglied zwischen Spielhandlung und Publikum. Dies wiederum macht deutlich, auf welche Weise das Video die Musik in Bilder umsetzt. Wenn das Paar das Kino verläßt und Michael zu singen anfängt, wird erneut der

Erzählzusammenhang einer Liebesgeschichte etabliert, tritt aber hinter der Vorführung des Songs zurück. Die Kontinuität der Geschichte bleibt gewahrt, auch wenn sich das Outfit der Protagonisten geändert hat: Michael trägt nun eine zeitgenössische rotschwarze, »futuristisch« geschnittene Lederjacke, die junge Frau T-Shirt, Bomberjacke und eine ähnliche Lockenfrisur wie Michael. Diese Kostüme erinnern an die in der Öffentlichkeit verbreiteten Bilder des berühmten Sängers Michael Jackson. Wenn die Musik beginnt, ist Jackson »er selbst«, der Star, die junge Frau wird zu dem im Refrain angesprochenen Du: »Girl, I could thrill you more than any ghost would dare to try.«

Innerhalb des Liedes könnte mit dem Du der Zuhörer gemeint sein, da die direkte persönliche Ansprache einen Leerraum schafft, in den dieser eintreten kann, um sich an der Erzeugung von Bedeutungen zu beteiligen. Im Video jedoch nimmt die junge Frau diesen Platz ein. Hier ist sie die Adressatin des sexuellen Diskurses, und ihre wechselnden Rollen im Kontext des Videos bieten dem Zuschauer verschiedene Identifikationsmöglichkeiten an. Das wird bereits in der ersten Szene angedeutet, in der durch ihre Antwort auf Michaels Werben der »Traum, die Freundin eines Popstars zu sein«, wahr zu werden scheint.[22]

## Die Schöne und das Tier – Masken, Monster, Männlichkeit

Zu den Konventionen des Horrorgenres gehört seit jeher die Faszination für Sexualität und Geschlechtsidentität, die ihren verschlüsselten Ausdruck in der Symbolik des Monsters findet. Stets sind Frauen die Opfer des Werwolfs, des Vampirs, des Außerirdischen oder einfach des »Dings«, des Monsters als nichtmenschlichem Anderen. Durch die Vernichtung des Monsters werden die männlichen Protagonisten zu Helden, deren Lohn natürlich die Frau ist. Doch auch das Monster selbst – ein räuberisches Wesen, mit dem der Held um die Frau kämpfen muß – nimmt im Verhältnis zu seinem weiblichen Opfer eine »männliche« Rolle ein.

Die parodistische Rethorik des Videos *Thriller* setzt auf seiten

22 Zum Thema der direkten Ansprache des Hörers in der Popmusik vgl. Alan Durant: *Conditions of Music*, London 1984, bes. S. 201-206. Die »Wunschvorstellung, die Freundin eines Popstars zu sein« untersucht Dave Rimmer: *Like Punk Never Happened: Culture Club and the New Pop*, London 1985, S. 112.

des Zuschauers ein hohes Maß an Selbstreflexion voraus, das es ermöglicht, das Video als einen Kommentar zur Sexualität und sexuellen Identität seiner Hauptfigur zu lesen. Die Aussage »Ich bin nicht wie die anderen Jungs« läßt sich so auch als Auskunft über Jacksons Sexualität verstehen. Wenn der Betrachter die gängigen Gerüchte über den Star kennt, provoziert dessen Eingeständnis, anders zu sein, weitergehende Interpretationen: Möglicherweise ist er homosexuell, transsexuell oder irgendwie noch nicht im geschlechtsreifen Alter.

Anschließend verwandelt sich Michael in einen Werwolf. Wie erst kürzlich der Film *Company of Wolves* (Regie Neil Jordan, 1984; dt.: *Die Zeit der Wölfe*) wieder zeigte, stellt der Werwolf-Mythos (Lykanthropie) die männliche Sexualität als »von Natur aus« bestialisch, räuberisch, aggressiv und gewaltsam dar – mit einem Wort: als »monströs«. In *Company of Wolves* werden ähnliche Spezialeffekte wie in *Thriller* verwendet, um die Verwandlung eines Mannes in einen Wolf in Echtzeit vorzuführen. Wie die Erzählung von Angela Carter, auf der er basiert, läßt sich auch der Film als eine Variation des Rotkäppchen-Stoffes verstehen, die zeigt, daß dieser von Menstruation, dem Mond und der Natur männlicher Sexualität handelt. Zu Beginn von *Thriller* erscheint die Heldin als unschuldige junge Frau – wie Rotkäppchen. Ist Michael also der große böse Wolf?

Während der Verfolgungsjagd durch den Wald übernimmt die junge Frau die Rolle des Opfers. Die Kameraeinstellungen, die die subjektiven Blickwinkel des Monsters und der auf dem Rücken liegenden Frau zeigen, legen den Gedanken an eine Vergewaltigung nahe, in der die sexuelle Thematik der Liebesgeschichte mit Schrecken und Gewalt verschmilzt. Daß Michael sich in ein Monster verwandelt, könnte bedeuten, daß hinter der Fassade des netten Jungen von nebenan ein »richtiger« Mann lauert, dessen Männlichkeit in einem räuberischen sexuellen Appetit besteht: Er ist »hungrig wie ein Wolf«. Doch die vorhergehende Verwandlungssequenz unterläuft eine solche Deutung. An ihrem Ende stößt Michael, der Werwolf, einen grauenhaften Schrei aus, der in einem ebenfalls schreiend komischen Kontrast zu dem pennälerhaften »M« auf seiner Jacke steht. Ein Werwolf, der stolz ein »M« auf der Jacke trägt? Was bedeutet dieses Initial? Michael, Monster, Macho? Möglicherweise Micky Maus? Die extreme Differenz des albernen konkreten Zeichens zur hochdramatischen Symbolik des Monsters reißt einen Abgrund auf, der sich mit Gelächter füllt.

Tiere werden traditionell als Symbole für menschliche Eigenschaften verwendet, wobei Wolf, Löwe, Schlange und Adler regelmäßig die männliche Sexualität symbolisieren. Die Fotografie auf der Textbeilage der LP macht deutlich, daß Jackson diese Symbolik untergräbt. Auf dem Bild klammert sich ein Tigerbaby an sein Bein, das sich als brillante Metapher für die Ambiguitäten seines Images als schwarzer männlicher Popstar lesen läßt. Einerseits spielt es auf das »Mann-Kind«-Image des Stars an, andererseits suggeriert es eine im Zaum gehaltene Animalität und deutet an, daß unter der knuddeligen Oberfläche von Tier und Star möglicherweise etwas Bedrohliches lauert. Jackson, dem sexuelle Ambiguität unterstellt wird, treibt seinen Spott mit der Menagerie traditioneller Bilder von Männlichkeit.[23]

Im Video verwandelt sich Michael anschließend in einen Zombie. Weniger spannend und erschreckend als die erste Verwandlung, leitet die zweite eine spektakuläre Tanzsequenz ein, die den Refrain des Liedes begleitet. Der von Michael Peters choreographierte Tanz visualisiert eine der Textzeilen (»Night creatures crawl and the dead start to walk in their masquerade«), rückt den Tänzer Jackson in den Vordergrund und löst sich aus der Story des Videos. Der Tanz der Leichen beruht auf einem ähnlichen parodistischen Verfahren wie der Rap von Vincent Price in der Musik. Dort lag der Witz in der Unvereinbarkeit von Prices vornehm britischer Sprechweise mit dem Argot der schwarzen Soulkultur. Hier wird durch den Auftritt von klapprigen Untoten, die gemeinsam mit dem begnadeten Tänzer Jackson Disco tanzen, auf visueller Ebene etwas ähnlich Unvereinbares vorgeführt. Das makabre Make-up der Zombies, denen die schwarze Galle aus dem Mund zu fließen scheint, verstärkt den parodistischen Effekt. Jacksons

23  Im Fall des Wolfsmannes, des berühmtesten Patienten Sigmund Freuds, wird der Zusammenhang von Tiervorstellungen und Sexualität evident. Der Traum des Wolfsmannes erinnert stark an einen Horrorfilm: »Ich habe geträumt, daß es Nacht ist und ich in meinem Bett liege [...] Plötzlich geht das Fenster von selbst auf, und ich sehe mit großem Schrecken, daß auf dem großen Nußbaum vor dem Fenster ein paar weiße Wölfe sitzen« (zit. nach Muriel Gardiner (Hg.): *Der Wolfsmann vom Wolfsmann*, Frankfurt/M. 1989, S. 211). Nach Freuds Deutung manifestiert sich in diesem Alptraum eine durch Unterdrückung einer homosexuellen Sehnsucht entstandene Kastrationsangst. (A. d. Ü.: Bei Freud heißt es »Sehnsucht nach sexueller Befriedigung durch den Vater – Einsicht in die daran geknüpfte Bedingung der Kastration – Angst vor dem Vater«; a. a. O., S. 224.)

Make-up – geisterhafte Blässe, aus der die Konturen des Skeletts hervortreten – zitiert eine der klassischen Masken des Horrorgenres, nämlich die von Lon Chaney in dem Film *The Phantom of the Opera* (1925).

Im Gegensatz zum Werwolf steht die Figur des Zombies, des Untoten, für Asexualität oder Antisexualität. Insofern bekräftigt sie den Eindruck von *erotischer Neutralität*, den Jacksons Tanzweise erweckt. Ein Kritiker meinte:

»Der Filmstar, dem Michael am ehesten ähnelt, ist Fred Astaire – dieser *Ausbund an sexueller Unbestimmtheit*. Astaire paßte in keine Rolle, spielte so gut wie nie den Helden einer traditionellen Liebesgeschichte. Allein sein verblüffendes Talent sorgte dafür, daß er sich behaupten konnte.«[24]

Die Tanzsequenz läßt sich als Chiffre der »sexuellen Unbestimmtheit« lesen, die Jacksons Tanzstil dominiert und so zu seinem androgynen Image beiträgt. Der Tanz löst sich aus dem Erzählzusammenhang. In den Körper des in einen Zombie verwandelten Michael kommt Leben, die Toten tanzen. Man kann die Szene daher als Kommentar zu der Vorstellung betrachten, daß Jackson als ein Star nur dann »zum Leben erwacht«, wenn er auf der Bühne steht. Die lebenden Toten führen eine Schwellenexistenz, die sowohl mit der sexuellen Unbestimmtheit von Jacksons Tanzweise als auch mit dem irgendwie morbiden Lebensstil korrespondiert, der Berichten zufolge sein Privatleben bestimmt. Beide Aussagen sind in der visuellen »Geheimschrift« des Videos verborgen.[25]

## Verwandlung als Metapher

Zum Schluß möchte ich noch einmal auf Michaels erste Verwandlung zurückkommen. Mit Hilfe der Spezialeffekte wird diese zu einem Spektakel, das den Betrachter erschreckt und fasziniert, da er sieht, wie sich Michael Jacksons Gesicht unter Schmerzen in

24  Zitiert nach Nelson George, a. a. O., S. 83 f.
25  Der Gedanke einer »Geheimschrift« zur Bezeichnung unbewußter Bedeutungen begegnet in Nicholas Abrahams und Maria Toroks Neubetrachtung von Freuds Wolfsmann. Vgl. Peggy Kamuf: »Abraham's Wake«, in: *Diacritics*, Frühjahr 1979, 9. Jg., Nr. 1, S. 32-43.

Echtzeit verändert. Der Gruseleffekt beim Anblick eines Monsters beruht auf der »ungläubigen Spannung«, in die uns dieser versetzt: Wir wissen zwar, daß das Monster nicht echt ist, sondern eine mit technischen Mitteln erzeugte Maske, verdrängen oder leugnen dieses Wissen jedoch, um den »Thrill« zu genießen, die angenehmen Schauder des Grusels. Trotz dieser Bewußtseinsspaltung, die der Horrorfilm voraussetzt, kommt es jedesmal ganz besonders auf die Überzeugungskraft der technischen Mittel an, um die »Andersartigkeit« eines Monsters glaubwürdig darzustellen.[26]

Der Film über die Herstellung des Videos (*The Making of Michael Jackson's Thriller*, 1984) berichtet auch über dessen Spezialeffekte. Wir sehen die Maskenbildner beim Anfertigen der Maske, die Jackson das Aussehen eines Monsters verleihen wird. Besonders interessant sind seine Ausführungen darüber, wie die Maske entworfen wurde: Nach und nach wurde eine Vielzahl transparenter Folien, die mit Details der Maske bemalt waren, auf ein Foto von Jackson aufgetragen, das die Titelseite der Musikzeitschrift *Rolling Stone* schmückte. Angesichts dieser Überlagerung von Phantastischem und Realem auf Jacksons Gesicht läßt sich erklären, warum Michaels Verwandlung im Video so überaus faszinierend ist.

Durch das Verwirrspiel mit Jacksons Rollen (Boyfriend und Star) und die die Horrorfilme der fünfziger Jahre parodierende Anfangssequenz wird der Zuschauer in einen Zustand der Ungewißheit versetzt. Die anschließende Verwandlungssequenz betrifft daher nicht nur das Antlitz des Boyfriends, sondern, da der Zuschauer um Jacksons Doppelrolle weiß und die Spezialeffekte außerordentlich überzeugend wirken, auch das Image des Stars.

Das Drama der Verwandlung wird auf dieser Ebene durch weitere an den Superstar Jackson erinnernde Merkmale zugespitzt. So ähneln etwa die nonverbalen Geräusche, die aus Michaels Kehle dringen, während er sich unter den Schmerzen der Verwandlung krümmt, auf groteske Weise jenen Lauten, mit denen Jackson seinen Gesang stilisiert. Auf diese Weise wird der Eindruck verstärkt, daß es der »echte« Michael Jackson sei, der dieser Mutation unterworfen ist. Zudem wird gleich zu Beginn des Videos sein Make-up (v. a. der Augen und des Mundes) ins Bild gerückt, die Blässe sei-

26  Stephen Neale, a. a. O., S. 45.

nes Teints, der schaurige Anblick der sich darunter abzeichnenden Schädelknochen. Dies lenkt die Aufmerksamkeit auf das Artifizielle von Jacksons Image, das Maskenhafte seines Gesichts. Die fiktive Welt des Horrorfilms eignet sich insofern mit Hilfe kosmetischer Eingriffe lediglich etwas an, das schon längst ein Kunstprodukt ist. Ich schlage daher vor, Michaels Verwandlung als *eine Metapher für die Rekonstruktion von Jacksons Gesicht* zu verstehen.

Die Konstruiertheit der Maske des phantastischen Monsters verweist auf andere Bilder des Stars: Ihre Entsprechung im Alltag sind die Fotografien auf den Titelseiten der Illustrierten. Die Monstermaske bezieht sich also nicht auf die Privatperson, sondern auf die Ikone Michael Jackson. Michaels Verwandlung wird zur Allegorie der Veränderung von Jacksons Gesicht: vom Kind zum Erwachsenen, vom Boyfriend zum Monster, vom Star zum Superstar – das von den Spezialeffekten des Videos erzeugte Wunderbare bildet die Faszination ab, mit der die Welt auf die Ikone Jackson schaut.

1983 war Jackson in einem zweistündigen Fernsehfeature zum 25jährigen Firmenjubiläum von Motown zu sehen, in dem sich Loblieder auf die Firma mit Auftritten ihrer Künstler abwechselten und das anschließend in einer gekürzten Fassung im Vorprogramm der Konzerte von Motown-Künstlern in England lief. Die Reaktion des Konzertpublikums auf diesen Film wurde so geschildert:

»Das Publikum erstarrte nahezu, als Michaels Stimme [...] das Regiment übernahm und die Lieder mit einem erweiterten Repertoire jener *whoops*, *hiccups* und *gasps* anging, mit denen er seinen Gesang auf so einzigartige Weise stilisiert. Dann fing er zu tanzen an. An die Stelle des großspurigen Stolzierens eines superselbstbewußten Kindes war eine geschmeidig-bedrohliche Anmut getreten, und sein noch immer knabenhaft schlaksiger, unglaublich schlanker Körper strahlte, wenn ihn die Musik wie ein Schauer durchlief, eine hypnotische androgyne Erotik aus. Es war das erste Mal seit sehr langer Zeit, daß ich junge Frauen angesichts eines Films kreischen hörte.«[27]

Wenn das Video seine Betrachter mit ganz anderen Effekten zum Kreischen zu bringen versucht, kann man das als eine Parodie auf

27  Geoff Brown: *Michael Jackson: Body and Soul*, London 1984, S. 10.

jene Reaktion der Fans deuten. Als Popidol ist Michael Jackson solchen Reaktionen ausgesetzt, seit er elf Jahre alt war.

In seinem Text »Das Gesicht der Garbo«[28] erklärt Barthes die beinahe universelle Anziehungskraft von Filmstars wie Chaplin, Audrey Hepburn und Greta Garbo damit, daß ihre Gesichter *Masken* seien: artifizielle Oberflächen, auf die jede Gesellschaft ihre eigenen Deutungen projiziere. Auch Jacksons Gesicht ist in diesem Sinne eine Maske, zumal es ein Interesse weckt, das eher zu einem Filmstar als zu einem Rhythm-and-Blues-Sänger paßt. Man kann die sexuelle und rassische Ambiguität seines Images daher als einen Hinweis auf die Vorurteile über Geschlecht und Rasse deuten, die in der populären Kultur und Musik anzutreffen sind. Denn wenn sein Gesicht nicht Ausdruck seiner Persönlichkeit, sondern eine mit künstlerischen und sozialen Inschriften bedeckte Oberfläche ist, stellt die Ambiguität seines Images die überkommenen Vorstellungen vom Aussehen schwarzer männlicher Künstler des Populärmusikgenres in Frage. So betrachtet, dringt Jackson, indem er mit dem eigenen Image experimentiert, auf kreative Weise in einen Bereich der Popkultur vor, der weißen Stars wie Mick Jagger, David Bowie oder Boy George vorbehalten schien. Diese haben Androgynität und sexuelle Ambiguität zum Teil ihrer Selbstdarstellung gemacht und so die herrschenden Definitionen von männlicher Sexualität und Geschlechtsidentität in Frage gestellt.

Die anderen bekannten Lieder der LP *Thriller* verstärken den Eindruck, daß hier Männlichkeit problematisiert wird: In *Wanna Be Startin' Somethin'* antwortet der Ich-Erzähler auf Gerüchte und Spekulationen, die seine Sexualität betreffen, in *Billy Jean* – der Geschichte einer Verehrerin, die behauptet, er sei der Vater ihres Sohnes – wird der patriarchalische Männlichkeitsbegriff zurückgewiesen, und in *Beat It* – »Don't wanna see no blood. Don't be a macho man« (»Ich will nicht bis aufs Blut kämpfen. Ich will kein Macho sein«) – das Bild vom Mann als Krieger abgelehnt.

Diese Hinwendung zur Androgynität ist um so überzeugender, als Michael Jackson in der Tradition der afroamerikanischen Populärmusik steht und daher an den Vorstellungen über schwarze Männer und ihre Sexualität gemessen wird. Er untergräbt also

28 Roland Barthes: *Mythen des Alltags*, Frankfurt/M. 1986.

nicht nur die herrschenden Stereotypen schwarzer Maskulinität[29], sondern entzieht sich auch auf elegante Weise der Einordnung in die dazugehörige Typologie. Damit erinnert er zugleich daran, daß – viel früher als die weißen Popstars, die sich dessen Schockeffekte zunutze machten – schwarze Soulmusiker wie Little Richard die Möglichkeiten des »Camp« entdeckten – also der, wie Susan Sontag definiert, »Liebe zum Unnatürlichen: zum Trick und zur Übertreibung«.[30] Tatsächlich ist *Thriller* eine Reminiszenz an die Exzesse von Screamin' Jay Hawkins, dem Erfinder der Kombination von Musik und Horror in der Popkultur. Zwar ist auch das ausschließlich von weißen Männern beherrschte Heavy-Metal-Genre von den Bildwelten der Horrorliteratur fasziniert, doch Akteure wie Alice Cooper und Ozzy Osbourne (Black Sabbath) verwenden diese lediglich auf zitathafte, parodistische Weise. Screamin' Jay Hawkins hingegen griff in dem Song *I Put a Spell on You* (1956) auf Horrorbilder zurück, um einen Schrei[31] zu artikulieren, »der, als er mein großes Maul verließ, *unmittelbar* aus meinem Herzen, aus meinem Inneren kam«.[32] Auch Michael Jackson geht es um jene andere Art von Schrei, die den erotischen Leib der menschlichen Stimme artikuliert, ihre »Rauheit«. Barthes prägte diesen Begriff, als er über eine ganz andere musikalische Tradition als die Soulmusik sprach, um »irgendwie jene persönliche Erregung zu beschreiben, die ich immer wieder erlebe, wenn ich einem Gesang lausche«.[33] Das Video *Thriller* zelebriert die Tatsache, daß diese Erregung von Millionen Menschen geteilt wird.

*(Aus dem Englischen von Frank Jakubzik)*

---

29  Zu Stereotypen über die Männlichkeit von Schwarzen in der Popkultur (Musik, Film, Entertainment und Sport) vgl. Isaac Julien: »The Other Look«, Abschlußarbeit zur Erlangung des akademischen Grades eines »Bachelor of Arts«, St. Martin's School of Art 1983.

30  Susan Sontag: »Anmerkungen zu ›Camp‹«, in: Dies.: *Geist als Leidenschaft*, Leipzig/Weimar 1989, S. 41.

31  Der Beiname »Screamin'« bedeutet etwa »Schreihals« (A. d. Ü.).

32  Jerry Hirshey: *Nowhere to Run: the Story of Soul*, London 1984.

33  Roland Barthes: »The Grain of the Voice«, a. a. O.

# Michael Altrogge
## Alphabet Street.
## Prince oder die Kunst der Re-de-Konstruktion

Musikvideos sind ab Mitte der achtziger Jahre ein dankbarer Diskussionsgegenstand gewesen, wo postmoderne Medientheorien um Simulation und Realität, um Wahrnehmungsbeschleunigung und Geschichtsverlust und um die Auflösung von Ich-Identitäten und Sinnstrukturen kreisten. Besonders in den USA wurden unter dem Einfluß des Dekonstruktivismus und des Feminismus Untersuchungen zur visuellen Struktur und Bedeutung von Videoclips im amerikanischen Musikfernsehen MTV (MusicTeleVision) vorgelegt, ohne daß dabei allerdings die Musik selbst und ihre jugendkulturelle Bedeutung genauer berücksichtigt worden wäre.[1]

Die folgende Analyse des computeranimierten Musikvideos *Aphabet Street* des Popmusikers Prince, das 1988 erstmals auf MTV zu sehen war[2], versucht demgegenüber aus den strukturellen und semantischen Beziehungen von Sprache, Bild und Text die Konstruktionsbedingungen des gesamten Textes *Alphabet Street* nachzuzeichnen. Dabei stellt sich die Frage, ob nicht im Fall des Videoclip die Formen der Differenz, wie sie die Theorie der Dekonstruktion für den Text reklamiert, nicht viel eher strukturbildend sind für eine Rekonstruktion musikalischer Rede.

---

[1]  Vgl. dazu: E. Ann Kaplan: *Rocking around the Clock: Music Television, Postmodernism and Consumer Culture,* London 1987. – Einer der ersten Texte zu Musikvideos, auf die sich auch Kaplans kategoriale Unterscheidung von Musikvideos stützt, stammt von: Marsha Kinder: »Music Video and the Spectator – Television Ideology and Dream«, in: *Film Quarterly,* Fall 1984, S. 2-15. – Zur Kritik an dem Modell von Kaplan und ihrem musikstilistischen Verständnis vgl. Andrew Goodwin: »Musik Video in the (Post) Modern World«, in: *Screen,* Vol. 28, No. 3, 1987, S. 36-55.

[2]  Es handelt sich dabei um die Visualisierung einer verkürzten Fassung des gleichnamigen, im selben Jahr veröffentlichten Songs.

# 1. Textsorten

*Das Thema.* Prince, farbiger Popstar und Meister der Musikvideo-ästhetik, singt, und indem er sich singend bewegt, visualisiert er seinen eigenen Text. Dieser Text ist bereits den Metaphern des Pop entlehnt; er zitiert musikalische und sprachliche Wendungen und legt durch die Art des Zitierens Interpretationen nahe. Prince bewegt sich durch die Räume des Pop, indem er mit seiner Künstlichkeit spielt und diese zugleich zum Anlaß für Spiele mit sexuellen Andeutungen nimmt. Prince verfällt in dem, was er sagt, nie der kruden Direktheit des weißen Heavy Metal, des Punk oder des schwarzen Soul. Es gibt kein: »I want to fuck you baby«; es gibt die Rede vom Auto und davon, wie er »sie« nach Tennessee fahren wird, dorthin, wo Memphis liegt, die Heimat von Elvis. Und wie schon bei Elvis ist auch der Text von *Alphabet Street* von scheinbarer Harmlosigkeit. Ein Liedchen über das »cruising«, das in den USA der fünfziger Jahre so beliebte Auf- und Abfahren pubertierender Jünglinge in Daddys Straßenkreuzer, um Mädchen zu imponieren, und die damit verbundenen Wunschträume und Empfindlichkeiten. Nicht zuletzt durch die stereotype Verwendung in einschlägigen Jugendfilmen gilt dies als ein genuin US-amerikanischer Topos der Jugendkultur. Warum aber das Vielzitierte wiederum zitieren?

*Der Songtext.* Vers 1: »I'm goin down to Alphabet Street/I'm gonna crown the first girl that I meet/I'm gonna talk so sexy/she'll want me from my head to my feet.«
 Refrain: »Yeah Yeah Yeah.«
 Vers 2: »I'm gonna drive my daddy's Thunderbird/white rad ride ›67 so glam it's absurd/put her in the backseat and drive her/to Tennessee.«
 Refrain: »Yeah Yeah Yeah.«

Die Automarke dient als Versprechen eigener Mobilität und zum Einstieg in sexuelle Phantasien; die Fahrt nach Tennessee zielt auf sexuelle Erfüllung an dem Ort, der als Markenzeichen des pubertierenden Pop der fünfziger Jahre gelten kann. Aber dann folgt die fast schüchterne Zurücknahme:

Vers 3: »Excuse me baby I dont't mean to be rude/but I guess tonight I'm not just in the mood/so if you don't mind I would like to/watch. Can I?«

Das klingt allerdings weit weniger vorsichtig, wenn das sehnsuchtsvolle Stöhnen und die gehauchte Stimme von Prince sowie die Instrumentierung zu vernehmen sind. Eindeutiger noch als die gehauchten Versprechen von Prince, garniert mit lustvollen Seufzern, sind die Bewegungen und die Mimik des Darstellers. Auch das gibt es bereits seit Elvis und bei farbigen Musikern wie Little Richard, und es gehört seitdem zum Standardrepertoire expressiverer Formen der Pop-Performance. Daß sexuelle Selbstbestimmung Jugendlicher, in den USA der sechziger Jahre eher praktiziert als in Anspielungen dieser Art thematisiert, die kulturell tiefsitzende WASP-Prüderie doch nicht zu überwinden wußte, dafür und für den Umschlag restriktiverer ökonomischer Verhältnisse in entsprechende politische und kulturelle mag das Thema »cruising« vordergründig auch ein Beispiel liefern.

Wozu aber dann die Straße zur Straße des Alphabets werden lassen? Was gibt es hier zu lesen, das nicht auch ohne die Figuren der Schrift, die Buchstaben, zu entziffern wäre? Der letzte Vers liefert hier zumindest einen Anhaltspunkt, indem er wenigstens am Schluß auf den Titel des Songs *Alphabet Street* Bezug nimmt und in seinem Protestgestus mehr auf die Flower-Power-Zeit der sechziger Jahre verweist.

Vers 4: »We're going down down down if that's the only way/to make this cruel cruel world hear what we've got to say/put the right letters together/and make a better day [...] may be it's the only way.«

Weit weit nach unten gehen zu den grundsätzlichen Zeichen, wenn dies die einzige Möglichkeit ist, um die Sprache zu finden, die diese grausame Welt dazu zwingt, uns zuzuhören – das klingt wie ein Themenwechsel: Nicht mehr das imaginierte Mädchen und die Selbstinszenierung, auch nicht die eigene Unsicherheit sind hier Thema. Aus dem für viele Popsongs typischen Thema des ›Du und Ich‹ ist das eher für die Rockkultur typische gruppenkonstituierende ›Wir‹ geworden.

Die Rede ist von den richtigen Buchstaben, von Zeichen, die noch zusammengefügt werden müssen, damit ein Verständnis dessen gefunden wird, was die Prince-Gemeinde schon weiß oder fühlt, aber noch nicht zu sagen weiß. Das klingt einerseits nach den üblichen Omnipotenzphantasien, die zusammen mit allgemeinem Weltschmerz und dem Gefühl, von niemandem verstanden zu werden, so manchen Pubertierenden befallen. Der Text konstruiert ein ›Wir‹, dem eine ›grausame Welt‹ gegenübersteht. Er rekonstruiert das Standardrepertoire von Jugendmusikkulturen, indem er zugleich den Gefühls-Raum anspricht, der zwischen denen liegt, die nicht mehr zur Welt der Kindheit und noch nicht zur Welt der Erwachsenen gehören. Der Text ist zwiespältig wie die Ambivalenz derjenigen Jugendlichen, die sich nach der Konsumkultur der Erwachsenen sehnen, aber ihre Werte, ihre Sprache, ihre Zeichen ablehnen, weil sie sich nicht um Verständnis und Liebe zu drehen scheinen.

Und dennoch bleibt der Text chiffriert. Es heißt nicht: *All you need is Love* oder *Make Love not War, Power to the People* oder *Shake your Moneymaker*. Keine direkte Aufforderung, sich konkret für oder gegen etwas zu verhalten, sondern eher eine Art Vorschlag, eine Idee, sich anders durch die Welt der Zeichen zu bewegen, Zeichen auseinanderzunehmen, zu dekonstruieren und zu etwas zusammenzusetzen, zu re-dekonstruieren, dessen konkrete Bedeutung zwar offen ist, aber dennoch lebensweltliche Folgen zeitigen soll: »to make a better day«. Das sind nicht mehr die fünfziger, sechziger oder siebziger Jahre. Diese jugendkulturellen Zeitzeichen werden vielmehr benutzt, um zu formalen Mitteln eines ganz anderen Textes zu werden.

*Die Musik.* Der musikalische »Text« klingt zunächst so lapidar wie der Songtext. Was aber bei erstem Hinhören simpel wirkt, frech zwischen Beatles und Funk zitiert, läßt die Wiederkehr des immergleichen Grooves nicht nur im wechselnden Licht harmonischer und soundtechnischer Spannung erscheinen, sondern präsentiert auch das Chamäleon Prince, den Interpreten, der sich selbst gleich in mehrfachem Sinne des Wortes »produziert«.

Es wird eine harmlose Melodie intoniert, während das rhythmische Fundament, zweitaktig wie die Melodie angelegt, abwechselnd die erste und die dritte Zählzeit betont, was die Konzentration auf einen Taktschwerpunkt, wie sie normalerweise im Pop üblich ist, verhindert. Die Rhythmusgitarre, angelehnt an die Funk-Stilistik der siebziger Jahre, bewegt sich zunächst harmonisch in kadenziellem Rahmen, löst die damit auch unter Popmusikhörern verbundene Erwartung aber nicht ein: Die erwartete Dominante drängt sich so auf, daß sie vom Zuhörer konstruiert wird, ohne wirklich zu erklingen. Eine zweite Besonderheit liegt darin, daß der 6-taktige Vers außerdem auf einen Bass verzichtet.

Dessen Funktion wird von einer tiefgestimmten Bassdrum mit
übernommen. Wie sich auch bei den Bildern zeigen wird, operiert
Prince mit Anspielungen und Erwartungshaltungen, ohne das Material entsprechend auszuspielen.

Prince – Alphabet Street

Der zweite Teil, der zumindest formal die Funktion des Refrains übernimmt, bringt den Songtext bis hierher mit einem zweimal wiederholten »Yeah Yeah Yeah« auf den adäquaten Ausdruck und erinnert darin wie in der Harmonik an die Beatles und damit an die Musikkultur der sechziger Jahre. Allerdings entspricht die Rhythmisierung, die die »Yeahs« nicht gleichmäßig auf die Zählzeiten verteilt, sondern auf die Zählzeiten 1, 2 und 4, nicht der Musikpraxis der Beatbands der sechziger Jahre. Auch harmonisch wird hier nur auf das erste Hören hin die musikalische Oberfläche kopiert, denn die Harmonik changiert von Refrain zu Refrain zwischen Dur und Moll, wobei die Intonierung der Chorstimmen im zweiten und vierten Refrain eher an Soulmusik als an die Beatles erinnert. Auch der Refrain erstreckt sich über sechs Takte, in denen Basseinwürfe, ebenfalls der Funkstilistik der siebziger Jahre entliehen, zu hören sind, deren Bewegung allerdings auch zu einer Molleinfärbung der Grundtonart beitragen.

Zwischen Refrain und wiedereinsetzendem Vers findet sich ein zweitaktiger Übergang (Bridge), der musikalisch einerseits der reduzierteste Teil ist, insofern er sowohl auf die Harmonien der Rhythmusgitarre wie auf die Baßbewegungen des Refrains verzichtet, der andererseits für instrumentale Überraschungen sorgt, indem hier im ersten Takt ein idiosynkratischer Gitarrenlauf erklingt, während im zweiten pausiert wird oder die Gitarre auf unterschiedliche Weise zum Einsatz kommt, etwa durch die Imitation von Scratching-Effekten, womit der Rap der achtziger Jahre anklingt.

Einmal festgelegt, verläßt das Stück den Kreislauf von Vers, Refrain und Bridge nicht mehr, sondern wiederholt diese Dreiteiligkeit insgesamt dreimal. Formal bewegt sich Prince also auch hier auf konventionellem Parkett, und doch klingt die Musik anders als die Flut formal vergleichbarer Popsongs. Was man beim Hören nicht bemerkt, ist die unkonventionelle Taktlänge des gesamten Kreislaufs. Üblich wären 16, 24 oder auch 32 Takte; statt dessen sind es nur 14 Takte, was bei einem Tempo von 104 Vierteln pro Minute dazu führt, in einer selbst für Popsingles ungewöhnlich hohen Geschwindigkeit von gut einer halben Minute den Kreis von Vers, Refrain und Bridge zu durchlaufen, ohne daß die Musik besonders schnell oder hektisch erschiene. In der unkonventionellen Taktlänge liegt einerseits ein Bezug zu Blueskadenzen vor, die sich in ihrer ursprünglichen, noch nicht durch die weiße Kultur geglätteten Form durchaus nicht an gradtaktige und möglichst im mathematischen Sinne potenzierbare Taktgruppen hielten, wie 2, 4, 8, 16, 32 etc., sondern, je nach Ausdrucksbedürfnis, wesentlich freier mit der Form umgingen, so daß entsprechend unregelmäßige Taktgruppen ursprünglich keine Seltenheit waren. Andererseits hält sich Prince an den formalen Aspekt der Wiederkehr der Form, wie er durch die weiße Musikkultur in trivialisierter Form für die Popmusik gilt. Nur füllt er diese Form nicht. Das weiße Paradigma wird formal eingehalten und zugleich durch die schwarze Musikpraxis ausgehöhlt, ohne daß dies allerdings auffällt. Der schwarze Musiker Prince erscheint im formalen Kostüm des weißen Popstars, und eine unerhörte musikalische Veränderung passiert unzensiert das Überich weißer Musikkultur.

Auf der anderen Seite wird auch im Verlauf der Wiederholungen deutlich, daß Vers nicht gleich Vers, Refrain nicht gleich Refrain ist. Während die rhythmische Grundstruktur einschließlich der Akkorde der Rhythmusgitarre erhalten bleibt, ändern sich Gesangsstil wie Intonation und melodische Struktur grundsätzlich. Im Gegensatz zu den ersten beiden Versen mit ihrer eindeutigen, innerhalb einer Quint sich bewegenden Melodie wechselt im dritten Vers die Stimme zu einem zwischen Soul und Rap changierenden Sprechgesang, dessen aggressiver Vortragsstil nicht zum Inhalt zu passen scheint. Demgegenüber tendiert der Gesang des letzten Verses zusammen mit Trompeteneinwürfen zu einer Eigenständigkeit, die ihm durch seine Mehrstimmigkeit zusammen mit der chromatischen Aufwärtsbewegung einen hymnischen Charakter verleiht und darin eher an einen zweiten Refrain erinnert, der songtextlich motiviert scheint: Der Text benennt eine »Cruel World«, die Rede ist nicht mehr von Prince und seinem Girl, die fünfziger Jahre sind vollständig verlassen und statt dessen treten die sechziger Jahre nicht nur mit appellativem Gestus, sondern gleichzeitig kollektivem Liebesangebot hervor. Die harmonische Struktur verweist dabei nicht nur auf die Musik der Beatles, sondern auch die der Hippiezeit, wenngleich im letzten »Yeah«-Refrain und dem den Song auch abschließenden »Yeah Yeah Yeah« die Erinnerung an das *She Loves You* der Beatles die Oberhand behält und damit zugleich die Rückkehr zum Thema »Boy meets Girl« gewährleistet. Darüber hinaus schleicht sich bereits in den Gesang des zweiten Verses eine afroamerikanisch klingende Frauenstimme ein, die sich in den zweiten und vierten Refrain hinein

fortsetzt und hier wesentlich zur Soulwirkung der Refrains beiträgt. Indem sie die Abwärtsbewegung der »Yeah Yeah Yeah«-Se-
quenzen in den beiden Wiederholungen jeweils eine Terz höher
beginnen läßt, steigert sie den musikalischen Ausdruck.

Neben den Einfärbungen der Stimme nimmt auch die Instrumentierung ab Vers 3 zu, was im wesentlichen durch eine solistisch
agierende Gitarre erzielt wird. Im Unterschied zu der klaren
Funk-Rhythmusgitarre, die vermutlich ohne Lautsprecherüber-
tragung direkt über das Tonmischpult aufgenommen wurde,
klingt die Sologitarre wesentlich verzerrter und rauher. Erzielt
wird dieser Effekt durch die zwischen die Aufnahme geschalteten
Lautsprecher und entsprechende Effektgeräte, wie sie in den
Rock- und Heavy-Metal-Stilen üblich sind. Hinzu kommen tonal
kaum identifizierbare kurze Einwürfe von Clavinett, Orgel und
Rückkopplungsgeräuschen der Rockgitarre, die in ein absurd
klingendes Gackern umschlagen, sowie stimmliche Einwürfe, wie
Schreie oder einzelne wiederholte Songtextphrasen.

*Text und Musik.* Die wichtigste Rolle scheint der Text hinsichtlich
der musikalischen Ausgestaltung der 14-taktigen vier Kreisläufe
zu spielen. So lassen sich in der Abfolge der vier Verse drei Stufen
hinsichtlich der Zeitlichkeit der Aussagen erkennen: Auf der ersten Stufe wird die Erwartung des Sängers skizziert, wobei der erste Vers die Imagination der Verführung eines Mädchens in allgemeiner Form, der zweite, wie dies mittels Thunderbird geschehen
soll, thematisiert. Diese Projektion in die Zukunft folgt ganz traditionellen Rollenmustern und entsprechend folgt die musikalische Ordnung der musikalischen Erwartungshaltung insofern, als
Vers 1 und Vers 2 sich in der Melodieführung nicht unterscheiden.

Auf der zweiten Stufe des Textes findet sich der Sänger in der
Gegenwart wieder, und die Situation spielt sich für ihn anders ab,
als zuvor imaginiert (Vers 3). Was das aber für seine Gefühlswelt
bedeutet (einschließlich der Angst, die antizipierte Situation nicht
zu bestehen), bringt erst die Musik zum Ausdruck. Die Zurücknahme der ursprünglichen Absicht, wie sie im Songtext formuliert
wird, korrespondiert in keiner Weise mit dem musikalischen Ausdruck. Die verzerrende Gitarre, das kaum identifizierbare Stim-
men- und Instrumentengemisch und der Umschlag der Stimme in
einen eher schimpfenden, keinesfalls mehr der harmonisch einge-
betteten Melodieführung der beiden vorangegangenen Verse ent-

sprechenden Tonfall sowie die verzerrte und rückkoppelnde Gitarre verdeutlichen die Gefühlsambivalenz, die mit dem Liebesbegehren einerseits und dem Scheitern der geplanten Liebessituation andererseits verbunden wird. Konfrontiert mit der eigenen Normerfüllung – das Konfrontative mag das an einen Unfall erinnernde Geräusch quietschender Reifen zusammen mit dem Scratching und dem Aufheulen der Stimme besonders verdeutlichen –, ruft auch diese als fragliches Strukturmuster Unbehagen hervor, und der Sänger bittet seine Geliebte um Aufschub des Liebesaktes, eine Bitte, die er allerdings mit dem voyeuristisch anmutenden Wunsch verbindet: Watch. Das Auge übernimmt die Rolle des gesamten Körpers, womit der Übergang zur Visualisierung bereits im Text angegeben ist.

Die dritte Stufe wird im vierten Vers erreicht – auf die Problematik, inwieweit es sich hier nicht eher um einen neuen Refrain handelt, wurde schon hingewiesen: Der Ausdruck ist nun wieder optimistischer und befindet sich in einem Schwebezustand zwischen Zukunft und Gegenwart. Die Veränderung des Status Quo, die Bewegung aus einer (gesellschaftlich bedingten) Situation findet hier ihren musikalisch optimistischen Ausdruck in Form der schon skizzierten chromatischen Aufwärtsbewegung der Stimmen – »We're going« – und der nachfolgenden Abwärtsbewegung – »down down down« –, die sich aus den Tönen des G-Dur-Dreiklangs zusammensetzt, und durch die eindeutige Dur-Wendung, deren Kadenz hier im Unterschied zu den anderen Versteilen durch das D-Dur der Dominante tatsächlich bestätigt wird. Zugleich wird das Wir der Aussage im Unterschied zu den anderen Versen durch die identische Melodieführung von Chor und Solist musikalisch illustriert.

Auch die erste Zeile des Songs beginnt parallel zur Bedeutung des Songtextes – »I'm going down« – melodisch mit einer Abwärtsbewegung. Diese verläuft aber im Unterschied zum »(We're going) down down down« des vierten Verses nicht in eindeutigem Dur, sondern scheint tonartlich und damit auch in seiner Stimmung zwischen Dur und Moll zu schweben.[3] Gegenüber dem

---

3 Grundsätzlich wird natürlich nicht von einer Stimmungscharakteristik des Tongeschlechts ausgegangen. Da aber Popmusik in der Regel mit wenigen Harmonien operiert, ist hier mit der Eindeutigkeit eines Tongeschlechts auch eine eindeutigere Zuweisung von Gefühlen möglich, zumal dann, wenn sich die Melodieführung zuvor in einem modalen Feld bewegt.

Stimmungsumschlag der einzelnen Verse erweist sich der Refrain als stabilere Größe. So werden im zweiten und vierten Refrain die jeweils vorangegangenen Refrains nicht nur bestätigt, sondern die Aussage durch die schon erwähnten jeweils eine Terz höher beginnenden Chorstimmen noch bekräftigt.[4]

*Das Alphabet.* Warum aber muß dies alles entlang einer *Alphabet Street* geschehen, warum heißt der Song nicht »Love in a Thunderbird«, oder »Cruising« oder »My way to Tennessee«? Im Song spielt der Titel, wie sich dies schon beim Songtext selbst und in der Musik zeigte, eine metaphorische Rolle: Durchbuchstabiert wird hier das Alphabet der Liebe und des Pop, was sowohl den Songtext verdoppelt als auch Songtext, Musik und Interpreten kommentiert und in Gestalt von Schriftzeichen während des ganzen Clip mal Hintergrund, mal Figur des auf Computeranimationen basierenden Bildmaterials ist. Dabei changiert der künstlich hergestellte Raum zwischen Konturierungen, die eine Tiefe des Raumes konstruieren lassen, und einer eher zweidimensionalen, flächigen Darstellung. Der Tiefenraum ist schwarz, der der Oberfläche weiß. Der schwarze Raum wirkt wie eine dunkle Galaxie, deren Tiefe erst durch die Buchstaben und durch das diagonal gespannte Band der Love-Street erschlossen und erhellt wird und über die der Thunderbird wie durch eine Milchstraße hinwegrast. Im Thunderbird sitzt Prince, vor ihm auf dem Armaturenbrett liegt eine rote Rose. Soweit der Thunderbird nicht zu sehen ist, spielt Prince eine schwarze Gitarre, umgeben von der Flut der Buchstaben. Diese umherwirbelnden Buchstaben, die sich in beiden Raumwelten wie am Himmel blinkende, pulsierende Sterne einer unendlichen Galaxie verteilen, kommentieren und verdoppeln nicht nur den Text, sie schälen sich auch als Subtext des Aktionsraums heraus, in dem Prince agiert.[5]

Danach steht A für *Alphabet Street* – der Schriftzug erscheint gleich zu Beginn des Clip, gefolgt von B wie Beautiful, über dem

4 Auf die Bridge wird erst beim Vergleich mit dem Bildmaterial näher eingegangen, da die musikalische Analyse im Zusammenhang mit der Bildanalyse sinnvoller erscheint.
5 Die Idee, hier von einer Galaxie zu sprechen, geht auf ein Schnittprotokoll von *Alphabet Street* zurück, das von Frauke Urban, Bernd Heitmann und Torsten Neuendorff im Rahmen eines Seminars zur Strukturanalyse von Musikvideos am Institut für empirische Kommunikationsforschung der Freien Universität Berlin erstellt wurde.

in kleinerer Schrift kurz »heaven is so« eingeblendet wird. C bleibt zunächst unerfüllt und taucht später als »Can I« wieder auf. Das kann sich sowohl auf den formulierten Wunsch beziehen, das imaginierte Mädchen nur anzusehen – so der Songtext –, wie auch als Subtext gemeint sein kann, in Gedanken weiter zu gehen. Im Unterschied zur Ambivalenz der Frage ist die sofort mit dem Schriftzug »Yes« erfolgende Antwort eindeutig.

D wiederum folgt der Chronologie der Buchstaben und ist nach »I'm gonna drive« und vor »my Daddys Thunderbird« zu sehen, könnte also direkte visuelle Figur für beides sein, wenn nicht zusätzlich aus dem Bauch des D nacheinander die Buchstaben »ance« folgen würden, als »dance«, wiederum gefolgt von dem vollständigen Schriftzug »4 the light«, also: »Dance for the light« als weiterer zusätzlicher Text. Direkt nach »drive her to Tennessee« ist zu Beginn des zweiten »Yeah«-Refrains ein Wortpaar zu entdecken, das um den in der Buchstabengalaxie Gitarre spielenden Prince umherwirbelt und offensichtlich eine Hilfestellung für Schwerhörige oder musikstilistisch Unerfahrene darstellt: »funk guitar«. Für den engeren Fankreis ist damit aber auch eine weitere Botschaft verknüpft: Prince bleibt seinen musikalischen Wurzeln, den Vorbildern Jimi Hendrix, Sly Stone und James Brown, und damit seinen ursprünglichen Fans trotz aller Ausflüge in die Popwelt der Weißen, wie sie insbesondere das bisher erfolgreichste Album *Purple Rain* dokumentierte, treu.

L steht für »Love«, das quer auf ein diagonal und horizontal den Raum durchlaufendes Band geschrieben ist, worauf der Thunderbird wie auf einer Straße der Liebe entlangfährt bzw. auf dem er anhält. Aus der geöffneten Tür des Thunderbird wippen zwei übereinandergeschlagene Frauenbeine in mit pinkfarbenen Buchstaben gemusterten schwarzen Strümpfen dem Zuschauer entgegen. Unter dem H dreht sich um die Hochachse wie ein Windmesser ein Schriftzug »is 4 punks« – H = Heroin ist für Punks – eine Aussage, mit der Prince sowohl das sich wandelnde Klima innerhalb der afroamerikanischen Rapkultur gegenüber Drogen im allgemeinen wie seine Abneigung gegenüber harten Drogen im besonderen aufgreift, die aber auch als abfällige Äußerung und Abgrenzung gegenüber weißer Independent-Musik interpretierbar ist. Wie ein Großteil der in Halbsätzen erfolgenden schriftlichen Kommentare ist dies freilich ohne verlangsamtes Abspielen des Videos kaum zu entziffern.

»I« steht neben einem großen roten Herzen, innerhalb dessen Prince violett eingefärbt im Profil zu sehen ist, während er den Kopf nach hinten in den Nacken wirft. Die Bedeutung bleibt ambivalent: Der Buchstabe I kann Signifikant sein für Prince (sichtbar im Bild), der liebt (rotes Herz). Aber wen? Sichtbares Objekt in diesem Bild ist nur noch die Front des Thunderbird, was den Schluß nahelegt, daß Prince seinen Thunderbird liebt. »I« könnte auch ausschließliches Satzsubjekt sein, und Prince, nicht aber der Thunderbird das Objekt, während das Herz seine pädikative Funktion behält: »Ich liebe das, was im Herzen zu sehen ist, nämlich Prince, also mich selbst.« Schließlich könnte »I« auch den Zuschauer meinen und ihm eine Auffassung nahelegen: »Ich« – der Zuschauer – »liebe Prince«! Wahrscheinlicher allerdings erscheint mir, daß Prince sich selbst liebt. Zugleich werden die Konnotationen, die mit dem Namen Prince verbunden sind, durch das Herz überdeutlich: Prince of my Heart, Herzensprinz. »Prince« sein heißt geliebt werden.

Mit diesem Bild, daß zugleich Mitte und Umschlagpunkt des Clip ist, bricht die Buchstabenchronologie ab. Das Verfahren, in Bruchteilen von Sekunden zwischen den tanzenden Buchstaben einzelne Schriftzüge entstehen und vergehen zu lassen, wird indes beibehalten. Erkennbar folgt noch der blaue Schriftzug »TONIGHT« und immer wieder das diagonal und horizontal in den Raum gespannte Band mit Love, die Love-Street, auf der der Thunderbird mit Prince entlangfährt und das wie die Buchstaben in einem ständigen Wechsel von insgesamt zehn Farben den Farbkreis durchläuft. Besonders den Buchstaben verleiht dieser ständige Farbwechsel, dessen einzelne Farben sich oft nur auf ein oder zwei Einzelbilder erstrecken und so für das Auge gar nicht identifizierbar sind, neben den Drehungen um die horizontale und vertikale Achse sowie den ständigen Vergrößerungen und Verkleinerungen eine zusätzliche Dynamik des Pulsierens.

*Der visualisierte Ton.* Im Unterschied zum Songtext und der Musik erscheint eine eigenständige Betrachtung der Bildbewegung wenig sinnvoll, da diese sich in illustrativen Clips wie *Alphabet Street* in besonders hohem Maße an die Songstruktur anlehnt. Sie bezieht sich sowohl auf die Aussagen des Songtextes wie auf den musikalischen Ausdruck in illustrierender oder konterkarierender Weise. Daher ist die visuelle Binnenstruktur von Musikvideos normalerweise gering. Die Ordnung der Bilder geht aus der Ordnung der Verweisungsbeziehungen des Songtextes bzw. der Songstruktur hervor.[6] In neueren Arbeiten zur Rock- und Popmusik und ihren Musikvideos ist immer wieder die Frage aufgeworfen worden, wie immanent der Musik überhaupt ihr visueller Ausdruck sei[7] – und zwar jenseits direkter Text-Bild-Übersetzungen oder Exemplifizierungen einzelner Wörter. Ohne die Diskussion zur Semantik der Musik hier im einzelnen aufnehmen zu können,[8] möchte ich die wesentlichen gemeinsamen Aspekte von Ton und Bild für das Feld der Popmusik anführen:

Strukturell betrachtet sind dies v. a.:

1. Die Koinzidenz einzelner musikalischer und visueller Ereignisse in Form von Harmonie- und Farbwechseln, von rhythmischen Bewegungen wie betonten Noten und Bildschnitten oder von pointierten Bewegungen, sowie Parallelen in der Art und Richtung der Bewegung auf der Ebene des Dargestellten wie der Technik der Darstellung.[9]

2. Strukturelle Parallelen, wie sie z. B. von einem durchgängig gemeinsamen Rhythmus von Bild- und Musikbewegung bewirkt werden.

3. Parallelen hinsichtlich der formalen Organisation des Materials – wie beispielsweise im Fall der Übereinstimmung der Verse mit bestimmten wiederkehrenden Bildfolgen.

Diese drei Aspekte sind wiederum grundsätzlich als strukturelle von den semantischen zu unterscheiden. Danach kann das musika-

---

6 Michael Altrogge: Wohin mit all' den Zeichen oder: »Was hat Madonna mit dem Papst und Pepsi-Cola zu tun?«, in: *Film und Fernsehwissenschaftliches Kolloquium/Berlin 1989.* Hg. von Hans J. Wulff. Berlin 1990. – Michael Altrogge/Rolf Amann: *Videoclips – die geheimen Verführer der Jugend?* Hg. von den Landesmedienanstalten, Berlin 1991.

7 Andrew Goodwin: *Music Television and the Politics of Popular Narrative.* A thesis submitted to the Faculty of Arts of the University of Birmingham for the degree of Doctor of Philosophy, Birmingham 1991.

8 Carl Dahlhaus: *Musikästhetik,* Köln 1967, S. 23. Zur Auffassung der Musik als Gestalt und insofern symbolischer Ausdruck des Gefühls vgl. Susanne Langer: *Philosophy in a New Key* (1944). Deutsch: *Philosophie auf neuem Wege,* Frankfurt/M. 1965. Zur Kritik an Langer vgl. Michael Jenne: *Musik Kommunikation Ideologie. Ein Beitrag zur Kritik der Musikpädagogik,* Stuttgart 1977 (Veröffentlichungen des Max-Planck-Instituts für Bildungsforschung), S. 72 ff.

9 Fünf Aspekte der Musik sind Goodwin für einen Vergleich mit der Bildbewegung wichtig: Tempo, Rhythmus, Arrangement, harmonische Entwicklung (im wesentlichen als Tonartwechsel gefaßt) und akustischer Raum. Im weiteren Verlauf seiner Argumentation nimmt Goodwin die stimmliche Präsenz des Sängers oder der Sängerin hinzu. Vgl. Goodwin a. a. O., S. 125-141, insbes. 125 u. 128 f.

lische Material insofern mit visuellen Assoziationen verbunden sein, als es entweder den Auftritt der Musiker selbst betrifft (z. B. wie sich die Interpreten eines bestimmten Musikstils kleiden und bewegen und mit welchen Objekten sie sich umgeben) oder hinsichtlich der Stimmung der Musik die Art der visuellen Darstellung (z. B. eine bestimmte Technik der Aufnahme und der Montage) nahelegen. Eine gemeinsame symbolische Beziehung zwischen Ton und Bild existiert dabei dann, wenn die musikalische Konvention als musikalisches System nicht nur etabliert ist, sondern zugleich als System musikalischer Bedeutung visuelle Stereotypen in Kleidung und Verhalten nach sich zieht, die zugleich mit einer lebensweltlichen Einstellung verbunden sind.[10] Im Unterschied zu den in dieser Hinsicht eindeutigen Jugendmusikkulturen wie Heavy Metal oder Rap ist die Musik von Prince aber trotz ihrer eigenwilligen musikalischen Stilistik nicht einer bestimmten Jugendmusikkultur zuzuordnen, wenngleich sie den Bezug zu den Stereotypen der Popkultur als Jugendkultur auch in ihren Musikvideos selten verläßt.[11] Dies betrifft den ritualisierten Umgang mit den Zeichen der Mobilität, wie bestimmten Motorrädern oder Autos, stilisierte Tanzbewegungen sowie die Gestik während des musikalischen Vortrags und nicht zuletzt die Kleidung und die Farbgebung (Pastell-, Blau- und Pinktöne), die von der Kleidung ausgehend auf die weitere visuelle Gestaltung übertragen wird.

---

10  Goodwin a. a. O., S. 118. Vgl. auch zur Bedeutungszuweisung des musikalischen Materials am Beispiel der Rocker- und Hippie-Kultur: Paul Willis: *Profane Culture. Rocker, Hippies: Subversive Stile der Jugendkultur*, Frankfurt/M. 1981. Vgl. auch Peter Wicke: »The times they are a-changin. Rockmusik – Dimensionen eines Massenmediums«, in: *Sozialismus* 3/4, Hamburg 1990, sowie Altrogge/Amann, a. a. O.

11  Hierin unterscheidet Prince sich maßgeblich von Madonna, deren Sujets eher anderen Formen kulturellen Wissens, wie weiblicher Sexualität oder Film, entlehnt sind. Vgl. zu den Musikvideos von Madonna: John Fiske: *Reading the Popular*, Boston 1989. S. 95 ff; Altrogge 1990, a. a. O., sowie Ramona Curry: »Madonna From Marilyn To Marlene – Pastiche And/Or Parody?« in: *Journal of Film and Video* 42.2 (Summer 1990), S. 15-30, dt.: »Madonna von Marilyn zu Marlene: Pastiche oder Parodie?« (in diesem Band).

## 2. Die Konstruktion

In bezug auf Parallelen zwischen Ton- und Bildgestaltung sind ausgehend von der großformalen Organisation der Musik zunächst zwei Aspekte auffällig: die Farbgebung und die Bewegung. Der erste Vers und Refrain bleiben dem weißen Raum vorbehalten, während Vers 2 und Vers 3 ausschließlich im schwarzen Raum, die dazwischen liegenden Refrains dagegen in beiden Räumen spielen. Bedingt durch das Auftreten des Thunderbird ist im dritten Vers die Anzahl der Nahaufnahmen entsprechend höher (Prince hinter dem Steuer), was natürlich den Bewegungsspielraum des Interpreten einschränkt, allerdings die Mimik und Gestik deutlicher ins Bild rückt. Der Stimmungsumschlag von Vers 1 zu Vers 3 wird so visuell unauffällig vollzogen und zugleich durch die Veränderung in Mimik und Gestik, die in Vers 3 im Widerspruch zum Text steht, aber darin mit der musikalischen Stimmung korrespondiert, verdeutlicht. Auffällig ist die Rückkehr in den ausschließlich weißen Raum bei relativer Statik der Bilder des vierten Verses, in dem Prince die meiste Zeit vor seinem Thunderbird stehend zu sehen ist, ein Bild, das in auffälligem Gegensatz zur anschwellenden Dynamik der Musik steht, gerahmt von Totalen, in denen man den Gitarre spielenden und den tanzenden Prince sieht. Als vierte Einstellung des letzten Verses folgt eine Großaufnahme von Prince. Aber im Unterschied zu gängigen Musikvideos des Pop schaut Prince nicht direkt in die Kamera und vermeidet das vertraute und allzu Vertrauliche des ›Ich und Du‹ des typischen ›Intimgesprächs‹ zwischen Popstar und Zuschauer. Die vergleichsweise raren Einstellungen sind auch als visuelles Ritardando vor den furiosen Schnittfolgen des Schlußrefrains zu sehen, die alle vorangegangenen Einstellungen zum Teil in Überblendungen noch einmal zeigen.

Achtet man auf den Wechsel der Einstellungsgrößen, so ergibt sich folgendes: Im ersten Vers bleibt Prince stehend im Bild, während in Vers 2 und 3 die Einstellung sechs- resp. siebenmal wechselt; im vierten Vers geht die Frequenz der Wechsel auf vier Einstellungen zurück. Allerdings operiert der erste Vers mit Doppelungen des Interpreten und Vordergrund- (Schrift: »Alphabet Street«) wie Hintergrundinserts (Prince Gitarre spielend). Formal betrachtet, also hinsichtlich der Farbgebung und der Einstellungslängen, wird demnach eine stärkere Ähnlichkeitsbeziehung zwischen den Versen 2 und 3 sowie 1 und 4 hergestellt, die die musikalische Ähnlichkeitsbeziehung zwischen Vers 1 und Vers 2 konterkariert und diese visuell eigenständiger erscheinen läßt, als sie musikalisch sind, während die musikalisch unterschiedlichsten Verse 1 und 4 visuell ähnlicher erscheinen. Da zwischen den Versen aber die Refrains liegen, die sich hinsichtlich Farbgebung und Bildbewegung nicht so eindeutig wie die Verse voneinander unterscheiden, verwischt sich dieser formale Zusammenhang im Verlauf der Rezeption.

Gegenüber den Versen unterscheiden sich die Refrains weder hinsichtlich der Farbgebung noch der Einstellungsgrößen resp. der Einstellungshäufigkeiten, sieht man zunächst ab von dem letzten Refrain, der zugleich eine Coda-Funktion hat. Auch die Verteilung der Bildobjekte scheint keiner Ordnung der Form zu folgen, bis auf die »Yeah Yeah Yeah«-Schriftzüge, die zu dem entsprechenden Gesang der ersten beiden Refrains erklingen. Ansonsten wechseln sich die Elemente der Musik-Performance – Prince Gitarre spielend, singend oder tanzend – regelmäßig mit anderen Bildern ab.

Hinsichtlich der formalen Organisation des Materials finden sich also nur bedingt Parallelen. Eine Übereinstimmung im Sinne einer durchgehenden rhythmischen Struktur ist ebenfalls nicht anzutreffen. Lediglich in der zweiten Bridge entspricht der Bildschnittrhythmus dem musikalischen, nur daß ausgerechnet an dieser Stelle die Musik und damit auch Komponenten ihres Grundrhythmus reduziert sind. Offensichtlich verstärkt an dieser Stelle die Visualisierung die Funktion der Musik im Sinne einer Strukturreserve des Bildes.[12]

Bleibt zunächst die Beziehung zwischen Songtext und Bildverlauf, die eine stärkere Rolle für die formale Gestaltung zu spielen scheint. Da diese aber zugleich semantisch gebunden ist, bezieht sie sich auf das Auftreten konkreter Bilder und nicht auf die Struktur von Vers oder Refrain. Zumindest die Anfänge der Verse, die im Unterschied zum Refrain mit einer Veränderung des Inhalts im Sinne einer neuen oder zusätzlichen Information verbunden sind, illustrieren die Rede durch Bilder: So taucht der Thunderbird mit Prince am Steuer erst von dem Moment an auf, wo er im Text erwähnt wird und Prince sogleich das »gonna drive« nochmals über-

12  Zum Begriff der Strukturreserve vgl. Jurij M. Lotman: *Die Struktur literarischer Texte*, München 1972.

deutlich spielerisch illustriert, indem man ihn ohne Auto auf einem imaginären Autositz ein imaginäres Steuer hin und her bewegen sieht. Das gleiche gilt für das Girl, oder besser die zu sehenden Beine, die übereinandergeschlagen in dem Moment vom Rücksitz hinunterbaumeln, in dem die entsprechende Textstelle in Vers 2 gesungen wird. Die Darstellung der Frauenbeine bleibt im übrigen bis auf eine Ausnahme auf den zweiten Vers und den dritten Refrain beschränkt. Hierbei spielt, wie zuvor schon für die Musik erwähnt, das Moment der Konstruktion eine Rolle. Wirklich zu sehen sind nur die Beine in mit rosa Buchstaben bedruckten Strümpfen. Ob es sich dabei tatsächlich um Frauenbeine handelt oder um die tricktechnisch einkopierten Beine von Prince, kann durch den Augenschein nicht entschieden werden. Die Szene im nachfolgenden Refrain, in der Prince auf allen vieren wie ein Hund den Frauenbeinen folgt, karikiert das gerade formulierte Bedürfnis, mit ›ihr‹ nach Tennessee zu fahren, und verdeutlicht insofern das Spielerische, aber auch das Künstliche der Überlegung wie der Darstellung.

*Die Koinzidenzen zwischen Ton und Bild im einzelnen.* Im Unterschied zu den relativ schwachen Parallelen zwischen ganzen Formteilen in Ton und Bild gibt es eine Vielzahl von einzelnen audiovisuellen Koinzidenzen. Die Frage ist nun, wieweit diese wiederum punktuelle Momente sind oder zur Strukturierung der Form beitragen.

So hat die Einleitung zusammen mit dem ersten Vers im doppelten Sinn eine visuelle Expositionsfunktion: Zum einen wird Prince nacheinander in seinen einzelnen Rollen vorgestellt, zum anderen werden damit die verschiedenen Facetten audiovisueller Koinzidenzen durchgespielt. Gleich zu Beginn des Clip, der viertaktigen Einleitung, windet sich der Tänzer Prince vom Boden aus einem halben Spagat aufwärts, bis der Gesang einsetzt. In diesem Moment wird der Tänzer Prince zu der Textzeile »I'm going down« zum eingefrorenen Bild[13] seiner selbst, das nach vorne überklappt,

13  Die Technik des Freeze und des Umklappens oder Ineinanderschachtelns eingefrorener und bewegter Bilder ist ein mittlerweile in der Videoclipästhetik weitverbreitetes Stilmittel, das sich auch als Bedürfnis nach Ausdehnung präsentischer Wahrnehmung interpretieren läßt. Vgl. dazu Michael Altrogge: »Von der Bilderflut zum Bewußtseinsstrom. Überlegungen zur musikalischen Organisation von Raum und Zeit in Musikvideos«, in: *Vom Doppelleben der Bilder. Bildmedien und ihre Texte.* Hg. von Barbara Naumann, München 1993, S. 183-218.

während ein zweiter sich weiter bewegender Prince in die Rolle des Sängers schlüpft. Dieser Fall korrespondiert sowohl mit dem Text als auch mit der tonalen Abwärtsbewegung der Stimme, ist also strukturell wie semantisch mit dem Ton verknüpft. Prince in seiner dritten Rolle als Poet bzw. der Songtext selbst und seine thematische Überschrift treten als nächstes neben den Sänger ins Bild: Nach »I'm going down to« verdoppelt das folgende »Alphabet Street« als Schriftzug neben Prince die gesungene Sprache.

Seine vierte Rolle: die des Liebhabers, deutet der Sänger bereits durch den nach oben gehaltenen Spazierstock an, den er gegen Ende des ersten Refrains zwischen den Händen hinuntergleiten läßt. Inzwischen hat sich im Hintergrund als fünfte Rolle der Instrumentalist Prince herausgeschält: Eine vergrößerte Detailaufnahme zeigt eine Gitarre spielende Hand. Dieses Hintergrundbild setzt genau mit Beginn des zweiten Drittels des Verses, also im siebten Takt ein. Die Visualisierung bringt die Gitarre als Instrument ins Bewußtsein, sie unterstreicht dadurch, daß die Gitarre erst mit der zweiten Harmonie zu sehen ist, aber auch die harmonische Veränderung selbst. Während die zweite Harmonie erklingt, wechselt das Hintergrundbild der Gitarre mehrfach die Farbe, ausgehend von einem hellen Grünton, bis die dritte Harmonie erreicht ist und die Gitarre in violett zu sehen ist. Der durch Umkehrungen der drei Harmoniefolgen erzielte Effekt einer Aufwärtsbewegung wird durch die wechselnde Farbgebung zusätzlich gesteigert. Trotz Aussetzen der Gitarre im letzten Takt von Vers 1 bleibt der violett gefärbte Gitarrenausschnitt im Bild, bis der Refrain einsetzt. Der Sänger Prince wird wie durch eine unsichtbare Tür vom Hintergrund verschluckt, die Gitarre zurückgezoomt. Mit Beginn des Refrains ist so der Gitarre spielende Prince, nun wieder hellgrün eingefärbt, in einer totalen Einstellung zu sehen, neben ihm erscheint, parallel zum Gesang, dreimal untereinander der Schriftzug »Yeah«.

Die Visualisierung kann bei einer zwiespältigen Mischung von Ton und Bild semantisch auch auf die Seite der Musik schlagen. So erfolgt zum aggressiven Tonfall, indem das »excuuuuse me baby« vorgetragen wird, eine ebenso aggressive Gestik von Prince, der hinter dem Steuer seines Thunderbird gerade zu versuchen scheint, einem Unfall auszuweichen. Dabei erhalten die durch das Hin- und Herdrehen des Lenkrads versuchten verkehrstechnischen Ausweichmanöver einen ebenso zwiespältigen Sinn. Sie erfolgen genau an der Stelle der Bridge vor dem dritten Vers, an der musikalisch nur ein mit der Gitarre imitiertes »Scratching« zusammen mit dem Geräusch quietschender Reifen zu hören ist. Scratchingeffekte werden normalerweise durch das rhythmische Hin- und Herdrehen einer Schallplatte unter dem Abtastsystem des Schallplattenspielers erzeugt. Hier handelt es sich also gleich im doppelten Sinne um ein Klangbild. Es endet abrupt mit der besonders deutlich auf der ersten Zählzeit des ersten Verstaktes vernehmbaren Bassdrum, während die Autofahrt ebenso abrupt endet. (Der Hintergrund ist unbewegt, Prince wird an die Windschutzscheibe gedrückt.) Zu »I don't mean to be rude« fuchtelt Prince mit dem Zeigefinger, als wenn es hier um einen fremdverschuldeten Unfall ginge. Der Aufruhr der Gefühle, wie er musikalisch bereits anklingt, erfährt seine Visualisierung und steht damit in noch deutlicherer Differenz zum reinen Songtext.

Diese auffällige Koinzidenz musikalischer und visueller Bewegung markiert in einer Weise einen Stimmungsumschlag, der dem reinen Songtext nicht zu entnehmen wäre. Hier wird auf der semantischen Seite nicht mehr musikalisch und visuell der Text illustriert, sondern die in der Musik bereits zum Ausdruck kommenden Gefühle werden in die visuelle Darstellung übertragen. Die Musik strukturiert hier also nicht nur die visuelle Bewegung, sie semantisiert auch das Bild konträr zum Songtext. Im Sinne der Theorien der Dekonstruktion entpuppt sich diese Differenz allerdings als »Différance«, da sie nicht durch Anwesendes und Abwesendes, sondern durch das Spiel der Differenzen erzielt wird, das sich hier als Gleichzeitigkeit von Differenzen interpretieren läßt.[14]

---

14  Nach Jacques Derrida ist die Différance eine Struktur oder eine Bewegung, die sich nicht mehr von dem Gegensatzpaar Anwesenheit/Abwesenheit her denken läßt. Die Différance ist das systematische Spiel der Differenzen, der Spuren von Differenzen, der Verräumlichung, mittels deren sich die Elemente aufeinander beziehen. Vgl. Jacques Derrida: *Positions,* Paris 1972. Dt.: *Positionen. Gespräche...* Graz/Wien 1986, S. 67. Mit der Gegenüberstellung von Différance als Verräumlichung und Différence, die Derrida auch als Aufschiebung bezeichnet, stehen diese Termini auch für räumliche Kopräsenz und zeitliches Nacheinander, was sich wiederum an Überlegungen anschließt, wie sie bereits Edmund Husserl in seiner Phänomenologie angestellt hat. Ob diese Unterscheidung tatsächlich bei literaturwissenschaftlichen Analysen trägt, ist für eine Untersuchung von Musikvideos weniger von Bedeutung. Entscheidend ist vielmehr, daß mit der Vorstellung von der Différance als Verräumlichung ein Erklärungsansatz für die Gleichzeitigkeit differierender Aussagen unterschiedlicher ›Textsorten‹ gegeben wird, wie sie bei Musikvideos häufiger vorkommen.

# 3. Die Dekonstruktion

Als Gesamttext betrachtet bietet das Musikvideo *Alphabet Street* eine Fülle interner und externer Verweisungsstrukturen, die sich kaum auf eine zudem eindeutige Bedeutung, ein Hypersignifikat im Sinne von Umberto Eco, kondensieren lassen.[15] Der chamäleoneske Habitus von Prince, der sich und seine Umgebung gleichzeitig und ungleichzeitig in unterschiedlichen Rollen zu inszenieren weiß, durchzieht *Alphabet Street* bis hin zum Spiel um sexuelle Identitäten, das die Frage aufwirft, ob es sich hier nicht um einen grandios übersteigerten Narziß handelt.[16] Es sind jedoch weniger die unterschiedlichen Rollen, die Prince spielt, oder die Bilddoppelungen, auf denen das Spiel beruht. Sie können als übliche Verfahren computeranimierter Videoclips gelten. Was erst bei genauerem Hinhören und Hinsehen auffällt und *Alphabet Street* von anderen Musikvideos unterscheidet, ist das Spiel von Différence und Différance und wie dieses Spiel jenseits offensichtlicher semantischer Komponenten die gesamte audiovisuelle Struktur durchzieht.

Das beginnt mit der Schrift, die keine Schrift im herkömmlichen Sinn ist. Das Alphabet, das am sichtbarsten für die visuelle Chronologie der Bilder steht, hat erstens nicht nur eine Figurfunktion innerhalb des Wortzeichens, sondern jeder einzelne Buchstabe wird zweitens an der Stelle, an der er entsprechend seiner Abfolge im Alphabet steht, zum Zeichen des zeitlichen Ablaufs, zur Zeitstelle. Drittens werden die einzelnen Buchstaben mit bestimmten Wortspielen und Bildern verknüpft, die mal auf die clipinterne Logik, mal auf externes Wissen zurückgreifen. Viertens fallen Laut, Bild und Vorstellung in einem doppelten Sinn auseinander: zum einen durch die Wiederholung der Sprache als Schrift im Bild, die einzelne Worte visuell doppelt, zum anderen, indem das sichtbare Wort gerade nicht mit dem hörbaren Songtext übereinstimmt. Fünftens können Lautbild und Vorstellung in Form von Songtextillustrationen übereinstimmen oder ebenfalls der Illustrierung der mit dem Songtext verbundenen Vorstellung widersprechen. Genau in der Mitte des Songs, wo die Buchstabenfolge mit »I« abbricht, sind auch alle ikonischen Zeichen und Buchstaben

---

15 Umberto Eco: *Einführung in die Semiotik*, München 1972.
16 Vgl. dazu die Prince-Monographie von Dave Hill: *Prince – A Pop Life*, München 1989.

vorgestellt, die nun teilweise, wenn auch in unterschiedlichen Einstellungen und Kombinationen, wiederkehren. Von da an nimmt der musikalische Ausdruck einen anderen Verlauf. Sechstens: Die Différance, das Spiel mit den Unterschieden zwischen Laut, Bild, Vorstellung und den Buchstaben als Zeitstellen fällt mit Eintritt des zweiten Clipteils zurück in die Différence von anwesenden und abwesenden Einzelbuchstaben. Gleichzeitig bleibt der Hintergrundhorizont der Buchstabengalaxie im Bild und als Gleichzeitigkeit eines Reservoirs von Figuren der Différance im Spiel.

Der Abbruch der Buchstabenkette korrespondiert mit dem Umschlag der musikalischen Aussage. Damit befindet sich der folgende zweite Teil des Musikvideos musikalisch ebenfalls in Différence zu dem nun abwesenden Vorhergegangenen, stellt aber auch eine Différance im Sinne der gleichzeitigen Verschiedenheit dar, da er sich von der harmonischen und rhythmischen Grundstruktur wie von seiner Form her nicht von dem vorhergegangenen ersten Teil unterscheidet. Die 14-taktige musikalische Form, die als Différance zu üblichen anderen Formen des Pop erscheinen mag, da sie sich an die wesentlichen Bestandteile von Vers, Refrain und Bridge hält, holt sich tendenziell mit dem dritten, endgültig aber mit dem vierten Vers aus. Dies wird visuell zunächst durch die Mimik und Gestik von Prince bestätigt, dann aber durch die Wiederholung bereits bekannter Bildsujets nach und nach zurückgenommen. Während in Vers 3 Textaussage und musikalischer wie visueller Ausdruck in Gegensatz zueinander geraten, sind es in Vers 4 Text und Musik auf der einen und das Bildmaterial auf der anderen Seite.

Die formale Ritardandofunktion der langen Einstellungen, insbesondere der statisch wirkenden Totale von Prince vor dem Thunderbird, gegenüber der rasenden Schlußsequenz des letzten Refrains wurde bereits erwähnt. Dennoch stehen sie in merkwürdigem Gegensatz zu der Dynamik des refrainartigen letzten Verses und seiner Aussage. Fast gelangweilt singt der Protagonist, lässig an den weißen Thunderbird gelehnt, als wenn er das »we« des Refrains, den Aufbruch zur Rekonstruktion der Zeichen seinerseits bereits in der ihm eigenen Art dekonstruieren wollte, indem er, noch bevor die Popfans applaudieren, sich als Superstar bereits wieder in ›Différance‹ zu diesem Spiel mit einer Idee des ›wir‹ begibt.

*Die Re-de-Konstruktion.* Der Text von *Alphabet Street* ist also keinesfalls mit dem Songtext identisch, sondern er entsteht durch das Wechselspiel von Re- und Dekonstruktion zwischen Musik, Bildern und Songtext. Indem die Bilder den fehlenden Songtext oder die Musik ergänzen, tragen sie zur Re-Konstruktion von Bedeutung bei; indem die Bilder oder die Musik die Songtextaussage konterkarieren oder in Gegensatz zum musikalischen Ausdruck geraten, dekonstruieren sie seine Bedeutung. Im Unterschied zu einem linguistischen zweistelligen Zeichenbegriff, der Lautbild (Signifikant) und Vorstellung (Signifikat) als zwei Seiten eines Zeichens auffaßt, stellt sich aber die Frage, ob hier eine Relation zwischen Lautbild und Vorstellung das Zeichen ausmacht, also Ton und Bild ein gemeinsames Zeichen bilden, oder ob Laut und Bild in eigenständige Zeichen auseinanderfallen.[17]

Durch die medial bedingte kategoriale Trennung von Laut und Bild stellt sich die Frage nach der Notwendigkeit, mit der die Bilder der Musikvideos aus dem Ton hervorgehen, in semiotischer Hinsicht noch aus einer anderen Perspektive.[18] Sofern das Lautbild als Schriftbild im Clip visuell verdoppelt wird, gehen Laut und Bild trotz ihrer Doppelung eine Zeichenrelation schon aufgrund der medialen Trennung ein, die aus ihnen nun tatsächlich zwei Zeichen macht, ohne daß sich etwas an der Vorstellung ändert, die mit dem sprachlichen Lautbild verbunden ist. Erfolgt aber parallel zu der Vorstellung, die das Lautbild der Sprache erzeugt, eine gegenständliche ikonische Illustrierung, so entsteht eine Zeichenrelation zwischen Ton und Bild, bei der die mit dem Bild verbundene Vorstellung die mit dem Ton verbundene konkretisiert. Das wird gerade dann deutlich, wenn das Bildmaterial

17 Ferdinand de Saussure: *Grundfragen der allgemeinen Sprachwissenschaft.* Hg. von Charles Bally und Albert Sechehaye unter Mitwirkung von Albert Riedlinger, Berlin 1967. – Zur Unterscheidung von zweistelligem und relationalem Zeichenbegriff vgl. Günter Bentele: *Zeichen und Entwicklung. Vorüberlegungen zu einer genetischen Semiotik,* Tübingen 1984. S. 82-87.

18 Andrew Goodwin geht davon aus, daß ein akustischer Signifikant einen visuellen generieren kann und dabei eine Vorstellung, ein Signifikat gleichzeitig erzeugt wird. Er fragt dann aber weiter, welcher Signifikant mit dem Signifikat verbunden ist und ob die Fusion aus Ton und Bild manchmal nicht so stark sei, daß die zwei Signifikanten nicht voneinander zu trennen, also eins sind. Die Möglichkeit, daß Ton und Bild jeweils eigenständige Signifikanten darstellen, aus denen ein neues Signifikat entstehen kann, entgeht Goodwin dabei. Vgl. Andrew Goodwin: *Music Television,* S. 118.

mit dem Inhalt des Textes oder dem Ausdruck des Tones nicht übereinstimmt, sondern kollidiert und ihn dekonstruiert. Berücksichtigt man nur das Verhältnis von Musik und Bild, so kann unter der Voraussetzung, daß keine Vorstellung mit dem Ton verbunden wird, hier das Laut-Bild in zwei Signifikanten, Ton und Bild, auseinanderfallen, mit dem Ergebnis, daß die Vorstellung, das Signifikat, sich an das Bild heftet. Ruft der Ton aber bereits eine Vorstellung hervor, so stehen sich zwei eigenständige Zeichen gegenüber.

Divergieren Bilder und Ton, so hängt es von der Art der Differenz ab, ob Elemente der einen Seite (Bild) auf fehlende Elemente der anderen (musikalische Pause) zurückgehen, im Prinzip also der Unterschied sich auf eine gemeinsame Struktur bezieht, in diesem Fall der Rhythmus (Différance), oder ob die Verschiedenheit semantischer Natur ist im Sinne der An- und Abwesenheit von Bedeutungen (Différence). Wenn aber letzteres der Fall ist, dann bezieht sich beispielsweise der Widerspruch zwischen Songtext und musikalischem Ausdruck dennoch auf eine beiden gemeinsame Bezugsgröße, die semantischer Natur ist. In dem Fall handelt es sich wiederum um eine Différance der Différence, d. h., erst aus dem (systematischen) Spiel der Unterschiede zwischen zwei Zeichen, die mit differenten Vorstellungen verbunden sind, sei es als Laut (Musik), als Bild (Bilder) oder als Laut-Bild (Songtext), läßt sich die Rede als audiovisueller Gesamttext konstruieren.

Im Unterschied zu anderen Musikvideos ist dies bei *Alphabet Street* in besonderer Weise der Fall. Zum einen, weil sowohl musikalischer Ausdruck und Textinhalt als auch visueller Ausdruck und Textinhalt, aber auch musikalischer und visueller Ausdruck in Gegensatz zueinander geraten. In keinem dieser drei Fälle handelt es sich um ein lineares Verhältnis von Bezeichnendem zu Bezeichnetem, bei dem die eine Seite auf die Funktion der anderen reduziert würde, sondern aus einer widersprüchlich bis ironisch erscheinenden wechselseitigen Zeichenrelation ergibt sich eine Reihe schillernder Möglichkeiten von Bedeutungszuweisung. Während durch die Differenz von Anwesendem und Abwesendem alle Musikvideos von der Différence markiert sind, entsteht in *Alphabet Street* erst aus der Différance des Ausdrucks von Musik, Sprache und Bild die Bedeutung.

Wenn die Schrift, wie Jonathan Culler im Anschluß an Derridas Überlegungen zu Rousseau sagt, nur »eine Ergänzung, ein Supplement der Rede ist, weil die Rede bereits von den Eigenschaften gekennzeichnet ist, die allgemein der Schrift zuerkannt werden: Abwesenheit und Mißverstehen«,[19] dann ist die Schrift ihrerseits nur eine unvollständige strukturelle Ergänzung des Ereignisses ›Rede‹. Wenn ein linguistisches Zeichen sich weiterhin dadurch auszeichnet, daß es unabhängig von seiner gemeinten Bedeutung wiederholbar ist, dann enthält *Alphabet Street* eine doppelte Pointe: Durch die gleichzeitige Visualisierung bestimmter Textzeilen wird die Differenz zu dem, was nicht erwähnt wird, das Abwesende sowie das Mißverständliche der Rede verstärkt. Bilder, die Musik und Songtext illustrieren, übernehmen dabei die gleiche Funktion wie die Schrift, während die Schrift, die nicht den Songtext wiederholt, sondern ergänzt bzw. konterkariert, zusammen mit der Musik die eigentliche Ergänzung, wenn nicht die eigentliche Rede darstellt. Dies wird verschärft durch Bilder, die den Text scheinbar ›wörtlich‹ ins Bild übersetzen, aber offensichtlich mit der Künstlichkeit der Darstellung spielen.

Der Schein von Authentizität, wie er unterschiedlichste Schattierungen der Rockmusikvideos auszeichnet, weicht hier dem offensichtlichen Zitat von Stereotypen der Popkultur. Diese liefern die zunächst leicht entzifferbare Folie für ihre eigene Dekonstruktion, das Material oder den Vorwand für eine zweite Sprache bzw. ein Spiel mit dem Text, der seinerseits auf der Differenz von Gehörtem und Gesehenem basiert. Diese Kopräsenz von Sprache, Schrift, Bildsprache, Bildern und Musik schafft in ihrer wechselseitigen Bewegung erst die Differenz, deren Produkt die eigene Künstlichkeit und damit auch die der Sprache thematisiert und parodiert. Der Text ist nicht das, was er bedeutet, sondern wie er deutet. Die Rede ist eine rhetorische, die Pop rekonstruiert, um seine Form visuell zugunsten einer musikalisierten Darstellung, musikalisch zugunsten eines affektiveren Ausdrucks zu nutzen. Der wiederum ist als Supplement sexueller Regungen und Bewegungen lesbar. So fährt die Konstruktion der Rede über ihre Dekonstruktion zur Redekonstruktion ursprünglicher Popmythen. Im Unterschied zu anderen Stilrichtungen der Rock- und Popkultur bleibt ihre Wiederbelebung distanziert, mit ironischem Unterton. Prince überläßt dem Rezipienten, wie er letztlich die Buchstaben für sich zusammensetzt.

19 Jonathan Culler: *Dekonstruktion. Derrida und die poststrukturalistische Literaturtheorie*, Reinbek bei Hamburg 1988, S. 115.

Die Dekonstruktion von Musikvideos wie *Alphabet Street* ist ein produktiver Prozeß. Die Konstruktion der Rede entpuppt sich als musikalische Funktion, während die Musik tendenziell zur ikonischen Schrift wird. Was in der Musik nur noch angedeutet oder gar weggelassen wird, taucht im Bild wieder auf. Insofern werden nicht nur die Bilder musikalisiert; im Gegenzug verflüchtigt sich in Musikvideos der Ton in das Bild, wenn er damit auch nicht zur ›Tonschrift‹ wird. Die Musik bleibt als das Musikalische dennoch in Kraft: als musikalische Struktur und Bewegung und als Gleichzeitigkeit von Ereignis und Struktur. Das Musikalische durchzieht die Korrespondenzen der vier Ausdrucksmedien Schrift, Sprache, Musik und Bild. Daher bleibt die Re-De-Konstruktion des Gesamttextes Musikvideo auch eine musikalische, oder in der durch Prince adaptierten Sprache des Pop: »Yeah Yeah Yeah«.

Musikalisches Formschema

Prince: *Alphabet Street*

| Formteil | Funktion | vok./instr. Charakteristika | Takte |
|---|---|---|---|
| | perk. Intro | | 4 |
| A | Vers | Sänger/Funk-Gitarrenbegl. | 6 |
| B | Refrain | Funk-Bass/Chor | 6 |
| C | Bridge/instr. | 2. Takt: Pause | 2 |
| A | Vers | + imitierende Sängerin | 6 |
| B | Refrain | + imitierender Sänger (Pr.) | 6 |
| C | Bridge/instr. | 2. Takt: Scratch-Sample | 2 |
| A | Vers | im letzten Takt Pause Prince Solo | 6 |
| B | Refrain | + Schreie | 6 |
| C | Bridge/instr. | 2. Takt: Auftakt D | 2 |
| D/A' | Vers | + Bläser/Chor & Prince; im letzten Takt Pause, Prince solo | 6 |
| B | Refrain | | 6 |
| C | Bridge | 2. Takt: »Yeah, yeah, yeah« | 6 |
| | Fade | »Yeah« | 1 |

# Michael Barth/Klaus Neumann-Braun
# Mythos Straße oder die erfolgreiche
# »Verkehrspolitik« von PRINCE alias TAFKAP

## 1. Jugend, Popmusik und Straßenmythos

Die Straße als Symbol für die Selbstsozialisation Jugendlicher zählt bekanntlich zu den klassischen Stereotypen der Popkultur. Männliche Jugendliche treiben sich auf der Straße herum, gehen ihren (Gangsta-Style-)Geschäften nach, suchen sexuelle Abenteuer und messen sich untereinander in ihrer Kraft und Überlegenheit. Die Straße ist der Raum, in dem sich der Mann entfaltet, auf der Suche nach sich selbst. Frauen werden in diesem Kontext lediglich als Prestige-, Lust- und Schauobjekte dargestellt, die es zu erobern gilt. Junge Frauen haben ihrerseits die Straße zu meiden, wollen sie Belästigungen seitens der Männer aus dem Weg gehen. Erst in jüngerer Zeit scheinen die Frauen den Sozialraum Straße für sich zu erschließen (Lewis 1993). Auch Prince widmet sich in seinem Clip *Alphabet Street* der Straße: Altrogge (in diesem Band) hat in seiner Analyse die geniale Überarbeitung dieses ursprünglichen Popmythos durch den Allroundstar herausgearbeitet. Spezifische re-de-konstruktive Techniken lassen einen audiovisuellen Gesamttext entstehen, in dem musikalischer, sprachlicher und bildlicher Ausdruck eine spezifische widersprüchlich bis ironisch erscheinende Zeichenrelation eingehen, die eine Vielzahl von Bedeutungszuweisungen eröffnet. Altrogge vertritt die These, daß sich kein konsistenter Handlungsstrang im Clip aufzeigen ließe, nur eine Chronologie der Illustrationen sei zu erkennen, die jedoch beim Buchstaben »I« abgebrochen würde. Diese Ansicht erfährt eine Relativierung durch eine sequentiell-rekonstruktive Interpretation von Liedtext und Handlungsabfolge des Clips, die im folgenden vorgestellt werden soll. Ziel ist es, die assoziativen Spielräume, die im Clip eröffnet werden, systematisch weiter auszuschreiten. Im Zentrum des Geschehens stehen die beiden zentralen Themen der Popkultur, die Straße und die Liebe. Beide Themen werden mehrdeutig behandelt. Am Ende werden alle, Junge *und* Alte, Weiße *und* Schwarze, Männer *und* Frauen, aufgefordert, das Alphabet der Straße sowie das Alphabet der Liebe *neu*

zusammenzusetzen, also neue Antworten auf die alten Lebens-
fragen zu finden. Auch wenn deren Konkretion offenbleibt, wird
doch die Richtung der Bewegung deutlich: Der Blick wandert zurück nach vorn, vom Beat zum HipHop. Entsprechend offen, aber
zuversichtlich textet der audiovisuelle Popkünstler Prince in seinem Song *The Future* (1989): »I've seen the future and it will be/
I've seen the future and it – works.«

High Heels auf der Straße der Liebe – ein Snapshot aus dem Clip *Alphabet
Street*.

### 2. »I'm going down to Alphabet Street« (1993)

In dem Songtitel *Alphabet Street* werden zwei Elemente kombiniert. Erstens geht es um das Alphabet, also um die basalen Bau-
steine unserer Sprache. Unser Zusammenleben wäre ohne das A
bis Z kaum denkbar, das jeder in jungen Jahren lernen muß. Zweitens wird ein Lebensort angesprochen, der jungen Leuten bestens
bekannt ist: die Straße. Fügt man beide Komponenten zusammen,

wird in dem Lied das Lernen des Alphabets *der* Straße bzw. das Lernen des Alphabets (des Lebens, der Liebe?) *auf* der Straße besungen.

Vers 1: »I'm goin down to Alphabet Street/I'm gonna crown the first girl that I meet/I'm gonna talk so sexy/she'll want me from my head to my feet.«/Refrain: »Yeah Yeah Yeah (... yes she will)«/(Vor dem Hintergrund »laufender« Buchstaben tanzt und singt Prince in erotisch aufreizender Weise, der Refrain wird mit Buchstaben visualisiert.)

In der ersten Strophe werden wir Zeuge einer Phantasie: Wir erfahren, daß der Protagonist zur Alphabet-Straße geht und dort das erstbeste Mädchen »aufreißen« (*crown*) will. Sein Trick dabei ist, dieses so aufreizend (*sexy*) »anzuquatschen (anzubaggern)«, daß es schließlich *sie* ist, die ihn selbst mit Haut und Haaren begehrt. Der Refrain »Yeah Yeah Yeah«, ein Zitat aus dem bekannten Beatles-Song *She loves you*, suggeriert den Erfolg der Unternehmung. (Bereits hier verknüpft der schwarze Sänger Prince seinen Song mit der Lieder- und Gedankenwelt der *Weißen*.)

Vers 2: »I'm gonna drive my daddy's Thunderbird/white rad ride ›67 so glan it's absurd/put her in the backseat and drive her to Tennessee.«/Refrain: »Yeah Yeah Yeah (... Tennessee, drive her)«/(Prince tanzt und singt weiter vor dem Hintergrund »laufender« Buchstaben. Es ist eine stilisierte Straße zu erkennen, auf der ein weißer Ford Thunderbird mit Prince am Steuer fährt. Es steigt eine aufreizende Frau aus dem Fond des Autos, lange Frauenbeine sind zu sehen sowie deren erotisch anmutendes Gesicht. Schließlich passiert ein Autounfall, das Splittern von Autoscheiben ist zu hören.)

In der zweiten Strophe unternehmen beide eine Art Traumreise. Mit Vaters schickem (*glan*) Auto (so schick, daß es schon fast albern (*absurd*) ist) geht es in das Traumland aller Verliebten, jedenfalls aller *weißen* Liebespaare der fünfziger und sechziger Jahre – der Elterngeneration heutiger Schüler und Schülerinnen –, für die Memphis/Tennessee *das* ›Knutschparadies‹ in jenen Jahren darstellte. Der Protagonist ist Chauffeur, der seine Angebetete etwas überraschend auf den Rücksitz plaziert, also aus seiner unmittelbaren Reichweite verbannt. Statt ›Tuchfühlung‹ entsteht Distanz (oder kommt es doch noch im Autofond zum Sexualverkehr?). Man ist auf den Fortgang der Geschichte gespannt. Nach dem

›Liebesleben‹ auf der Alphabet-Straße (Strophe 1) dürfen wir an einer wichtigen Sexphantasie der *Weißen* der fünfziger Jahre teilnehmen (Strophe 2). Der Refrain »Yeah Yeah Yeah« deutet erneut ein Gelingen an, visuell passiert jedoch Gegensätzliches: Die präsentierten Buchstaben ›knallen‹ zusammen, ein *Crash* ist zu hören, und der Protagonist am Steuer verzieht sein Gesicht – ein Unfall?

Vers 3: »Excuse me baby I don't mean to be rude/but I guess tonight I'm not just in the mood/so if you don't mind I would like to – watch. Can I?«/Refrain: »Yeah Yeah Yeah«/(Trotz Autounfall setzt Prince seine Fahrt fort. Sodann wird eine Bildcollage aus Autofahrt, Tanzszenen und Frauenbeinen gezeigt.)

In der dritten Strophe tritt der Protagonist als ein anderer auf: *Sehr höflich* (wie ein Engländer aus bestem Haus: *I don't mean to be rude*) entschuldigt er sich bei dem Mädchen, nimmt seine Sexphantasie zurück (*I'm not just in the mood*), um dann erneut sehr höflich anzufragen, ob er nicht doch wenigstens beobachten, zuschauen (*watch*) darf! *Can I?* – die Antwort bleibt offen. Das Wort *watch* wird gegenläufig zur höflichen Einkleidung von Entschuldigung und Frage *sehr gefühlsbetont* gesprochen: Der Protagonist wird zum Voyeur. Aus dem gemeinsamen Tun ist ein trennendes Zuschauen geworden. Die Visualisierung der Liebe wird zum Spiegelbild, zum Symbol der modernen Welt: Im (Rück-)Spiegel ist das aufreizende Leben zu sehen, auf das auch wir Zuschauer im Spiegel des Mediums Videoclip schauen – kontrollierte Kontrolleure im Raum vergangener *weißer* Lebens- und Medienwelten (*Elvis*), nun entsexualisiert, allein zum Schauen verdammt?

Vers 4: »Well, we're going down down down if that's the only way/to make this cruel cruel world hear what we've got to say/put the right letters together/and make a better day/may be it's the only way.«/Refrain: »Yeah Yeah Yeah«/(Prince tanzt erotisch auf Autodach und Tanzfläche. Am Ende passieren alle Bilder und Szenen übereinandergelegt und kurz geschnitten vor den Augen des Zuschauers Revue.)

Die vierte Strophe unterbricht den Gang des bisherigen Geschehens. Aus dem Ich des Protagonisten wird nun das Wir einer Gruppe, in der Männer *und* Frauen (und man mag ergänzen: Weiße *und* Schwarze, Junge *und* Alte) zusammen singen (diverse Rock-Zitate der Musikwelt reihen sich für »heutige« Ohren aneinander: Bruce Springsteens *We're going down down down*,

Donna Summers *Cruel cruel summer*; Various Artists/Afrika-Hilfe »We're the world [...] and make a better day«). Die Geschichte, die (einseitige und einstige) Liebesphantasie ist zu Ende, sie ist gescheitert (*cruel, cruel world*), Desillusionierung, Skepsis macht sich breit (konjunktivistischer Stil: *if that's the only way*). Was also ist die Moral des Ganzen? Wir alle bekommen die Aufgabe gestellt, eine Antwort zu suchen, wie aus der Sackgasse der Rituale der Alten bzw. deren gescheiterter Lebensträume (Lebenslügen?) herauszufinden ist, ohne in der (modernen) Haltung des einsamen, isolierten »TV-Glotzens« zu erstarren. Dies ist eine schwierige Frage, die nur gelöst werden kann (immerhin das scheint sicher), wenn auf die *Straße* zurückgegriffen wird (*we're going down down down ‹to Alphabet Street›*). Die Straße ist *der* Lebensort, wo die Karten neu gemischt werden können, wo wieder richtig buchstabiert (*Alphabet Street*) werden kann – *may be it's the only way.* (Hat Prince hier gar den zu jener Zeit boomenden Ghetto-HipHop im Auge, womit er eine ›Wolf im Schafspelz‹-Strategie verfolgen könnte: Weiße Musik/Beatles und weiße Symbole/Tennessee bahnen den Weg zur schwarzen Straße?)

### 3. Von der Nachbarschaftsstraße zur Datenautobahn: TAFKAPs Crystal Ball (1998)

1998 verläßt Prince alias TAFKAP (»The Artist Formerly Known as Prince«) die Straßen der lokalen Nachbarschaft und betritt die globale Datenautobahn des Internets. Seine jüngste Produktion, die Dreier-CD *Crystal Ball*, wird nur über Internet und Telefon vertrieben. Die CD versammelt Songs, die bislang auf sog. Bootlegs (Raubpressungen von Konzertmitschnitten, Demo-Tapes; zur Frühgeschichte des Bootlegging siehe Hilsberg 1979) zu finden waren. Die Musikstücke bzw. -texte werden mit 30 anspruchsvoll gestalteten interaktiven Websites illustriert (Trunk 1998; Internet-Adresse: htp://www. crystal-ballcd. newfunk. com.). Der Popkünstler führt hiermit in gekonnter Weise seine erfolgreiche ›Verkehrspolitik‹ fort. Er folgt zum einen der Globalisierung der Kommunikation, knüpft aber gleichzeitig auch an die bekannten Kommunikationswege seiner Fans an, die seit jeher inoffizielles Musikmaterial ihres Idols herstellen und vertreiben. Gegen diese Raubaufnahmen geht TAFKAP nicht gerichtlich vor, vielmehr nimmt er das Material und gibt es seinen Fans gleichsam zurück – nun allerdings von ihm selbst offiziell neu als Web-CD gerahmt. Somit greift der Megastar die »populäre Kultur der Leute« (Fiske 1993) auf und transferiert diese »Street-Credibility« in das Geschäftsgeschehen der Musikindustrie. Kann man je geschickter einen Interessensausgleich zwischen »den Leuten« und »dem Machtblock« erreichen?

## Literatur

Fiske, J. (1993): Elvis: Body of knowledge. Offizielle und populäre Formen des Wissens um Elvis Presley, in: Montage/AV, 2, 1, S. 19-51.

Hilsberg, A. (1979): Von Fans für Fans. Die Geschichte des Bootlegging, in: Humann, K./Reichert, C.-L. (Hg.): Rock Session 3. Magazin der Populären Musik, Hamburg, S. 384-399.

Lewis, L. A. (1993): Being Discovered: The Emergence of Female Adress on MTV, in: Frith, S./Goodwin, A./Grossberg, L. (Hg.): Sound & Vision. The Music Video Reader, London, S. 129-152.

Trunk, V. (1998): Im Paisley Park gedeihen hessische Ideen. Zwei Studenten haben an den interaktiven Websites für die neue Dreier-CD von Mega-Star Prince mitgearbeitet, in: Frankfurter Rundschau, Nr. 40, 17.2., S. 28.

# Hans J. Wulff
## The Cult of Personality –
## Authentisch simulierte Rockvideos

Mit dem Sendestart von MTV im Jahr 1981 war die Musikindustrie endgültig in das Fernsehzeitalter eingetreten. Ein Sender als Institution und der Videoclip als künstlerische Form stellten von nun an den neuen symbolischen Rahmen der Rock- und Popmusik dar. Das neue Fernsehgenre Clip hat indes nicht allein Zuspruch erfahren, sondern auch Irritation hervorgerufen und die Generationen geschieden. Immer wieder ist insbesondere von älteren Medienwissenschaftlern und -kritikern die »Bilderflut« beklagt worden, deren man weder Herr werden könne noch in der sich sinnvolle Segmente von Kommunikation ausmachen ließen.

Dem läßt sich die simple Tatsache entgegenhalten, daß die Programme von MTV und anderer oft ebenso erfolgreicher Nachahmer offenbar gesehen, verstanden, erinnert, qualifiziert, besprochen, zitiert, zu »Klassikern« erklärt, betitelt, paraphrasiert, ironisiert werden können. Kurz, sie können zum Objekt all der Tätigkeiten werden, in denen Texte angeeignet, umgeformt und weitergegeben werden.

Ich will im folgenden zeigen, daß die Integration des so heterogen erscheinenden Materials mit einem Modell des für Musikvideos grundlegenden Kommunikationsaktes »Performance« geschehen kann. Es wird sich dabei erweisen, daß die Assoziation der verschiedenen Elemente dieses Modells auf der Basis unterschiedlicher semiotischer Funktionen geschieht. Ich werde die Kultur der Videoclips *gegen* die »Mutterkultur« der klassischen Formen der audiovisuellen Mitteilung stellen, und ich gehe davon aus, daß die Symbolwelten und Verfahren der Textbildung in den Clips hohe Eigenständigkeit besitzen und gerade in der Abgrenzung zu den Diskurswelten der »Mutterkultur« ihre Besonderheiten bezeugen. Später wird auf die enorme Bedeutung der Performance im Rahmen der Rock- bzw. der Heavy-Metal-Ideologie zurückzukommen sein, was gerade die Videos dieser Richtungen zu außerordentlicher ästhetischer Eigenständigkeit getrieben hat.

# Das Aufführen der Musik

Es ist eine Binsenweisheit, daß im Clip der Ton das Bild und nicht das Bild den Ton regiert. Der Clip ist ein Mittel, den Song zu kommunizieren. Es gibt allerdings verschiedene Arten, in der das visuelle Material auf die Musik und die musikalischen Strukturen bezogen sein kann – sowohl mikro- wie makrostrukturell.

Eines der elementarsten Verfahren ist die Strukturkopie der beiden Ausdrucksbereiche – die Musik folgt den Bildern, die Bilder folgen der Musik.[1]

Sehr viel bedeutsamer ist die Rückbindung der Clips an das Handeln der Akteure: Mindestens 80 % der Videos sind *Performance-Videos*, und zählt man auch diejenigen dazu, in denen der Sänger nicht auf einer wie auch immer gestalteten Bühne exponiert wird, sind es wahrscheinlich noch mehr. Was also läge näher als die Vermutung, daß das semantische Dependenz- und Rollengefüge der Aufführung der Musik die Struktur der *Performance* – diejenige Struktur ist, die das heterogen scheinende visuelle Material regiert (und es in der Rezeption erschließt)?

Tatsächlich liegt die Überlegung, *den Vollzug der Musik als dominierende Makrostruktur des Textes anzusehen*, nicht nur aus dem Grunde nahe, weil das Singen immer wieder Gegenstand der Abbildung ist, sondern auch weil das Video ein Mittel ist, die Musik zu bewerben und ihr bzw. der ausführenden Gruppe bzw. dem Star ein spezifisches visuelles Gesicht zu geben. (Man halte sich die terminologische Rede vom *promotional video* im Bewußtsein – Musikvideos werben für Musik und Gruppen, sie sind Teil der Vermarktung der Rockmusik und erfüllen ihren Zweck erst im Kauf und in anderen Arten der Zuwendung zu einem Musiker, einer Band, einer Stilrichtung.)

Wer performiert, handelt. Performationsanalyse ist Handlungs-

---

1 Ich will aber vor der Vorstellung warnen, daß man es mit platten und unmittelbaren Zuordnungen zu tun hat. Michael Altrogge hat in mehreren Analysen zu zeigen versucht, wie raffiniert und differenziert das Formenverhältnis musikalischer und visueller Elemente ist. So hat er (1996) z.B. am Beispiel von Enyas *Orinoco Flow* Vorhaltstrukturen herausgearbeitet, die Bild- und Tonmaterial in eine hohe interne ästhetische Spannung bringen. Und an Madonnas Video *Like a Prayer* läßt sich demonstrieren, wie durch eine strukturelle Verschachtelung von musikalischen Formteilen und Blöcken bildlicher Darstellung unterschiedliche Rezeptionsweisen ein und desselben Kommunikats erzeugt werden können (Altrogge 1990). Vgl. auch Hausheers Überlegungen zu den synästhetischen Dimensionen von Videoclips (1994).

analyse. Die Performance des Musikstücks ist das Kernstück des Textes, die Schlüsseltätigkeit und das Zentrum, um das herum die Bilder und die Musik organisiert sind und das sie in einen sinnhaften Zusammenhang integriert. Man hat es mit einem *kommunikativen Akt* zu tun, und man kann ihn nach dem Vorbild der Sprechakttheorie analysieren *in verschiedene, gleichzeitig vollzogene Teilakte*:

1. So, wie man in der musikalischen Analyse gewohnt ist, die Struktur eines Musikstückes unabhängig von seiner Realisierung auf dem Instrument zu beschreiben, sollte man auch in der Beschreibung von Musikvideos die Partitur vom Konzert trennen. Das Musikstück ist zwar nur in *Aufführungen* zugänglich, doch sind die Aufführungen im Idealfall nur (identische) Realisierungen des eigentlichen *Stücks*. Man muß also trennen die *Struktur des Stücks* und die *Bedingungen und Variationen der Aufführungen.*

2. Das *Stück* kann man gliedern in einen Akt des Aussagens selbst und in das, was ausgesagt wird (in der Terminologie der Sprechakttheorie: in einen *lokutionären* und einen *propositionalen Akt*). Man macht nicht nur Musik als Akt der baren Äußerung, v. a. der sprachliche Teilakt artikuliert auch eine sinnvolle Aussage, erzählt eine Geschichte etc. (Dazu gehört auch das »Besprechen« eines solchen Themas wie des »Cult of Personality«.)

3. Betrachtet man die Performance als ein *Gefüge von sozialen Rollen*, kann man zwei zentrale, einander komplementär gegenüberstehende Rollen unterscheiden: diejenigen, die die Performance vollziehen (die *Performierenden*), und diejenigen, für die die Performance gemacht ist (die *Adressierten* bzw. das *Publikum*). Auf beiden Seiten können fakultativ Nebenrollen ausgemacht werden – die Freundinnen der Bandmitglieder, Bühnenarbeiter, Techniker etc. Das Rollengefüge kann ausgeweitet werden, wenn die Performierenden auch als »Stars«, als Personen öffentlicher Verehrung gezeigt werden; dann treten solche Funktionsrollen wie Autogrammjäger, Fans und Groupies, Reporter und Leibwächter, Kamerateams usw. zum Ensemble der zentralen Rollen dazu.

4. Die *Aufführung* kann in sehr verschiedenen *modalen Umgebungen* stattfinden – wobei sich eine Gliederung nach den Kategorien *Natürlichkeit, Serialität/Reproduzierbarkeit* und *Medialität* anbietet.

a. *Natürlichkeit*: Als *Rein- und Ursprungsform der Aufführung* gilt das Rockkonzert auf einer Bühne vor Präsenzpublikum. Eine Variante ist der Auftritt in einer Kneipe oder in einem Tanzlokal. Alle anderen Formen weichen ab, verlassen das ursprüngliche Gegenüber von Musiker und Publikum: Eine *Probe* ist eine Aufführung, die nicht ernsthaft ist und die u. U. das Stück auch nur zum Teil performiert, Teile immer wieder probiert usw.; ein *Studioauftritt* ist ein Auftritt, dem die Unmittelbarkeit des Konzert-Kontaktes zwischen Performierenden und Publikum fehlt; *Auftritte in falschen Umgebungen* – in der Wüste, auf der Wiese, in geplünderten Fabrikhallen – sind deutlich nichtnatürlich. Performative Teile findet man schließlich auch in narrativen *Singspiel-Videos*, in denen die Personen in oft beliebigen Handlungssituationen zu singen beginnen; auch sie weichen vom Ursprungsformat ab, wenngleich Gruppen wie Aerosmith heute auch als Rockgruppen mit derartigen Formen spielen.

b. *Serialität/Reproduzierbarkeit*: Ein Stück kann in zahllosen Aufführungen realisiert werden, ohne daß es wesentliche Unterschiede gäbe; zur Reproduzierbarkeit des Stücks tragen natürlich die Medien wesentlich bei – schließlich ist das Video selbst eine solche Performation und Reproduktion des Stücks. Konzerttourneen, Fernsehauftritte, Gastspiele bei den Konzerten befreundeter Stars oder Gruppen usw.: Rockmusik ist auch in der Darstellung der Musikvideos als reproduzierbare ausgezeichnet; es ist eines ihrer wesentlichsten Kennzeichen.

c. *Medialität*: Schon das unmittelbare Visavis der Konzertsituation ist eine medial bedingte Situation – denn ohne die Verstärkungs- und Klangbearbeitungselektronik wäre das Konzert nicht durchführbar. Eine Performance, die in einem Studio stattfindet mit dem Ziel, ein Video zu produzieren, adressiert sein Publikum anders, als es in den Adressierungskonventionen der Bühne geschieht.[2]

---

2 Hierzu zwei Bemerkungen: Der erstaunliche Erfolg der *Unplugged*-Konzerte auf MTV, die demonstrativ auf jede elektronische Unterstützung verzichten, erklärt sich u. a. aus dem Widerspruch zwischen der völligen Selbstverständlichkeit, in der die Medialisierung der Rockmusik akzeptiert ist, und dem rockideologischen Anspruch, handwerklich hervorgebracht zu sein und in unmittelbarem Austausch mit einem Live-Publikum zu stehen.

Yvonne Tasker (1998, S. 181 ff., passim) weist wie andere Populärkulturforscher auf die Bedeutung der Stars als Träger und prototypischer Vertreter subkultureller Kleidungs- und Verhaltensstile hin – eine Dimension der Inszenierung der Akteure, auf die ich hier nur hinweisen will, weil mit der subkulturellen Bindung der *appearance* der Stars ein Hintergrund für das Entstehen von Bedeutung gegeben

# Cult of Personality

Das Beispiel, an dem diese Überlegungen zu erproben sein werden, ist das Video zu dem Song *Cult of Personality* der schwarzen[3] Hard-Rockformation Living Colour.[4] Es handelt sich dabei um ein rasend schnell geschnittenes Performance-Video, das in zunächst undurchschaubarer Weise Einstellungen hintereinander reiht, die in fünf verschiedenen Gruppen eingeordnet werden können:

1. Bilder einer Studio-Performance;
2. dokumentarische Aufnahmen eines oder mehrerer Live-Konzerte;
3. historisches Bildmaterial – Porträts bekannter Politiker, Soldaten, Publikumsmassen;
4. Aufnahmen von Masken vor schwarzem Hintergrund;
5. Bilder eines jungen Mädchens, das mit weit aufgerissenen Augen auf einen abwesenden Fernseher am Ort der Kamera starrt und diesen am Schluß kopfschüttelnd abschaltet und damit auch das Musikvideo beendet.

Die verschiedenen miteinander verschränkten Elemente in *Cult of Personality* sind nicht beliebig gesetzt, sondern beziehen sich deutlich auf verschiedene Elemente und Positionen des Performance-Schemas:

---

ist, der alle anderen historischen Bezüge dominiert und überlagert. Ich spreche hier über Rollenbestimmungen der Akteure, die »unterhalb« dieser Bedeutungsebene angesiedelt sind.

3 Die Rolle schwarzer Musiker insbesondere im Bereich des Hard-Rock ist problematisch; E. Ann Kaplan (1987, S. 15 ff.) beschreibt die amerikanische Situation – die sicherlich eine ganz andere ist als die in Europa – als von *weißen* Interessen und Publiken vollständig dominiert: »The largely white, middle-American audience to which MTV gears itself are uninterested in black bands, and this we must attribute to cultural codes that shape this group in Reagan's America« (1987, S. 31). Ist diese Annahme richtig, wäre allein die Tatsache, daß Kennedy als Inkarnation von »Personenkult« zitiert wird, schon aus dem Standpunkt der Band verschieben müßte. Von diesen Überlegungen werde ich hier aber absehen, weil das europäische Verständnis von *racism* anders ist. Zur Lage und zu den Strategien farbiger Rockmusiker vgl. auch Peterson-Lewis/Chennault 1986. Zur Vorgeschichte des Heavy-Metal-Rock vgl. neben Straw 1993 auch Altrogge/Amann 1991, S. 18 ff. Als Überblick über die populäre Artikulation der schwarzen Rassenpolitik vgl. Kellner 1995, S. 157 ff., passim.

4 Nach eigenem Bekunden ist Living Colour keine reine Hard-Rock-Formation, sondern eine »fusion of hard rock, jazz, dance and soul, although similar to that of Cheap Trick and the Red Hot Chili Peppers« (so eine Darstellung in der Datenbank *Rough Guide to Rock* im Internet). Die Selbsteinschätzung als Mischstil-Gruppe ist durchaus kennzeichnend für die Entwicklung des Hard-Rock seit Mitte der achtziger Jahre.

1. Die beiden die Aufführung von Musik repräsentierenden Gruppen beziehen sich auf den »lokutionären Akt«, aber auch auf die Momente Serialität und Medialität; sie enthalten Publikumsdarstellungen etc.

2. Die historischen Aufnahmen mit Köpfen von Politikern usw. veranschaulichen das Thema mit tatsächlichen Figuren,

3. die Masken dagegen in symbolischer oder allegorischer Art.

4. Und wir haben schließlich die Bilder des Mädchens, die den Gesamttext modal völlig verändern. Das Stück als relevantes Kommunikat bleibt nicht für sich stehen, sondern wird eingebettet in einen darüberstehenden Akt. Dieser letzte Akt ist *selbstreferentiell*. Der Clip im engeren Sinne (Bilder 1-3) ist Objekt einer Besichtigung (4.).

Das sprechaktartige Schema »Performance« bindet die verschiedenen Elemente, die hier in eine so locker und unverbindlich erscheinende Ordnung eingebracht sind. Sie lassen sich beziehen auf die verschiedenen Teilakte, modalen Aspekte und Handlungsrollen des Schemas.

## Medialität und indirekte Repräsentation

Ein Lied zu spielen ist eine kooperative Aktivität der Band, die eine klar organisierte zeitliche Struktur hat, kontinuierlich ist und Anfang und Ende hat. Die Orientierung an der Performance bzw. am Musikstück bewirkt eine deutliche Begrenzung »der Zeit- und oft auch der Raumausdehnung«, wie Jan Schenkewitz dazu anmerkte (1988, S. 106).

V. a. ist ein Konzert, das Spielen eines Liedes, an ein *Publikum* gewendet, findet in Anwesenheit eines Publikums statt. Die Studio-Performance des Beispiels dagegen ist »indirekt«, hat kein Auditorium; sie findet nicht auf einer Bühne, sondern in einem relativ kleinen Raum statt; der Sänger hat kein Mikrophon. Das Geschehen ist eindeutig für die registrierende Kamera inszeniert – es wird unmittelbar in die Kamera gesungen, der Betrachter des Videoclips also direkt adressiert; der Raum wird so aufgebaut, daß die Kamera leicht dezentriert wirkt (als sollte trotz der Adressierung des Geschehens an den Bildschirm-Zuschauer die Illusion eines »möglichen Publikums« aufrechterhalten bleiben). Offenbar ist die Aufführung aber *gespielt* – sie wird nicht ernsthaft vollzogen, sie ist für das Medium inszeniert. Was wir sehen, ist *nicht die eigentliche Aufführung*, sondern die *Simulation eines Auftritts*.

Die »Dokumentarizität« der Bilder der zweiten thematischen Bildgruppe, die der tatsächlichen Performation des Stücks auf einem oder mehreren Rockkonzerten gewidmet ist, wird *indiziert* durch die Verwendung von Schwarzweiß (konventionell als »Farbmodus dokumentarischen Filmens« angesehen), durch die Grobkörnigkeit des Materials (auch dies ein verbreitetes und populäres Indiz für »Authentizität«) sowie durch eine spezifische Farbtönung, die an die Farbveränderungen alter Farbfilme erinnert. Aufgrund der *unterschiedlichen Ausdrucksgestalten*, die den beiden Bildergruppen zugeordnet sind, die essentiell differierende Performances des Stücks zeigen, verbietet sich jedenfalls eine Vermischung oder Synthese der beiden Bilderreihen zu einer einzigen thematischen Einheit. Auf das gleiche Stück bezogen sind beide gleichermaßen: Auch die Dokumentaraufnahmen sind »im Rhythmus«, manchmal ist sogar der Sänger lippensynchron zum Lied abgebildet.

Die *Dokumentaraufnahmen* zeigen nichtsimuliertes Auftreten, wobei unklar ist, ob man es mit Aufzeichnungen eines einzigen oder mehrerer Auftritte zu tun hat. Sie stehen den Bildern der Studioaufführung nicht nur gegenüber, sondern sind ihnen auch untergeordnet; man gewinnt den Eindruck, hier sei der Gastauftritt einer Band in einem Fernsehstudio mit dokumentarischen Bildern von einer Konzerttournee unterschnitten. Damit treffen natürlich auch *zwei Sphären der Rockmusik* aufeinander: das unmittelbare Gegenüber von Musikern und Zuhörern während eines Konzerts und das vermittelte Gegenüber in der (fernseh-)medialen Präsentation.

## Reflexivität

Die doppelte Repräsentation der ausführenden Band exponiert eine spezifische *mediale Konstellation* von Aufführungs- und Darstellungsmodi. Der Clip nimmt etwas von seiner eigenen Verbreitungspraxis auf, bezieht sich also *reflexiv* auf die eigene Textsorte. Die hier immer indirekte mediale Präsentation von Rockmusik wird folglich einer (im Clip selbst nicht gezeigten, sondern nur in dokumentarischen Spuren niedergelegten) *eigentlichen Performation* gegenübergestellt: dem Live-Auftritt vor Publikum.

In dieser spezifischen Konfrontation der beiden Aufführungstypen haben wir es auch mit einem Gegenüber verschiedener Repräsentationen der Musik zu tun: mit der *Simulation* einer Performance auf der einen, mit einem *Bericht* (in dokumentarischen Spuren) über Performances auf der anderen Seite; die eigentliche *Performance* bleibt dagegen in diesem Clip unrepräsentiert, kann aber strukturell erschlossen werden.

Natürlich entstehen hier *reflexive* Bezüge: Wenn von Darstellern nicht nur eine Rolle erfüllt wird, sondern wenn sie darüber hinaus signalisieren, daß sie eine »Rolle« spielen (ebd., S. 291); wenn ein Geschehen nochmals durch einen ebenfalls abgebildeten Zuschauer als mediales Geschehen gekennzeichnet wird; wenn ein Text mittels der Techniken des Zitierens und Anspielens in eine offene Verbindung zu anderen Texten oder Textsorten gerückt wird: Dann haben wir es hier mit Strategien zu tun, die den Illusionscharakter des Textes offen postulieren, ihn also von vornherein als Diskurselement ausgeben. Die Fragen nach der Realität, nach der Wahrheit, nach der Folgerichtigkeit der Ableitung werden damit zurückgenommen.[5]

Für die Rezeption bedeutet diese formale Manipulation der Texte, daß sie nicht mehr nur und u. U. nicht mehr vorrangig gerichtet ist auf die Gegenstände in Rede, sondern daß sie sich auf den Text selbst und auf seine Strukturen richten muß – weil der Text so angelegt ist, daß er immer wieder auf sich selbst referiert.

*Cult of Personality* orchestriert eine Vielzahl reflexiver Verhältnisse: In der Kontraposition der beiden Repräsentationen von Per-

---

5 Zumal in der neueren Popkultur der Videoclips ein höchst ironischer Bezug zu den Bedeutungen von Symbolen in der »Mutterkultur« vorherrscht. Vgl. dazu Curry (1990), die derartige Bild- und Bedeutungsbezüge im Rahmen des Jamesonschen Doppels von *Pastiche* und *Parodie* zu lokalisieren versucht – kommt der *Parodie* eine kritische Intention zu, erschöpft sich die *Pastiche* im Herstellen einer Rückbeziehung zur Ursprungsbedeutung, ohne sie aber in Frage zu stellen, sie weiterzuentwickeln etc. Curry demonstriert die Überlegung an den Images und den Videos Madonnas. Vgl. dazu auch Fiske (1989, S. 95 f.) sowie Kellner (1995, S. 263 ff.). Vgl. auch Kalisch (1996), die die Uminterpretation von Bildern und Projekten der russischen Avantgarde in einem Video der Pet Shop Boys untersucht. Vgl. Olson (1987, S. 285 f.) zur Reflexivität neuerer Fernsehformen; ähnlich Kaplan 1984, S. 8, passim; 1987, S. 34 ff. Kaplans Versuch, eine postmoderne Interpretation der Clipkultur zu formulieren, ist von Goodwin (1987) scharf kritisiert worden – die Autorin sehe von der musikalischen Komponente weitestgehend ab und ignoriere die historisch-spezifischen Bedingungen der Clipproduktion. Zu einer postmodernen Interpretation von Clips vgl. auch Helbigs (entäuschende) Analyse (1988) von Michael Jacksons »Thriller« sowie Kaplan (1993).

formances wird die mediale Vermittlung des zentralen Liedes gebrochen und mit der Ideologie der Rockmusik in Verbindung gebracht. Das unvermittelt-körperliche Visavis des Live-Auftritts steht der distanzierend-entkörperlichten Darstellungsform von Rockmusik im Fernsehen entgegen. *Fernseh-Rock ist simulierter Rock*: Rockmusik gilt als »Handarbeit« (dazu Schenkewitz 1988, S. 105), als eine physische Aktion für das anwesende Publikum. Eine der Paradoxien der Rockkultur besteht gerade darin, daß sie nur mit Hilfe der medialen Vervielfältigung an das Massenpublikum gelangen kann, daß aber ihre Ideologie »Unmittelbarkeit« verlangt. Wenn man das Ideologem der leiblichen Unmittelbarkeit der Rockmusik als einen Orientierungspunkt der Rockkultur nimmt, so hat man nicht nur einen Ansatzpunkt gefunden, von dem aus manche kompositionellen Eigenarten insbesondere von Konzertvideos erschlossen werden können (vgl. dazu Schenkewitz 1988, S. 106f.), sondern kann auch die Gegenüberstellung mehrerer Performance-Repräsentationen in *Cult of Personality* in einen rockideologischen Kontext eingliedern.

## Themen

Die Bilder des Beispiels lassen sich in thematische Gruppen einteilen. Es entsteht ein Gewebe thematischer Bezüge »unterhalb« der anschaulichen Fülle der Bilder. Bilder sind nicht frei und vagabundieren als nichtfeststellbare Zeichen durch die Welt der Sprache und der in ihr gesicherten Bedeutung, wie Berghaus (1986) behauptet – sie sind kulturell gebunden wie die sprachlichen Zeichen auch und tragen Bedeutungen mit sich, weil sie Bildtraditionen zugehören, weil sie auf visuelle Sozialisationstypen rückweisen, weil sie Gegenstand des aktuellen, sinnorientierten Bildgebrauchs sind und im Videoclip schließlich an besonderer Stelle stehen.

Wie in der Analyse von Assoziationsmontagen üblich (vgl. Möller 1985, S. 139ff.), werden Einstellungen oder Elemente und Teile von Einstellungen nur als Realisierungen von Kategorien angesehen, die selbst *abstrakter Natur* sind. Die thematische Struktur eines Textes wird in Einstellungen und Bilderfolgen *realisiert*, ist aber nicht mit den Bildern selbst identisch. Sie ist gegenüber dem Bildmaterial abstraktiv, was sich darin äußert, daß 1. Bilder durch andere Bilder gleicher Art ersetzt werden könnten, ohne daß sich der Text wesentlich änderte, und daß 2. einzelne Bilder oder Einstellungen zu Sequenzen oder Bilderfolgen expandiert werden könnten – wiederum ohne daß es zu wesentlichen Eingriffen in die Bedeutungsleistung des Textes käme.

Eine Assoziation ist eine Relation zwischen zwei Themen. In der Regel sind die Relata einer Assoziation *von gleicher Art* (wie in den Beziehungen des Gegensatzes und des Kontrasts). Die Assoziationen nun, die in Hard-Rockvideos sehr verbreitet sind, sind

a. meist eine *mehrfache Assoziation* verschiedener Komponenten,

b. wobei die Komponenten *von verschiedener Art* sind.

c. Sehr häufig kommt es vor, daß die vom regierenden Dependenzgefüge der Performation her gleichen Komponenten *in mehreren Themen und Formen repräsentiert* sind (wie in *Cult of Personality* die Performation selbst in zwei Darstellungsformen auftritt).

d. Und schließlich ist das *semiotische Verhältnis von Themen und realisierenden Einheiten* verschieden.

*Illustration*: Am Beispiel von *Cult of Personality*: Während beide Performationsformen Musik als etwas »Hervorgebrachtes« und den Akt des Musikmachens in verschiedenen Modalitäten der Durchführung repräsentieren, ist die *Illustrationsfunktion*, die die historischen Aufnahmen von Politikerköpfen usw. mit dem Stück verkoppelt, vom Inhalt des Stücks abhängig.[6]

*Exemplifikation*: Allerdings sind die Bindungen zwischen thematischer Struktur und realisierenden Bildern schwach, da sie in einem wenig deterministischen semiotischen Verhältnis zueinanderstehen: dem der *Exemplifikation*. Am Beispiel des Subthemas »historische Personen«: Das allgemeine Thema des Liedes *Cult of Personality* wird realisiert in einem Ensemble von Berühmtheiten, das selbst nicht weiter begründet wird und das auch keine auffällige Ordnung hat. Wir haben es mit hochgradig austauschbaren Namen und Köpfen zu tun; wichtig ist einzig die Tatsache, daß es *personalities* sind, Persönlichkeiten des öffentlichen Lebens, die politische und kulturelle Stile indizieren können, als personale

---

6 Die sich hier andeutende Beliebigkeit des Umgangs mit historischem Material ist von E. Ann Kaplan in ihrem Buch über MTV als ein charakteristisches Kennzeichen *postmodernen Umgangs mit Geschichte* dargestellt worden, die für die verschiedensten Varianten rock- und popmusikalischer Stile gleichermaßen gilt (Kaplan 1987, S. 22 ff.).

Symbole für gewisse politische Zustände oder Veränderungen stehen usw. Daß »Stalin« gezeigt wird und nicht »Mao Tse-Tung«, ist, dieser These folgend, weder begründbar noch von Bedeutung; die beiden könnten einander wechselseitig ersetzen, ohne daß sich an dem Clip etwas Nennenswertes veränderte. Die Bilder *exemplifizieren* die abstrakte Kategorie »personalities«, haben keinen Eigenwert. Etwas, das der Exemplifikation dient, steht als Vertreter des exemplifizierten Typs. Nur das Typische an ihm ist relevant, alle individuellen Eigenarten treten zurück. Je schematisierter das Exemplifizierende ist, desto reiner kann es die Exemplifikationsfunktion erfüllen.

*Determination und Offenheit*: Es gibt in *Cult of Personality* keine starke sequentielle Struktur, die die Realisierung eines Themas in spezifischen Bildern erforderlich machte; die *strukturelle Determination*, die vom *Kontext* ausgeübt wird, ist schwach. Dementsprechend austauschbar sind die einzelnen Bilder. Wenn man davon ausgeht, daß die *Bedeutungen*, die man Bildern zuweisen kann, durch den strukturellen Kontext der Sequenz, in der sie stehen, festgelegt werden, und *daß die Bilder diese strukturelle Bedeutung einerseits realisieren und zugleich reichhaltig illustrieren* (ähnlich Möller 1985, S. 130), dann wird zugleich das Problem deutlich, mit dem wir es zu tun haben: Zum einen sind Bilder, die lediglich etwas illustrieren, immer austauschbar; zum anderen ist hier die Textstruktur im Grunde undeterminiert (oder unterdeterminiert) – was wiederum den Text rigoros öffnet und polysem macht (vgl. Wulff 1992). Die Wahlfreiheit ist allerdings letztlich doch eingeschränkt: Verwendet werden nur Porträts bekannter Persönlichkeiten (die fast schon als »ikonographische Embleme« gelten können) und Porträts von Prominenten aus den fünfziger und sechziger Jahren. Dieser *zeitlich-historischen Begrenzung* der realisierenden Bilder der Kategorie »Prominenter« sind auch die historischen Aufnahmen des dritten Themenkomplexes unterworfen – neutrale Bilder aus dem (Vietnam-)Krieg, Aufnahmen von jugendlichen Fans usw. Einige der Aufnahmen sind so neutral, daß sie nur im Kontext der ähnlichen Bilder eine spezifische historische Information tragen.

Es sind drei unterschiedliche Verfahren, die das historische Bildmaterial mit den anderen thematischen Linien des Clips verbinden: Zum einen ist das Material in Illustrationsfunktion abhängig und dominiert von der Musik; zum anderen schafft es eine Verbindung des Clips zu allgemeinem kulturellen Wissen und behauptet eine Traditionslinie, die von der Gegenwart des Clips zurückweist zumindest bis in die Zeit der kompilierten Bilder; und zum dritten schließlich werden die historischen Aufnahmen mit den Dokumentaraufnahmen der performierenden Band aufgrund materialer Ähnlichkeit in Verbindung gesetzt.

*Symbolisierung*: Als eine Illustrierung der besungenen Thematik können auch die Maskenbilder angesehen werden. Während aber die historischen Aufnahmen eher den Aspekt »personalities« und die historische und mediale Praxis des Umgangs mit Persönlichkeiten der Geschichte ikonisch aufnehmen, sind die Masken mehr dem Aspekt »cult« assoziiert. Allerdings ist der *semiotische Status* dieser Bilder innerhalb des Gesamttexts wieder sehr undeutlich. Sie sollen weder einen bestimmten Kult oder eine bestimmte kultische Praxis repräsentieren; sie symbolisieren vielmehr »Kultisches« auf eine ganz allgemeine, unverbindliche Art und Weise. Die Masken suggerieren kultische Vollzüge, Voodoo-Rituale, geheimnisvoll-entlegene Zeremonien. Bezogen auf den Gesamttext dienen die Bilder als *Kennzeichnungen*. Die Tatsache, daß es historische »personalities« gibt, wird erst in den Maskenbildern als ein irrational-kultisches Element der Kultur bestimmt; verzichtete man auf sie, würde auch diese zentrale Aussage nicht artikuliert. Insofern sind die Maskenbilder das zentrale Mittel, mit dem das besungene Thema visuell realisiert wird. Dienen die historischen Aufnahmen dazu, die Thematik des Liedes im allgemeinen kulturellen Wissen zu verankern, sind die Maskenbilder das Mittel, das so historisch konkret gewordene Thema zu qualifizieren und zu prädizieren. *Dem geschichtlichen Komplex wird so ein mythischer Komplex zugeordnet.*

Eigenartigerweise sind die Maskenaufnahmen verbindbar mit den Performance-Aufnahmen: Einer der Musiker erhebt die Hand zum Teufelszeichen der Voodoo-Kulte. So entsteht ein – allerdings minimaler und flüchtiger – Hinweis darauf, daß kultische Bedeutungen und Rituale in der Rockkultur neu aufgelebt sind, uminterpretiert wurden, in Pastiche-Varianten ausentwickelt wurden. So minimalistisch der Hinweis hier sein mag, so aufschlußreich ist er, wenn man ihn in den weiteren Kontext von Rockgeschichte stellt: Die (populärkulturell-unverbindliche) Verarbeitung der Bildwelten der »Schwarzen Magie« und anderer okkultistischer Quellen gehört nämlich von Beginn an ebenso zur Ikonographie und Szenographie des Heavy-Metal-Rock wie die Untersetzung derartiger Stoffe mit sexistischen Anspielungen (die oft bewußt stereotypisiert erscheinen). Man denke an Gruppen und Interpreten wie Black Sabbath, Alice Cooper, Blue Öyster Cult oder Judas Priest, die in ihren Performances immer wieder Symboliken und Szenarien des Kultischen ebenso wie die Ritualisierungen und Stereotypen der SM-Szene in manchmal martialischer und pathetischer Manier verarbeitet haben. Insofern kann *Cult of Personality* durchaus als kritischer Reflex auf die Geschichte der Inszenierungsweisen des Heavy-Metal-Rock genommen werden.[7]

## Die Rezeption von Clips als Gegenstand von Clips

*Cult of Personality* ist als ganzer Text nochmals Gegenstand einer folgenreichen Operation: Er ist das *Objekt einer abgebildeten Rezeption*. Ein kleines Mädchen betrachtet das Musikvideo und schaltet am Ende den Apparat kopfschüttelnd ab.

Die Einbettung ist zumindest unter zwei Aspekten von großer Bedeutung und kann mit Blick auf allgemeinere Aspekte der Rockvideo-Kommunikation interpretiert werden:

1. Die Rezeption von Videos selbst zum Gegenstand von Videos zu machen ist eine sehr verbreitete Reflexivität herstellende Technik von Videoclips. In diesem Fall ist die Altersdifferenz des betrachtenden Mädchens zur Band und zu den Adressaten der Band interpretierbar – für die Jüngeren sind solche assoziativen Komplexe, wie sie in diesem Video behauptet werden, unzugänglich und unverständlich! *Das Video thematisiert so die Exklusivität seiner Bedeutungen.* Exklusivität ist natürlich begründet in den

7 Vgl. Busse (1996) als einen sehr viel weitergehenden (aber wenig überzeugenden) Versuch, Musikvideos überhaupt auf mythische Gehalte zurückzuführen. – Manche Bewegungen von Akteuren über Wirklichkeitsgrenzen hinweg lassen sich weniger als mythische Transitionen verstehen denn als Auseinandersetzungen mit Wunschenergie, dem spielerischen Ausleben von Wünschen im Spiel (oder im Cyberspace) und ähnlichem mehr. Wenn z. B. in dem Clip *Amazing* der Gruppe Aerosmith zunächst ein Computerspieler sein eigenes Bild sowie ein Spielzeugmotorrad einscannt, sodann in der Realität des Rechnerspiels ein Mädchen trifft, das am Ende des Clips vor dem Monitor materialisiert ist, dann wirft auch dieses Spiel mit den Realitätsgrenzen ein ironisch-reflexives Licht auf die Bedeutung und den Realitätsanspruch der Computerspiele. Außen und Innen sind aber nicht einander entgegengestellt und exklusiv, sondern intensiv aneinandergeklammert (Busse 1996, S. 131ff.).

*subkulturellen Geltungsbereichen* von Bedeutungen.[8] Damit kann die Einbettung in zweierlei Weise als ein *Rekurs auf »Jugendkultur«* verstanden werden:

a. Die Aufsplitterung der Jugendkultur in subkulturelle Formationen, die untereinander kaum Kontakte haben und nicht miteinander kompatibel sind, findet natürlich v. a. in den Symbolisierungen und in den Kommunikaten der jeweiligen Subkulturen seinen Ausdruck. Subkulturen zeichnen sich durch *gemeinsame Interpretationen* aus, das ist konstitutiv für sie. Und sie stehen deshalb gegeneinander, weil sie verschiedene symbolische Überzeugungssysteme haben. Das Beispielvideo komponiert nicht nur gewisse Bedeutungen zu einem Text, der ein Text einer subkulturellen Interpretationsgemeinschaft ist, sondern zeigt zudem, daß dieser Text einer »fremden« Interpretation unzugänglich ist.

b. Gerade die Gegenüberstellung von Video und unverständigem Rezipienten hat zur Folge, daß die Exklusivität der Bedeutung überhaupt erst thematisiert wird. *Ex negativo* wird so die Adressatengemeinschaft des Videos abgegrenzt; der *Diskurs über die Zugänglichkeit und Akzeptabilität des Videos* erfolgt sozusagen indirekt und mittelbar und setzt das Bewußtsein voraus, daß die subkulturelle Kommunikation in einem u. U. eng begrenzten sozialen Umfeld stattfindet.

2. Die Thematisierung der subkulturellen Exklusivität erfolgt in einer *medialen Konstellation*. Medialität ist so gleich in doppelter Weise für die Struktur des Beispiels konstitutiv: Mit der Einbettungskonstruktion wird die auf dem *Modell der Performance* fußende Verschränkung der vier Elementarthemen in ein *Modell*

8 Die subkulturelle Bindung und Sonderbedeutung vieler Materialien, Symbole und Bilder sei eigens unterstrichen – weil die Elemente der Clips einerseits eine hohe subkulturelle Spezialisierung andeuten, andererseits aber breitenwirksam (idealerweise: allgemein) verständlich sein müssen. Vgl. dazu z. B. Betz (1990), der in einer strukturanalytisch ausgerichteten Beschreibung des Clips *Welcome to the Jungle* von Guns N' Roses zu zeigen versucht, wie verschiedene jugendkulturell verankerte Codes visueller wie musikalischer Art zu einem neuen und eigenständigen Ganzen verwoben werden. – Es sei ausdrücklich darauf hingewiesen, daß die ursprüngliche Exklusivität des Heavy-Metal-Rock heute in der Schärfe, in der der Stil noch Ende der siebziger Jahre gegen andere Stile gestellt war, nicht mehr gegeben ist, sondern aufgegangen ist in einer ganzen Reihe von Misch- und Übergangsformen (vgl. dazu z. B. die knappen Bemerkungen in Altrogge/Amann 1991, S. 21 f.). Gleichwohl ist die grundlegende Strategie, sich gegenüber der Mutterkultur (dem *mainstream*) exklusiv und provokativ zu geben, erhalten geblieben – sowohl in der (ideologischen und stilistischen) »Haltung« wie auch in den Stilen der Aufführung.

*medialen Konsums* eingebracht. Zwei kommunikative Konstellationen werden hier aufeinandergetürmt: a. Formieren sich Hörer-
gemeinschaften in einer Performance-Konstellation und findet
Rock-Kommunikation in einem symbolischen Rollen- und Be-
deutungsarrangement statt, für welches das Gegenüber von Band
und Adressaten konstitutiv ist, so ist b. diese Konstellation Gegenstand der Repräsentation in den Videoclips, deren Rezeption wiederum Teil subkultureller Kommunikation ist (und die als solche
zusätzlich zur unmittelbaren Interaktion von performierender
Band und Publikum abgebildet werden kann).

Ist diese Beobachtung richtig, so spielen *Modelle medialer
Kommunikation* in den Textstrukturen von Rockclips konstitutive
Rollen. Dann sind Videoclips, die nach dem Muster des Beispiels
gebaut sind, *Repräsentationen kommunikativer Konstellationen*.
Sie bilden keine vom Text ablösbaren Inhalte ab, sondern produ-
zieren das Bild einer Kommunikationssituation, das derjenigen
des Videoclips zumindest in Grundzügen homolog ist. Und das
Beispiel zeigt in großer Schärfe, wie diese Vervielfältigung von
Kommunikationskonstellationen in einem Clip selbst wieder thematisiert wird.

Fernsehrock verläßt die ursprüngliche Einheit von Interpreten
und Publikum. Die Publikumskultur der Rockmusik, v. a. des
Hard- und Heavy-Rock, die sich immer schon in einer Dissonanz
zwischen der vorgeblichen Leibnähe der Musik und ihrer Aufführung und einer zentralen Bedeutung der Technik definieren
mußte, gerät unter den Bedingungen von MTV in einen neuen und
noch verschärften Widerspruch: da die Medialität des Videoclip
ebensowenig zu leugnen ist wie die Anonymität und Allgemein-
heit seiner Verbreitung. Und gerade die mediale Bedingung ist ein
Thema der Rockclips, stärker als anderer Musikrichtungen – weil
sie für das Selbstverständnis dieser Musikstile eine essentielle Herausforderung darstellt.

# Literatur

Altrogge, M. (1990): Wohin mit all den Zeichen oder: Was hat Madonna mit dem Papst und Pepsi Cola zu tun?, in: 2. Film- und Fernsehwissenschaftliches Kolloquium/Berlin '89. Akten. Hg. v. H. J. Wulff, Münster, S. 221-234.

Ders. (1996): »... wo alles drunter und drüber geht«. Zur Ordnung und Wahrnehmung von Musik und Bildern in Videoclips und ihrer Bedeutung für Jugendkulturen. Phil. Diss. Berlin, Freie Universität.

Ders./Amann, R. (1991): Videoclips – die geheimen Verführer der Jugend? Schriftenreihe der Landesmedienanstalten, Berlin.

Berghaus, M. (1986): Zur Theorie der Bildrezeption. Ein anthropologischer Erklärungsversuch der Faszination des Fernsehens, in: Publizistik 31, 3-4, S. 278-295.

Betz, M. (1990): Willkommen im Dschungel. Versuch der semiotischen Beschreibung eines Videoclips, in: 2. Film- und Fernsehwissenschaftliches Kolloquium/Berlin '89. Akten. Hg. v. H. J. Wulff, Münster, S. 235-247.

Busse, T. (1996): Mythos in Musikvideos. Weltbilder und Inhalte von MTV und VIVA, Münster/Hamburg.

Curry, R. (1990): Madonna from Marylin to Marlene – Pastiche or Parody?, in: Journal of Film and Video 42, 2, Summer 1990, S. 15-30 (dt.: Madonna von Marilyn zu Marlene: Pastiche oder Parodie?; in diesem Band).

Fiske, John (1989): Reading the Popular, Boston.

Goodwin, Andrew (1987): Music Video in the (Post-)Modern World, in: Screen 28, 3, S. 36-55.

Hausheer, C. (1994): Werbende Klangaugen, in: Visueller Sound. Musikvideos zwischen Avantgarde und Populärkultur. Hg. v. C. Hausheer u. A. Schönholzer, Luzern, S. 186-197.

Helbig, J. (1988): Perfekte Metaphern der Postmoderne. Zur medienpädagogischen und filmphilologischen Relevanz von Videoclips, in: Anglistik & Englischunterricht 36, S. 25-36.

Kalisch, E. (1996): ›Go West‹ – Russisch-transatlantischer Perspektivenwechsel im Video der Pet Shop Boys, in: Semiotische Berichte 20, S. 207-230.

Kaplan, E. A. (1987): Rocking Around the Clock. Music Television, Postmodernism, and Consumer Culture, New York/London.

Dies. (1993): Feminism(s)/Postmodernism(s): Alternate Women's Videos and Performance Art, in: Women and Performance 6, 1, S. 55-76.

Kinder, M. (1984): Music Video and the Spectator: Television, Ideology and Dream, in: Film Quarterly 38, 1, S. 2-15.

Möller, K.-D. (1985): Aspekte der Parallelmontage (2): Parallelmontage in einem Nazi-Propagandafilm, in: Untersuchungen zur Syntax des Films. 2. Alternation/Parallelmontage. Hg. v. E. Elling u. K.-D. Möller, Münster, S. 119-163.

Olson, S. R. (1987): Meta-Television: Popular Postmodernism, in: Critical Studies in Mass Communication 4, S. 284-300.

Peterson-Lewis, S./Chennault, S. A. (1986): Black Artist's Music Videos: Three Success Strategies, in: Journal of Communication 1, S. 107-114.

Schenkewitz, J. (1988): Videopop. Musik als strukturbildendes Element einer Gattung, in: TheaterZeitSchrift 26, S. 104-109.

Straw, W. (1993): Characterizing Rock Music Culture: The Case of Heavy Metal, in: The Cultural studies Reader. Hg. v. S. During, London/New York, S. 368-381.

Tasker, Y. (1998): Working Girls. Gender and Sexuality in Popular Cinema, London/New York.

Wulff, H. J. (1992): Mehrdeutigkeit als Problem der Fernsehtheorie, in: Fernseh-Theorien. Dokumentation der GFF-Tagung 1990. Hg. v. K. Hickethier u. I. Schneider, Berlin, S. 101-108.

# Achim Doderer/Klaus Neumann-Braun
# Traumpfade und *Fable(s)* – die Techno-Trance des Robert Miles

*Eine musikwissenschaftliche Clipanalyse*[1]

> »Techno schließt ein und aus.
> Entweder Du fährst drauf ab oder nicht.«
>
> *P. Walder/P. Anz*

> »Alles ist da, Dimensionen, Farben, Linien, ohne Anspielung.«
>
> *J.-F. Lyotard*

> »Kein Rock-Geschrei, kein Rap-Teaching mehr: das pure Parlament der vielen Stimmen eines kollektiven Glücks: Monotonie und Einzelworte, Fetzen, Reste, Nichtkohärenz, Nichttext. Danke.«
>
> *R. Goetz*

## 1. Die Kunst der Pause

Nach dem üblichen schier endlosen Blitzen von Goldketten und dem unaufhörlichen Sprechgesang der muskulösen Rap-Stars in ihren Cabriolets plötzlich das ganz Andere:

Auf dem Bildschirm ist ein blaues Wohnzimmer zu sehen mit sparsamer Möblierung: ein rotes Ledersofa, ein Fernsehapparat, ein paar Stühle, eine Lampe und ein großer Kühlschrank. Ein schwarz gekleideter Mittdreißiger bewegt sich im Raum, dann legt er sich auf das Sofa vor dem Fernseher. Nun kommen Badenixen im ›Outfit‹ der fünfziger Jahre ins Bild. Sie laufen durch das Zimmer, tanzen plötzlich eine Art von Wasserballett an der Wand, wenn sie nicht gerade fernsehen oder sich etwas aus dem Kühlschrank holen oder schlicht die Stehlampe anknipsen. Schließlich sieht man wieder den schwarz ge-

1 Wir danken Cornelia Rolke, Silke Wandelt und Kathrin Werner für ihre Diskussionshinweise und Mitarbeit. Von ihnen wurde auch das Szenenprotokoll erstellt.

kleideten Mann und darf ihn auf seinem Weg zum Kühlschrank begleiten. Es ist Technomusik zu hören, genauer Trance/Progressive House/Ambient. Keiner singt, kein Sterbenswörtchen ist zu vernehmen, nur Musik. Auf der Clipankündigung steht zu lesen: Robert Miles *Fable*.

Wer ist Robert Miles? Das Netz gibt Auskunft (Adresse: http:// www. eurodancehits. com/miles. html): Sein richtiger Name lautet Roberto Concina; er ist Schweizer, lebt in Italien und hatte 1995 seinen Karrieredurchbruch mit der Single *Children*. Seine CD *Dreamland* war ebenfalls sehr erfolgreich; 1996 legte er seine zweite Single *Fable* vor. Sie bietet keinen Tanz-Techno, sondern ist zum Zuhören und Entspannen gedacht. Seine Musik bezeichnet er selber als Dreammusik, Trance, Techno, Progressive/Hard House. Aber wer kann schon eine trennscharfe Definition der heutigen Musikrichtungen geben (erläuternd: Schaefer/Schaefers/Waltmann 1998, s. auch Toop 1997)? Das Stück hinterläßt beim Hörer zunächst einen Eindruck von Artifizialität und Monotonie. Man fühlt sich an Chillout-Musik erinnert, das ganze kann aber auch in *Easy-listening*-Programmen gesendet werden oder uns gar in Supermärkten begegnen (Instore-Musik, s. Hömberg/Hohfeld/ Schnellhardt 1998). Und die Bildsymbolik? Die Künstlichkeit bzw. die Skurrilität der Bilder (das ziellose Schreiten durch den Raum, das Wasserballett an der Zimmerwand, die befremdliche Kleidung der Badenixen) scheint mit der Vorliebe der Raver für dysfunktionale Kleidung (Tanz mit Gasmaske und Grubenlampe) zusammenzuhängen sowie mit der typischen Trance/House-Tanzeinstellung: Nicht ein ›Tanz in den Mai‹, sondern ein Tanz in Trance und Orientierungsauflösung[2] ist angesagt.

Wie läßt sich dieses Musikspektrum bzw. dieser Aktionsraum von Tanzen bis Chillout musikalisch und bildlich herstellen? Wie ist dieser Clip im ganz handwerklichen Sinne konstruiert? Welche musikalischen Formen finden Verwendung und wie korrespondieren Musik- und Bilderwelt? Gibt es gar – wie Michael Altrogge (in diesem Band) es für den Prince-Clip *Alphabet Street* gezeigt hat – eine spezifische Wechselwirkung zwischen Bild und Ton, die eine zusätzlich dynamisierende Wirkung zu entfalten vermag?

---

2 Das aufgeführte ›trockene‹ Wasserballett ließe sich als Symbol für ein schwereloses Dahingleiten im Wasser lesen, das wiederum mit den Trancezuständen beim Techno-Tanzen (unter Drogeneinfluß) in Verbindung zu bringen ist.

Oder bestätigt sich der erste Rezeptionseindruck, daß zwischen Musik und Bildern allein der Zufall regiert und wir auf besondere Effekte einer möglichen Transgression von Ton und Bild (Koch 1996) vergeblich warten müssen? Nach der musikwissenschaftlichen Analyse (2.), gefolgt von einer Bildanalyse (3.), werden Musik- und Bildanalyse aufeinander bezogen, um die Frage nach möglichen Wechselwirkungen von Musik und Bild beantworten zu können.

## 2. Musikanalyse des Clips *Fable*

Die Musik gliedert sich in folgende Segmente:
Formschema:       A B A C A

| Takt 1-16: | 2 × A, | Intro |
|---|---|---|
| Takt 17-32: | 4 x B, | Interlude/ Steigerung |
| Takt 33-64: | 4 x A, | Thema |
| Takt 65-68: | Bridge, | (Reduktion auf dr u. b) |
| Takt 69-92: | 6 × C, | Baß-Ostinato, Synth-Streicher |
| Takt 93-124: | 4 × A, | Thema |

Formteile:
Alle hier benannten Instrumente sind keine akustischen Instrumente, sondern elektronische Reproduktionen. Sie werden in Form von Sampling-Sounds bzw. unter Zuhilfenahme von Synthesizern erzeugt. Die Schlagzeugspur wurde auf einem Drumcomputer erstellt (*beats per minute*: 138). Wahrscheinlich wurde der ganze Song programmiert.

## Thema A

Die Harmonien werden von einem breiten Streichersound zum Klingen gebracht und von arpeggierten Gitarrenakkorden unterstützt. Das Klavier bringt bereits hier das Thema des Stücks in einer einstimmigen Melodie (deshalb wurden sowohl die Introduktion als auch das Thema mit A bezeichnet). Der erste Teil bildet eine Sequenz. Eine weitere Phrase leitet zum nächsten Formteil über.

## Interlude B

In Viertelnoten werden die Grundtöne bzw. die Terzen oder Quinten der Akkorde und in Achteln die Terzen (Grundton + Terz bzw. Terz + Quinte) von einem Synth-Streicherklang intoniert. Das Schlagzeug schafft mit einem 1/16-Wirbel auf der Snare, der in einer rhythmischen Verdichtung von der Bass-Drum unterstützt wird, in einem großen Crescendo den Übergang zum nächsten A-Teil/(Thema). Ab dem 25. Takt erklingt eine aufsteigende, wiederum einstimmige Melodie auf dem Klavier (Skala: Mollpentatonik plus 2. Stufe). Der ganze Teil steht über einem C#-Orgelpunkt in den Streichern.

## Thema A

Hier findet der Einsatz des Synth-Basses statt, der die Grundtöne der Harmonien in Synkopen (Off-Beat) spielt. Die Akkorde liegen wiederum in den Streichern, wobei in der zweiten Hälfte des jeweiligen A-Teils kleine imitierende Melodien hinzugefügt werden. Der Drumpart basiert auf einem klassischen 4/4-Disco-Rockrhythmus, das Klavier verfährt wie oben (s. Intro). Ab dem 2. A-Teil sind ›Spaceklänge‹ zu vernehmen, die durch die Wirkung des Oszillators auf- und abzusteigen scheinen und zu den teilweise traditionellen (Disco-)Rockelementen einen Kontrast bilden.

## Interlude C

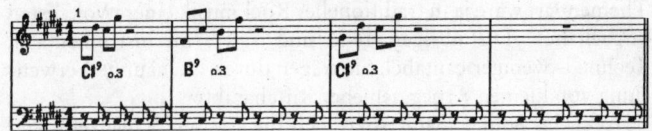

Die 1/4-Bass-Drum und der synkopierte Baß (hier als Orgelpunkt c#) aus der Bridge werden beibehalten. Hinzu kommt ein Streicher-Riff (+ Delay) mit anschließender Sequenz und Wiederholung in der Ausgangstonart. Ab der 3. Wiederholung setzt die HiHat ein und das Schlagzeug führt wiederum in rhythmischer Verdichtung zum Thema A. Ab der 5. Wiederholung erzeugt ein weiterer Streichersound einen flächigen Orgelpunkt g#-c#-g#, der partiell mit einem 1/16-Tremolo versehen ist, und das Klavier stimmt unisono in das Streicherriff ein. In den letzten beiden Takten bringt es eine Variation der aufsteigenden Melodie aus Teil B (hier in Achtel-Off-Beats) und trägt somit zur Steigerung bei.

Thema A:

Siehe oben. Eine weitere Phrase führt zum Schluß des Stückes auf der Zählzeit 1 des folgenden Taktes in C#m (in Diminution und Variation).

## Zwischenresümee:
## Die Reize eines musikalischen Zwitters

Der vorliegende Song bildet eine Fusion aus traditionellem Disco-Rock und Techno. Die Harmonik ist der Rockmusik der sechziger bzw. siebziger Jahre entliehen, wenn man die harmonischen Fortschreitungen als solche betrachtet. Das Erklingen eines Orgelpunkts über weite Teile des Stückes ist kennzeichnend für den ostinaten Charakter der Technostilistik. Hier ist also bereits in der Harmonik eine deutliche Ambivalenz zu erkennen.

Ähnliches kennzeichnet die Melodik: Der A-Teil ist – insbesondere in den ersten drei Takten – recht cantabel gehalten. Dieser Themenpart wäre ja in traditioneller Rockmusik einem Vokalisten vorbehalten. Die übrigen Teile sind – wie im instrumentalen Techno – weniger cantabel. Sie tragen durch die häufige Verwendung von kleinen Arpeggien eher Riffcharakter.

Auch im Sound manifestiert sich die Fusion: Schlagzeug und Baß sind eindeutig dem Techno zuzuordnen, während die weichen Streicher und der relativ authentisch klingende Pianosound sowie der Klang der Gitarre eher an Rockmusik erinnern.


## 3. Bildanalyse des Clips *Fable*

Fast einhundert Cuts lassen den Videoclip in der Wahrnehmung gleichsam zersplittern. Die Dauer der einzelnen Bilder und Szenen differieren erheblich. Das gesamte banal anmutende Handlungsgeschehen spielt sich in einem Raum ab. Mit den Schnitten wechselt entweder die Perspektive innerhalb des Zimmers oder eine andere Person erscheint in dem gleichen Blickwinkel. Der Mann (Robert Miles?) und die drei mit Badeanzügen bekleideten Frauen gehen unterschiedlichen, willkürlich aneinander gereihten belanglosen Tätigkeiten nach:

Personen: Ein Mann in dunkler Hose und Kapuzenjacke; drei Frauen im Badeanzug und Badekappe; Frau A hat lange braune Haare; Frau B hat etwas kürzere braune Haare; Frau C hat schwarze Haare. Ort: Ein Zimmer mit folgender Einrichtung: Ledersofa, Fernseher auf einem kleinen Tisch, Barhocker, Kühlschrank, diverse Küchenschränke,

Küchentisch mit Stühlen, Kamin, Uhr, Stehlampe, Bilder lehnen an der Wand, Kronleuchter. Szenenablauf:

1. Der Mann liegt auf einem Ledersofa.
2. Frau A geht zum Fernseher, stellt eine Flasche auf den kleinen Fernsehtisch, setzt sich auf das Sofa und schaut zum Bildschirm.
3. Der Mann liegt auf dem Sofa und wälzt sich hin und her.
4. Frau B geht zum Fernseher, stellt eine Flasche auf den kleinen Fernsehtisch, setzt sich auf das Sofa und schaut auf den Bildschirm
5. Frau C ... s. Nr. 4.
6. Der Mann liegt auf dem Sofa.
7. Der Mann geht zum Sofa und stellt eine Flasche auf den Tisch.
8. Frau B setzt sich auf das Sofa.
9. Frau C setzt sich auf das Sofa.
10. Frau A setzt sich auf das Sofa.
11. Die drei Frauen »liegen« auf der Wand und machen, wie beim Wasserballett, synchrone Bewegungen.
12. Der Mann liegt auf dem Sofa und reibt sich die Augen.
13. Der Mann sitzt auf einem Stuhl vor dem Kühlschrank in der anderen Ecke des Zimmers und reibt sich den Hinterkopf.
14. Die drei Frauen tanzen »Wasserballett« an der Zimmerwand.
15. Die drei Frauen stehen vor dem Kamin, reiben ihre Hände und lachen.
16. S. Nr. 14 – Wasserballett.
17. Der Mann steht vor dem Kühlschrank und kratzt sich am Kopf.
18. S. Nr. 14 – Wasserballett.
19. Der Mann in Nahaufnahme.
20. Die drei Frauen stehen vor dem Kamin, sie bewegen ihre Arme, als würden sie einen Kopfsprung ins Wasser machen, nehmen die Arme wieder herunter und drehen sich um.
21. Der Mann steht vor dem Kühlschrank, (a) Kamera zoomt und verändert den Blickwinkel, (b) Kamera verändert erneut den Blickwinkel.
22. Frau B läuft zum Fernseher und stellt eine Flasche auf den Tisch.
23. Frau C sitzt auf dem Sofa, lehnt sich zurück und schaut fern.
24. Frau C stiert auf den Fernseher.
25. Der Mann sitzt breitbeinig auf dem Sofa.
Die Bildschnitte von 26 zu 33 sind extrem schnell und nicht als einzelne Szenen beschreibbar.
34. Frau A »liegt« auf der Wand (kopfüber).
Frau B sitzt auf der Sofalehne.
Frau C sitzt auf dem Barhocker.

35. S. Nr. 14 – Wasserballett.
36. Zwei Frauen »hängen« an der Wand, eine sitzt auf dem Barhocker.
37. Der Mann sitzt auf dem Stuhl vor dem Kühlschrank und reibt sich den Kopf.
38. Frau A steht von dem Stuhl auf und rennt weg.
39. Frau B sitzt auf dem Barhocker.
    Frau A krabbelt wie ein Krebs an der Wand.
40. Der Mann wälzt sich auf dem Sofa.
41. S. Nr. 14 – Wasserballett.
42. Frau A und C »hängen« an der Wand, Frau B sitzt auf dem Barhocker.
43. Frau B macht alleine Bewegungen an der Wand.
44. S. Nr. 14 – Wasserballett.
45. S. Nr. 14 – Wasserballett.
46. S. Nr. 14 – Wasserballett.
47. S. Nr. 14 – Wasserballett.
48. Der Mann sitzt auf dem Stuhl vor dem Kühlschrank und reibt sich den Kopf.
49. Frau A steht von dem Stuhl auf und rennt weg.
50. Frau B liegt auf dem Sofa.
51. Der Mann liegt auf dem Sofa.
52. Der Mann steht vom Stuhl auf und geht zur Stehlampe, macht das Licht an und holt sich aus dem Kühlschrank eine Flasche.
53. Der Mann stellt die Flasche auf den Fernsehtisch, setzt sich auf das Sofa, schaut zum Fernseher und reibt sich das Gesicht.
54. Der Mann steht vom Stuhl auf und macht das Licht an.
55. Frau A steht vom Stuhl auf und macht das Licht an.
56. Frau B steht vom Stuhl auf und macht das Licht an.
57. Frau C steht vom Stuhl auf und macht das Licht an.
58. Frau A steht vom Stuhl auf und macht das Licht an.
59. Der Mann geht zum Kühlschrank, holt sich eine Flasche und geht zum Fenster.
60. Frau B holt sich eine Flasche aus dem Kühlschrank.
61. Frau C holt sich eine Flasche aus dem Kühlschrank.
62. Der Mann macht das Licht an.
63. Frau A macht das Licht an.
64. Frau B macht das Licht an.
65. Frau C macht das Licht an.
66. Der Mann geht mit der Flasche vom Kühlschrank in Richtung Fernseher.
67. Frau A geht mit der Flasche vom Kühlschrank in Richtung Fernseher.

68. Frau B geht mit der Flasche vom Kühlschrank in Richtung Fernseher.
69. Frau C geht mit der Flasche vom Kühlschrank in Richtung Fernseher.
70. Der Mann macht das Licht an.
71. Frau A macht das Licht an.
72. Frau B macht das Licht an.
73. Frau C macht das Licht an.
Es folgen Bildwechsel von Nr. 74 bis 85, in denen von den verschiedenen Personen der Kühlschrank auf- und zugemacht wird.
86. Frau B stellt eine Flasche auf den Tisch und setzt sich auf das Sofa
87. Der Mann liegt auf dem Sofa.
88. S. Nr. 14 – Wasserballett.
89. Frau C sitzt auf der Sofaarmlehne.
    Frau B sitzt auf der Sofaarmlehne.
    Frau A sitzt auf dem Barhocker.
90. S. Nr. 14 – Wasserballett.
91. Der Mann liegt auf dem Sofa und wälzt sich hin und her.
92. S. Nr. 14 – Wasserballett.
93. Der Mann sitzt auf dem Stuhl vor dem Kühlschrank und stützt den Kopf in seine Hände.
94. Zwei Frauen »hängen« an der Wand, eine sitzt auf dem Barhocker.
95. S. Nr. 14 – Wasserballett (kopfüber).
96. S. Nr. 14 – Wasserballett (Kopf oben).
97. S. Nr. 14 – Wasserballett (kopfüber, sehr ruhig).
98. Der Mann in Nahaufnahme.
99. Blitzlicht, das Gesicht des Mannes in Nahaufnahme.[3]

Einprägsam ist allein das Tanzspiel der Frauen: Sie führen in variierenden Positionen und Anordnungen eine Art Wasserballett auf. Die Schnitte lassen visuell eine abgehackte Bewegungsabfolge entstehen. In einigen Szenen wird mit Zeitraffereffekten gearbeitet. Allein der Umstand, daß die drei Damen bei ihren künstlerischen Übungen meistens ›an der (trockenen) Wand hängen‹, prägt sich beim Rezipienten ein und provoziert die Frage, wie das alles wohl zusammenhängen könnte. Eine *semantische Systematik* ist jedoch auch bei intensiver Sinnsuche nicht zu erkennen. Entsprechend wurde eingangs bereits angedeutet, daß die Artifizialität bzw. die Skurrilität der Bilder mit der generellen Vorliebe der *Raving Generation* für Grenzauflösungen in Zusammenhang zu bringen ist.

3 Die Abschrift des Szenenprotokolls besorgte Helga Frank.

Überhaupt kann der Begriff der Auflösung als die Leitsemantik der Technomusik und -bewegung aufgefaßt werden. Die Destruktion konventioneller musikalischer Muster (v. a. Verzicht auf Text, Repetition kleinster musikalischer Einheiten), die Emanzipation und Integration musikfremder Geräusche (zur Tradition der Ambient-Musik s. u.) sowie die elektronische Klangerzeugung gelten als die drei Hauptmerkmale der Technomusik (vgl. Pesch 1995, S. 200).

Mit diesem Zwischenergebnis sind die uns zur Verfügung stehenden sinnrekonstruktiven Möglichkeiten jedoch noch nicht ausgeschöpft. Im folgenden soll daher auf das *Verhältnis* von Bild und Ton eingegangen werden. Leitend ist die für die sog. Visuelle Musik geltende Überlegung, diese als dynamische Kunstform zu begreifen, bei der Visuelles und Musik in spezifisch schöpferischer Weise kombiniert werden. Es findet eine *Interaktion* zwischen Bild und Ton statt, die eine einzigartige Wirkungsdynamik entfaltet, die ohne dieses wechselseitige Beeinflussungsverhältnis nicht möglich wäre (vgl. Weibel 1987, S. 54).

## 4. *Fable* – Transgressionen von Musik und Bild?

### 4.1 *Formal-strukturelle Entsprechungen*

Parallelen im Sinne von gleichen Formteilen bzw. deren Wiederholungen, die entsprechenden Szenen bzw. Perspektiven zugeordnet werden, sind nicht aufzufinden. Auffallend, aber ohne Systematik, sind die häufigen Überschneidungen der ›Wasserballettszene‹ mit dem A-Teil und der ›Kühlschrankszene‹, die überwiegend mit Teil C zusammenfällt. Wegen nicht vorhandener optischer und technischer Effekte wie Farbwechsel, Überblendungen oder ähnlichem ist auch in diesem Bereich keine Zuordnung möglich. Die Verwendung des Zeitraffereffekts ist lediglich im Zusammenhang mit der musikalischen Metrik relevant (vgl. 4.2). Schließlich bleibt zu folgern, daß mit den Formteilen zwar auch die Perspektiven (›Szenen‹) wechseln, es überwiegen jedoch Schnitte *ohne* jegliche formale Entsprechung.

## 4.2 Bildschnitte und Rhythmik/Metrik

Zahlreiche Bildschnitte erfolgen willkürlich und ohne Verbindung zu Rhythmik und Metrik der Musik. Einige Schnitte sind mit ihr jedoch in spezifischer Weise verknüpft: Bemerkenswert sind die kontinuierlich schneller werdenden Bildwechsel gegen Ende von Teil B, nachdem sie zuvor immer auf die Zählzeit 1 der in Frage kommenden Takte stattfanden. Sie haben ihre Entsprechung in der musikalischen Steigerung von Takt 29-32.

Insgesamt läßt sich jedoch feststellen, daß zahlreiche Bildschnitte unpräzise ausgeführt wurden. Der Schnitt in Takt 23 etwa kommt deutlich zu spät. Des weiteren nimmt die Schnittfrequenz in Takt 31 wieder ab, obwohl die musikalische Verdichtung weiter voranschreitet. Auch die Bildwechsel während der Steigerung sind partiell ungenau angepaßt. Ferner kommt der Schnitt auf die Zählzeit 1 von Takt 65 (Beginn der Bridge), der einer wichtigen musikalischen Zäsur entsprechen soll, zu früh. Erwähnenswert scheint noch die Intention, die Off-Beats der aufsteigenden Pianomelodie am Ende von Teil C mit synkopierten Bildwechseln zu stützen. Auch hier finden sich sowohl überzeugende – genaue – als auch ›schlampige‹ Schnitte. Relativ gut gelungen ist die Szene des Anknipsens der Lampe in den Takten 77-80. Es erfolgt mehr oder weniger genau auf Zählzeit 4 der jeweiligen Takte. Das Anschalten der Lampe im folgenden geht wiederum willkürlich vonstatten. In Ansätzen sind die Bewegungen der Menschen durch Zeitraffereffekte der Metrik der Musik angepaßt (vgl. bestimmte Teile des Wasserballetts oder das Weggehen der Personen vom Kühlschrank in Abschnitt C).

## 4.3 Semantische Entsprechungen zwischen Filmhandlung und Musik

Angesichts der Belanglosigkeit der ›Handlung‹ fällt es schwer, Stimmungen oder Charaktere zu assoziieren, die durch musikalische Ereignisse unterstützt oder kontrastiert werden. Das Geschehen vermittelt keinen emotionalen Gehalt, es hinterläßt vielmehr einen Eindruck von Unmotiviertheit und Gleichgültigkeit. Im Grunde genommen ist *keinerlei* Verbindung zwischen Handlung und Musik zu beobachten, im übrigen auch dann nicht, wenn man *übertragene, assoziative* Bedeutungen aufzuspüren oder über die

Reflexion des Cliptitels *Fable*[4] die Fragen nach Gang und Moral der Clip-Geschichte zu beantworten versucht.

## 5. Musik in der Endlosschleife

*Fable* scheint mit gängigen Wahrnehmungsstrukturen und -prinzipien zu brechen. Aus musikalischer Sicht wird die traditionelle Rockmusik mit Technoelementen ›durchlöchert‹. Aus semantischer Sicht wird jede Handlung vermieden. Möglichkeiten zur medialen Transgression werden genutzt *oder auch nicht*. Die Tatsache, daß nur einige Schnitte genau auf den Punkt kommen, obwohl bekanntlich die technischen Möglichkeiten eine genaue Synchronisation problemlos erlauben, legt den Schluß nahe, daß die Wirkung der Beliebigkeit gewünscht ist und bewußt erzeugt wird. Ziel ist eine Musik ohne Höhepunkte, bei der es nicht einmal auf eine systematische Präzision der Schnitte ankommt. Bei *Fable* handelt es sich um keinen Clip, der einen im herkömmlichen Sinne ›einfängt‹ oder konturierte Emotionen hervorruft. Er präsentiert sich vielmehr als ein Clip zum Reinschauen (ins Programm der

---

4 Bei einer *Fable*/Fabel handelt es sich um eine kurze fiktive Erzählung, in der häufig Tiere auftreten und die in der Absicht geschrieben wird, eine moralische Lehre zu erteilen. Zweitens kann es sich um eine Mythe bzw. Legende handeln und drittens um eine Lüge oder schlicht um Geschwätz (im Amerikanischen gibt es noch die Bedeutung: Handlung/plot). Mit Blick auf die erste Bedeutung detailliert Dithmar (1971) wie folgt: Eine Fabel ist eine knappe, gezielte und pointierte Geschichte, deren Ziel nicht Unterhaltung, sondern Belehrung ist. Es herrscht eine Einheit von Ort, Handlung und Zeit. Die Fabel gibt einen Ausschnitt einer Handlung wieder. Sie beschränkt das dramatische Geschehen auf einen Dialog oder auf eine einmalige Handlung mit einer Gegenhandlung. Das Grundschema lautet entsprechend: Situation – Aktion (Rede/Handlung) – Reaktion (Gegenrede/Gegenhandlung) – Ergebnis. Und sie ist schließlich keine moralische Geschichte, die eine allgemeine Lebensweisheit anbietet, sondern sie beleuchtet vielmehr eine konkrete Situation und die gesellschaftspolitischen Verhältnisse einer bestimmten Zeit kritisch.

Der Clip läßt sich vor diesem Hintergrund kaum als sinnige Spielart einer Fabel begreifen. Nun folgt an dieser Stelle meist der Einwand, in der *Auflösung* – hier – der Gattung Fabel (d. h.: der Clip als Negation des Titels) sei gerade die Kritik der traditionellen Fabel zu sehen, mithin erfolge also ein durchaus sinnvolles ironisches Spiel mit ›Kulturgütern‹ unserer Gesellschaft (Stichwort: Code-Kritik). Und spricht nicht auch der Doppeltitel die Clips (siehe die Robert Miles-*Homepage*) Bände, heißt es da doch *Fable (The Fairytale)*, wodurch die Fabel *gleichzeitig* auch zum Märchen wird. Nur welches (moderne Techno-)Märchen erzählt der Clip? U. E. muß diesem Einwand mit der Feststellung begegnet werden, daß das vorhandene Maß an Beliebigkeit (selbst die Konstruktion der Beliebigkeit ist beliebig!) eine analytische Reflexion und Diskussion nicht mehr möglich macht.

Musikkanäle), zum Weiterzappen oder als Unterhaltung zu dem nebenbei laufenden Telefongespräch. Vorstellbar ist aber auch der Nutzungskontext von *Trance* und *Chillout*: Nachgefragt würde dann eine störungsarme Hintergrundmusik, deren auffälligste Merkmale ihre Unauffälligkeit und Verwechselbarkeit sind.

Mit der Erkenntnis, in dem *Fable*-Clip *keinen* besonders ausgetüftelten künstlerischen Klangteppich vorzufinden, verflüchtigen sich Hoffnungen und Träume, die z. B. in den Theorien zu visueller Musik und medialer Transgression (Bódy/Weibel 1987, Deutsches Filmmuseum 1993) formuliert wurden. Die Musik sollte hier von ihrer dienenden Funktion entlastet werden (in historischer Perspektive: platonisches Musikkonzept), um (im Gegenmodell des absoluten Musikkonzepts) eine Eigenständigkeit zu gewinnen als eine notwendige Voraussetzung für synästhetische Transgressionen. Die (wie für den Fall der Filmmusik) ›ungehörte Melodie‹ sollte eine Wiederentdeckung und Rehabilitation erfahren hin zu einem eigenständigen Sinn- und Faszinationsgehalt, der in komplexen Bild-, Text- und Tonbeziehungen eine spezifische Rolle spielt (Koch 1996). Die wirklich puristische Variante solcherart wiedererstarkter, befreiter Musik ist darin zu sehen, auf Geräusche (!) und andere Klangexperimente zu setzen (Izep/Rehberg 1995).

Die Geschichte dieser (auch) *Ambient* genannten Musikrichtung bzw. Klangarbeit ist wechselhaft. Sie oszilliert – wie immer – zwischen Kunst und Kommerz:

»In den späten achtziger Jahren passierten seltsame Dinge, vornehmlich in englischen Clubs. Acts wie KLF oder The Orb machten Ambient/Chillout Music salonfähig und zum Gegenpol der hochfrequentierten Tanzfläche. Mit Nummer-1-Hits in den internationalen Charts (z. B. Future Sound of London) begann auch die Musikindustrie, Ambient auszuschlachten. Heute wird zwar immer mehr ambiente elektronische Musik produziert, doch finden sich dabei nur selten Kreativität und Innovation, die diese Musik ausgezeichnet haben. Intelligente Soundcollagen werden bald zu oberflächlicher Kaufhausmusik degradiert. Die technologischen Entwicklungen in Medien, Kommunikation und Werbung schaffen künstliche Welten mit ›ambienter‹ Berieselung« (ebd., S. 109).

In dieses Bild passen sich die Traumpfade und *Fable(s)* eines Robert Miles bestens ein.

Der Musiker selbst sieht das freilich anders und überschreibt

seine Homepage mit folgenden Worten: »[...] sometimes, you
don't even have the time to realize what is happening to your life,
that it has already happened [...] the world moves too fast [...]
let's recapture the essence of time.« Auch wenn man nicht den
kühnen Ideologisierungen der einschlägigen philosophisch-künst-
lerischen Diskussion eines Nobert Bolz oder Theo Altenberg (s.
Bianchi 1996) zu folgen gedenkt, wird man doch im wissenschaft-
lichen Diskurs mit Varianten von Mythenbildungen konfrontiert:
Technomusik sei eine abstrakte Musik, »sie wird zum Gerüst, neben dem die sonst üblichen Orientierungsmaßstäbe verschwinden.
Die vermeintliche Inhaltslosigkeit von Techno erhält hier ihren eigentlichen Sinn: Form zu sein für ein nicht mehr an konventionelle
Muster gebundenes Verhalten« (Pesch 1995, S. 204). Was hat man
sich darunter vorzustellen? Die stille Revolte der *Raving Society*?
Ethnographische Perspektiven auf die »Rave New World« wirken
hier wohltuend ernüchternd:

»Die Rave New World kann ohne weiteres auf das ›b‹ verzichten. Sie
ist weder ›brave‹ noch eine ›brave‹. Offensichtliche Normverletzun-
gen oder Auseinandersetzungen mit anderen gesellschaftlichen Grup-
pierungen finden nicht statt. Vielmehr scheint das Beschwören einer
technologischen Idylle mit kollektiv geteilten, aber individuell zu be-
wältigenden ekstatischen Momenten genau das zu sein, was den Jugendlichen einer Erlebnisgesellschaft kennzeichnet« (Lau 1996,
S. 257f.).

Aber vielleicht fehlt uns Autoren alles in allem doch der ›richtige‹
Zugang zur Technomusik. Womöglich ist auch der Anspruch, den
von den Technokennern und -philosophen in die Musik hineinge-
legten Sinn (»... die Stille hörbar machen!«) in dem jeweiligen
konkreten Produkt wiederzuerkennen, im Detail rekonstruieren zu
können, ein Ansinnen aus der Vor-Technozeit, einer Zeit also, die
noch ganz dem Geist der Moderne, sprich: dem Paradigma der
›kleinkrämerischen‹ Spurensuche verpflichtet ist. Und so ist bereits zu ahnen: Wir Autoren entschließen uns in der Entschei-
dungssituation, die uns die Fernbedienung in die Hand gibt, *gegen*
das Wasserballett und *für* die Fernsehwanderung – und schalten
um!

# Literatur

Bianchi, P. (Hg.) (1996): Cool Club Cultures. Kunstforum, Bd. 135.

Bódy, V./Weibel, P. (Hg.) (1987): Clip, Klapp, Bum. Von der visuellen Musik zum Musikvideo, Köln.

Deutsches Filmmuseum Frankfurt (Hg.) (1993): Sound & Vision – Musikvideo und Filmkunst, Frankfurt/M.

Dithmar, R. (1971): Die Fabel, Paderborn.

Izep, Ch./Rehberg, P. (1995): Ambient, in: Anz, Ph./Walder P. (Hg.): Techno, Zürich, S. 106-109.

Hömberg, W./Hohlfeld, R./Schnellhardt, M. (1998): Instore-Radio zwischen Klangteppich und Werbeträger, in: Media Perspektiven 3, S. 113-123.

Koch, G. (1996): FilmMusikVideo. Zu einer Theorie der Transgression, in: Frauen und Film 58/59, S. 3-23.

Lau, Th. (1996): Rave New World. Ethnographische Notizen zur Kultur der »Technos«, in: Knoblauch, H. (Hg.): Kommunikative Lebenswelten. Zur Ethnographie einer geschwätzigen Gesellschaft, Konstanz, S. 245-259.

Pesch, M. (1995): Techno. Kulturelles Phänomen zwischen Millionenerfolg und Authentizität, in: Medien + Erziehung 4, S. 198-204.

Schaefer, S./Schaefers, J./Waltmann, D. (Hg.) (1998): Techno Lexikon, Berlin.

Toop, D. (1997): Ocean of sound. Klang – Geräusch – Stille, St. Andrä-Wördern.

Weibel, P. (1987): Von der visuellen Musik zum Musikvideo, in: V. Bódy/P. Weibel (Hg.): Clip, Klapp, Bum. Von der visuellen Musik zum Musikvideo, Köln, S. 53-164.

# Michaela Pfadenhauer
## Tanz in den Ruinen

### *Members of Maydays* Sonic Empire

Sie ist eine *fremde* und *seltsame* Welt, diese kleine Lebens-Welt der Technoiden (vgl. z. B. Hitzler/Honer 1991, 1994; Hitzler 1994). Sie erschließt sich dem Betrachter nicht im Vorübergehen, nicht mit einem flüchtigen Blick in die düsteren Clubs, in denen die Nacht zum Tag wird, nicht in Fernsehberichten und Zeitungsartikeln. Wer *verstehen* will, was da vor sich geht, muß sich einlassen auf die Relevanzen derer, die in dieser Welt zu Hause sind.[1] *Mit den Augen eines Technoiden sehen* ist deshalb die Haltung, die dieser Analyse des Techno-Videoclips *Sonic Empire* von Members of Mayday zugrunde liegt.[2]

Technomusik hat inzwischen eine komplizierte, selbst für Szene-Insider kaum durchschaubare Binnendifferenzierung in diverse Stilrichtungen, Genres und Subgenres von z. T. nur kurzer ›Haltbarkeit‹ erfahren. Eine Kategorisierung nach *Bildinhalten* ergibt (mindestens) drei Themenvarianten, denen sich ein Großteil der im sog. Musikfernsehen präsentierten Techno-Videoclips zuordnen läßt:[3]

Eine erste Gruppe bilden Clips mit *abstrakten* Motiven: Geometrische Formen lösen einander ab bzw. fließen ineinander, in die mitunter Zeichentrickfiguren oder realistische Darstellungen (Gesichter bzw. Personen, Gegenstände, Landschaften usw.) eingeblendet werden. Die Bilder wechseln typischerweise im Rythmus der Beats, oft so schnell, daß das menschliche Auge kaum folgen kann.

Die Clips der zweiten Kategorie scheinen am (stereotypen) Ideal des *fit-for-fun* orientiert zu sein: Gezeigt werden junge,

1 Vgl. zu einer detaillierten *ethnographischen* ›Inventarisierung‹ der Technoszene einerseits Lau 1995, 1996, andererseits Hitzler/Pfadenhauer 1998b.
2 Mein Dank gilt zum einen Fabian Lenz und der ganzen Crew des Berliner Techno-Labels *Low Spirit* für ihr herzliches Entgegenkommen, uns eine Kopie des Videoclips *Sonic Empire* von Members of Mayday zu überlassen und uns jederzeit mit Rat und Tat zur Seite zu stehen, zum anderen Alexander Milanés, Cornelia Mohr und Claudia Pusch für ihre spontane Bereitschaft, als ›Nichttechnoide‹ ihre Interpretation des Videoclips beizusteuern.
3 Inwieweit dieser Befund durch die Auswahlkriterien bei VIVA beeinflußt wird, können *wir* nicht beurteilen.

sportliche, fröhliche Menschen, die in typischem Urlaubsambiente (Strand, Pool, Schiff usw.) ausgelassen zu Technomusik tanzen und offensichtlich viel Spaß haben. Die Bilder transportieren typischerweise eine unbeschwerte Freizeit-Partystimmung.

Bei der dritten Gruppe von Technoclips ist das Geschehen in *urbanem Ambiente* angesiedelt: Abbruchreife Häuser, Fabrikhallen, belebte Straßen, hektischer Verkehr, rasch wechselnde Lichter, grelle Leuchtreklamen – dergleichen sind in dieser Variante typische Motive.

Es fällt auf, daß die Konzeptdarstellung, d. h. die Visualisierung eines ›Textes‹, gegenüber der Performance-Darstellung, also der Visualisierung einer musikalischen ›Aufführung‹, eindeutig bevorzugt wird (vgl. Altrogge/Amann 1991). In einer Minderzahl von Techno-Videoclips werden kurze Passagen eingespielt, in denen ein DJ (selten: eine DJane) als ›Live-Performance‹ auf einer Party am Plattenteller dreht. Der weitgehende Verzicht auf die Performance-Darstellung, die bei Videoclips anderer Musikstile deutlich überwiegt (vgl. z. B. zu Heavy-Metal-Videoclips Altrogge/Amann 1991), ist möglicherweise auf die spezifische Produktionsweise von Technomusik zurückzuführen.

Im Gegensatz zur herkömmlichen Entstehung von ›Liedern‹ in der Popmusik, die von Bandmitgliedern komponiert, im Studio auf Platte oder CD aufgenommen und dann bei Live-Konzerten ›zum Besten‹ gegeben werden, bestehen die auf Techno-Events vom DJ am *turn table* gemixten *sets* allenfalls aus (mehr oder weniger bekannten) Versatzstücken von auf Vinyl gepreßten *tracks*, die im Studio in der Regel von einem DJ (für den musikalisch-künstlerischen Part) in Zusammenarbeit mit einem – für die Bedienung der komplexen technischen Anlagen zuständigen – Computerfachmann *elektronisch* erzeugt werden.[4] Die Qualität eines DJs bemißt sich gerade daran, daß er – im Unterschied zum Disk(otheken)jockey – eben keine bekannten bzw. ›publikumssicheren‹ Stücke aneinanderreiht, sondern aus von ihm ausgewähltem, oft sehr unbekanntem Material mit hoher Fingerfertigkeit (Scratchen, Mixen usw.) am Plattenteller noch nicht gehörte, mitunter nachgerade ›unerhörte‹ Soundkompositionen gewissermaßen zu Klang-

---

4 Die Bedeutung des Technikers bei der Produktion von elektronischer Musik, dessen Name zwar auf der Plattenhülle genannt wird, dessen Bekanntheitsgrad aber selbst innerhalb der Szene äußerst gering ist, bleibt in der mittlerweile umfangreichen Literatur zu Techno weitgehend unberücksichtigt.

teppichen verwebt – sozusagen in Akten der situativen Neuschöpfung.

Techno-Videoclips zielen – im Gegensatz z. B. zu Heavy Metal-Videoclips, in denen der Akt des Musizierens auf der Bühne im Mittelpunkt steht – (bislang noch) kaum darauf ab, das (Künstler-)Image des DJs über die Bühnenpräsentation zu vermitteln. Wenngleich der DJ in der Techno-Szene eine zentrale Figur ist[5], der bei seinen ›Auftritten‹ je nach Prominenz einen mehr oder weniger großen Fankreis um sich schart, ist das Ausmaß an Starkult verglichen mit anderen Musikszenen doch (noch) verhältnismäßig gering.

Unserer These zufolge zielt die Konzeptdarstellung in Techno-Videoclips (in ihren drei thematischen Varianten) vielmehr darauf ab, typische *Befindlichkeiten* von ›Technoiden‹ in Bilder zu fassen: Die rasche – das eine Mal stakkatoartige, das andere Mal fließende – Abfolge abstrakter Formen im Zusammenspiel mit einer in ihrer Intensität geradezu infernalischen Farbmixtur läßt sich als Versuch interpretieren, halluzinogene *Rauschzustände* zu visualisieren, die durch die Zufuhr illegaler Drogen hervorgerufen werden können. In den von uns so etikettierten *fit-for-fun*-Clips wird die Feierstimmung und v. a. der (Massen-)*Spaß* dargestellt, der auf Techno-Events oberste Maxime ist.

Komplizierter ist der Sachverhalt beim Darstellungskonzept ›Urbanität‹, für das u. E. der Videoclip zu *Sonic Empire* von Members of Mayday exemplarisch steht.

## Sonic Empire‹: die ›Story‹

Die Musik setzt ein mit einer ebenso einfachen wie einprägsamen Tonfolge, die – einem Fanfarenstoß gleich – immer wieder ertönt und dem Stück jenen hohen Wiedererkennungswert gibt, der maßgeblich zu seinem Erfolg beigetragen hat.[6]

Das erste Bild gibt den Blick in eine kahle, leere Fabrikhalle frei, in die von einer Seite durch hoch oben an der Wand angebrachte Fenster ein wenig Tageslicht fällt. In der Mitte des Raums baumelt an einem langen

---

5  Unter diesem Gesichtspunkt ist die Beschreibung von Techno als ›DJ-Culture‹ durchaus plausibel; vgl. Poschardt 1995.

6  *Sonic Empire* von Members of Mayday (alias Maximilian Lenz und Klaus Jankuhn) hat 1997 Rang eins der deutschen Charts belegt.

Kabel einsam ein Kopfhörer von der Decke. Ein junges Mädchen, mit der (eher) für das Hiphop- und Rapper-Outfit typischen (Adidas-) Trainingsjacke und Oversize-Hose bekleidet, läuft zielstrebig auf den Kopfhörer zu und zieht ihn sich mit einer langsamen, fast andächtigen Bewegung über den Kopf. Obwohl die Musik bereits vor der ersten Bildeinstellung eingesetzt hat, beginnt sich das Mädchen doch erst ›im Besitz‹ des Kopfhörers synchron zu den Beats zu bewegen. Ihre Bewegungen sind abwechselnd langsam wiegend und schnell zappelnd, werden also mal in Normalzeit, mal in Zeitraffer eingespielt. Ihre geschlossenen Augen und das verträumte Lächeln auf ihrem Gesicht vermitteln dem Zuschauer einen Zustand von Zufriedenheit, ja beinahe von Glückseligkeit.

Zwischendurch schwenkt die Kamera in einen anderen Teil des Raumes zu einer zerschlissenen Couch, die von drei jungen Männern in ähnlichem Dress ›belagert‹ wird. Alle drei bewegen sich – diesmal in Zeitlupe – nach dem Rhythmus der Musik, wenngleich nur einer von ihnen einen Kopfhörer trägt, der andere einen Lautsprecher an sein Ohr preßt und der dritte lediglich mit einem Kabel in seinen Händen spielt.

Hinter dem Mädchen am Kopfhörer betritt eine junge Frau (A) die Szenerie, deren durchgängig schwarzes Outfit mehr an den Waver-Stil anzuknüpfen scheint. Sie hält für einen kurzen Moment inne, betrachtet das Mädchen mit dem Kopfhörer, wirft dann ihren Kopf nach hinten und läuft zur Seite weg – auf die Couch zu, wie wenig später deutlich wird. Sie bleibt vor dem Jungen mit dem Kabel stehen, der ihr fast widerstrebend ein Ende reicht, das sich bei genauem Hinsehen als ein Kopfhörerstecker erweist. Sie greift ebenso zögerlich danach, zieht ihre Hand dann jedoch ruckartig wieder zurück und läuft davon.

Die Kamera sucht nun einzelne und Gruppen von Personen auf, deren Tanz zur Musik eine ganze Bandbreite von Bewegungen – von langsamen, fließenden über gummiartige Breakdance- bis hin zu ekstatisch-akrobatischen Übungen – umfaßt.

Eine weitere junge Frau (B) betritt die Halle. Ihr Blick und ihr Schritt verrät Ruhe, Gleichmäßigkeit. Sie streift umher, wenngleich suchend, so doch nicht unruhig, wenngleich zielstrebig, so doch nicht hektisch. Der Zuschauer streift mit ihr durch die Räume und begegnet an verschiedenen Stellen kleinen Gruppen von Tänzern.

A ist inzwischen in einem kleinen Nebenraum fündig geworden: Sie hat einen freien Kopfhörer entdeckt, den sie sich über den Kopf zieht. Ihr Gesichtsausdruck, sich in die Kissen zurücklehnend, drückt (endlich) Ruhe und Zufriedenheit aus.

Von den übrigen Figuren hebt sich derweil nur eine aus der Masse der Tanzenden heraus: Ein junger Mann mit orangerot gefärbtem Haarschopf gibt infolge seiner akrobatischen Tanzbewegungen den Blick auf seinen entblößten, beeindruckend muskulösen Oberkörper frei.

Die Kamera ›verschafft‹ dem Betrachter in Begleitung von B einen Überblick über die Räumlichkeiten, verweilt dort ein wenig länger, ist hier und dort einen Schritt voraus. Die Halle scheint voller geworden zu sein, immer mehr und neue Tänzer geraten in den Blick. B verweilt kurz bei einem auf einem Bett liegenden Mädchen, wendet sich bald jedoch wieder ab, als sie bemerkt, daß dieses zwar die Augen geschlossen hat, wohl aber seinen Körper im Takt der Musik bewegt.

Im nächsten Raum liegt A mit abwesendem Blick unbeweglich in den Kissen. B beugt sich über sie und streift ihr mit einer langsamen, fast zärtlich anmutenden Geste den Kopfhörer ab. Sie stülpt ihn sich mit beiden Händen über den Kopf und gibt sich der Musik hin. Wenig später bemerkt sie die Unruhe ihrer Nachbarin, auf deren Gesicht sich schnell Erschrecken (vielleicht sogar Ärger) breit macht, als sie den ›Raub‹ bemerkt. B erhebt sich flink vom Bett, verläßt den Raum und gelangt in den Flur. Sie hält den soeben ergatterten Kopfhörer mit beiden Händen fest. Ihre Schritte werden schneller.

Die Musik bricht ab. In der letzten Einstellung läuft A – nurmehr schemenhaft erkennbar – mit ihren schwarzen flatternden Gewändern und wehendem Haar hinter B her.

## Die Jagd nach dem Kopfhörer

Die Episodenartigkeit des Plots, der sich stark verkürzt als ›Jagd nach dem Kopfhörer‹ auf eine Formel bringen läßt, wird durch die Ungleichzeitigkeit unterstrichen, mit der am Anfang des Clips erst der Ton und dann das Bild einsetzt, während am Ende der Ton vor dem Bild ausgeblendet wird. Ungeklärt für den Betrachter bleibt v. a., welche der beiden Frauen nun letztendlich den ›Sieg‹ davontragen wird.

Die Bedeutung des Kopfhörers ist gerade vor dem Hintergrund, daß die Musik ja bereits läuft, als die Handlung einsetzt, stark interpretationsbedürftig. Wenngleich das Mädchen in der ersten Einstellung ihre Bewegungen zum Rhythmus der Beats erst aufnimmt, nachdem sie den Kopfhörer aufgesetzt hat, werden im Clip keineswegs nur Personen beim Tanzen gezeigt, die in Besitz eines Kopfhörers sind. Auch die Verzögerung, mit der A gegen Ende der Episode die Entwendung des Kopfhörers bemerkt, deutet darauf hin, daß die Musik den ganzen Raum erfüllt. Der Kopfhörer scheint als Verstärker zu fungieren, der die Wahrnehmung der Musik über das Ohr und den Körper intensiviert.

Die Musik ist im ganzen Raum präsent. Sie verleitet die einen zum Tanzen – bis hin zur völligen Überhitzung, wie in einer kurzen Szene vermittelt wird, in der sich ein Tänzer mit einer Handvoll Eiswürfel über das Gesicht fährt. Die anderen geben sich in sich gekehrt, zurückgezogen, in Ruhestellung den Klängen hin. Der Ausdruck von Seligkeit, der die Gesichter beim Überstreifen des Kopfhörers überzieht, deutet jedoch auf ein Maß an Intensität hin, das nur über Kopfhörer zu erreichen ist.

Deshalb ist der Kopfhörer ein Gut, um das es zum Konflikt kommt. Allerdings keineswegs unter allen, denn die Atmosphäre unter den Hallenbewohnern scheint entspannt zu sein. Für sie ist es offensichtlich nicht wichtig, daß manche über einen Kopfhörer verfügen, andere dagegen nicht. Nur die beiden Frauen sind getrieben von ihrer Gier nach dem Kopfhörer. Dies deutet sich bereits im Auftritt von A an, die von Anfang an mit einer gewissen Aggressivität und Hektik auf der Suche nach einem Kopfhörer zu sein scheint. Das halbherzige Angebot des Jungen auf der Couch, der ihr zumindest das Kabel mit einem Stecker reicht, an dessen anderem Ende durchaus ein Kopfhörer befestigt sein könnte, scheint ihr nicht gut genug zu sein – oder aber auch im Moment Angst einzuflößen. Erst als sie nebenan einen herumliegenden Kopfhörer erblickt, greift sie entschlossen zu und gibt sich – nunmehr entspannt – der (Intensität an) Musik hin. B scheint zu Beginn wesentlich gelassener, in der Aneignung des Kopfhörers von A dann aber geradezu rücksichtslos – möglicherweise deshalb, weil sie auf ihrem Streifzug durch die Fabrikanlage die Knappheit des von ihr begehrten Guts zur Kenntnis nehmen mußte.

Technomusik löst insgesamt (d. h. über alle internen Stilgrenzen hinweg) starke körperliche Empfindungen aus und ruft (zumindest bei ihren Liebhabern) physisch-psychisches Wohlbefinden hervor. Ganz wesentlich scheint (neben der Dauer) die Lautstärke der akustischen Emanationen zu sein (vgl. Anfang 1995, Jerrentrup 1993), die auf Technopartys durchaus bis zu 120 dB erreichen. Frequenzen unter 800 Hertz sind bei dieser Schallenergie so intensiv, daß sie nicht nur mit dem Hörsinn, sondern tatsächlich mit dem Tastsinn (u. a. über das Zwerchfell) erfaßt werden: Man tanzt nicht *zur*, man tanzt vielmehr sozusagen *in* der Technomusik, die den Körper zu überfluten und zu durchströmen und die Welt ringsumher vergessen zu machen scheint. Um diesen Effekt hervorzurufen, scheint die Beschallung sozusagen ›von allen Seiten‹, also die Erzeugung tatsächlich eines *Klang-Raumes*, in dem und durch den man sich überall gleich gut bewegen kann, essentiell notwendig zu sein.

Das Musikhören über den Kopfhörer, das in einen abgeschotteten akustischen *Raum im Raum* entrückt, wirkt dafür als plausible Metapher – in dem Versuch, einem Zuschauer, der den mit höchster technischer Perfektion künstlich hergestellten Klangraum bei einem Rave noch nie am eigenen Leib erfahren hat, eine Ahnung von diesem ›außeralltäglichen‹ Erleben zu vermitteln.

Der jeweilige Rhythmus (beats per minute) gibt zwar so etwas wie einen Rahmen an Bewegungsmöglichkeiten vor, ansonsten aber geht beim Technotanz praktisch alles – vom Quasistillstand bis zum exzessiven, ja ekstatischen Körpereinsatz. Der Tanz entrückt jedoch nicht nur den Tänzer, er führt auch dessen Körper vor, stellt ihn zur Schau, präsentiert ihn, sei es absichtsvoll oder beiläufig, allen, die hinzuschauen geneigt sind – z. B. dem Videoclip-Betrachter, der seinen Blick (mit Wohlgefallen) auf dem durchtrainierten Oberkörper des im Clip akrobatische Übungen ausführenden jungen Mannes ruhen läßt. In engem Zusammenhang mit der exzessiven Präsentation des eigenen Körpers steht das eigenwillige Outfit der Technoiden. Kein Modestil wird jedoch ›ernsthaft‹ bzw. als ›Ganzer‹ adaptiert, sondern allenfalls ›geplündert‹, zitiert, oder, im Techno-Jargon ausgedrückt: gesampelt. Die dabei vereinnahmten Stilelemente werden mit diversen freizeitlichen Gruppenzugehörigkeits-Markierungs-Looks und mit Teilen der aktuellen Jugend-Trendmode mehr oder minder bunt und originell durchmischt (vgl. Herhoffer 1994). Bevorzugt wird derzeit eben – wie im Clip präsentiert – die sog. Club- bzw. Streetwear mit ihren Anleihen an die Hiphop- und Rapper-Szene.

Die Musik betäubt und putscht auf zugleich und versetzt die Tanzenden – nicht nur, aber insbesondere in Kombination mit den entsprechenden Drogen – in einen enthusiastischen Zustand, dessen Beschreibungen relativ symptomatisch an die von mystischen Erlebnissen erinnern (vgl. dazu u. a. Feist 1995, Rushkoff 1995, Kalweit 1995).

Es spricht einiges dafür, den Kopfhörer – sozusagen auf der nächsten Deutungsebene – als Metapher für die Intensivierung des Erlebens zu interpretieren, die durch den in der Technoszene verbreiteten Konsum von *illegalen* Drogen verursacht wird.

Wenngleich es all unseren bisherigen Beobachtungen zufolge keineswegs plausibel ist, die Technoszene als eine Drogenkultur zu klassifizieren[7], so ist das typische Techno-Event doch tatsächlich *atmosphärisch* geprägt durch aktivitätssteigernde, erlebnisintensivierende, ausdauererhöhende und kontaktneigungsverstärkende Substanzen legaler und illegaler Art. Das bedeutet keineswegs, daß mehr oder weniger *alle* oder auch nur größere Teile der Raver ›auf Droge‹ sein müßten, damit diese besondere Stimmung entsteht. Es bedeutet lediglich, daß die sozialen Verkehrsformen weder die alltagsüblichen sind noch daß sie denen entsprechen, die entstehen, wenn Geselligkeiten durch andere Drogen (z. B. Alkohol) geprägt sind.[8]

Der Konsum illegaler Drogen konzentriert sich auf sog. Partydrogen und hierbei besonders auf Ecstasy (vgl. Hitzler 1997). Die ursprünglich zugrundeliegende chemische Substanz MDMA ruft – im Unterschied zu der allein aufputschenden Wirkung von Amphetamin (Speed) – *erstens* das Empfinden eines Wohlgefühls (angenehme Wärme, Entspannung und Euphorie) sowie *zweitens* eine energetisierende Wirkung (Antriebs- und Aktivitätssteigerung) hervor. Beide Effekte kontrollieren sich bei MDMA gegenseitig. Die starken visuellen und akustischen Wahrnehmungen von Halluzinogenen bleiben aus. Man behält seine Entscheidungsfähigkeit und Selbstkontrolle. Anders als bei der sog. »Ego-Droge« Kokain wird das Sozialverhalten eher gefördert denn gemindert. Aus diesem Grund rechnet man die Droge auch einer eigenständigen Klasse von Substanzen, den ›Entactogenen‹, zu,

---

7  Eine Drogenkultur weist sich als solche dadurch aus, daß alle anderen Aspekte des Lebensvollzugs mehr oder weniger ausnahmslos den Problemen der Drogenbeschaffung und dem Konsum der Drogen nachgeordnet sind; vgl. ausführlich Hitzler/Pfadenhauer 1997.

8  Diese Hauptdroge der Normalkultur spielte zumindest in den Anfangszeiten von Techno eine eher marginale Rolle, was auf die spezifische Rauschwirkung von Alkohol zurückzuführen ist.

d. h., sie erleichtert den Kontakt zu den eigenen Gefühlen und zu anderen Menschen.[9]

Die Attraktivität eines Techno-Events beruht auf Elementen wie dem Gefühl, in einer Masse von Gleichgesinnten ›dabeizusein‹ und *zugleich* mit und unter den anderen etwas ›Besonderes‹ zu sein, die nachgerade konsensuelle Friedfertigkeit, die Chance zur Selbststilisierung und -inszenierung, der verrückte Zeit-Raum, die erotisierende Gesamtatmosphäre, die aus Dauer, Rhythmik und Lautstärke sich entwickelnde Intensität des Musik-Erlebens, die enthusiastisch-ekstatische Körpererfahrung usw.[10] All das wird durch den Konsum von Ecstasy nicht hervorgerufen, aber wesentlich befördert. Alles Erleben scheint nachdrücklich intensiviert zu sein, gleichsam ›auf allen Kanälen‹ bzw. ›mit allen Fasern des Körpers‹ zu geschehen.

Ecstasy wirkt – vergleichbar eben mit dem Musikhören über Kopfhörer – wie ein *Verstärker* von derlei Wohlfühl- und Vergemeinschaftungserfahrungen. Für diese ›Lesart‹ spricht im Videoclip der selig-entspannte Gesichtsausdruck derer, die sich einen Kopfhörer über die Ohren stülpen. Ebenso ist die im Clip vorgeführte exzessive Hingabe in der Musik beim Tanzen eine typische Reaktion auf den Konsum von Ecstasy.

Wenig nachvollziehbar ist dagegen die Grundstimmung der zwei Frauen, die – entgegen der Gelassenheit und v. a. *Friedfertigkeit* verstärkenden Wirkung von Ecstasy – beinahe der verzweifelten Beschaffungsnot von Heroinsüchtigen gleicht. Und tatsächlich erinnert A mit ihrem wie ›auf Entzug‹ schweißglänzenden Gesicht, als B ihr den Kopfhörer entwendet, am ehesten an eine Fixerin, der man eben ihren ›Stoff‹ entzieht. Jedenfalls wirkt sie vom gesamten Habitus her – Kleidung, Auftreten, Umgangsformen –, wie ein Fremdkörper unter den anderen. Die Interpretation des Kopfhörers als Sinnbild für den Ecstasykonsum wird durch diesen Umstand irritiert. Es kann nur spekuliert werden, daß hier (in der Darstellung einer Drogenkarriere) – z. B. im Hinblick auf die Gefahr einer Zensur des Videoclips – *moralisierend* der Zeigefinger erhoben wird.

---

9  Ausführlicher dazu Saunders/Walder 1995 sowie, auch zu den unerwünschten Nebenwirkungen, Schroers 1996; 1997.
10  Vgl. zur Körpererfahrung und Erotik Hitzler/Pfadenhauer 1998b; 1998c.

Die Szenerie ist unschwer als eine typische Rave-Location identifizierbar: ein Fabrikhallenkomplex, der groß genug ist, daß eine große Anzahl von Techno-Liebhabern zusammenkommen und ›Spaß haben‹ kann. Das Gelände wirkt staubig und verkommen, von den Wänden blättert die ohnehin nur spärliche graue Farbe ab. Ein zerschlissenes Sofa ist irgendwo im Raum plaziert, in den Nebenräumen stehen zwei schmuddelige Betten, die wenig zum Verweilen einladen.

Von *außen* betrachtet werden alle ästhetischen Ansprüche an einen halbwegs annehmbaren Aufenthaltsort irritiert. Und doch stört sich keiner der Anwesenden an diesem Ambiente. Ganz im Gegenteil strahlen sie eine gelassene Zufriedenheit aus, scheinen sich wohlzufühlen in diesem unwirtlichen Gelände. Sie wirken vielleicht ein wenig müde, wie nach einer langen Nacht, wenn die Feier vorüber ist, aber keiner nach Hause gehen will. Dargestellt wird jedoch weniger eine ›After-hour‹[11] als vielmehr das, was im Szenejargon ›Chillen‹ genannt wird: gemeinsames ›Abhängen‹, dem erschöpften Körper endlich Ruhe gönnen, von der Droge ›herunterkommen‹, dem Erlebten nachspüren usw. Was hierbei *von außen betrachtet* als Trostlosigkeit, Vereinzelung, Heimatlosigkeit erscheinen mag, ist *aus der Innensicht* wesentlich durch das Gefühl der Zusammengehörigkeit geprägt (vgl. Hitzler/Pfadenhauer 1998a).

Die Haltung der Technoiden ihrer Umgebung gegenüber ist dabei keineswegs affirmativ. Sie nehmen sich nur ganz praktisch das Recht heraus, ihr Leben im ›Hier und Jetzt‹ so zu vollziehen, wie sie es sich – warum auch immer – selber vorgenommen haben (ausführlicher dazu Pfadenhauer 1996). Zum historischen ›Erbe‹, mit dem diese Generation konfrontiert ist, gehört für sie eben *auch* die Mentalität des *Protestes* gegen dieses Erbe. Gegen *beides*, gegen das Gegebene *und* gegen den ebenfalls ›gegebenen‹ Protest gegen das Gegebene, ›protestieren‹ die Techno-Anhänger nun ihrerseits. Allerdings protestieren sie nicht im herkömmlichen Sinne. Viel-

---

11 Die After-hour ist eine Party, die meist frühmorgens nach einem Event an einem anderen Ort beginnt und bis zum Nachmittag oder Abend dauert, an die sich mitunter noch eine After-after-hour, wiederum an einer neuen Location, anschließt. Diese Partys fungieren gleichsam als ›Verlängerungsprothesen‹ für diejenigen, die dem ›eigentlichen‹ Event konditionell ›überlegen‹ sind.

mehr insistieren sie – weniger rhetorisch als praktisch – darauf, sich von dem, was ihnen hinterlassen und vorgesetzt ist, von den Umständen und Zuständen der *Industriezivilisation*, in die sie hineingeboren sind, nicht diktieren zu lassen, wie sie leben und was sie aus ihrem Leben machen wollen. Sie verweigern sich darüber hinaus symptomatischerweise auch dem – in der politischen Stoßrichtung der sozialen Bewegungen sich manifestierenden[12] – gegebenen ›Diktat der Revolte‹ gegen das gegebene ›Diktat der Verhältnisse‹. Sie bringen nicht ›die Verhältnisse‹ zum tanzen. Sie tanzen vielmehr ganz ungeniert in und auch mit den ›Verhältnissen‹.[13] Kurz: Sie tanzen – im wörtlichen und übertragenen Sinne – in den (urbanen) Ruinen der Industriemoderne. So gesehen ist Techno ein symptomatisches ›Post-‹Phänomen: postsozialbewegt (insbesondere postfeministisch und postökologisch), posttraditional, postindustriell, also kulturell gesehen tatsächlich: postmodern.[14]

Diese Haltung – und damit die ›*Befindlichkeit*‹, die im Konzept postmoderner *Urbanität* zum Ausdruck kommt – wird u. E. im Videoclip *Sonic Empire* visualisiert. Die Technoiden nutzen (eben auch) die *baulichen* Gegebenheiten (z. B. alte Industrieanlagen, Fabrikhallen), so wie sie sind, d. h. ohne sie zu romantisieren oder zu problematisieren[15], um das zu tun, was sie nun einmal tun wollen: Feiern und *ihren* Spaß haben – und schaffen sich darin ihr eigenes »Sonic Empire«.

12  Gemeint ist damit im wesentlichen das, was Giddens (1991 und 1997) als ›emancipatory politics‹ bezeichnet. Diese Politikform zielt im wesentlichen darauf ab, zum einen historisch überkommene Beschränkungen und Zwänge des sozialen Lebens (v. a. religiöse und sittliche Traditionen) aufzuheben bzw. zu verringern, und zum anderen (als illegitim betrachtete bzw. definierte) politische, wirtschaftliche und soziale Herrschaftsverhältnisse (v. a. solche der Ausbeutung, der Unterdrückung und der Ungerechtigkeit) zu überwinden.

13  Vgl. zu diesen ›existentiellen Strategien‹ Hitzler/Pfadenhauer (1998d). Damit ist gemeint, daß die Menschen auf Distanz gehen gegenüber den tradierten politischen Institutionen und (zumindest zunächst einmal) auch gegenüber der Kritik, dem Protest, der Revolte gegen die tradierten politischen Institutionen, daß sie aber gleichwohl – aufgesetzt sozusagen auf die zivilisatorischen Fundamente historischer Emanzipationserfolge – politisch um ihr (Recht auf ein) ›eigenes Leben‹ ringen. Vgl. dazu auch das Konzept der ›life politics‹ (Giddens 1991 und 1997).

14  Unser Verständnis von Postmoderne entspricht am ehesten der Konzeption von Zygmunt Bauman 1995a; 1995b; vgl. ausführlicher Hitzler/Pfadenhauer 1998a.

15  Diese Haltung zeigt sich auch im spielerisch-kompetenten Zugriff auf das technische Arsenal der Kultur, in der sie leben. Nicht nur nutzen die Technoiden so ziemlich alles, was an Equipment zur Produktion elektronischer Musik auf dem

# Literatur

Altrogge, M./Amann, R. (1991): Videoclips – Die geheimen Verführer der Jugend? Berlin.

Anfang, G. (1995): Ist denn das noch Musik?, in: medien + erziehung, 39 Jg., H. 4, S. 209-211.

Bauman, Z. (1995a): Moderne und Ambivalenz, Frankfurt/M.

Bauman, Z. (1995b): Ansichten der Postmoderne, Hamburg/Berlin.

Feist, U. (1995): Technodharma. Religiöse Paradigmen im Zeitalter ihrer reproduzierten Ununterscheidbarkeit, in: medien + erziehung, 39. Jg., H. 4, S. 205-208.

Giddens, A. (1991): Modernity and Self-Identity, Cambridge.

Giddens, A. (1997): Jenseits von Links und Rechts, Frankfurt/M.

Herhoffer, Petra-Anna (1994): Der schrille Markt der coolen Kids, in: Werben & Verkaufen (W&V) 30, S. 50-57.

Hitzler, R. (1994): Sinnbasteln, in: I. Mörth/G. Fröhlich (Hg.): Das symbolische Kapital der Lebensstile, Frankfurt/New York, S. 75-92.

Hitzler, R. (1997): Der Pillen-Kick. Ekstasetechniken bei Techno-Events, in: Neue Praxis 4, S. 357-363.

Hitzler, R./Honer, A. (1991): Qualitative Verfahren zur Lebensweltanalyse, in: Flick, U. u. a. (Hg.): Handbuch Qualitative Sozialforschung, München, S. 382-385.

Hitzler, R./Honer, A. (1994): Bastelexistenz, in: Beck, U./Beck-Gernsheim, E. (Hg.): Riskante Freiheiten, Frankfurt/M., S. 307-315.

Hitzler, R./Pfadenhauer, M. (1997): Jugendkultur oder Drogenkultur? Soziologisch-ethnographische Eindrücke aus der Techno-Szene, in: J. Neumeyer/ H. Schmidt-Semisch (Hg.): Ecstasy – Design für die Seele?, Freiburg, S. 47-60.

Hitzler, R./Pfadenhauer, M. (1998a): Eine posttraditionale Gemeinschaft. Integration und Distinktion in der Techno-Szene, in: F. Hillebrandt/G. Kneer/ K. Kraemer (Hg.): Verlust der Sicherheit?, Opladen, S. 83-102.

Hitzler, R./Pfadenhauer, M. (1998b): »Let your body take control!« Zur ethnographischen Kulturanalyse der Techno-Szene, in: R. Bohnsack/W. Marotzki (Hg.): Biographieforschung und Kulturanalyse, Opladen, S. 75-92.

Hitzler, R./Pfadenhauer, M. (1998c): Raver Sex, in: DU 4 (April). Themenheft ›Hautnah‹, Zürich, S. 66-68.

Hitzler, R./Pfadenhauer, M. (1998d): Konsequenzen der Entgrenzung des Politischen: Existentielle Strategien am Beispiel ›Techno‹, in: K. Imhof/P. Schulz (Hg.): Die Veröffentlichung des Privaten – die Privatisierung des Öffentlichen, Opladen.

globalen Markt zu finden ist – und tragen nicht unwesentlich zu dessen Weiterentwicklung bei; sie überwinden auch alle Grenzen auf den Datenautobahnen, surfen durchs Internet, basteln an weltumspannenden Info-Lines usw.; und sie arbeiten mit allen kulturell verfügbaren Print- und Elektronik-Medien – und kreieren Neues: Der Techno-Flyer z. B. hat mit dem alten Handzettel noch ungefähr so viel gemeinsam wie ein Laptop mit einem Rechenschieber. (Das zeigt auch die eindrucksvolle Untersuchung der Trierer Forschungsgruppe um Waldemar Vogelgesang; vgl. dazu Vogelgesang u. a. 1998).

Jerrentrup, A. (1993): Techno – Vom Reiz einer reizlosen Musik, in: H. Rösing (Hg.): Stationen populärer Musik. Vom Rock 'n' Roll zum Techno. Teil 2. Baden-Baden, S. 64-84.

Kalweit, H. (1995): Trance, in: Die Gestalten/Chromapark e. V./Klanten, R. (Hg.): Localizer 1.0. the technohouse book, Berlin.

Lau, T. (1995): Raving Society. Anmerkungen zur Technoszene, in: Forschungsjournal NSB, Jg. 8, H. 2, S. 67-75.

Lau, T. (1996): Rave New World, in: H. Knoblauch (Hg.): Kommunikative Lebenswelten, Konstanz, S. 245-259.

Pfadenhauer, M. (1996): Raving Society, in: H. Schwengel (Hg.): Kontinuitäten und Diskontinuitäten der Politischen Soziologie. Freiburger Arbeitspapiere zum Prozeß der Globalisierung. Bd. 1, Freiburg, S. 349-364.

Poschardt, U. (1995): DJ-Culture, Frankfurt/M.

Rushkoff, D. (1995): Technoschamanismus, in: Ders.: Cyberia. München.

Saunders, N./Walder, P. (1995) (Hg.): Ecstasy, Zürich.

Schroers, A. (1996): Ecstasy. Ein Ratgeber zur Droge MDMA, Münster.

Schroers, A. (1997): Ecstasy-Gebrauch und Sekundärprävention, in: J. Neumeyer/H. Schmidt-Semisch (Hg.): Ecstasy – Design für die Seele?, Freiburg, S. 246-258.

Vogelgesang, W./Höhn, M./Cicchelli-Rößler, B./Schmitz, F. (1998): Techno: Design als Sein, in: M. Jäckel (Hg.): Die umworbene Gesellschaft, Opladen, S. 80-111.

# Eva Schmidt
# Eine Jagd durch die Nacht – The Prodigy und ihr ausgezeichneter/zensierter Videoclip
## *Smack my bitch up*

WARNING – The following video by The Prodigy contains scenes and languages of an adult nature which are not suitable for children.

»Unsere Musik ist nicht subtil. Sie schlägt ins Gesicht.«

Liam Howlett, The Prodigy

### Part One (zu Hause): Antörnen 0:55

Wasserrauschen. Jemand wäscht sich unter der Dusche die Arme mit Seife. Die Musik beginnt. Die Person dreht den Wasserhahn ab, reißt den Duschvorhang auf, betritt das Bad, wirft ein Handtuch über, drückt sich Rasierschaum in die Hand, wäscht eine Rasierklinge ab, öffnet den Toilettendeckel, setzt sich auf die Toilette, reißt ein Stück Toilettenpapier ab, macht das Licht aus und verläßt das Bad.

Die Tür öffnet sich in ein karg eingerichtetes Wohnzimmer, in dem ein Bett mit pinkfarbenem Bezug steht. Die Person geht zum CD-Player, legt eine CD ein, zieht sich eine schwarze Hose an, gießt sich aus halbleerer Flasche einen Drink ein, zieht Nike-Turnschuhe an, teilt Reihen weißen Pulvers ein, vermutlich Kokain, zieht dieses dann mit einem gerollten Geldschein durch die Nase ein, läuft einen Treppenflur hinab, öffnet die Tür, knipst den Lichtschalter aus und verläßt das Haus.

All das ist geschickt gemacht. Aus jeweils nur sekundenlang gezeigten Aktionen ziehe ich als Betrachterin dieser Bilder Rückschlüsse auf vorangegangene Handlungen und nachfolgende Vorgänge. Hier ist jemand dabei, sich aufs Ausgehen vorzubereiten. Nichts davon ist mir fremd. Wenn ich die gezeigten Aktionen nicht aus meinem eigenen Leben kenne, so sind sie doch aus Darstellungen in Film und Fernsehen vertraut. Die knappen Verweise auf mir hinreichend bekannte, alltägliche Handlungen setzen sich im Kopf wie von selbst zum jeweiligen Gesamtvorgang zusammen. Ich verstehe sofort, was ich sehe, und weil ich verstehe, bin ich gespannt auf das, was dieser Einleitung des Videos, die den Auftakt eines Abends zitiert, nun folgen wird. Darauf muß ich nicht so lange warten wie die Person im Clip, denn zeitlich ergibt sich ein raffender Effekt, ohne daß die Bilder beschleunigt würden. Im Video sind erst 55 Sekunden vergangen, als die Hauptperson das Haus verläßt. Indirekt gezeigt wurde aber eine »Echtzeit« von ungefähr 30 Minuten, und die dargestellten Vorgänge wirken dennoch nicht übereilt. Auf dieser Technik basieren große Teile des Clips.

Die Musik scheint die Vorbereitungen anzutreiben. Sie ist schnell, die Cuts bleiben im Rhythmus, und es entsteht das Gefühl, daß alles in Ordnung ist. Klar und ordentlich, ritualisiert, keine Fragen, keine Zweifel, die Person im Video weiß, was sie tut. Wenn im Clip die CD eingelegt wird, beschert das auch mir den Beginn eines durchgängigen, treibenden Beats und eine Zunahme der Lautstärke. Die Musik wurde gegenüber der Version von *Smack my bitch up*, die auf dem Album *The Fat of the Land* (1997) zu hören ist, für das Video verändert. Mit 4:40 Minuten ist der Clip rund eine Minute kürzer als die Orginalmusik, wobei beiden Versionen das gleiche musikalische Schema zugrunde liegt (langsamer Einstieg, Steigerung durch das Hinzukommen immer neuer Beats, Break-off in sphärischen Teil mit orientalischem Gesang, Rückkehr zum treibenden Beat).

Akustische Eigenart dieses Clips sind die in die Musik eingesampleten Geräusche. Was im Video passiert, wird insofern lautbar, als sich die Musik in Lautstärke und Klang je nach Lokalität verändert und ich nicht nur sehe, sondern auch höre, wie der Wasserhahn abgedreht, der Duschvorhang aufgerissen und die Toilettenspülung betätigt wird. Erstes Bild im Clip ist die Dusche, erstes Geräusch – bereits vor dem Einsatz der Musik – ist das Rauschen des Duschwassers. Diese Samplemethode gibt mir das Gefühl, direkt dabei zu sein. Ich darf und muß alles direkt miterleben, was mir hier gezeigt wird, auch auf akustischer Ebene.

Maßgeblicher am Zustandekommen einer Qualität des Miterlebens beteiligt als die Geräusche ist die Perspektive, aus der dieser Clip mir die Handlung näherbringt. Fast zu nah, möchte man meinen, denn als Betrachterin des Videos sehe ich die Welt ausschließlich durch die subjektive Brille der Hauptfigur. Es ist, als sei der Kopf dieser Person eine Kamera, die Erlebnisse und Wahrnehmungen gleich dem menschlichen Auge aufnimmt und dann weitertransportiert auf einen Bildschirm, der mich mitrezipieren, ja teilhaben läßt. Durch die Kameraführung, die stets wackelig bleibt, wird eine Subjektivität suggeriert, die mir die Identifikation mit der Hauptfigur sehr direkt anbietet. Ich höre und sehe in radikaler Beschränkung nur das, was das erlebende Ich des Clips wahrnimmt. Vergleichbar einer Ich-Erzählung ermöglicht diese Methode den schnellen Einstieg in die Geschichte – sie zieht mich unmittelbar in die Situation hinein, läßt mich am Leben dieses Menschen teilhaben und gemeinsam mit ihm gespannt auf die Überraschungen des Abends sein.

Dieses direkte Angebot zur Identifikation mit der Hauptfigur ist um so irritierender, als ich ebendiese bis kurz vor Ende des Clips nie zu Gesicht bekomme. Die filmische Ich-Erzählung impliziert, daß es keine Außenansichten des Film-Ichs gibt. Das ist in diesem Genre selten und ungewohnt. Ab und zu sehe ich Hände und Füße der Person wie meine eigenen, manchmal hält sie eine Zigarette oder eine Flasche, die dann das Bild permanent am Rand begleiten. Aus diesen Schnipseln beginne ich mir ein Bild von ihr zu machen, eher unbewußt, und mit jeder der gezeigten Verhaltensweisen verfestigt es sich und wird fast wie von selbst zur Vorstellung von einem Menschen. Einem Mann.

## Part Two (Imbiß, Straße, Club): Abfahren 1:35

X betritt eine Imbißstube, zeigt auf die Neonspeisekarte über der Theke, bekommt ein salatartiges Etwas in einer Klappschachtel. Eine Autofahrt ist angedeutet, X lenkt den Wagen auf der rechten Seite. Es ist Nacht in einer englischen Stadt. X läuft auf einem Bürgersteig an vielen Menschen und einer Polizeikontrolle vorüber, passiert den Türsteher einer Bar, ohne sich in die Schlange gestellt zu haben, läuft an einer Kassiererin vorbei die Treppe hinunter, faßt einer Frau an den Hintern, sie dreht sich verärgert um. X raucht, der Blick schweift über die Sitzgruppen in der Bar.

X läßt sich vom Barkeeper mehrere Drinks einschenken, hat dann die Flasche selbst in der Hand, der Barkeeper nimmt sie X wieder ab. X redet kurz mit einem Mann im braunen Anzug, dieser lächelt. X trinkt wieder, geht zu einer Sitzgruppe, stellt das Glas ab, nähert sich einer dort sitzenden Frau und versucht, ihren Kopf an sich zu ziehen, der dabei gegen die Kamera bzw. gegen X' Kopf stößt. Im Video wird auch das akustisch umgesetzt. X begrapscht die Beine der Frau, sie reagiert ärgerlich und wehrt sich. Daraufhin entfernt sich X und wirft dabei fast einen Tisch um, auf dem Gläser stehen.

X wird mir langsam unsympathisch. Es scheint einer dieser Einzelkämpfer zu sein, die die Welt als gut eingerichtetes Vollsortiment begreifen, aus dem man sich ganz nach Wunsch nur bedienen muß. Wie ein Raubtier streift er durch die Barlandschaft, lauernd, beobachtend, dabei schon leicht schwankend, dann direkt seine Beute anvisierend, um schließlich auf sie loszugehen. Die Beute, das ist deutlich, sind Frauen, keine Bestimmte, sondern Frauenkörper und insbesondere Frauenhintern und Brüste, deren X im gesamten Clip noch mehrere Dutzend begrapschen wird. Der ständige Drogenkonsum läßt die Befriedigung des sexuellen Verlangens immer notwendiger und damit die Jagd auf die Frau immer aggressiver werden. Zugleich steigt die Aggressivität im gesamten Verhalten von X.

Immer noch kommen mir die Szenerien sehr bekannt vor. Ja, so sieht es aus in Bars am Abend, so verhalten sich auch Leute, die ich kenne, so systematisch kann man sich die Sinne benebeln. Es bleiben Bilder, die ich schon häufig gesehen habe, merkwürdig verzerrt jedoch und wie beim Blick in einen Tunnel sehr eingeschränkt. Der Raum steht oft wie ein Bild perspektivisch flach vor mir und wirkt abweisend und nicht begehbar. Daß X sich trotzdem in den Raum hineinbewegt, erweckt manchmal den Eindruck, als müßten dafür große Widerstände überwunden werden.

Disco. Zuckende Körper, tanzendes Licht, man kennt das. X schüttet einem Mann beim Tanzen ein Getränk über. Der erhebt wütend die Hand, X zeigt ihm den erhobenen Mittelfinger. Eine Frau kreischt, feuert X an. X prügelt mit einem Stuhl auf den Mann ein und würgt ihn. Schließlich sieht man den Mann zusammengekrümmt am Boden, nachdem X ihn in den Magen getreten hat. X visiert über eine tanzende Menge hin den DJ an, geht zu ihm hin. Konfrontative Gestik von X und DJ. X reißt plötzlich eine LP vom Teller, dann den gesamten Plattenspieler vom Pult und schmettert ihn auf den Boden. X flieht. Blitzschnelle Bilder: Raumaufnahmen der Disco und Bar, ein Mann mit schwarzer Maske, eine schreiende Frau, die sich gegen einen massiven sexuellen Angriff von X wehrt.

Jetzt bricht die Gewalt los, unbegründet, ohne Anlaß und offenbar kritiklos abgebildet. X ist plötzlich im Gewaltmodus: Das Raubtier sucht nach Möglichkeiten zum Kampf, will aufgestaute Energien und Verärgerungen loswerden und nutzt dazu jede Gelegenheit. In gewisser Weise zelebriert der Clip diese Gewaltorgie, bleibt doch die subjektive Kamera bestehen und legt mir auf penetrante Weise unermüdlich nahe, mich mit X zu identifizieren. Immer weniger bin ich dazu gewillt. Gleichzeitig gebannt und abgestoßen von den Vorgängen auf dem Bildschirm, möchte ich mich distanzieren, nichts damit zu tun haben und bleibe dennoch gespannt am Bildschirm kleben, neugierig auf den Fortgang der Handlung.

Zunehmend problematisch wird das Identifikationsangebot, wenn sich X mehr und mehr in gewalttätige Handlungen stürzt, weil die Ich-Perspektive sich zu dem Dargestellten zunächst einmal neutral bis affirmativ verhält. Der distanzierte, bewertende Blick eines Außenstehenden fehlt hier, und ich muß mir diesen Blick bewahren, mich der Sogwirkung der Darstellungen widersetzen, um mir ein eigenes Urteil zu bilden. Die fehlende Wertung von außen ist vielleicht eine Begründung für die Zensur des Clips, die ihn von der ersten Ausstrahlung an ins Nachtprogramm verbannt hat.[1] Der simplere und offensichtlichere Grund sind gewiß die schockierenden Bilder, die schon für sich genommen exzessiven Drogenkonsum, pornographische Darstellungen und gewalttätige Auseinandersetzungen explizit zeigen und dadurch in hohem Maße Kriterien für eine Zensur erfüllen.

Die Musik hat ihren anspornenden Charakter keineswegs verloren, sondern liefert sich mit den Bildern ein ekstatisches Rennen. Ob die eskalierenden Gewaltdarstellungen von den schnellen Beats hochgepeitscht werden oder umgekehrt, weiß ich nicht. In jedem Fall wird eine gegenseitige Bestätigung erreicht, fast als rechtfertige allein der Rhythmus die gezeigten Aktionen oder

---

1 Beim *Europe Music Award* des marktbestimmenden Musiksenders MTV wurde The Prodigy im November 1997 dreifach ausgezeichnet: Bester Dance Act, Bester Alternative Act und Bester Videoclip. Letzterer war der Clip zu dem Song *Smack my bitch up*. Er wurde auf MTV erstmals in der Nacht vom 12. auf den 13. 11. 1997 im Programm *Party Zone* (ab 0.45 Uhr) komplett gesendet. Auch weiterhin blieb die Ausstrahlung auf nächtliche Stunden beschränkt, zusätzlich war sie mit einer Warnung verknüpft (zu Zensurpraktiken bei MTV vgl. A. Schmidt in diesem Band). In den USA gab es Fernsehanstalten, die es generell ablehnten, den Clip zu zeigen.

auch, als legitimiere das Zeigen dieser Bilder gleichzeitig die Existenz eine derart brutalen Musik. Das ist die Musik zu solch einer Nacht, das ist der Rhythmus der Story.

In dieser Geschichte gibt es keine Verschnaufpausen, weder Warten, Denken noch Reden. X jagt allein durch die Nacht, und die Begegnungen mit anderen Menschen sind kurz und ausschließlich gewalttätiger oder sexueller Natur. Dadurch, daß die sprachlichen Äußerungen der Menschen, denen X »begegnet« (die z.B. anfeuernd kreischen, X an der Bar ansprechen, sich wehren u.ä.), im Gegensatz zu den Geräuschen der Umgebung nicht in die Musik gesamplet wurden, bleiben die Menschen seltsam stimmenlos. Ihre Worte und Schreie dringen nicht zu X' akustischer Wahrnehmung durch, was sie zu Objekten degradiert, zu Schachfiguren in einem ritualisierten Spiel. Auf wen X einschlägt, ist im Grunde egal, welche Frau X abschleppt, eigentlich auch. Wichtig bleibt allein die Befriedigung dreier Bedürfnisse: Konsumieren bis zum Rausch, Gewalt ausüben, Sex haben.

X betritt die Herrentoilette, stößt einen Mann beiseite und erbricht sich in ein Waschbecken. Das Erbrochene färbt das weiße Waschbecken rot und grün. X greift mit der rechten Hand hinein und ballt sie zur Faust, tritt dann die Tür zu einer Kabine auf, zerrt einen Mann, der gerade auf der Toilette sitzt, an der Hand vor die Tür. Der anschließende Blick in die Kabine zeigt die Toilette aus einer Vogelperspektive: Die Schüssel ist ganz weit unten, die Wände wie in einem Tunnel darauf zulaufend. Der Blick auf die Toilettenschüssel wird abgelöst von visuellen Versatzstücken: Offenbar ein Rausschmiß, ein kaum erkennbarer Sturz in einen Heizungskeller, das Vorbeigehen an einem Fire-Exit-Schild und das Gerangel mit einem Türsteher – alles immer wieder unterbrochen durch Farbbilder, vornehmlich in rot und gelb. X findet sich schließlich auf der Straße wieder.

## Part Three (Straße, Sexclub, Strip): Frauenjagd 1:10

Straßenszenen, erneutes Erbrechen, ein angedeuteter Anruf aus der Zelle bei einer Telefonsex-Nummer. Dann eine Tür: »Erotic Girls, Striptease, Brief encounter beautiful young girls«. X trinkt und versprüht Sekt auf blonde Frauen mit großen, entblößten Brüsten, die vor X tanzen und posieren. X schlägt einen dunkelhäutigen Mann, der in einer Ecke sitzt, gegen den Kopf.

Auf einer Bühne tanzt eine rothaarige Stripperin anzüglich, teilweise auf einem Stuhl sitzend, und schlingt dabei eine Federboa um sich. Sie kommt X mit der Zunge sehr nah, man sieht Teile ihres Strip-Programms, bis sie nackt ist und eine Hand über den Bühnenrand X hinhält. Sie zieht X auf die Bühne und verschwindet hinter dem Vorhang. Die Stripperin steht in engem Leopardenmusterkleid in einem rot ausgeleuchteten Gang und streicht über ihre Brüste. Sie dreht sich um, bedeutet X mit einer winkenden Geste, ihr zu folgen. Sie lehnt sich gegen ein Auto, nun streicht X über ihre Brüste, die das enge Kleid fast sprengen. X versucht erfolglos, die Autotür zu öffnen, bückt sich dann nach einem Stein und wirft damit das Autofenster ein.

Für X wird die Nacht zum Chaos, für mich ebenso. Verwirrende und abstoßende Szenen wechseln einander ab und ich verliere den Überblick. X ist jetzt so berauscht, daß nichts mehr in geordneten Bahnen verläuft. Ganze Zeitabschnitte sind offenbar ausgelöscht, andere kurze Momente erkämpfen sich einen Platz im Bewußt-sein und werden verzerrt wahrgenommen. Ich schwimme mit X durch eine Kloakenwelt, habe fast das Gefühl, das Erbrochene schwappt aus dem Waschbecken über den Bildschirm, aus dem Rinnstein in mein Leben. Noch schlimmer wird es nach dem Rausschmiß aus der Disco: Zunächst stürze ich in ein Farben-meer, schnell wechselnde Bilder entreißen mir die Zusammen-hänge. Dann ein Break.

Durch einen musikalischen Wechsel wird ein neuer Abschnitt des Clips eingeleitet: Vollrausch. Der bisher durchgängige Beat en-det. Eine Sängerin beginnt, unterlegt von sphärischen Klängen, in orientalischer Art zu singen. Anders als auf der CD ist dieser Ab-schnitt auf der Video-Tonspur stark verzerrt. Selbst die Musik höre ich durch X' vom Rausch beeinträchtigte Wahrnehmung. Daneben benutzt der Clip neue technische Tricks und Effekte, um mir X' Zustand glaubwürdig zu machen. Die Subjektivität des Blickes wurde von Anfang an durch eine instabile Kamera zu eta-blieren versucht. Nun gelingt es, den sich stetig steigernden Rauschzustand sichtbar, teilweise erlebbar zu machen. Selektive Wahrnehmung und Orientierungslosigkeit des Blicks werden überzeugend durch eine Kamera nachempfunden, die von rasan-ten Schwenks direkt in Fahrten hineinwechselt, sich auf den Kopf stellt, steigt, fällt und konstant in Bewegung bleibt. Um den Effekt des Doppelt- oder Dreifachsehens im Rauschzustand zu erzielen, werden trickreich Bildteile aufgezogen: Der Stein etwa, mit dem X das Autofenster einwirft, erscheint für Bruchteile einer Sekunde als drei Steine. Perfekt abgestimmt auf den nächsten harten Schlag in der Musik finden sich die drei Steine dann wieder in der Bildmitte zu einem Stein zusammen. Ich sehe Bilder, die sich um sich selbst drehen, sehr schnell auf mich zukommen und wieder wegspringen, permanent wackeln usw. Gleichzeitig verschwimmen die Umrisse der Menschen und Dinge mehr und mehr, alles wird undeutlich und nebulös. Für ungefähr 30 Sekunden arbeitet der Clip ganz ohne Cuts. Statt dessen gibt es nur einige wenige Überblendungen. Die filmische Erzählung hat dadurch gar keine Ruhepunkte mehr, so daß sich beim Betrachten X' Übelkeit körperlich überträgt – vom Hinschauen wird mir schwindlig.

Es ist schwer, sich zu diesem Zeitpunkt noch entziehen zu wollen. Hat die Identifikation mit X einmal stattgefunden – was naheliegt durch den langsamen Beginn des Clips, der mit so vielen vertrauten Gesten operiert –, wird die Distanzierung zu dem Rest der gezeigten Vorgänge zur Herausforderung. Der Clip ersucht mich jedoch gleichzeitig geradezu, diese Herausforderung anzunehmen und die angebotene Perspektive zu brechen. Er tut das durch eine ständige Steigerung des Dargestellten. Das zunächst so Gewöhnliche und Bekannte entspricht plötzlich nicht mehr meinen Vorstellungen, hier ist die Norm überschritten. Dieser Mensch kennt keine Grenzen; die Drogen machen X aggressiv und unzurechnungsfähig. Zusätzlich gelingt es dem Clip, physische Reaktionen in mir hervorzurufen: Mir wird es tatsächlich stellenweise übel, ich ekle mich, ein schales Gefühl bleibt zurück.

Die Jagd nach Sex führt schließlich zum Erfolg. Die Stripperin ist die erste Frau, die sich X gegenüber auffordernd und lockend verhält, die X' Annäherungen offensichtlich genießt. Als hätte X den Faden erneut aufgenommen, beginnt der durchgängige Beat in dem Moment wieder, als X die Rotlichtbar betritt und einen Drink nimmt. Die vorher völlig konfuse Kameraführung wird wieder etwas klarer, die Musik treibt die Vorgänge an. Es scheint, als kehre die Erinnerung zurück – wie lauteten meine drei Ziele für diese Nacht? Ach ja, Konsum, Gewalt, Sex. Zwei davon wurden inzwischen erreicht, das dritte steht noch aus, und dafür benötigt X einen Partner – eine Frau. Ab dafür.

Eine Autofahrt: Die Stripperin trinkt Wein, lümmelt sich auf dem Beifahrersitz und lacht anzüglich. X sitzt am Steuer, tankt, verhindert knapp einen Unfall. Ankunft in X' Wohnung.

Die Stripperin entkleidet sich im Flur, tanzt lockend. X geht ins Bad, öffnet den Toilettendeckel samt Brille, setzt sich und trinkt Wein. Die Stripperin sitzt auf dem Bett, zieht ihren BH aus und läßt sich mit gespreizten Beinen nach hinten fallen. X zieht die Hose aus, die Stripperin ihren Slip. Sie hat ein Bauchnabelpiercing und ein Tattoo auf dem Hintern. Ihr nackter Körper, X' Hände auf ihr. Verschiedene Sexstellungen werden angedeutet, ebenso die Ekstase der Stripperin in einzelnen Gesten: Sie wirft ihren Kopf zurück, hat die Augen geschlossen, den Mund geöffnet.

Spieglein, Spieglein an der Wand ... The Prodigys Spiel mit dem Crossover der Geschlechter.

Schließlich steht die Stripperin auf und verläßt den Raum durch eine Tür. Neben der Tür steht ein Spiegel, in dem man eine junge, blonde, schlanke Frau auf dem Bett sitzen sieht. Sie schaut sich im Spiegel an. Die Stripperin steht im Flur: Sie nimmt ihre Kleider vom Boden auf und geht den Flur entlang. Zurück zur blonden Frau im Spiegel: Sie hat sich das Bettuch über den Schoß gelegt und läßt sich auf das Bett zurückfallen. Gemeinsam mit ihrem Blick geht der Blick der Kamera zur Decke und fällt auf die dort hängende Glühbirne. Diese kreist an der Decke, dann schließt X offenbar die Augen. Man sieht die Stripperin, wie sie die Wohnung verläßt und die Tür von außen schließt. Augen zu, Tür zu, Ende. Der kahle, weiße Flur ist die letzte Einstellung des Videos.

Das bricht nun mit all meinen Erwartungen. Der Schluß des Clips muß wohl so verstanden werden, daß X diese blonde, schmächtige Frau ist, die am Ende auf dem Bett sitzt. Das Geheimnis ist also gelüftet. Doch war da überhaupt ein Geheimnis um die Identität dieser Person X? Die geschlechtliche Identität jedenfalls ist kaum als ein Rätsel angelegt. Diese Person säuft, schlägt Männer zusammen, begrapscht Frauen – da ist recht schnell klar, daß es sich hier um einen Mann handeln muß. Aber auch kleinere Details stimmen: X benutzt einen Rasierer, betritt eine Herrentoilette, klappt die Toilettenbrille hoch. Die Geschichte gibt mir diese Bilder und läßt damit keine Zweifel, daß ich es hier mit einer männlichen Perspektive zu tun habe. Zu deutlich auch die begehrlichen Blicke auf die Frauen, die Ignoranz gegenüber den Männern. Auf die Idee, daß X eine Lesbe sein könnte, komme ich gar nicht. Doch warum sollte sie sich »wie ein Mann« verhalten? Ein einziger Hinweis auf die »wahre« geschlechtliche Identität von X, in dem die Überraschung des Schlusses vorweggenommen wird, ist in der Bettszene versteckt: Die Stripperin leckt an der Brustwarze von X, an einer weiblichen Brust. Ein irritierendes Moment für den, der es wahrnimmt. Doch in der rasend schnellen Bildabfolge ist die sekundenlange Einstellung zu kurz, um sie beim ersten Sehen des Videos aufnehmen zu können.

Deshalb überzeugt mich das überraschende Ende auch nicht als tatsächlich ernst gemeintes Element der Geschichte. Es ist unglaubwürdig, daß X diese Frau ist, daß sie alles vorher Gesehene erlebt hat. Zumindest würde sie zu einer verschwindend kleinen Minderheit von Frauen gehören, die sich ein Leben nach männlichen Mustern gestaltet. Aber im Grunde ist das auch nicht die Frage, die für mich interessant ist und die das Video auslöst. Das Ende des Clips fungiert vielmehr als Schlüssel zu einem anderen Blick auf das Gesamtprodukt. Es gibt dem Clip eine Schlußpointe. Das ist in Musikvideos selten und kann nur innerhalb eines streng narrativen Videos funktionieren. Wie bei jeder Pointe ist auch diese hier entscheidend. Würde sie weggelassen, so wäre der Clip ein anderer; die bedeutsame Wendung, die alles vorher Gezeigte in ein anderes Licht taucht, neue Fragen aufwirft, darf nicht fehlen. Ohne sie wäre diese Story tatsächlich schal, eine einzige euphorische Orgie von Drogen, Gewalt und Sex, der jeglicher Ansatz zur Kritik abgeht.

So arbeitet das Video mit einer doppelten Brechung der Perspektive, die einen durchschnittlichen, erwachsenen Betrachter einigermaßen nachdenklich zurücklassen dürfte. Zunächst wird die Ich-Perspektive gehörig ins Wanken gebracht, weil man im Verlauf der Vorgänge kaum mehr in der Haut von X stecken möchte; am Ende wird die fast automatisch ablaufende Assoziationskette einer kategorisierten Zuweisung von geschlechtsspezifischem Rollenverhalten aufgebrochen. Diese Ambivalenzen in der Perspektive lassen die Sicht auf die im Clip präsentierte Welt zu einer kritischen werden; die Geschichte bekommt entgegen der zunächst affirmativ erscheinenden Darstellung vermeintlich einen aufklärerischen Gestus.

Der Songtext kann wohl als eine Bestätigung der Schlußpointe gelten, da in ihm offenbar die Forderung einer Frau artikuliert wird, vorgebracht allerdings von einer Männerstimme. Insgesamt siebenmal ergeht die Aufforderung an den Zuhörer: »Change my pitch up, smack my bitch up!«, was soviel heißen dürfte wie »Heb' meine Laune, leck meine Fotze!« Das Wort »bitch« wird aber auch als Slangwort für Heroin gebraucht. Diese zwei Zeilen sind der ganze Text, mehr gibt es nicht. Mittels der häufigen Wiederholung und monotonen Singart wird eine Eindringlichkeit erreicht; man merkt sich die wenigen Worte. Auch diese konkret sexuelle Aufforderung im Vulgärjargon tritt mir in ihrer Plakativität zu nahe. Erreicht wird dadurch allerdings, daß ich die Worte sehr bewußt aufnehme und mir die Diskrepanz zwischen Inhalt und Form (männliche Stimme) auffällt. Ein weiteres Spiel mit Geschlechterrollen und geschlechtlicher Identität also auf der Ebene des Songtextes.

Bemerkenswert ist auch, wie der Clip mit seinem Ende einen deutlichen Schlußpunkt zu setzen vermag. Zunächst wird die bisher stringent durchgehaltene Perspektive aufgelöst. Ich habe die blonde Frau (X) mit ihrem eigenen Blick im Spiegel gesehen, dann aber werden mir plötzlich erstmals im Clip Bilder gezeigt, die X nicht sehen kann: Die Stripperin nimmt im Flur ihre Kleider auf. Danach geht die Kamera wieder zu X zurück, sieht mit ihren Augen die kreisende Glühbirne an der weißen Zimmerdecke: Hier löst sich die Kamera zum zweiten Mal von X' Wahrnehmung und zeigt wieder den Flur der Wohnung. Die Stripperin schließt die Tür von außen. Deutlicher könnte ein Schluß kaum sein. Die Kamera hat X' Perspektive verlassen, die Tür wird geschlossen und damit ist auch das Video beendet. Daß die Kamera jetzt zwei kurze Einstellungen aus einer nonpersonalen Erzählperspektive zeigt, macht noch einmal den beengenden Blick der bisherigen Erzählweise deutlich. Gerade diese unerwartete Erweiterung der Perspektive läßt mich X nun bedauern: Sie erscheint mir unendlich einsam, nun, da der Trip unleugbar vorüber ist.

## Werbewirksame Selbstdarstellung oder Rebellion in Echtzeit?

Der Clip erzählt seinem Rezipienten eine Geschichte, die einen Anfang, ein Ende und eine dramaturgische Konzeption aufweist. Die gezeigten Bilder folgen einem Erzählstrang, so daß man den Clip zur Gruppe der narrativen Videos (vgl. Schwichtenberg 1992) rechnen kann. Als dessen frühe Vertreter wären etwa Michael Jacksons *Thriller* (vgl. Mercer in diesem Band) oder Kate Bushs *Cloudbusting* zu nennen. Im Gegensatz zu diesen beiden Clips, in denen jeweils die Interpreten selbst noch als Darsteller zu sehen sind, spielen die vier Bandmitglieder von The Prodigy in ihrem Video visuell keine Rolle mehr. Das ist sehr ungewöhnlich für ein Musikvideo, da es ja immer auch als Werbeträger fungieren soll. Die Bilder zu *Smack my bitch up* verweisen nicht direkt auf den Produktionsprozeß der Musik oder auf ihre Performanz. Diese Unabhängigkeit von der Musik läßt die visuelle Ebene des Videos eine Eigenständigkeit erreichen, die ebenfalls ungewöhnlich ist.

Der Clip ist gleichzeitig prämiert wie auch zensiert. Er wurde ausgezeichnet, demnach wird ihm künstlerisch ein gewisser Wert zugesprochen. Gleichermaßen wirkt er aber auch provokant, kann als gewaltverherrlichend, den Drogenkonsum anpreisend und pornographisch beurteilt werden. The Prodigy nehmen mit diesem Clip gleich drei thematische Trends auf, die für das Genre Musikvideo spezifisch sind: Konsumismus, Sexismus, Gewalt (vgl. Schmidbauer/Löhr 1996).

Hier drängen sich Vergleiche zum Medium Film auf: Auch

wenn dort mit dem Gewaltsujet gespielt wird, z. B. *Clockwork Orange* (1971), *Pulp Fiction* (1994), *Natural Born Killers* (1994), um es parodistisch auszuschlachten und/oder kritisch zu hinterfragen, steht in der Rezeption stets neben einer Anerkennung des künstlerischen Wertes des Produkts die Frage, inwieweit mehr oder minder realistische Gewaltdarstellung auf der Leinwand und im Fernsehen zugleich als Verherrlichung von Gewalt anzusehen sind. Die Frage muß auch für *Smack my bitch up* gestellt werden, obschon die Überraschung zum Ende als Kritik gelesen werden kann. Generell ist zu sagen, daß sich Gewaltdarstellungen über eine Rückrahmung, die die gezeigten Bilder in Frage stellt oder in ein neues Licht taucht, eine gewisse Legitimation und Existenzberechtigung verschaffen können. Wenn Kritik geübt werden soll, muß schließlich zunächst einmal der zu kritisierende Gegenstand beschrieben oder abgebildet werden.

Dem kritischen Ansatz des Videos entgegen steht die Idee der Imagepflege: Inwieweit soll das im Clip Gezeigte auch ein Image transportieren, mit dem eine Techno-Punkband sich schmücken möchte, und ein Umfeld vorführen, das mit der Entstehung und Arbeit einer solchen Band in engem Zusammenhang zu sehen ist. Immerhin kommen die vier Bandmitglieder aus der britischen Raveszene.[2] Eine exzessive Nacht bekennender Raver unterscheidet sich wahrscheinlich nicht wesentlich von den im Video gezeigten Szenerien und Vorgängen. Um diese Behauptung zu prüfen,

---

2  Die britische Band namens »Das Wunderkind« steht für den Spagat zwischen den vermeintlich unvereinbaren Stilrichtungen Techno und Rock 'n' Roll. Um sie und ihre Musik zu klassifizieren, werden Termini wie *Elektronik-Punkrockband* bemüht, sie selbst sehen sich als alternative Tanzband. Im Musikregal sind ihre drei Alben meist unter *Techno* einsortiert, denn Grundzutaten ihrer Musik sind die schnellen Beats und der elektronische Sound. Das Image der Band jedoch sperrt sich gegen eine solche Einordnung.

1990 aus der Raveszene im englischen Essex hervorgegangen, verschrieben sich die Bandmitglieder zunächst der Dance-Music. Produzent Liam Howlett, der heute noch die Songs für The Prodigy schreibt, legte damals in einem Szeneclub Platten auf. Die Partyabende, die miteinander verbrachten, waren geprägt von illegalen Outdoor-Raves, synthetischen Drogen und ekstatischem Tanz. So wurde diese Band, typisch für die Techno- und Dance-Music der neunziger Jahre, nicht von ambitionierten Musikern begründet, sondern von einem erfolgreichen DJ und drei tanzbegeisterten Partygängern. Bis hierher eine typische Entwicklung. Ab März 1996 wurden The Prodigy experimenteller. Auf ihrer Single *Firestarter* mischten sie Sounds aus musikalischen Subkulturen wie Jungle und Rave zwischen die Breakbeats, dazu kam ein keifender Gesang. Der Versuch war von kommerziellem Erfolg gekrönt: drei Wochen Spitzenposition in den englischen Charts sowie Heavy Rotation im Musikkanal MTV. Den vier Briten war es gelungen, Sounds aus

genügt es, sich einmal selbst in dieser Szene zu bewegen oder auch auf zeitgenössische literarische Texte zurückzugreifen, die versuchen, das Nachtleben der Neunziger mit Party und Drogenrausch in Worte zu fassen. Hier finden sich durchaus vergleichbare »Milieuschilderungen« und Beschreibungen egomanisch erscheinender Trips mit dem Ziel einer rauschhaften Selbstauflösung, meist ebenfalls aus der Ich-Perspektive. Ähnlich ist in der Folge die Kombination von Sogwirkung und Distanzierungsbedürfnis auf seiten des Rezipienten beim Lesen solcher Texte.[3]

Was für *Smack my bitch up* dennoch auch kunstgenreübergreifend außergewöhnlich bleibt, ist nicht die Narrativik oder die Rezeptionswirkung der Story, auch nicht deren Exzessivität, sondern vielmehr die überraschende Rückrahmung, die die Identität des erlebenden Ichs fixiert. Diese kleine und doch so entscheidende Wendung läßt fragwürdig werden, ob die Band mit einem solchen Trip vorbehaltlos identifiziert werden möchte. Wie stehen also die Macher dieses Clips zu der gezeigten Jagd durch die Nacht? Letztlich ist diese Frage wohl nicht zu klären. Allerdings läßt sich sagen, daß es wohl kaum ein Anliegen von The Prodigy sein dürfte, mit

der Subkultur in den Mainstream zu transportieren. Als Vertreter eines musikalischen Pluralismus, der die unterschiedlichsten Stile zu vereinbaren sucht, bewegen sie sich gemeinsam mit anderen Grenzgängern wie u. a. Chemical Brothers oder Daft Punk in der Nachfolge von Rave-Bands der achtziger Jahre, die damals eine Fusion von Gitarrenpop und Dancebeats versucht hatten, z. B. Inspiral Carpets oder Primal Scream. Zudem haben The Prodigy ihre Wurzeln natürlich auch im britischen Erbe bei Bands wie den Rolling Stones, den Sex Pistols und den Lads.

Nicht nur musikalisch versuchen sie Neues, sie kombinieren mit ihrer Musik einen für die Technoszene ungewöhnlichen Personenkult. Sänger Keith Flint ist das Gesicht von The Prodigy: dämonisch-punkiges Outfit, die Haare zu zwei Hörnern aufgestellt, mehrfach gepierct und extrem geschminkt, grellbunt gekleidet, erinnert er an Johnny Rotten. Maxim Reality, HipHop- und Reaggae-MC mit jamaikanischen Eltern, gilt als der Anheizer. Leeroy Thornhill ist zwei Meter groß und der elegante, coole Tänzer. Liam Howlett, das eigentliche *Wunderkind*, ist der Macher, der Maschinist, auch auf der Bühne für die Musik zuständig. Ihre Auftritte sind energiegeladen und hysterisch.

Mittels Image und Bühnenshow lassen The Prodigy neue Assoziationen zur Technomusik entstehen. Bisher wurde mit elektronischer Musik und Techno der Bereich des Sphärisch-Abgehobenen, Metaphysischen, Nichtirdischen verbunden. The Prodigy möchte nach eigenen Aussagen nicht für eine technisierte Zukunft stehen. Sie bemühen sich, Lebendigkeit, Vitalität, Dramatik und Rebellion zu demonstrieren. Sie agieren expressiv im Heute, sind Gegenwartsfanatiker. Ganz im Gegensatz zu ätherischen Wesen schwitzen, schreien und zappeln sie auf der Bühne – all das auch Markenzeichen für den kernigen, männlich konnotierten Rock (vgl. Bechdolf 1996), dem sie damit verpflichtet sind.

3 Vgl. z. B. Rainald Goetz: *Rave*, Frankfurt/M. 1998; oder Alexa Hennig von Lange: *Relax*, Hamburg 1998.

diesem Video bestehende männliche Kompensationsrituale in Frage zu stellen. Nimmt man den Schluß des Clips ernst, so schlagen sie im Gegenteil offenbar vor, die Freiheit zu einem solchen Verhalten auf die andere Hälfte der Menschheit auszuweiten: Frauen soll ein solcher Umgang mit der Wirklichkeit auch erlaubt sein, sie sollen sich auch bis zur Besinnungslosigkeit dem Rausch ergeben, sich prügeln und andere Menschen zu Objekten degradieren dürfen. Was aber, wenn Frauen das gar nicht wollen? Wenn sie andere Wege suchen als die von Männern vorgegebenen, es sie gar nicht drängt, solche männlichen Phantasien auszuleben? Hat es in den neunziger Jahren des 20. Jahrhunderts irgend etwas mit Emanzipation zu tun, wenn Frauen (als Rezipientinnen) von Männern (als Autoren) hier die Erlaubnis bekommen, sich ihnen anzugleichen?

Abgesehen davon, daß eine solches Angebot nur einem überzeugten Überlegenheitsgefühl entspringen kann und dadurch einen gönnerhaften Anstrich bekommt, ist es zudem schwerlich als ein ernstgemeinter Vorschlag zu verstehen. Es funktioniert in der Realität nicht, Rollenstereotype von einem Geschlecht auf das andere zu übertragen. Was dabei herauskommt, wenn man weibliche Stereotype auf Männer überträgt, hat sich in dem Bild eines Klischee-Schwulen bereits zum eigenständigen Gemeinplatz entwickelt. Die Hardcore-Lesbe, die männliche Stereotype vereint, ist noch nicht gleichermaßen etabliert, kommt aber in *Smack my bitch up* diesem zweifelhaften Ziel einen Schritt näher. Die Vorstellung einer solchen Übertragbarkeit hat etwas Zotiges. Der Schluß ist nicht im buchstäblichen Sinne zu verstehen und soll wohl eher eine witzige Wendung liefern. Eine Pseudokritik also, die statt bisherige Rollen aufzulösen neue Banalitäten vorschlägt?

Letztlich bleibt der Clip eben doch in den genretypischen Grenzen gefangen: Allzu ernsthaft oder gesellschaftskritisch sollte ein Werbeprodukt nun einmal nicht sein. Es kommt gut an, zu zeigen, daß man über sich selbst lachen kann, daß man auf seine eigene Lebensweise und Inszenierungspraxis auch mal einen ironischen Blick zu werfen vermag. Die vermeintliche Rebellion wird dadurch zu einer äußerlichen Haltung ohne inhaltliche Forderungen nach Veränderung. So wie der Rauschzustand nicht mehr den Ausbruch aus konditionierten Verhaltensweisen bietet, sondern ebenfalls schon ritualisiert ist, hat die Utopie kollektiver Bewußtseinserweiterung längst ihre gesellschaftliche Wirkungsmacht eingebüßt. Das Bewußtsein wird eingeschränkt statt erweitert, und die Idee des Kollektivs ist zugunsten eines Egotrips gestorben.

Dennoch wirft das Video Fragen auf, spielt mit seinen Rezipienten und hält diesen den Spiegel vor. Der Clip regt dazu an, Geschlechterrollenstereotype zu überdenken und die eigene Wahrnehmung als eine stark reglementierte zu entlarven. Zudem hat schon allein die Exzessivität des Gezeigten durch die subjektive Erlebnisperspektive ein kritisches Potential, das Rezipienten Anstöße zu vermitteln vermag, sich mit dem Vorhandensein solcher Szenarien auseinanderzusetzen. Dies wird primär durch die Schlußwendung evoziert: Sie regt an, den gesamten Clip noch einmal Revue passieren zu lassen, diesmal mit der Vorstellung von X als einer Frau.

Bei diesem Aufbau des Clips, der so stark auf die Schlußwendung hinarbeitet, ist ein Rezeptionsproblem vorprogrammiert. Die Struktur eines Musikkanals ist so bewußt auf ein ständiges Kommen und Gehen ins Programm und aus dem Programm angelegt (vgl. Neumann-Braun 1993), daß wahrscheinlich kaum jemand den Clip überhaupt von Anfang bis Ende sieht. Und dann bleibt diesem Video neben seiner durchaus beachtlichen ästhetischen Qualität nicht viel mehr als seine Schockwirkung.

## Literatur

Albig, J.-U. (1996): The Prodigy. Rebellion in Echtzeit, in: Spex 7 (1996), S. 22-25.

Bechdolf, U. (1996): Musik Video HIStories. Geschichte – Diskurs – Geschlecht, in: C. Hackl/E. Prommer/B. Scherer (Hg.): Models oder Machos? Frauen- und Männerbilder in den Medien, Konstanz, S. 277-299.

Mercer, K. (1989): Monster Metaphors: Notes on Michael Jackson's *Thriller*, in: A. McRobbie (Hg.): Zoot Suits and Second-Hand Dresses: An Anthology of Fashion and Music, Boston, S. 50-73.

Neumann-Braun, K. (1993): MTV ruft die Generation X: Willkommen zu Hause, in: Forschung Frankfurt 4 (1996), S. 20-32.

Schmidtbauer, M./Löhr, P. (1996): Das Programm für Jugendliche: Musikvideos in MTV Europe und VIVA, in: Televizion 9, S. 6-23.

Schwichtenberg, C. (²1992): Music Video. The Popular Pleasure of Visual Music, in: J. Lull (Hg.): Popular Music and Communication, London, S. 116-133.

Schumm, G. (1993): Die Macht der Cuts, in: B. Naumann (Hg.): Vom Doppelleben der Bilder: Bildmedien und ihre Technik, München, S. 249-278.

# IV. Partnerwahl:
## Nutzung und Rezeption des Musikfernsehens

# Michael Schmidbauer und Paul Löhr
## See me, feel me, touch me!
## Das Publikum von MTV Europe und VIVA[1]

Dieser Beitrag bezieht sich auf einen Teil des MTV- und VIVA-Publikums, nämlich auf die Kerngruppe der 14- bis 19jährigen, von denen in Deutschland gegenwärtig rd. 4,6 Mio. leben: 2,2 Mio. weibliche und 2,4 Mio. männliche Jugendliche (Media Perspektiven 1998, S. 88; Gerhards/Klingler 1998, S. 179). Im Hinblick auf das MTV- und VIVA-Programm geht es ausschließlich um die dort plazierten Musikvideos[2], also nicht um die von beiden Kanälen auch verbreiteten Genres wie Interviews, Reportagen, Kolportagen, Tips & Ratschläge, Werbespots. Zu beachten ist zudem, daß zu den Merkmalen und Verhaltensweisen von Teenagern, die sich zur MTV- und VIVA-Klientel rechnen, nur *provisorische* Aussagen gemacht werden können (Münch 1997, S. 390; Neumann-Braun et al. 1997, S. 79; Winter/Kagelmann 1993, S. 216), und zwar aus folgenden Gründen: Es gibt erstens nur wenig Analysematerial. Zweitens werden die Markt- und Meinungsforschungsergebnisse von MTV und VIVA entweder strikt unter Verschluß gehalten (MTV Europe) oder in sehr kleinen, mehr oder minder propagandistisch aufbereiteten Dosen (VIVA) herausgegeben (Schreiber 1997, S. 38). Drittens weisen die wenigen brauchbaren Resultate selten einen repräsentativen Charakter auf und müssen oft aus Ergebnissen herausgefiltert werden, die für andere Altersgruppen (14-29, 12-19, 11-16 etc.) ermittelt worden sind. Viertens liegen schließlich kaum geschlechts- und schichtdifferenzierende Resultate vor.

[1] Der folgende Beitrag basiert auf Abschnitt IV der Analyse, die die beiden Autoren Ende 1996 in der Zeitschrift *TelevIZIon* veröffentlicht haben (Schmidbauer/Löhr 1996, S. 20ff.); er enthält zahlreiche neue Gesichtspunkte zum hier referierten Thema, stimmt aber in vielen Teilen und in seinem Grundtenor mit dem Original überein. Die Autoren möchten darauf hinweisen, daß sie sich in der genannten Analyse *auch* intensiv mit der Ökonomie und Technik der Musikkanäle *MTV Europe* und *VIVA* sowie mit der Produktion und den forminhaltlichen Qualitäten von Musikvideos auseinandergesetzt haben.

[2] Vgl. zu MTV Europe und VIVA in ihrer Qualität als *Musikfernsehunternehmen* Schmidbauer/Löhr 1996, S. 7ff.; Banks 1997, S. 91ff. (MTV Europe); Quandt 1997, S. 56ff. (MTV Europe, VIVA).

Die mißliche Datenlage wird durch zweierlei belegt: Einerseits liegt den *nichtsendereigenen* deutschsprachigen Studien über Musikvideos weder ein – für die deutschen Jugendlichen – repräsentatives Sample zugrunde, noch liefern sie zufriedenstellende geschlechts-, schicht- und bildungsspezifsch differenzierende Resultate (Quandt 1997, Behne/Müller 1996, Frielingsdorf/Haas 1995, Altrogge 1994, Altrogge/Amann 1991, Reetze 1989, Bastian 1986). Andererseits scheinen die *sendereigenen* Studien zwar repräsentativ zu sein, bieten zumeist aber ebenfalls keine geschlechts-, schicht- und bildungsspezifischen Ergebnisse an (AWA 1996, VIVA/BIK 1996, VIVA/Infratest 1997).

Wenn sich im folgenden v. a. auf die 14- bis 19jährigen beschränkt wird, heißt das nicht, andere Altersgruppen wären zu vernachlässigen, denn die 10- bis 13jährigen und die 20- bis 49jährigen gehören ebenfalls zu großen Teilen dem MTV- und VIVA-Publikum an, wenn auch nicht in vergleichbarem Umfang und mit dem gleichen Engagement (Klingler/Windgasse 1994, S. 4 ff.; VIVA/Infratest 1997, o. S.).[3]

# 1. Reichweiten, Nutzungsdauer, sozialstrukturelle Charakteristika

Der Anteil der 14- bis 19jährigen, die mehrmals in der Woche Medien nutzen, beträgt beim Fernsehen 94%, beim Radio 86%, bei den Tonträgern 77% und bei den Videokassetten 21% (Media Perspektiven 1998, S. 69; Eimeren/Klingler 1995, S. 219). Pro Tag werden rd. 57% der Altersgruppe vom Fernsehen erreicht – bei einer täglichen Sehdauer von 108 Minuten. Mit diesen Werten liegen die 14- bis 19jährigen weit unter dem Durchschnitt der Gesamtbevölkerung (Gerhards/Klingler 1998, S. 180; Eimeren/Klingler 1995, S. 212).

In den letzten Jahren betrug der Anteil der 14- bis 19jährigen, die sich *sehr gern/gern* TV-Programmen widmen, bei Spielfilmen 92%, bei Musikvideos 85% und bei TV-Serien 72% (Schmidt 1995, S. 221). Für den vorliegenden Zusammenhang ist v. a. das

---

3 Daß die – gerade bei den 10- bis 13jährigen vorherrschende – Offenheit für Musik sehr schnell (und zumeist ohne daß die Kinder die Möglichkeit haben, sich mit anderen Musikarten zu befassen) auf *Pop-/Rockmusik* fixiert wird, sollte nicht übersehen werden (Meiners 1993, S. 116 ff.; Christenson 1992, S. 70 ff.).

große Interesse der Jugendlichen an Musikvideos, d. h. nahezu ausschließlich: an Pop-/Rockvideos, bemerkenswert.[4] Einzuräumen ist allerdings, daß unter den 30 meistgesehenen TV-Sendungen des Jahres 1997 kein Musikprogramm anzutreffen ist (Gerhards/Klingler 1998, S. 187). Dennoch nehmen VIVA und MTV Europe, wenn es um die Lieblingssender der 14- bis 19jährigen geht, hinter RTL und Pro7 hervorragende Plätze ein (Schmidt 1995, S. 221). Im Vergleich mit MTV Europe und VIVA haben andere Musikkanäle wie VIVA 2, VH-1 oder Onyx kaum Akzeptanzchancen.[5]

Wie bereits gesagt, die Datenlage zu MTV Europe und VIVA läßt zu wünschen übrig. V. a. zu MTV Europe kann über die Reichweite und Nutzung wenig gesagt werden – und wenn, dann nur auf Basis von Studien, die vom Konkurrenten VIVA bei den Umfrageinstituten BIK (1996) und Infratest (1997) in Auftrag gegeben worden sind. Im folgenden wird sowohl auf die BIK- wie auf die Infratest-Studie zurückgegriffen.[6] Ergänzt werden deren Daten durch Resultate, die aus der Repräsentativanalyse AWA (1996) und einer qualitativen, nichtrepräsentativen Befragung stammen, die im Winter 1994 durchgeführt worden ist und sich auf 252 14- bis 19- und auf 281 20- bis 29jährige MTV- und VIVA-SeherInnen aus NRW bezieht (Frielingsdorf/Haas 1995, S. 331 ff.). Die AWA-Analyse stützt sich auf die Antworten von 14- bis 19-, manchmal auch 14- bis 29jährigen VIVA-SeherInnen, schließt in

4 Dieses Ergebnis wurde übrigens schon vor der Etablierung von MTV Europe und VIVA ermittelt (Behne 1985, S. 100; Altrogge/Amann 1991, S. 175 f.).
5 Gegenwärtig etablieren sich weitere Rivalen von MTV und VIVA nicht im Fernseh-, sondern im Hörfunkbereich: nämlich kommerzielle, die Informations- und Kommunikationschancen des Internet aufnehmende Jugendradios wie *Hit Radio FFH*/Radio Tele FFH(essen), *Planet Radio*/radio NRW, *evosonic*/Heitmayer-Köln, *Das Ding*/SWF und *Rockantenne*/Antenne Bayern (Kleber 1997, S. 41). Solche oder ähnliche Hörfunkkonzepte könnten dann gegenüber MTV und VIVA erfolgreich bestehen, wenn sie von den Jugendlichen als »Entwicklungschance« (Hoffmann/Boehnke/Münch/Güffens 1997, Titelblatt) wahrgenommen würden und eine zumindest vergleichbare »affektiv-parasoziale« (ebd., S. 19) Nutzung ermöglichten.
6 Bei deren Einschätzung ist zum einen zu berücksichtigen, daß die BIK- und Infratest-Werte oft nur für die Altersgruppe der 14- bis 29jährigen erhoben wurden; d. h. manche Aussagen zu den 14- bis 19jährigen können aus den Resultaten für die umfassendere Altersgruppe lediglich – und etwas ungenau – extrapoliert werden. Zum andern gilt die BIK-Studie ausschließlich für die Telekom-Kabel- und Satellitenhaushalte, während der Infratest-Befragung eine Random-Stichprobe auf Basis der aktuellen Telefonverzeichnisse der Telekom zugrunde liegt. (Die Differenz zwischen dem Umfang der beiden Basen ist allerdings relativ gering.)

ihrem Sample aber sowohl die Kabel- wie die Fernsehhaushalte insgesamt ein.[7]

Laut der BIK-Studie kommen MTV Europe und VIVA 1996 bei den 14- bis 19jährigen auf eine Tagesreichweite von 10 (MTV) bzw. 16% (VIVA). Entsprechend der Infratest-Resultate, die die Tagesreichweite für die 14- bis 19jährigen nicht ausweisen, dürfte sich der Wert 1997 auf 18% erhöht haben.[8] Die größten Reichweiten – so läßt sich dem BIK- und Infratest-Material entnehmen – hat VIVA zwischen 17 und 24 Uhr: Von 17 bis 20 Uhr haben rd. 450 000 und zwischen 20 und 24 Uhr nahezu 750 000 Jugendliche eingeschaltet. Knapp 60% des MTV Europe- und 72% des VIVA-Publikums (hier die BIK-Gruppe der 14- bis 29jährigen) geben an, fast die ganze Woche über mindestens einmal täglich zugeschaltet zu sein. Legt man die Infratest-Daten zugrunde, dürften die Werte für die 14- bis 19jährigen bei 40 (MTV) bzw. 55% (VIVA) liegen. Dementsprechend lange ist die durchgängige Einschaltdauer. Pro Einschaltung bleiben vom VIVA-Publikum (wiederum die BIK-Gruppe der 14- bis 29jährigen) fast 50% länger als eine Stunde am Gerät. In der NRW-Studie hat sich für die 14- bis 19jährigen MTV- und VIVA-SeherInnen ähnliches gezeigt. Von ihnen sind bei VIVA 44% eine Stunde und länger ununterbrochen zugeschaltet – bei MTV Europe sind es 31% (ebd., S. 334).

Die Reichweiten- und Nutzungsdaten dokumentieren die enorme Bedeutung von Pop-/Rockmusik für Teenager (vgl. Altrogge/Amann 1991, S. 175), gleichgültig welchen Geschlechts. Auffällig ist jedoch, daß Musik offensichtlich für jene besonders relevant ist, die auf der Bildungsleiter – und wahrscheinlich auch finanziell – weiter oben plaziert sind.

Interessant ist zudem, daß die (auch häufige) Nutzung von Musikvideos das Zeitbudget der Jugendlichen hinsichtlich ihrer Freizeitaktivitäten kaum beeinträchtigt. Häufige Videonutzer scheinen vielmehr spezifische Freizeitaktivitäten besonders zu bevorzugen:

7  Da das zitierte VIVA/BIK-, VIVA/Infratest- und AWA-Material keine Seitenangaben enthält, wird im folgenden auf die Nennung der Zitierstellen verzichtet.
8  Noch eine Bemerkung zur sog. *technischen* Reichweite von VIVA (für MTV liegen keine vergleichbaren Zahlen vor) – also zur Reichweite, die zu realisieren wäre, wenn VIVA die Personen erreichen würde, die *rein technisch* gesehen auch erreichbar sind: Hier ist für Juni 1997 festgestellt worden, daß VIVA von 81% der deutschen Kabel- und Satellitenkunden und von 69% der deutschen Fernsehhaushalte empfangen werden *könnte* (vgl. Koranteng 1997, S. 54f.).

»Bücher werden seltener gelesen, dafür Tageszeitungen wiederum häufiger. Häufiger werden auch andere Freizeitaktivitäten in sozialen Zusammenhängen wie *mit Freunden zusammensein, einfach in der Stadt rumfahren, Kino- und Konzertbesuch*. Auch dem Hobby wird deutlich häufiger nachgegangen [...] Generell scheinen die Musikinteressierten und starken Videonutzer häufiger soziale, *extrovertierte* Tätigkeiten zu unternehmen als die anderen« (Altrogge/Amann 1991, S. 176).

## 2. Präferenzen

### 2.1 *Programmqualität insgesamt*

Laut der VIVA/BIK-Untersuchung nimmt der Kölner Sender eine Art Führungsposition ein[9], weil ihm eine bessere Programmqualität als MTV zugeschrieben wird (vgl. Schmidbauer/Löhr 1996, S. 11 ff.). Ein ähnliches Resultat wird in der NRW-Studie besonders für die 14- bis 19jährigen ausgewiesen. Hier ist zudem deutlich zu sehen, daß diese Altersgruppe, bei einem ebenfalls merklichen Plus von VIVA, wesentlich höhere Noten verteilt als die der 20- bis 29jährigen (Frielingsdorf/Haas 1995, S. 338: Auswahl).

Daß VIVA bei den Kategorien Musikauswahl und Berichte/Reportagen deutlich vor MTV rangiert, dürfte nicht zuletzt auf den Regionalisierungseffekt zurückzuführen sein (deutschsprachige ModeratorInnen, deutsche Rock- und Popmusik sowie das Infotainment-Angebot zur deutschen Jugend- und Musikszene). MTV versucht derzeit sehr gezielt, sich – trotz einer »global colonisation« (Schreiber 1997, S. 38) – auf sein jeweiliges Publikum in den unterschiedlichsten Ländern mit Hilfe lokal und regional relevanter Programme einzustellen – mit den Losungsworten: »think global« (Schreiber 1997, S. 40) und »Jedem Land sein eigenes MTV« (*Süddeutsche Zeitung*, 24. 11. 1997).

---

9 Der Vorsprung VIVAs gegenüber MTV Europe hinsichtlich der 14- bis 19jährigen läßt sich allerdings nur vermuten, da sich sowohl die BIK- wie die Infratest-Studie auf die 14- bis 29jährigen beziehen und diese Thematik zudem von Infratest nicht weiterverfolgt worden ist. Insofern kann in den folgenden Abschnitten nur auf die BIK-Studie zurückgegriffen und deren Resultate durch Hinweise aus anderen Analysen so ergänzt werden, daß sich möglichst viel für die 14- bis 19jährigen ableiten läßt.

## 2.2 Verhältnis zu den ModeratorInnen

Auf die BIK-Frage, ob ihnen die *englische* Moderation bei MTV Europe oder die *deutsche* bei VIVA mehr zusage, entschieden sich 17,4% der 14- bis 29jährigen für MTV Europe und 68,6% für VIVA (bei 14% Unentschlossenen), wobei sich die hohe Akzeptanz des Kölner Senders v. a. den Vorlieben der 14- bis 19jährigen verdanken dürfte (AWA 1996, o. S.). Selbst wenn manche Jugendliche das weit von sich weisen (vgl. Quandt 1997, S. 214), entwickkelt gerade diese Altersgruppe ein Faible für mediale Identifikationsfiguren, die als Leitbilder im Konsum- wie im richtigen Leben fungieren. Daß der »alltagsästhetische Stil« der ModeratorInnen und »deren Selbstdarstellung [...] als Orientierungshilfe« in Anspruch genommen werden – v. a. bei der Ausbildung spezifischer Musikpräferenzen und beim Aufbau der »sozialen Identität« (Six et al. 1995, S. 44) –, kann daher nicht verwundern.

## 2.3 Eigenschaftsprofil von MTV Europe und VIVA

In der VIVA/BIK- und in der NRW-Studie sind die 14- bis 29- bzw. die 14- bis 19jährigen gebeten worden, eine zusätzliche Programmqualifizierung vorzunehmen, indem sie auf einer Rangskala verschiedene Qualitäten bewerten, die MTV Europe und VIVA charakterisieren. Beiden Sendern werden v. a. die Attribute *jung, gut drauf, angesagt* und *sympathisch* zugewiesen (Frielingsdorf/Haas 1995, S. 337; Roe/Cammaer 1993, S. 173). Diese Einschätzung schlägt sich dann in den Antworten auf die Frage nieder, ob VIVA für akzeptable Unterhaltung sorge. Bei beiden Altersgruppen (VIVA/BIK; Frielingsdorf/Haas 1995, S. 337) wird VIVA besonders deshalb goutiert, weil es *meine Hits spielt* und *gute Laune macht.* Zugleich wird aber die Fähigkeit von VIVA, zum *richtigen* Entspannen zu verhelfen, offensichtlich etwas verhaltener beurteilt – ebenso wie die Fähigkeit, die *richtige* Mischung aus Musikvideos und anderen Sendetypen herzustellen. Beide Themen – *richtige* Entspannung und *richtige* Programm-Mischung – scheinen für die Jugendlichen aber ganz wesentliche Gradmesser für die Qualität eines Programms zu sein. Ähnliche Resultate sind für MTV (und zwar für MTV USA) bei 12- bis 18jährigen SchülerInnen ermittelt worden. An erster Stelle rangieren *to hear the music, to relax, to relieve boredom* (Roe/Cammaer 1993, S. 172) – oder wie es in einer anderen Studie heißt: *entertainment, enjoyment, music and visual appreciation, pass time* (Sun/Lull 1986, S. 120). An zweiter Stelle taucht aber schon das Verlangen nach *information/social learning* und *information/social interaction* auf, die einem ermöglichen, mit FreundInnen zusammenzusein und zu reden – und zwar nicht nur über Musik, sondern über alles, was einem alltäglich widerfährt, Spaß macht oder enttäuscht (Sun/Lull 1986, S. 119).

## 2.4 Einschätzung der von MTV Europe und VIVA angebotenen Musikvideos

Leider enthalten weder die VIVA/BIK- noch die NRW-Studie Aussagen der Jugendlichen über die *einzelnen* Qualitäten der Musikvideos. Eine vorläufige Antwort liefern einige US-amerikanische und deutsche Studien.

### Mischung musikalischer Formen und Musiktitel

Bei einer Befragung 12- bis 19jähriger Hamburger SchülerInnen stellte sich heraus, daß Clips mit Mainstream-Pop an erster Stelle (78%) stehen, gefolgt von Rock in verschiedenen Spielarten (34%), Rap/House (20%) und Soul/Funk (16%) (Reetze 1989, S. 100ff.). Ergänzend hierzu kann man Ergebnisse eines weiteren deutschen, aber auf *Hörfunkmedien* ausgerichteten Projekts einfügen, die veranschaulichen, was sich hinter den eben genannten Kategorien an Musiktiteln verbirgt: 1997 wurden in Chemnitz/Zwickau 498 und in Oldenburg 513 11- bis 16jährige nach Bekanntheit und Beliebtheit von Titeln befragt. Als bekannteste Titel (inklusive deren Bewertung, die von 0/*will ich nicht hören* bis 3/*höre ich sehr gern* reicht) nannten die Jugendlichen (Hoffmann/Boehnke/Münch/Güffens 1997, S. 5): Backstreet Boys (Bekanntheit in %: 95,7%; Beliebtheit: 1,57), DJ Bobo (94,0%; 1,59), Müller-Westernhagen (90,2%; 1,00), Tote Hosen (86,2%; 1,61), Bryan Adams (83,2%; 1,69).

Hierbei sind die geschlechts- und ortsspezifischen Differenzierungen zu beachten (ebd., S. 7f.).[10] Kombiniert man den Bekannt-

---

10  Bei diesen Resultaten muß selbstverständlich berücksichtigt werden, daß sie für die 11- bis 16jährigen gelten; im Hinblick auf ältere Jahrgänge (14-19) werden zweifellos einige Verschiebungen auftreten. Aber die Tendenz der Präferenzen dürfte sicher richtig getroffen worden sein.

heits- und den Beliebtheitsgrad miteinander, zeigt sich, daß sowohl Mädchen wie Jungen auf einer Mixtur aus Mainstream-Pop, Rock in verschiedenen Varianten, Rap/House und Soul/Funk stehen. Geschlechtsspezifische Unterschiede gibt es v. a. bei der Kategorie *Beliebtheit* – und zwar in zweierlei Hinsicht: Zum einen versehen die Mädchen die Titel, die sie schätzen, durchweg mit höheren Skalenwerten als die Jungen; zum anderen favorisieren sie im Gegensatz zu ihren männlichen Altersgenossen *weichere* Musik (Backstreet Boys: 2,13 vs. 0,93; DJ Bobo: 1,88 vs. 1,24; Bryan Adams: 1,84 vs. 1,53) und jene, für die Frauen und/oder Frauengruppen repräsentativ sind (Roxette: 1,66 vs. 0,90, Bekanntheitsgrad: 66,9%; ABBA: 1,59 vs. 0,74, Bekanntheitsgrad: 80,6%).

Auch ortsspezifische Differenzierungen sind festzustellen: So stimmen die Chemnitz/Zwickau-SchülerInnen den von ihnen geschätzten Titeln sehr viel nachdrücklicher zu als ihre Altersgenossen aus Oldenburg (DJ Bobo: 1,71 vs. 1,45; Backstreet Boys: 1,64 vs. 1,48; ABBA: 1,39 vs. 0,99) und sind zudem empfänglicher für politkritischen Rock (Rödelheim Hartreim Projekt: 1,38 vs. 0,99; Bekanntheit 74,8%; Members of Mayday: 1,35 vs. 1,07; Bekanntheit: 49,0%).

## Gründe, sich mit Musikvideos zu beschäftigen

In einer US-amerikanischen Studie nannten 100 12- bis 18jährige SchülerInnen aus Oregon als Gründe für ihre Beschäftigung mit Musikvideos v. a. (Mehrfachnennung möglich – Christenson 1993, S. 63 ff.): *Musik und Texte hören* (36%), *visuelle Elemente anschauen* (35%), *(bildliche) Interpretation der Songs nachvollziehen* (30%) und *audiovisuelle Kombinationen verfolgen* (8%). Das Resultat der Untersuchung lautet, daß die Teenager zwar gern Musikvideos sähen, sich aber noch lieber Pop-/Rockmusik *pur* anhörten (ebd., S. 67 f.). Zusätzlich ist in einer deutschen Studie ermittelt worden, daß die (etwa gleichaltrigen) Jugendlichen besonders die folgenden Musikvideo-Eigenschaften schätzen (Reetze 1989, S. 103): *Bilder, die zum Text des Musikstücks passen* (56%), *erotisch gefärbte Szenen* (41%), *gute Choreographie und Tanzszenen* (39%), *klare, nachvollziehbare Handlung* (38%), *eine in sich stimmige Atmosphäre* (38%), *Illustration der Musik durch Bilder* (37%).

In einer weiteren, ebenfalls auf die 12- bis 18jährigen ausgerichteten US-amerikanischen Untersuchung ist darauf hingewiesen worden, daß Musikvideos v. a. dann als *gut* qualifiziert werden, wenn sie als *cluster* in Erscheinung treten, in dem sich (in der Reihenfolge der Nennungen) *happiness*, *excitement*, *confidence*, *love*, *hope*, *delight* und *passion* miteinander verbinden (Wells/Hakanen 1991, S. 450). Daß in dieser Konstellation das Thema *Sexualität* eine herausragende Rolle spielt, kann bei dessen Bedeutung in der Entwicklung der Jugendlichen nicht verwundern; auffallend ist, daß Gewaltdarstellungen offenbar weniger als angenommen goutiert werden (Zillmann/Munford 1986, S. 2; Walker 1987, S. 7). Dem widerspricht jedoch ein Ergebnis aus einer deutschen Studie. Dort wird zumindest ansatzweise erkennbar, daß insbesondere labile Jugendliche Gewaltdarstellungen in Musikvideos attraktiv finden. Ob das Interesse eher einen *ästhetischen* oder einen *moralischen* Untergrund hat – sie also unter ästhetischen Gesichtspunkten gebilligt, unter moralischen Gesichtspunkten jedoch abgelehnt werden –, ist in der Untersuchung nicht geklärt worden (Altrogge/Amann 1991, S. 181). Zudem kann das Resultat nur als eine nicht verläßlich belegte Vermutung gewertet werden, da sich die Studie auf ein nichtrepräsentatives Sample von 154 14jährigen SchülerInnen aus Hannover bezieht (Behne/Müller 1996, S. 374 u. 377).

## 3. Rezeptionsweisen: Zum Verstehen der Musikvideos

Anschließend wird zunächst eine Skizze *allgemeiner* Hypothesen vorgenommen, die zum Thema Rezeption von Musikvideos formuliert worden sind. Der Skizze folgen zwei Abschnitte zu Studien und Argumentationen, die sich in *spezifischer* Weise auf den Umgang der Jugendlichen mit Videoclips und deren Bild- und Musikangebot beziehen.

### 3.1 Einige grundlegende Hypothesen

Eine Zusammenfassung wichtiger Ergebnisse, die v. a. in zahlreichen US-amerikanischen Untersuchungen ermittelt worden sind, legt nahe, für die Jugendlichen daraus die folgenden teils überprüften, teils noch zu überprüfenden Hypothesen abzuleiten (Six et al. 1995, S. 80ff.; Schorb 1988, S. 135f.).

*Erstens*: Ausgehend von physiologischen Annahmen wird unterstellt, daß der Rezipient visuellen Informationen mehr Aufmerksamkeit widmet als auditiven. Jene Hypothesen werden allerdings bestritten und statt dessen postuliert, daß sich bei der Beschäftigung mit einem Musikvideo auf seiten des Rezipienten ein permanenter Konkurrenzkampf der Wahrnehmungskanäle vollzieht. Was dominiert, hängt vom Videomaterial und der Seh- und Rezeptionssituation ab. Eine wichtige Rolle spielt dabei die Korrespondenz oder Nichtkorrespondenz zwischen auditiver und visueller Ebene: Eine starke Divergenz behindert die Verarbeitung und provoziert Verwirrung über den Gehalt des Musikvideos – was dadurch gefördert wird, daß Clips ohnehin eher auf emotionaler als auf kognitiver Basis verarbeitet werden.

*Zweitens*: Die Beschäftigung mit Musikvideos unterdrückt die Phantasietätigkeit des Rezipienten. Dieser Vorwurf wird v. a. gegenüber *narrativen* Clips erhoben. Die Kritik hiergegen verwehrt sich zum einen gegen die Unterstellung, das Einbildungsvermögen werde allein vom Unterschied zwischen auditiv und audiovisuell vermittelter Musik beeinflußt. Daß durch Clips die Assoziationen des Rezipienten gelenkt werden, bleibt zwar unbestritten, dennoch wird dies nicht als wesentliche Einschränkung der Imagination eingeschätzt. Zum anderen bringt die Kritik vor, daß die Phantasietätigkeit größtenteils auf videoexternen, individuell wie sozial geformten Rezeptionsbedingungen und Rezeptionshintergründen fußt (Quandt 1997, S. 212).

*Drittens*: Durch die Kombination von visuellen und auditiven Reizen wird der Rezipient in positive »high-arousal conditions« manövriert, die aufgrund ihres »priming effects« (Hall-Hansen/Krygowski 1994, S. 24; Goldberg et al. 1993, S. 10ff.) intensiver und eindringlicher sind als Zustände, die bei einer Verarbeitung von Nur-Musik erreicht werden. Der Grund für die hohe Erregungsqualität des Videos wird von den meisten Rezipienten in der Musik, nicht in deren Visualisierung gesehen. Wird zudem der bildliche Gehalt der Clips als angenehm empfunden, scheinen sie euphorisierend zu wirken.

*Viertens*: Die immer wieder geäußerte These (und Hypothese in einigen Studien), die gewaltförmigen und sexistischen Darstellungen in Musikvideos führten zur ideologischen Beeinflußung und Verrohung der Jugendlichen, ist empirisch (bisher) nicht zu bestätigen. Dennoch bleibt die Frage offen, ob nicht auch dann, wenn keine unmittelbare Wirkung der genannten Art zu diagnostizieren ist, indirekte und nichtbeobachtbare Konsequenzen einkalkuliert werden müssen. Die in den Clips und der dazugehörenden Moderation angebotenen Muster für Emotion, Kognition und Einstellungen, für Denk- und Handlungsweisen und nicht zuletzt für Lebensstile können hier durchaus als (mögliche) Stimulantien angesehen werden.

*Fünftens*: Einflüsse von Musikvideos beruhen wesentlich darauf, daß die – v. a. fremdsprachigen – Songtexte verstanden werden. US-amerikanischen Untersuchungen zufolge bekommen viele Jugendliche sogar Texte in der eigenen Sprache nicht genau mit – insbesondere bei Heavy-Metal- und Punkvorführungen (Greenfield et al. 1987, S. 314ff.). Das schließt selbstverständlich nicht aus, die nichtverstandenen Songs auswendig zu lernen. Auf jeden Fall werden zahlreiche Texte mißverstanden, was zur Folge hat, daß sich die betreffenden Teenager ihren *eigenen* Sinn konstruieren – manchmal auf Basis von verstandenen Textfragmenten, manchmal völlig lösgelöst vom Inhalt des Songs. Bisher ist noch nicht näher erforscht, welche Konsequenzen solche Eigenkonstruktionen für die Auffassungen haben, die die Jugendlichen zu Partnerschaft, Liebe, Sexualität, Einsamkeit, Angst bereits haben oder auf dieser Basis entwickeln.

### 3.2 Dimensionen der Umgangsweisen mit Videoclips

Kürzlich sind Resultate veröffentlicht worden, die die Interviewergebnisse von 154 14jährigen SchülerInnen aus Hannover zusammenfassen (keine systematische Zufallsauswahl – Behne/Müller 1996, S. 365ff.).[11] In der Studie geht es im wesentlichen um die Überprüfung von zwei Hypothesen: Zum einen soll herausgefunden werden, ob die Videoclip-Rezeption von der Art und Weise bestimmt ist, in der Jugendliche normalerweise mit Musik umgehen. Zum anderen soll geklärt werden, ob sie in den Clips Orientierungen zu Lebensstil und Identifikationsmöglichkeiten, Anregungen zum Erwerb sozialer Kompetenz und/oder Verbesserung der eigenen Befindlichkeit suchen.

Zunächst ist zu erkennen, daß den 75 Mädchen und 79 Jungen

---

11 Diese Resultate sind mit den Antworten verglichen worden, die eine Befragung von 248 StudentInnen erbracht hat (Pädagogische Hochschule Ludwigsburg, Durchschnittsalter 24 Jahre, ebenfalls keine systematische Zufallsauswahl). Auf die Diskussion der Vergleichsdaten und -argumente wird im folgenden verzichtet.

sehr Spezifisches einfällt, wenn sie Clips anschauen. So setzen sie den Teilsatz »Wenn ich Videoclips sehe« mit den folgenden Satzergänzungen fort, wobei Rangplatz 1 die höchste Zustimmung und Rangplatz 5 die größte Ablehnung signalisiert (Behne/Müller 1996, S. 371): »singe oder summe ich mit« (Mädchen: 1,63; Jungen: 2,37); »werde ich angeregt, mir die Platte zu kaufen« (M: 2,64; J: 2,83); »bin ich hellwach« (M: 2,78; J: 2,83); »faszinieren mich Computer, Tricks und Bildeffekte« (J: 2,68); »stört es mich, wenn andere mit mir reden wollen« (J: 2,79); »geht es mir richtig gut« (M: 2,82); »bin ich begeistert von den Kostümen, Bühnenbildern und Landschaften« (M: 2,96).

Nimmt man noch die Ergebnisse für die weiteren (insgesamt 27) Items hinzu, lassen sich zwei geschlechtsspezifische Formen der Rezeption erkennen. Für die Mädchen stellt das Anschauen von Videos eher eine soziale und beiläufige Aktivität dar, aus der zudem etwas für andere Erlebnis- und Handlungsbereiche zu lernen ist. Die Jungen beschäftigen sich dagegen intensiver mit den Videos und sind mehr an Darstellungen sexueller, gewaltförmiger und *cooler* Szenen interessiert.

Aus der Zustimmung/Ablehnung gegenüber den zuvor erwähnten Items wird in einem zweiten Schritt die Art und Weise destilliert, die für den Umgang der Jugendlichen mit Videos kennzeichnend ist. Es schälen sich dabei folgende *fünf Dimensionen* heraus:

*Musik-Motivierung*: Die wichtigste Rolle spielen erstens die Orientierung auf die (in den Clips vorgetragene) Musik und zweitens die Orientierung auf die Veränderungen der eigenen Befindlichkeit. Beide Ausrichtungen, die deutlich voneinander unterschieden sind, erscheinen als aufeinander bezogene Verfahrensweisen: Werden Videoclips musikorientiert wahrgenommen und genutzt, geschieht das offensichtlich unter der Voraussetzung, daß Musik in der Vergangenheit oft und erfolgreich zur Veränderung der Befindlichkeit beigetragen hat.

*Musikvideo-Orientierung*: Für die Jugendlichen stehen das Zusammenwirken von Musik und Bild, die Visualisierung des Musizierens und die Visualisierung der Musik im Zentrum des Interesses. Eine wesentliche Bedingung der Musikvideo-Orientierung ist der Aspekt des Musikerlebens: Je stärker die Musikvideo-Orientierung in den Vordergrund tritt, desto mehr ist sie mit größerer Musikerlebnisintensität verbunden.

*Involviert-eskapistische Rezeption*: Zentral ist, daß Musik und Bild sehr intensiv rezipiert werden. Dabei ist die Intensität nicht in der Machart und/oder dem Inhalt des Videos begründet, sondern in dem Verlangen des Rezipienten, einen spezifischen Bewußtseinszustand, das tiefe Versinken in die Musik- und Bilderflut, zu erreichen.

*Sex- und Gewaltorientierung*: Sex- und Gewaltorientierung rücken zwar nicht in den Vordergrund, sind aber beide in gleich starker Weise vertreten. Überdies ist die Sexorientierung durchweg intensiv mit solchen Komponenten des Musikerlebens assoziiert, die *gewalttätige* Züge zeigen und als stimulierend qualifiziert werden.

*Lebensstil-Orientierung*: V. a. aus den Elementen Tanz, Mode und körpersprachlicher Ausdruck werden Hinweise auf Lebensstile entnommen, indem man sich z. B. Tanzschritte, *coole* Verhaltensweisen, Kenntnisse über Outfits oder Vorstellungen darüber aneignet, wie man sich geben würde, wenn man Video-Akteur wäre. Da die Jugendlichen die an sie adressierte Werbung ebenfalls als ein Reservoir von lebensstilbildenden Tips verstehen, stellen für sie Musikvideos (deren sozusagen autochtone Werbeträchtigkeit ihnen durchaus geläufig ist – Quandt 1997, S. 209) und Werbespots sich wechselseitig ergänzende Angebote dar, mit deren Hilfe der Eingang zum inneren Kreis der Jugendszene geöffnet wird (Hitchon et al. 1994, S. 289 ff.; Quandt 1997, S. 220; Savan 1993, S. 85 ff.; Signorelli et al. 1994, S. 91 ff.; Stout et al. 1990, S. 887 ff.).

### 3.3  Thematischer Zusammenhang oder Einzelbildauswahl?

In der zuvor skizzierten Studie ist unterstellt worden, daß die Stärke der Musikvideo-Orientierung und die Intensität des Musikerlebnisses korrelieren. Wie aber beeinflußt die Musik die Bildwahrnehmung? Hierzu liegt eine Untersuchung vor, in der rezeptionstypische Reaktionen von 700 Westberliner SchülerInnen ausgewertet worden sind (13-20 Jahre, keine systematische Zufallsauswahl – Altrogge 1994, S. 196 ff.); allerdings bleibt die Kategorie *Musik* relativ intransparent, d. h., im Hinblick auf Musik wird nicht zwischen der melodischen/harmonischen/rhythmischen Ebene einerseits und der textlichen Ebene andererseits unterschieden. Dies führt dazu, daß oft *Musik* gesagt wird, aber *Text* und ein oft ungeklärt bleibendes *Musikalisches* gemeint ist.

In der Studie wird von der These ausgegangen, daß die Struktur der Bildanordnung der Struktur der Musik folgt – und daß dies auf die Bildrezeption ebenfalls zutrifft. Daraus läßt sich eine Entwe-der-Oder-Hypothese für die Rezeptionsweise ableiten: Entweder werden – unter dem Eindruck der präsentierten Musik – dem Vi-deo einzelne Bilder entnommen, die dann als Einzelbilder erinner-bar sind (*Einzelbildwahrnehmung*). Oder die Einzelbilder werden in einen – diese Einzelbilder übergreifenden – thematischen Kon-text gestellt, auf den sich die Erinnerung ohne permanenten Rück-griff auf konkrete Bildwahrnehmungen richten kann (*Generalisie-rung*). Im Hinblick auf die Hypothese sind die Äußerungen der befragten Jugendlichen zweifach eingeordnet worden: Einerseits danach, ob sich die Angaben auf einzelne Bilder/ikonographische Muster beziehen oder den Clip in allgemeinerer, nicht direkt an Einzelbilder gebundener Form thematisieren; andererseits danach, wie sich in den Angaben der Einfluß der Musik auf die Tendenz zur Einzelbildwahrnehmung oder zur Generalisierung widerspie-gelt.

Die Studie basiert auf den vergleichenden Angaben der Befrag-ten zu einer Ton-/Bild-, einer Nur-Ton- und einer Nur-Bildver-sion verschiedener Clips. Als erstes Resultat zeigt sich, daß – ob mit oder ohne Musik – die überwiegende Mehrheit der Befragten Einzelbildwahrnehmung praktiziert. Bei der Ton-/Bildversion entfallen 78, bei der Nur-Bildversion 82% der Nennungen auf dieses Verfahren. Erkennbar ist zudem, daß der Einfluß der Musik den generalisierenden Umgang mit den Videos leicht erhöht (ebd., S. 203). Die Frage ist nun, ob sich dieses Verhältnis bestätigt, wenn unterschiedliche Musikrichtungen betrachtet werden (hier: Heavy Metal und Mainstream-Pop). Es stellt sich heraus, daß zwar bei Ton-/Bildversionen aus dem Mainstream-Pop keine gravierenden Abweichungen gegenüber der oben genannten Relation zu ver-zeichnen sind – daß aber bei Ton-/Bildversionen aus Heavy Metal ein höherer Prozentsatz an generalisierenden Antworten zu ermit-teln ist (25%) als bei Mainstream-Popclips (20%). Bei Nur-Bild-versionen kommen für Heavy Metal und Mainstream-Pop ähnli-che Werte zum Vorschein (ebd., S. 205).

Das wird damit erklärt, daß in den Heavy-Metal-Clips die Ka-tegorie *Lebenssinn* eine von Anfang bis Ende durchgehende Rolle spielt und daher einzelne Bildausprägungen relativ irrelevant sind – es also auf den Gesamtzusammenhang ankommt. Insofern neigen die Jugendlichen dazu, bei Heavy-Metal-Clips stärker generalisierend vorzugehen. Ein solches Rezeptionsverhalten setzt jedoch zumindest ansatzweise voraus, daß – parallel zur Musik – die anderen (bildlichen) Momente dieser Clips tatsächlich zu einem Gesamtkontext hintendieren oder zumindest aufgrund einer video-externen Bedeutungszuweisung – z. B. Rückbindung an spezifische Jugendkulturen und deren Traditionen – miteinander verflochten werden können. Das wiederum scheint eher bei den Heavy-Metal- als bei Mainstream-Popvideos der Fall zu sein.

In einem weiteren Schritt wird herausgearbeitet, daß die Tendenz zur Generalisierung bzw. zur Einzelbildwahrnehmung von der Bekanntheit oder Unbekanntheit der Clips abhängig ist. Unbekannte Clips provozieren einen höheren Generalisierungsanteil – aber nur in den Ton-/Bildversionen (26 %). Bekannte Ton-/Bildversionen fordern dagegen stärker zur Einzelbildwahrnehmung heraus, wobei die Musik offensichtlich forcierend wirkt (ebd., S. 208).

Bezieht man unterschiedliche Stilrichtungen ein, sind einige Differenzierungen zu berücksichtigen (ebd., S. 209). So ist die Tendenz zur Generalisierung bei bekannten und unbekannten Heavy-Metal-Clips in der Ton-/Bildversion ungefähr gleich ausgeprägt. In den Nur-Bildversionen steigert sich der Wert für die Einzelbildwahrnehmung zwischen bekannten und unbekannten Clips jedoch um mehr als das Doppelte. Diese erhebliche Neigung zur Einzelbildwahrnehmung läßt sich damit erklären, daß bei bekannten Metal-Clips, die ohne Musik serviert werden, eine Generalisierung kaum erforderlich ist, da deren Stimulation in der – fehlenden – Musik und der mit ihr verbundenen Jugendkultur (s. oben: *Lebenssinn*) begründet ist. Andererseits dürfte die verstärkte Tendenz zur Generalisierung bei bekannten und mit Musik versehenen Metal-Clips dadurch zustande kommen, daß aufgrund der bereits vorhandenen Geläufigkeit der (nicht allzu generalisierungsträchtigen) Bilder mehr Zeit zur Konzentration auf die erzählte Lebenssinngeschichte bleibt.

Bei den Mainstream-Popvideos sieht es etwas anders aus. Der geringe Generalisierungswert, den bekannte Clips mit Musik gegenüber bekannten ohne Musik erzielen, könnte darauf zurückzuführen sein, daß die Neigung zur Einzelbildwahrnehmung gesteigert wird – und zwar deshalb, weil die Bekanntheit der Musik deren (sowieso schon sehr begrenzt vorhandene) Generalisierungsqualität weiter reduziert. Dagegen dürfte der hohe Wert, der für unbekannte, mit Musik präsentierte Popclips gegenüber unbekannten ohne Musik notiert wird, daraus resultieren, daß die Unbekanntheit von Ton/Bild und insbesondere die Anwesenheit von (unbekannter) Musik soviel Irritation auslösen, daß – sozusagen zur Spannungslösung – nach thematischen Zusammenhängen gesucht wird.

## 4. Motive und sozialpsychische Situation der Jugendlichen

Die Ergebnisse zu Reichweiten, Nutzung und Rezeptionsweisen legen die Frage nahe, welche Motive die Jugendlichen bestimmen, sich in der beschriebenen Weise mit Musikkanälen und Musikvideos zu beschäftigen. Diese Frage läßt sich – zumindest ansatzweise – in zwei Argumentationsschritten beantworten. In einem ersten Schritt werden die Motive oder Motivkomplexe aufgelistet, mit deren Hilfe das Interesse der Jugendlichen an Pop/Rock und Musikvideos relativ abstrakt beschrieben worden ist. In einem zweiten Schritt wird dann eine Charakteristik dieses Interesses gegeben, die sich zwar auf die Motive und Motivkomplexe bezieht, gleichzeitig aber die spezifischen Qualitäten der sozialen Situation berücksichtigt, in der sich Motive und Interessen bilden.

### 4.1 Motiv-Modelle

Solche Motive und Motivkomplexe sind im Rahmen verschiedener Modelle systematisiert worden, denen psychoanalytische, lern-, kognitions- und sozialpsychologische sowie soziologische Argumente zugrunde liegen (Dollase 1997, S. 347ff.). Aus diesen Systematisierungsversuchen, die teils aufeinander bezogen, teils voneinander unabhängig sind, läßt sich folgendes destillieren (Six et a. 1995, S. 42ff.; Bastian 1986, S. 148ff.; Kleinen 1986, S. 134; Quandt 1997, S. 210ff.; Thompson 1993, S. 411ff.):

*Musik als Mittel der Selbstverwirklichung*: Gemeint ist, daß Musik einen entscheidenden Part bei der Herausbildung des »Selbstkonzepts« (Lull 1988/I, S. 153) übernimmt. Das heißt: Jugendliche beschäftigen sich mit Musik, um v. a. ihre Gefühlswelt, ihre »Erlebnis-Emotionalität« (Mikos 1998, S. 33) entfalten und

Bezugspunkte für ihre eigene Entwicklung erhalten zu können.[12] V. a. der Bereich der Sexualität spielt im Hinblick auf Selbstkonzept und Erlebnis-Emotionalität eine große Rolle, da für die Jugendlichen Musik eine stark libidinöse Qualität hat, die zu »einer Stärkung des Selbstbezugs durch körperliche Erfahrungen« (Kreutz 1997, S. 308) verhilft.

»Musik löst Formen der Berührungen aus, die sonst hauptsächlich in den zwischenmenschlichen Beziehungen zu finden sind. Da hinsichtlich der Ursachen von Glücksgefühlen die Sexualität mit an oberster Stelle zu finden ist, sollte jedes Mittel zur Verstärkung des Gefühls, darunter auch die Musik, [...] als spezifisch *erogene Substanz* in Betracht gezogen werden« (ebd., S. 308ff.).

*Musik als Aktivierung und Management von Stimmung*: Stimmungsaktivierung, -verdichtung und -management werden durchweg als Hauptmotive betrachtet: »Die Jugendlichen benutzen offensichtlich Musik dazu, *to set a mood*« (Thompson 1993, S. 413). In den Motiven artikulieren sich zwei Funktionen, die der Pop-/Rockmusik zugewiesen werden: die Symbol- und die affektiv-emotionale Funktion. Unter Symbolfunktion wird verstanden, daß Musik als Ausdruck von Hoffnungen, Wünschen und einem spezifisch jugendlichen Lebensgefühl dient. Von affektiv-emotionaler – manchmal als »psychisch« (Kleinen 1986, S. 134) bezeichneter – Funktion wird gesprochen, wenn es um eine Musiknutzung geht, die unter den Stichworten *Ablenkung* (Musik als Background), *Eskapismus* (Musik als Fluchtmittel) und/oder *Kompensation* (Musik als Ausgleich von Versagungen) abgehandelt wird (ebd.).

*Musik als Konstituens sozialer Beziehungen*: Musik stellt eine Art Hilfsmittel zur Aufkündigung sozialer Beziehungen (Rückzug, Abkopplung) wie zu ihrer Etablierung (Abgrenzung, Distanz, Vergemeinschaftung) dar. V. a. über letzteres läßt sich Kontakt herstellen, auf gemeinsamen Gesprächsstoff zurückgreifen, mit Wissen über Musik glänzen, eine Gruppenidentität ausbilden: »Der Bezug der Jugendlichen auf populäre Musik ist [...] oft ein Gruppenphänomen. Musik ist eine sozial nützliche Agentin, die

12  Damit soll allerdings nicht unterstellt werden, es gäbe nicht auch Jugendliche, die »nicht glauben, daß Musikvideos ihre eigenen Gefühle widerspiegeln [...], eigenen Gefühlen entsprechen oder Ausdruck derselben seien« (Quandt 1997, S. 211).

soziale Kollektive vereinheitlicht, Normen vorführt und neue Symbole und Identitäten kreiert« (Feilitzen/Roe 1992, S. 228). Umgekehrt hängt die Partizipation am (musikorientierten) Gruppenleben davon ab, wie genau man über Musik Bescheid weiß und ob man in der Lage ist, kritikfeste Einschätzungen und Urteile abzugeben (Thompson 1993, S. 411).

*Musik als Medium des Ausbruchs und der Provokation*: Musik gilt als eine Möglichkeit, eine symbolische Gegenposition zur herrschenden Alltagskultur und Erwachsenenwelt sichtbar zu machen. Diese These ist insbesondere in bezug auf Stilrichtungen formuliert worden, denen oppositionelle jugendliche Subkulturen nahestehen (ebd., S. 415). Das gilt für den klassischen Rock 'n' Roll und für aktuelle Formen wie Punk, Heavy Metal, Rap, Raggamuffin, Reggae, Crossover und Alternativrock (Altrogge/Amann 1991, S. 177ff.; Lull 1988/I, S. 165ff.; Schultze et al. 1991, S. 167ff.).

Wendet man das Konzept der Motivbereiche auf das aktuelle Verhältnis von Pop-/Rockmusik und Jugendlichen an, kann dieses relativ klar umrissen werden. Dabei muß allerdings die Distanz zwischen den zuvor genannten Motivkategorien und damit deren Status als trennscharfe Erhebungsschemata aufgelöst werden. Denn je näher die empirische Realität des Verhältnisses zwischen Pop-/Rockmusik und Jugendlichen rückt, desto gezielter müssen jene Kategorien als sich wechselseitig ergänzende, überlappende und überschneidende Interpretationshilfen gehandhabt werden. Insofern gilt für die anschließend formulierten Thesen, daß sie selten auf einzelne, gegeneinander abgeschottete Motive zielen, sondern zumeist mehrere Motivbereiche gleichzeitig zu berücksichtigen versuchen. Da sich an den Thesen leicht ablesen läßt, welche Motive und Motivkomplexe jeweils angesprochen sind, wird auf spezielle Hinweise verzichtet.

### 4.2 Situationsanalyse

Die Sozialisation der Jugendlichen vollzieht sich heutzutage innerhalb eines gesamtgesellschaftlichen Prozesses, der die »Entwertung der vormaligen Attraktivität von traditionalen Werten, elterlichem Lebensstil und Zukunftsperspektiven« befördert, »in deren Gefolge die traditionalen Instanzen in ihrer Sozialisationsfunktion an Bedeutung abnehmen« (Vollbrecht 1988, S. 87). Vor diesem Hintergrund bieten v. a. die Jugendmedien und speziell die

Pop-/Rockmusik – ästhetisch inszenierte – Orientierung, Unterstützung und Entlastung bei der Ausbildung und Stabilisierung personaler und sozialer Identität. Gerade die Pop-/Rockmusik eröffnet Teenagern offenbar die Möglichkeit, sich an einen Stil binden zu können, der nicht nur Bezug und Zugehörigkeit zu einer Gruppe und die Distanz zur Erwachsenengeneration ausdrückt. Er signalisiert zudem »einen bestimmten Habitus und eine Lebensform, denen sich diese Gruppen und Gemeinschaften verpflichtet fühlen [...] Dementsprechend zeigt der Stil eines Individuums nicht nur an, wer ›wer‹ oder ›was‹ ist, sondern auch wer ›wer‹ für wen in welcher Situation ist« (Soeffner 1986, S. 318). Zusätzliche Attraktivität erhält jener Stil v. a. deshalb, weil er sich als weltweit herrschend präsentiert und einen global gefärbten, gleichermaßen in »Los Angeles, Mexico City, München oder Tokio« (Janke/Niehues 1995, S. 35) geltenden Anspruch propagiert.

Konfrontiert mit der Schwierigkeit, nicht mehr ohne weiteres auf eine einmal angelegte und dann unverbrüchlich gültige lebensgeschichtliche Kontinuität hoffen zu können, nutzen die Jugendlichen offensichtlich auch die Musikvideos, um sich mit Hilfen für die und Entlastungen bei der Realisierung von Persönlichkeitsvorstellungen und Sozialbeziehungen zu versorgen. Denn

»[in] ihrer ästhetischen Inszenierung vermag die Musik die moderne Subjektivität zu stützen, insofern sie problemlos für eine Intensivierung der Phantasie funktionalisierbar ist. Sie bietet zahlreiche Möglichkeiten dafür, Realität fiktiv zu interpretieren. Da das moderne Subjekt sich nicht mehr auf eine langfristige Übernahme kultureller Traditionen einrichten kann, allgemein *verpflichtende* Geltungsansprüche ihnen gegenüber kaum mehr existieren, bieten sich Gelegenheiten für ständig neue Formen der Selbsterfahrung und phantasiebezogenen Wahrnehmung von Welt. Durch das Einlassen auf Fiktionen kann der [...] Zuschauer von MTV und VIVA [...] seinen lebensweltlichen Horizont neu auslegen und seine Deutung von Wirklichkeit erweitern« (Vollbrecht 1997, S. 10)

Zumindest kann er die ihm auferlegte Alltags- mit einer *anderen* Realität kontrastieren.

Daß sich die Entfaltung von personaler und sozialer Identität dabei auf Lebensstile – hier auf »lebensstilstiftende [...] Trivialmythen« (ebd., S. 9f.) in Gestalt musikalischer Formen und dazugehöriger Texte – gründet, die transitorischen Charakter haben, ist unbestreitbar. Offenkundig kommt hier Identität als Ergebnis eines individuellen Designs zustande, in dem permanent wechsel- und austauschbare Lebensstile miteinander kombiniert werden: »Identität scheint für viele Teenager allein als Fragment noch denkbar zu sein« (Kemper 1995, S. 23).

Die Artikulation einer solch fragmentarischen Identität erfolgt in zweierlei Weise. *Zum einen* dokumentiert sie sich in der Abgrenzung von den Älteren, v. a. von den Eltern. Das gilt keineswegs nur für die sog. rebellischen Jugendlichen, die ihren Willen zur Distanz über ihre Vorliebe für Heavy-Metal- und Punkrock kundtun (Hall-Hansen/Hansen 1991, S. 335 ff.; Bleich et al. 1991, S. 3 u. S. 10; Altrogge/Amann 1991, S. 177 ff.).[13] *Zum anderen* ist die Bildung jener fragmentarischen Identität eng verkoppelt mit dem Anschluß an die eigene »generational community« (Schultze et al. 1991, S. 198), mit der man die Insignien einer gemeinsamen, meist schicht- und bildungsspezifizierten Jugend- und jugendlichen Musikkultur teilt (Mikos 1993, S. 17):

»In ein Prince-Konzert kommen heute viele kleine Prinzen, und im Publikum der Eurythmics imitieren die Fans das schwarze Leder und die gefärbten Haare von Ann Lennox und Dave Stewart. Nicht nur über die musikalischen Vorlieben, sondern auch über modisches Styling signalisiert man Einverständnis und Einheit. *Wir gehören zusammen.* Mit dem eigenen Äußeren zielt man ebenso auf die Geborgenheit der Bezugsgruppe wie man nach außen darzustellen versucht, wer man wirklich ist« (Vollbrecht 1988, S. 92).

Hierbei geht es keineswegs um *Äußerlichkeiten,* sondern um das, was für die Jugendlichen im Hinblick auf »identity, intimacy, and meaning [...], comfort, joy, and hope« (Schultze et al. 1991, S. 176 ff.) *handlungsleitend* ist. Und das berührt nicht allein den – für ihre Entwicklung bedeutsamen – Umgang mit Sexualität und Aggressivität. Es betrifft zahlreiche weitere relevante Themen wie die Bewältigung von »Ängsten, Enttäuschungen und [das] Scheitern der ersten Freundschaft«, die Auseinandersetzung mit der »Konkurrenz untereinander, [den] Leistungsdruck in der Schule

---

13  Dabei ist für jene Jugendlichen, die als rebellisch, als heavy oder punkig etikettiert werden, nachdrücklich zu betonen, daß ihre Verhaltensweise wenig mit einer Neigung zur Gewalt zu tun hat. »Für eine Akzeptanz von Gewalt [...] [können] keinerlei Indizien bei den Reaktionen der Rezipienten auf die getesteten Videoclips festgestellt werden« (Altrogge/Amann 1991, S. 181).

und in der Freizeit«, die »Regulierung von Nähe und Distanz zu anderen Personen«, das Erlebnis von »Gefühlen der Vertrautheit und Sicherheit« (Sander 1993, S. 14ff.) sowie die »Sehnsucht von Jugendlichen nach besonderen (Wahrnehmungs-)Erlebnissen und tollen Empfindungen« (Barth/Neumann-Braun 1996, S. 262). Insofern läßt sich die Art, wie Teenager mit Pop-/Rockclips umgehen, auch als die Nutzung einer »Möglichkeit der intuitiven Weltvergewisserung« beschreiben:

»Mit ihren begrenzten musikalischen Ausdrucksmitteln kann sie der subjektiven Innerlichkeit etwas von dem vermitteln, was mit ›Zeitgeist‹ umschrieben wird. Sie erreicht dabei mit ihren Mythen auch diejenigen, denen es nur eingeschränkt möglich ist, ihre Alltagserfahrung begrifflich-abstrakt zu deuten. [...] Es würde zu kurz greifen, hier nur von emotionaler Entlastung zu sprechen. Unter den Bedingungen einer ›entzauberten‹ Lebenswelt nehmen [musikalische] Jugendkulturen [...] die Funktion einer ästhetisch faszinierenden ›Traumzeit‹ [...] ein« (Vollbrecht 1997, S. 11).

Daß diese Themen schichtspezifisch jeweils eine andere Gestalt annehmen und auf unterschiedliche Musikrichtungen bezogen werden, ist offensichtlich. Ein Jugendlicher aus der Unterschicht scheint aufgrund seiner bedrückenden *Lebensqualität* dem Heavy Metal und Punk näherzustehen als sein Altersgenosse aus einer gehobenen Angestelltenfamilie, der eher Techno und House favorisieren dürfte. Und daß es vergleichbare Geschmacksdifferenzen zwischen den Geschlechtern gibt, ist ebenfalls nicht verwunderlich. Mädchen reagieren schon anders auf Lautstärke und Tempo der Musik (Kellaris/Rice 1993, S. 15 u. S. 25). Außerdem werden sie sich mit dem in vielen Videos inszenierten »typischen männlichen Imponiergehabe« und »Vater-Sohn-Konflikt« (Altrogge/ Amann 1991, S. 179) kaum identifizieren können und wollen. Ebenso werden sie zu Videos einen anderen Zugang finden, die – wie die von Madonna oder Cyndi Lauper – unmittelbar an weibliche Jugendliche adressiert sind und deren Fragen zu sexuellen und erotischen, emanzipativen und entfaltungsreichen Beziehungen aufnehmen (Lewis 1993, S. 140ff.; Kreutz 1997, S. 307; Winter/ Kagelmann 1995, S. 217ff.).

# Abschließende Bemerkung

Die zuvor referierten Überlegungen haben gezeigt, daß Musikvideos für den Alltag der Jugendlichen von erheblicher Bedeutung sind. Klargeworden sein sollte, daß dem Thema Jugend/Musikvideo nicht beizukommen ist, wenn die MTV- und VIVA-Angebote ungeprüft und ohne Reflexion auf ihren Stellenwert in der Sozialisation der Jugendlichen als ein Haufen mieser und wahllos zusammengewürfelter »Kulturwaren« (Neumann-Braun et al. 1997, S. 78) abgetan werden. Erinnert werden sollte aber auch daran, wie wenig Verläßliches zu diesem wichtigen Thema der Forschung, v. a. in der Bundesrepublik, zu entnehmen ist. Daß hier Handlungsbedarf herrscht, liegt auf der Hand: Es sei denn, die Jugend-, Medien- und Musikforschung ist darauf erpicht, sich der diskutierten Thematik und damit der Auseinandersetzung mit wichtigen Alltagsbedürfnissen der Jugendlichen zu entziehen.

## Literatur

Altrogge, M. (1994): Das Genre der Musikvideos: Der Einfluß von Musik auf die Wahrnehmung der Bilder. Selektions- und Generalisierungsprozesse der Bildwahrnehmung in Videoclips, in: L. Bosshart/W. Hoffmann-Riehl (Hg.): Medienlust und Mediennutz – Unterhaltung als öffentliche Kommunikation, München, S. 196ff.

Altrogge, M./Amann, R. (1991): Videoclips – Die geheimen Verführer der Jugend? Ein Gutachten zur Struktur, Nutzung und Bewertung von Heavy Metal Videoclips – erstellt im Auftrag der Landesmedienanstalten (Schriften der Landesmedienanstalten. Bd. 2), Berlin.

AWA '96 (1996): VIVA, Köln.

Banks, J. (1996): Monopoly Television. MTV's Quest to Control the Music, Boulder/Colorado/Oxford.

Barth, M./Neumann-Braun, K. (1996): Augenmusik. Musikprogramme im deutschen Fernsehen – am Beispiel von MTV, in: Landesanstalt für Kommunikation Baden-Württemberg (Hg.): Fernseh- und Radiowelt für Kinder und Jugendliche, Stuttgart, S. 249ff.

Bastian, H. G.: Musik im Fernsehen. Funktion und Wirkung bei Kindern und Jugendlichen, Wilhelmshaven 1986.

Behne, K.-E.: Vier Thesen zur Musik im Fernsehen, in: W. Hoffmann-Riem/W. Teichert (Hg.): Musik in den Medien – Programmgestaltung im Spannungsfeld von Dramaturgie, Industrie und Publikum, Hamburg 1985, S. 99ff.

Behne, K.-E./Müller R. (1996): Rezeption von Videoclips – Musikrezeption. Eine vergleichende Pilotstudie zur musikalischen Sozialisation, in: Rundfunk und Fernsehen, Jg. 44, H. 3, S. 365 ff.

Bleich, S./Zillmann, D./Weaver, J. (1991): Does Rebellious Rock Engross Rebellious Youths? Paper for the International Communication Association Meeting. Chicago/Ill.

Christenson, P. (1992): Preadolescents' Perceptions and Interpretations of Music Videos, in: Popular Music and Society, Jg. 16, H. 3, S. 63 ff.

Dollase, R. (1997): Musikpräferenzen und Musikgeschmack Jugendlicher, in: D. Baacke (Hg.), Handbuch Jugend und Musik, Opladen, S. 341 ff.

Eimeren, B. van/Klingler, W. (1995): Elektronische Medien im Tagesablauf von Jugendlichen, in: Media Perspektiven, o. Jg., H. 5, S. 210 ff.

Feilitzen. C. von/Roe, K. P. (1992): Eavesdropping on Adolescence: An Exploratory Study of Music Listening among Children, in: Communications, Jg. 17, H. 2, S. 225 ff.

Frielingsdorf, B./Haas, S (1995): Fernsehen zum Musikhören. Stellenwert und Nutzung von MTV und VIVA beim jungen Publikum in Nordrhein-Westfalen, in: Media Perspektiven, o. Jg., H. 7, S. 331 ff.

Gerhards, M./Klingler, W. (1998): Fernseh- und Videonutzung Jugendlicher, in: Media Perspektiven, o. Jg., H. 4, S. 179 ff.

Goldberg, M./Chattopadhyay, A./Gorn, G. J./Rosenblatt, J. (1993): Music, Music Videos, and Wear out, in: Psychology & Marketing, Jg. 10, H. 1, S. 1 ff.

Greenfield, P. M./Bruzzone, L./Koyamatsu, K./Satuloff, W./Nixon, K./Brodie, M./Kingsdale, D. (1987): What is Rock Music doing to the Minds of our Youth? A First Experimental Look at the Effects of Rock Music Lyrics and Music Videos, in: Journal of Early Adolescence, Jg. 7, H. 3, S. 315 ff.

Hall-Hansen, C./Hansen, R. D. (1991): Constructing Personality and Social Reality through Music: Individual Differences among Fans of Punk and Heavy Metal Music, in: Journal of Broadcasting and Electronic Media, Jg. 35, H. 3, S. 335 ff.

Hall-Hansen, C./Krygowski, W. (1994): Arousal-Augmented Priming Effects: Rock Music Videos and Sex Object Schemas, in: Communication Research, Jg. 21, H. 1, S. 24 ff.

Hitchon, J.; Duckler, P.; Thorson, E. (1994): Effects of Ambiguity and Complexity on Consumer Response to Music Video Commercials, in: Journal of Broadcasting and Electronic Media, Jg. 38, H. 3, S. 289 ff.

Hoffmann, D./Boehnke, K./Münch, T./Güffens, F. (1997): Radiohören als Entwicklungschance? Zum Einfluß des Mediums Hörfunk auf die Sozialisation ostdeutscher Jugendlicher. Arbeitsbericht Nr. 11 der Projektgruppe Hörfunkstudie an der Technischen Universität Chemnitz/Zwickau und der Carl v. Ossietzky-Universität Oldenburg, Chemnitz/Zwickau/Oldenburg.

Janke, K./Niehues, S. (1995): Echt abgedreht. Die Jugend der 90er Jahre, München ³1995.

Kellaris, J. J./Rice, R. C. (1993): The Influence of Tempo, Loudness, and Gender of Listeners on Responses to Music, in: Psychology & Marketing, Jg. 10, H. 1, S. 15 ff.

Kemper, P. (1995): Weltfernsehen MTV – ein Clip zielt ins Herz, nicht ins Hirn, in: Frankfurter Allgemeine Magazin, o. Jg., H. 823, S. 18 ff.

Kleber, R. (1997): Powern ohne Ende. Jugendradios und neue Musiksparten sender befinden sich auf dem Vormarsch, in: agenda, o. Jg., H. 29, S. 41 ff.

Kleinen, G. (1985): Der Zielgruppenbezug als Bewertungskriterium für Musik in Hörfunk und Fernsehen, in: W. Hoffmann-Riem/W. Teichert (Hg.): Musik in den Medien. Programmgestaltung im Spannungsfeld von Dramaturgie, Industrie und Publikum, Hamburg, S. 126 ff.

Klingler, W./Windgasse, T. (1994): Was Kinder sehen, in: Media Perspektiven, o. Jg., H. 1, S. 2 ff.

Koranteng, J. (1997): International Music Television. Opportunities for Growth in the Digital Age (Financial Times Management Report), London.

Kreutz, G. (1997): Musikrezeption zwischen Liebestraum und Love Parade. Sexualität und Sinnlichkeit im Erleben von Musik, in: Medienpsychologie. Zeitschrift für Individual- und Massenkommunikation, Jg. 9, H. 4, S. 293 ff.

Lewis, L. A. (1993): Being Discovered? The Emergence of Female Address on MTV, in: S. Frith/A. Goodwin/L. Grossberg (Hg.): Sound and Vision – The Music Video Reader, London, S. 129 ff.

Lull, J. (²1988/I): Listener's Communicative Uses of Popular Music, in: J. Lull (Hg.): Popular Music and Communication, Newbury Park/Cal., S. 140 ff.

Lull, J. (²1988/II): Popular Music and Communication: An Introduction, in: J. Lull (Hg.): Popular Music and Communication, Newbury Park/Cal., S. 10 ff.

Media Perspektiven (1998): Daten zur Mediensituation 1997, Frankfurt/M.: Arbeitsgemeinschaft der ARD-Werbegesellschaften.

Meiners, F. (1993): Musik im Fernsehen: Rezeptionsfähigkeiten im Grundschulalter, Hannover: Zulassungsarbeit zur künstlerischen Fachprüfung für das Lehramt an Gymnasien im Fach Musik in Niedersachsen. 154 S.

Mikos, L. (1993): Selbstreflexive Bilderflut. Zur kulturellen Bedeutung des Musikkanals MTV, in: medien praktisch, S. 17 ff.

Mikos, Lothar (1998): »It's only Rock 'n' Roll, but I like it!« Zur Rolle von Musik, Medien und Jugendkultur im Alltag, in: medien praktisch, o. Jg., H. 2, S. 32 ff.

Münch, T. (1997): Jugend, Musik und Medien, in: D. Baacke (Hg.): Handbuch Jugend und Musik, Opladen, S. 383 ff.

Münch, T. (1997): Music on Air. Zur Bedeutung medial vermittelter Musik für die Lebensgestaltung Jugendlicher. Arbeitsbericht Nr. 9 der Projektgruppe Hörfunkstudie an der Technischen Universität Chemnitz/Zwickau und der Carl v. Ossietzky-Universität Oldenburg, Chemnitz/Zwickau/Oldenburg.

Neumann-Braun, K./Barth, M./Schmidt, A. (1997): Kunsthalle und Supermarkt – Videoclips und Musikfernsehen, in: Rundfunk und Fernsehen, Jg. 45, H. 1, S. 69 ff.

Quandt, T. (1997): Musikvideos im Alltag Jugendlicher. Umfeldanalyse und qualitative Rezeptionsstudie, Wiesbaden.

Reetze, J. (1989): Videoclips im Meinungsbild von Schülern – Ergebnisse einer Befragung in Hamburg, in: Media Perspektiven, o. Jg., H. 2, S. 99 ff.

Roe, K./Cammaer, G. (1993): Delivering the Young Audience to Advertisers: Music Television and Flemish Youth, in: Communications, Jg. 18, H. 2, S. 169 ff.

Sander, E.: Laut und lebendig. Kinder, Jugendliche und ihre Popmusik, in: Sozial Extra, o. Jg., H. 4, S. 14 ff.

Savan, L. (1993): Commercials go Rock, in: S. Frith/A. Goodwin/L. Grossberg (Hg.): Sound and Vision. The Music Video Reader, London, S. 85 ff.

Schmidbauer, M./Löhr, P. (1996): Das Programm für Jugendliche: Musikvideos in MTV Europe und VIVA, in: TelevIZIon, Jg. 96, H. 2, S. 6ff.

Schmidt, C. (1995): Fernsehverhalten und politisches Interesse Jugendlicher und junger Erwachsener, in: Media Perspektiven, o. Jg., H. 5, S. 220ff.

Schorb, B. (1988): Videoclips kommen gewaltig. Von den mannigfachen Gewaltaspekten in Videoclips, in: medien & erziehung, Jg. 32, H. 3, S. 132ff.

Schreiber, D. (1997): Music for the Masses, in: Television Business International, January, S. 38ff.

Schultze, Q. J./Anker, R. A./Bratt, J. A./ Romanowski, W. D./Worst, J. W./Zuidervaart, L. (1991): Dancing in the Dark. Youth, Popular Culture and the Electronic Media, Grand Rapids/Michigan, S. 178ff.

Signorelli, N./McLeod, D./Healy, E.: Gender Stereotypes in MTV Commercials: The Beat goes on, in: Journal for Broadcasting and Electronic Media, Jg. 38, H. 1, S. 91ff.

Six, U./Roters, G./Gimmler, R. (1995): Hörmedien. Eine Analyse zur Hörkultur Jugendlicher, Landau.

Soeffner, H.-G. (1986): Stil und Stilisierung. Punk oder die Überhöhung des Alltags, in: H. U. Gumbrecht/K. L. Pfeiffer (Hg.): Stil, Geschichte und Funktion eines kulturwissenschaftlichen Diskurselements, Frankfurt/M., S. 317ff.

Stout, P./Leckenby, J. D./Hecker, S. (1990): Viewer Reactions to Music in Television Commercials, in: Journalism Quarterly, Jg. 67, H. 4, S. 887ff.

Süddeutsche Zeitung, 24. 11. 1997: Weniger Englisch.

Süddeutsche Zeitung, 11. 2. 1997: Wer ist der echt coolste Typ?

Sun, S.-W./Lull, J. (1996): The Adolescent Audience for Music Videos and why they watch, in: Journal of Communication, Jg. 36, H. 1, S. 115ff.

Thompson, K. P. (1993): Media, Music, and Adolescents, in: Lerner, R. M. (Hg.), Early Adolescence – Perspectives on Research, Policy, and Intervention, Hillsdale/N. J., S. 407ff.

VIVA Fernsehen GmbH & Co KG (1996): Daten & Fakten. Die BIK-Studie 1996, München.

VIVA Fernsehen GmbH & Co KG: (1997) Ergebnisse der Infratest Burke-Untersuchung, München.

VIVA Fernsehen GmbH & Co KG (1998): Das Programmschema – gültig ab 12.2.98, München.

Vollbrecht, R. (1988): Rock und Pop – Versuche der Wiederverzauberung von Welt. Individualisierungstendenzen im Medienkonsum und ihre Konsequenzen für Sinnstiftung und Identitätsbildung im Jugendalter, in: M. Radde (Hg.): Jugendzeit – Medienzeit, Weinheim, S. 72ff.

Vollbrecht, R. (1997): Jugendkulturelle Selbstinszenierungen, in: medien & erziehung, Jg. 4, H. 1, S. 7ff.

Walker, J. R. (1987): The Context of MTV. Adolescent Entertainment Media Use and Music Television, in: Popular Music and Society, Jg. 11, H. 3, S. 1ff.

Wells, A./Hakanen, E. A. (1991): The Emotional Use of Popular Music by Adolescents, in: Journalism Quarterley, Jg. 68, H. 3, S. 445ff.

Winter, R./Kagelmann, H. J. (1993): Videoclip, in: H. Bruhn/R. Oerter/H. Rösing (Hg.): Musikpsychologie. Ein Handbuch, Reinbek, S. 208ff.

Zillmann, D./Mundorf, N. (1986): Effects of Sexual and Violent Images in Rock-Music Videos on Music Appreciation. Paper zur 31. Annual Convention of the Broadcast Education Association, Dallas/Tex.

# Drucknachweis

Ramona Curry: *Madonna von Marylin zu Marlene: Pastiche oder Parodie?*; zuerst erschienen in: Barbara Naumann (Hg.): *Vom Doppelleben der Bilder: Bildmedien und ihre Texte*, München: Fink 1993, S. 219-247.

Kobena Mercer: *Die Monster-Metapher. Anmerkungen zu Michael Jacksons Video »Thriller«*; zuerst erschienen unter dem Titel: *Monster Metaphors: Notes on Michael Jackson's »Thriller«*, in: Angela McRobbie (Hg.): *Zoot Suits and Second-Hand Dresses: An Anthology of Fashion and Music*, Boston: Unwin Hyman 1989, S. 50-73.

Michael Altrogge: *Alphabet Street. Prince oder Die Kunst der Re-de-Konstruktion*, zuerst erschienen in: Joachim Paech (Hg.): *Film, Fernsehen, Video und die Künste. Strategien der Intermedialität*, Stuttgart: Metzler 1994, S. 239-261.

Alle anderen Texte des vorliegenden Bandes sind Originalbeiträge.

# Die Autorinnen und Autoren

Michael Altrogge, geb. 1953, ist Soziologe und Medienforscher (IfP, Berlin) und (Rock-)Musiker. Er lebt in Berlin.

Michael Barth, geb. 1956, ist klinischer Psychologe und arbeitet in der Kinderklinik der Albert Ludwigs-Universität Freiburg.

Ramona Curry, geb. 1952, ist Dozentin für Medienwissenschaft an der University of Illinois in Urbana-Champaign/USA.

Achim Doderer, geb. 1966, ist Musikwissenschaftler und -lehrer für Populärmusik. Er lebt in der Nähe von Frankfurt/Main.

Lutz Hachmeister, geb. 1959, ist Partner in der Unternehmungsberatung HMR International, Köln, und Leiter des Kölner Fernseh- und Filmfestivals »Cologne Conference«.

Jan Lingemann, geb. 1967, ist wissenschaftlicher Mitarbeiter in der Unternehmungsberatung HMR International, Köln.

Paul Löhr, geb. 1938, ist Pädagoge und Leiter des Internationalen Zentralinstituts für das Jugend- und Bildungsfernsehen (IZI) beim Bayerischen Rundfunk, München.

Kobena Mercer, geb. 1948, ist Medienwissenschaftlerin und Feministin. Sie lebt in Californien/USA.

Eggo Müller, geb. 1960, ist Medienwissenschaftler an der Hochschule für Film und Fernsehen »Konrad Wolf« in Potsdam-Babelsberg und Mitherausgeber der Zeitschrift *Montage/AV*.

Klaus Neumann-Braun, geb. 1952, ist Soziologie und Hochschullehrer an der Johann Wolfgang Goethe-Universität Frankfurt/Main.

Michaela Pfadenhauer, geb. 1968, ist Politologin und wissenschaftliche Mitarbeiterin an der Universität Dortmund.

Axel Schmidt, geb. 1968, ist Soziologe und arbeitet als wissenschaftlicher Mitarbeiter an der Johann Wolfgang Goethe-Universität Frankfurt/Main. Er ist außerdem als Performance-Künstler tätig und wohnt in Rüsselsheim.

Eva Schmidt, geb. 1970, ist Germanistin und Pressereferentin. Sie lebt in der Nähe von Frankfurt/Main.

Michael Schmidbauer, geb. 1940, ist Sozialpsychologe und freier wissenschaftlicher Autor – u. a. auch beim Internationalen Zentralinstitut für das Jugend- und Bildungsfernsehen, München.

Ulrich Wenzel, geb. 1965, ist Radiopionier (Radio Dreyeckland), Soziologe und wissenschaftlicher Mitarbeiter an der Friedrich-Alexander-Universität Erlangen-Nürnberg.

Hans J. Wulff, geb. 1951, ist Medienwissenschaftler und Hochschullehrer an der Christian-Albrechts-Universität Kiel.